संगठनात्मक अर्थशास्त्र

संगठनात्मक अर्थशास्त्र

(Organisational Economics)

डॉ॰ मनोज कुमार

अर्जुन पब्लिशिंग हाउस

संगठनात्मक अर्थशास्त्र

प्रथम संस्करण : 2011

ISBN 978-81-8330-289-0

प्रकाशक :

अर्जुन पब्लिशिंग हाऊस

4831/24, प्रह्लाद गली

अंसारी रोड, दरियागंज

नई दिल्ली—110002

फोन : 23272541, 23257835

फैक्स : 91-011-23257835

e-mail : arjunbooks2001@gmail.com

टाइपसेटिंग :

डिम्पल कम्प्यूटर्स

दिल्ली

प्रिन्टर्स :

रोशन आफसेट प्रिंटर्स

दिल्ली - 53

प्रस्तावना

संगठन का प्रत्येक व्यवस्था में महत्त्वपूर्ण स्थान होता है। बिना उपयुक्त संगठन के किसी व्यवस्था के विकास की कल्पना नहीं की जा सकती है। अर्थशास्त्र के अध्ययन में भी संगठन का विशेष महत्त्व है। संगठनात्मक अर्थशास्त्र अपेक्षाकृत नवीन, किन्तु अध्ययन का महत्त्वपूर्ण क्षेत्र है।

संगठनात्मक अर्थशास्त्र विषय पर प्रस्तुत इस पुस्तक की विषय-सामग्री में आर्थिक संक्रान्ति, बैंकिंग अधिनियम तथा प्रबन्ध, उत्पादन अर्थशास्त्र, उत्पादन फलन, औद्योगिक निजीकरण, औद्योगिक नियमन व नियन्त्रण, मूल्य अर्थशास्त्र, वितरण अर्थशास्त्र, औद्योगिक सम्बन्ध, मुद्रा चलन अर्थशास्त्र, कागजी मुद्रा अर्थशास्त्र, आर्थिक संकेन्द्रण के विभिन्न आयामों का विस्तृत विवेचन प्रस्तुत किया गया है। इस पुस्तक के विभिन्न अध्यायों में प्रमाणिक शोध प्रकाशनों एवं सरकारी प्रतिवेदनों का विस्तृत उल्लेख किया गया है।

इस पुस्तक के अध्यायों का चयन विभिन्न विश्वविद्यालयों के पाठ्यक्रमों का ध्यान में रखकर किया गया है। आशा है यह पुस्तक विषय के विद्यार्थियों के लिए अत्यन्त उपयोगी सिद्ध होगी।

लेखक

विषय-सूची

1

आर्थिक संक्रान्ति
(Economics of Revolution)

इंग्लैण्ड में 18 वीं शताब्दी में इतने महत्वपूर्ण व मौलिक परिवर्तन हुए कि उन्हें औद्योगिक क्रान्ति कहा जाता है। ये परिवर्तन क्योंकि औद्योगिक क्षेत्र में अधिक थे अत: इसे औद्योगिक क्रान्ति कहा जाता है। साधारणत: क्रान्ति का अर्थ खूनी विद्रोह से लिया जाता है जैसे 1789 में फ्रांस की क्रान्ति व 1917 की रूस की क्रान्ति। किन्तु वास्तव में क्रान्ति का अर्थ परिवर्तन से होता है। ये परिवर्तन हिंसात्मक भी हो सकते हैं और नहीं भी। यहाँ परिवर्तन हिंसात्मक नहीं थे। हिंसात्मक क्रान्तियों में राजनैतिक परिवर्तन हो सकते हैं। आर्थिक या औद्योगिक नहीं। आर्थिक परिवर्तन की गति बहुत धीमी होती है। किन्तु इंग्लैण्ड में परिवर्तन मौलिक बहुत महत्वपूर्ण व तीव्र थे, अत: उन्हें क्रान्ति कहा जाता है।

परिभाषा
(Definitions)

श्रीमती एल.सी.नोल्स के अनुसार, "औद्योगिक क्रान्ति शब्द का प्रयोग इसलिए नहीं किया जाता है कि परिवर्तन की प्रक्रिया तीव्र थी वरन् इसलिए कि पूर्ण होने पर ये परिवर्तन पूर्णतया मौलिक थे।"

मोरिस डाबू के अनुसार, "इस काल में सामाजिक सम्बन्धों एवं उद्योगों के ढांचे में परिवर्तन की गति एवं उत्पादन एवं व्यापार की मात्रा इतनी अधिक थी कि उन्हें क्रान्तिकारी परिवर्तन के अलावा और अन्य शब्द से नहीं पुकारा जा सकता।"

ए. बिर्नी एवं **साउथगेर** ने भी इन परिवर्तनों के लिए क्रान्ति शब्द का ही उपयोग किया है। **साऊथगेर** के अनुसार 18 वीं शताब्दी के उत्तरार्द्ध तथा 19 वीं शताब्दी में ब्रिटिश उद्योगों को ऐसे महत्वपूर्ण एवं व्यापक परिवर्तनों से गुजरना पड़ा जिनके कारण इन परिवर्तनों को संयुक्त रूप से औद्योगिक क्रान्ति कहा जाने लगा।" ये परिवर्तन सभी क्षेत्रों में थे किन्तु

औद्योगिक क्षेत्रों में अधिक थे। इनके अच्छे एवं बुरे दोनों प्रकार के प्रभाव पड़े। इन सबका वर्णन करते हुए **बिर्नी** ने कहा है, ''इसके अन्तर्गत परिवर्तन इतने गहरे एवं व्यापक थे, गुण दोषों के अनोखे सम्मिश्रण में इतने दुखदायी भौतिक उत्थान एवं सामाजिक ऋण के संयोग में इतने नाटकीय थे कि उन्हें क्रान्तिकारी कहना उचित हैं।'' बहुत से लोगों ने इस शब्द के प्रयोग पर आपत्ति भी की है। उनका कहना है कि इन परिवर्तनों के लिए क्रान्ति शब्द का प्रयोग उचित नहीं हैं क्योंकि यह आकस्मिक घटना नहीं थी। 18 वीं शताब्दी में भी परिवर्तन इंग्लेण्ड में ही नहीं हुए वरन् अन्य देशों में भी हुए। अत: उनके लिए क्रान्ति शब्द के स्थान पर विकास शब्द का प्रयोग करना अधिक उचित होगा।

किन्तु अधिक लोगों का यहीं मत है कि ये परिवर्तन बहुत तीव्र एवं भौतिक थे। अत: उनके लिए क्रान्ति शब्द का प्रयोग करना ही उचित है। इस प्रकार औद्योगिक क्रान्ति का अर्थ औद्योगिक क्षेत्र में हुए परिवर्तनों से लिया जाता है। वैसे इस अर्थव्यवस्था के अन्य क्षेत्रों में भी परिवर्तन हुए थे। नि:सन्देह ये परिवर्तन सर्वप्रथम इंग्लैण्ड में हुए व बाद में समस्त विश्व के अन्य देशों में भी फैल गये।

सर्वप्रथम इंग्लैण्ड में औद्योगिक क्रान्ति होने के कारण

एक स्वाभाविक यह प्रश्न उठता है कि औद्योगिक क्रान्ति सर्वप्रथम इग्लैण्ड में ही क्यों हुई? इंग्लैण्ड के अलावा अन्य देशों में भी औद्योगिक क्रान्ति हुई किन्तु बाद में। इंग्लैण्ड में औद्योगिक क्रान्ति 18 वीं शताब्दी के प्रारम्भ से शुरू हुई, जर्मनी में 18 वीं शताब्दी के अन्त में, फ्रांस व अमेरिका में 19वीं शताब्दी में रूस व अन्य देशों में 20 वीं शताब्दी में तथा वास्तव में औद्योगिक क्रान्ति के लिये दो बातों का होना आवश्यक है। पहला आवश्यक पृष्ठ भूमि का पाया जाना व दूसरे जनता व सरकार की औद्योगिक क्रान्ति के लिए रूचि, तत्परता व सहयोग। इंग्लैण्ड में सर्वप्रथम औद्योगिक क्रान्ति होने का कारण यही था कि वहाँ दोनों दशाऐं पूरी होती थी। विस्तृत रूप में इंग्लैण्ड में सर्वप्रथम औद्योगिक क्रान्ति आने के अनेक उत्तरदायी कारण थे। इन कारणों के अभाव में अन्य समृद्ध देशों में भी औद्योगिक क्रान्ति पहले नहीं हुई। इन कारणों की विस्तृत व्याख्या निम्न प्रकार प्रस्तुत कि जा सकती है-

भौगोलिक कारण

(Geographical Factors)

भौगोलिक कारणों में इंग्लैण्ड को निम्न सुविधाएं प्रास थी:

1. *अनुकूल स्थिति :* इंग्लेण्ड की स्थिति इस प्रकार की है कि उसका विश्व के सभी देशों से निकट का सम्पर्क रहा है। यह यूरोप का भाग होते हुए भी इंगलिश चेनल द्वारा यूरोप के मुख्य भू-भाग से अलग है। स्वेज नहर बन जाने के बाद यह पूर्व के देशों के भी निकट आ गया है। इस स्थिति के कारण इंग्लेण्ड विश्व का केन्द्र बिन्दु रहा है।

2. *अनुकूल जलवायु* : इंग्लैण्ड की जलवायु भी आर्थिक विकास के अनुकूल है। यहाँ की जलवायु समशीतोष्तोण है। गर्म समुद्र धारा के कारण यहां की जलवायु बहुत ठण्डी नहीं हो पाती है। यहां की जलवायु सूती वस्त्र उद्योग के लिए तो बहुत ही अनुकूल है क्योंकि नमी होने के कारण सूत जल्दी नहीं टूटता है। इसके साथ ही यहां की जलवायु स्वास्थ्यप्रद है जिससे अधिक परिश्रम किया जा सकता है। अत: कारखानों में वर्ष भर कार्य होता रहता है।

3. अनुकूल समुद्र तट : इंग्लैण्ड का समुद्र तट बहुत लम्बा व कटा-फटा है। इस कारण यहां बहुत अधिक बन्दरगाह है व सभी बन्दरगाह प्राकृतिक है। जहां बड़े से बड़े जहाज आकर ठहर सकते हैं। समुद्र तट साल भर खुला रहता है। देश का कोई भी स्थान, समुद्र तट से 75 मील से ज्यादा दूर नहीं है। अतः सामुद्रिक व्यापार में बहुत ही सुविधा रहती है। सामुद्रिक स्थिति के कारण यहां के निवासी बड़े अच्छे नाविक होते हैं व मछली का व्यवसाय यहां उन्नति पर है।

4. विस्तृत प्राकृतिक साधन : इंग्लैण्ड प्राकृतिक साधनों के दृष्टिकोण से बहुत भाग्यशाली है। आवश्यक कृषि योग्य भूमि तो इंग्लैण्ड में है ही साथ ही उद्योगों के विकास के लिए आवश्यक खनिज साधन, लोहा व कोयला यहां काफी मात्रा में व साथ-साथ मिलते हैं।

आर्थिक कारण

(Economical Factors)

केवल प्राकृतिक सुविधाएं प्राप्त होने पर ही किसी देश में औद्योगिक विकास सम्भव नहीं होता है जब तक कि वहां की आर्थिक परिस्थितियां भी अनुकूल न हों। इसी प्रकार इंग्लैण्ड में भी प्राकृतिक सुविधाओं के साथ ही आर्थिक पृष्ठभूमि भी औद्योगिक क्रान्ति के अनुकूल थी। इंग्लैण्ड में औद्योगिक क्रान्ति के निम्न आर्थिक कारण हैं:

1. पूंजी की प्रधानता : प्राकृतिक साधनों का प्रयोग बिना पूंजी का प्रयोग असम्भव है। इंग्लैण्ड में पूंजी संचय की पर्याप्त सुविधाएं थी। इंग्लैण्ड ने उपनिवेशों से व्यापार में बहुत अधिक लाभ कमाया व उन देशों का शोषण भी किया। इससे उसके पास बहुत अधिक पूंजी एकत्रित हो गई। इस समय इंग्लैण्ड में आय तो अधिक थी दूसरी ओर नागरिकों के सादा जीवन के विचारों ने बचत व विनियोग में सहायता दी। सरकारी नीति भी पूंजी संचय के लिए उपयुक्त थी। बडी-बड़ी कम्पनियां बनाकर पूंजी एकत्रित की गई। विदेशी व्यापार पक्ष में होने से भी बहुत धन एकत्रित हुआ। बैंकों के विकास ने बचतों को एकत्रित कर उन्हें विनियोग करने में सहयोग दिया। फ्रांस की तुलना में इंग्लैण्ड को यह विशेष सुविधा थी क्योंकि फ्रांस में बैंकिंग व्यवस्था विकसित नहीं थी। बैंक ऑफ इंग्लैण्ड से बैंकिंग व्यवस्था तेजी से विकसित हुई।

2. श्रम का अभाव : इंग्लैण्ड में मांग की तुलना में श्रम का अभाव था। किन्तु इंग्लैण्ड में केवल कमी की पूर्ति आधुनिक यन्त्रों व आविष्कारों से की गई। यदि इंग्लैण्ड आधुनिक यन्त्रों का प्रयोग न करता तो श्रम का अभाव उसके लिए अभिशाप बन जाता। किन्तु आधुनिक यन्त्रों की खोज का प्रमुख कारण ही श्रम का अभाव था। **नोल्स** के अनुसार जहां फ्रांस में 4 करोड़ पौण्ड के व्यापार के लिए 260 लाख जनसंख्या थी। वहां इंग्लैण्ड में 3.2 करोड़ पौण्ड के व्यापार के लिए केवल 90 लाख जनसंख्या थी। इस अभाव को दूर करने का एक ही तरीका था। यन्त्रों का प्रयोग, और इंग्लैण्ड ने यही किया।

3. श्रमिक कुशलता : इंग्लैण्ड में श्रमिकों का अभाव तो था किन्तु वहां के श्रमिक अधिक कुशल एवं मेहनती थे। जलवायु अच्छी होने के कारण यहां के श्रमिक मेहनती होते हैं व जल्दी नहीं थकते। इसी प्रकार अन्य देशों में आर्थिक कलहों के कारण कई कुशल श्रमिक भाग कर इंग्लैण्ड आ गये। आज भी इंग्लैण्ड के श्रमिकों की कुशलता विश्व विख्यात है।

4. यातायात के विकसित साधन : इंग्लैण्ड में पहले यातायात के साधनों का अभाव था। किन्तु बाद में इंग्लैण्ड ने आन्तरिक व बाह्य यातायात के साधनों का विकास कर लिया। सड़कों का विकास किया गया। आन्तरिक जल यातायात का विकास करने के लिए यातायात के यौग्य नहरें बनाई गई व नदियों को गहरा किया गया। इसी प्रकार सामुद्रिक यातायात का भी विकास हुआ। यातायात के साधनों के विकास से कच्चा माल कारखानों तक पहुंचाने व पक्का माल बाजार व बन्दरगाहों तक पहुंचाने में सुविधा होने लगी।

5. वैज्ञानिक आविष्कार : इंग्लैण्ड में औद्योगिक क्रान्ति के पूर्व कई वैज्ञानिक आविष्कार हुए जिनसे बड़े पैमाने पर उत्पादन सम्भव हुआ। जॉन के. फ्लाइंग शटल, जैम्स हारग्रीव्ज का स्पिनिंग जैनी, आर्कराइट का वाटर फ्रेम, सेम्युअल क्राम्पटन का म्यूल, कार्टराइट का पावर लूम, विटन की धारन जीन, जैम्स वाट का भाप का इंजन आदि प्रमुख आविष्कार थे।

6. विस्तृत बाजार : इंग्लैण्ड को विस्तृत बाजार की सुविधा प्राप्त थी। इंग्लैण्ड का उस समय कई देशों पर अधिकार था। अतः उसने इस प्रकार की नीति अपनाई थी। कच्चा माल इन देशों से लाया जाता था व तैयार माल उन देशों में बेचा जाता था। अतः तैयार माल बेचने को कई देशों के मार्ग खुले थे। इँग्लैण्ड ने इस परिस्थिति का लाभ उठाया व अपने देश में औद्योगिक विकास किया।

7. प्रबन्ध की कुशलता : कुशल प्रबन्धकों के अभाव में समस्त साधनों के होते हुए भी आशानुकूल परिणाम प्राप्त नहीं हो सकते । इंग्लैण्ड के निवासी प्रारम्भ से ही कुशल प्रबन्धक रहे हैं। सदियों से उन्हें प्रबन्ध व व्यापार का अनुभव होने से उन्होनें उपलब्ध साधनों का ठीक प्रकार से प्रबन्ध कर औद्योगिक विकास किया व समस्त विश्व में अपने यहां उत्पादित वस्तुओं का बाजार बनाया।

8. सामुद्रिक शक्ति : इंग्लैण्ड का जहाजी बेड़ा व सामुद्रिक शक्ति सुव्यवस्थित थी। इस शक्ति के कारण उसने कई देशों पर अपना आधिपत्य स्थापित किया। अपने अधीन इन देशों से इंग्लैण्ड को पूंजी व कच्चा माल प्राप्त होता था व निर्मित माल के विक्रय के लिये बाजार उपलब्ध होता था।

9. व्यक्तिगत स्वतन्त्रता : व्यक्तिगत स्वतन्त्रता औद्योगिक विकास में सहायक होती है। व्यक्तिगत स्वतन्त्रता होने से व्यक्ति अपना मनचाहा उद्योग व व्यवसाय चुन सकता है व आर्थिक उन्नति होती है। इंग्लैण्ड में व्यक्तिगत स्वतन्त्रता ने भी औद्योगिक क्रान्ति को प्रोत्साहन दिया। इस स्वतन्त्रता के कारण यूरोप के अन्य देशों से भी उद्योगपति व व्यवसायी यहां आकर बस गये। यही कारण था कि औद्योगिक क्रान्ति सर्वप्रथम इंग्लैण्ड लाने में सहायक हुआ।

10. सरकारी नीति : सरकारी नीति ने भी औद्योगिक क्रान्ति में सहयोग दिया। इंग्लैण्ड की सरकार की नीति औद्योगिक क्रान्ति के लिए लाभदायक थी। सरकार की नीति उद्योगों के प्रति सहयोग की थी। करों की कमी के कारण लागत अधिक नहीं होती थी। तैयार माल के आयात व कच्चे माल के निर्यात पर प्रतिबन्ध लगाया गया। उपनिवेशों से कच्चा माल आयात किया जाता था। आयातों पर ऊंचे कर भी लगाये गये। व्यापार में वृद्धि होने पर स्वतन्त्र व्यापार की नीति अपनाई गई। कुछ उद्योगों का विकास करने के लिए उन्हें संरक्षण भी दिया गया। प्रमुख आविष्कारों को पेटेन्ट की सुविधा दी गई। इन सब नीतियों ने औद्योगिक क्रान्ति के लिये मार्ग प्रशस्त किया।

11. विकसित मुद्रा तथा पूंजी व्यापार : इंग्लैण्ड में मुद्रा एवं पूंजी बाजार ने भी औद्योगिक क्रान्ति में सहयोग दिया। इंगलैण्ड की बैंकिंग व्यवस्था सुदृढ़ थी। उसके पास पर्याप्त वित्तीय साधन थे। सरकार ने भी बैंकों को सहायता दी। बैंक ऑफ इंग्लैण्ड की स्थापना के बाद तो मुद्रा एवं पूंजी बाजार और भी संगठित हो गया।

राजनैतिक कारण
(Political Factors)

निम्न राजनैतिक कारणों ने भी इंग्लैण्ड में औद्योगिक क्रान्ति को सफल बनाया-

1. राजनैतिक शान्ति : इँग्लैण्ड की प्राकृतिक स्थिति के कारण इंग्लैण्ड बाहरी आक्रमणों से बचा रहा। इसके साथ ही उसके सामुद्रिक बेड़ों ने भी इसका बचाव किया। इंग्लैण्ड ने जो भी युद्ध लड़े, अन्य देशों की भूमि पर लड़े। इस प्रकार आन्तरिक शांति भी थी। यहाँ अन्य देशों की तरह गृह युद्ध नहीं हुए। इस प्रकार की राजनैतिक शांन्ति के कारण एक ओर तो सरकार अपना पूर्ण ध्यान औद्योगिक विकास की तरफ दे सकी व दूसरी और विनियोक्ता बड़े उद्योगों में पूंजी लगाने में हिचकिचाते नहीं थे। **नोल्स** के अनुसार, ''ब्रिटेन की राजनैतिक सुरक्षा इतनी अच्छी थी कि लोग बड़े उद्योगों में आवश्यक पूंजी लगाने में बिल्कुल भी संकोच नहीं करते थे।''

2. सामाजिक कारक : इंग्लैण्ड में शिक्षा की उन्नति हुई। इससे धार्मिक कटुता कम हुई। शिक्षा के कारण नये आविष्कारों व पद्धतियों को अपनाने में जनता में सक्रियता थी व सभी कार्यों के लिये जन सहयोग था। साधारण जनता विकास के लिये उत्सुक थी व इसके लिये सभी प्रकार का बलिदान करने को तत्पर थे। जनता ने जिसने अपनी आवश्यकताओं को कम करके वचत व विनियोग में वृद्धि की। श्रमिकों ने अपनी अधिकतम कार्य क्षमता से कार्य किया।

अन्य देशों में औद्योगिक क्रान्ति पहले क्यों नहीं?
(Why not other Initiated Industrial Revolution?)

फ्रान्स : फ्रांस इंग्लैण्ड से भी अधिक सम्पन्न था। वहां के कारीगरों की कार्य क्षमता भी ज्यादा थी। वहां नये आविष्कार भी हुए थे। किन्तु वहां औद्योगिक क्रान्ति पहले नहीं हुई। इसका कारण यह था कि वहां की प्राकृतिक स्थिति औद्योगिक क्रान्ति के लिये इंग्लैण्ड की तुलना में कम अनुकूल थी। फ्रांस की जनसंख्या ज्यादा थी। पूंजी की कमी थी। राजनैतिक अशांति थी व व्यापार प्रर नियन्त्रण ज्यादा थे। इस प्रकार आवश्यक पृष्ठभूमि न होने के कारण फ्रांस में औद्योगिक क्रांन्ति पहले नहीं हुई।

जर्मनी : जर्मनी में फ्रांस की तरह पूंजी की कमी व राजनैतिक अशांति थी। जर्मनी ने कई युद्ध लड़े व छोटे छोटे राज्यों में बंटा होने से वहां आन्तरिक अशांति भी रहती थी।

स्पेन : स्पेन में सामाजिक व धार्मिक व्यवस्था प्राचीन सिद्धान्तों पर आधारित थी. देश में राजनैतिक अशांति भी थी।

रूस : रूस में पहले पूंजी का अभाव था। देश कृषि प्रधान था तथा वहां की रूचि औद्योगिक विकास में नही थी।

पुर्तगाल : पुर्तगाल में प्राकृतिक साधनों की भी कमी थी। सामाजिक रूप से भी पुर्तगाल पिछड़ा हुआ था।

भारत में भी पिछले कुछ वर्षों में काफी औद्योगिक विकास हुआ है। सभी उद्योगों में उत्पादन में वृद्धि हुई है व नये-नये उद्योग स्थापित किये जा रहे हैं। उत्पादन की नवीन तकनीक का भी प्रयोग हो रहा है। किन्तु इन परिवर्तनों के लिए क्रान्ति का प्रयोग किया जाना उचित नहीं है। इसे औद्योगिक विकास कहना ही उचित होगा, औद्योगिक क्रान्ति नहीं। क्रान्ति शब्द का प्रयोग वहीं किया जाना उचित है जहां परिवर्तन आकस्मिक व व्यापक हो। भारत में उद्योगों के क्षेत्र में परिवर्तन व्यापक, आकस्मिक व क्रांतिकारी नहीं है।

औद्योगिक क्रान्ति की विशेषताएँ
(Characteristics of Industrial Revolution)

नोल्स ने औद्योगिक क्रान्ति की निम्न 6 विशेषताएं बताई हैं:

1. मशीन व यन्त्रों का आविष्कार व प्रयोग (Intervention and Uses of Machines and Instruments): औद्योगिक क्रान्ति की सबसे बड़ी विशेषता थी कि इससे कई आधुनिक मशीनों व यन्त्रों का आविष्कार हुआ व उद्योगों में उन यन्त्रों का बड़े पैमाने पर उपयोग प्रारम्भ किया गया। ये यन्त्र अधिकतर सूती वस्त्र उद्योग से सम्बन्धित थे जो इंग्लैण्ड का प्रमुख उद्योग था।

2. इन्जिनियरिंग का विकास (Development of Engineering): औद्योगिक यन्त्रों के आविष्कार से इन्जिनियरिंग का भी विकास हुआ क्योंकि इन यन्त्रों के हिस्से बनाने, खराब होने पर ठीक करने व उन यन्त्रों में सुधार करने के लिए प्रशिक्षित व्यक्तियों की आवश्यकता पड़ी। इंजिनियरिंग का विकास होने से कई यन्त्रों में सुधार किया गया।

3. रसायन उद्योग का विकास (Development of Chemical and Fertiliser Industry): सूती वस्त्र उद्योग के सहायक उद्योग के रूप में रसायन उद्योग का विकास हुआ क्योंकि कपड़ो को धोने, रंगने, छापने आदि के लिए रासायनिक पदार्थों की आवश्यकता पड़ती थी। इसके अतिरिक्त भी अन्य उद्योगों में रसायन उद्योग सहायक होता है।

4. लोहा एवं इस्पात उद्योग का विकास (Development of Iron and Steel Industry): मशीनों के उत्पादन के लिए लोहा एवं इस्पात उद्योग का विकास हुआ। लोहा खोदने, गलाने व इस्पात बनाने के लिए आधुनिक साधन प्रयोग में लाये जाने लगे। लोहे के कारखाने में कोयले की बहुत आवश्यकता होती है। अतः लोहे व इस्पात के कारखाने कोयले की खानों के पास स्थापित होने लगे।

5. कोयला उद्योग का विकास (Development of Coal Industry): लोहा एवं इस्पात उद्योग के लिए कोयले की बहुत आवश्यकता पड़ती है। इसके साथ ही वाष्प के इन्जनों के लिए भी कोयले की आवश्यकता पड़ती है अतः कोयला उद्योग का विकास हुआ। कोयले के उत्पादन के लिए आधुनिक साधनों का प्रयोग होने लगा।

6. यातायात के साधनों का विकास (Development of Means of Transportation): औद्योगिक क्रान्ति के कारण बड़े पैमाने पर उत्पादन प्रारम्भ हुआ व कुछ

नए उद्योग जैसे लोहा एवं इस्पात, रसायन कोयला आदि उद्योगों का विकास हुआ। इन सब उद्योगों के लिए कच्चे माल को कारखाने तक पहुचांने एवं पक्के माल को बाजार तक पहुचांने के लिए यातायात के साधनों की आवश्यकता बढ़ी। अत: यातायात के साधनों का भी विकास हुआ। रेल, सड़क एवं जल परिवहन का विकास हुआ। नई सड़के एवं नहरे बनवाई गई। भाप के इन्जंन ने रेलों के विकास का मार्ग खोल दिया। यातायात के विकास से औद्योगिक क्रान्ति की गति भी तीव्र हो गई।

नोल्स द्वारा वर्णित उपरोक्त औद्योगिक क्रान्ति की उपर्युक्त वर्णित बिशेषताएँ वास्तव में औद्योगिक क्रान्ति की चन्द विशेषताएं हैं। इनके अतिरिक्त भी औद्योगिक क्रान्ति की कई विशेषताएं थी। वास्तव में औद्योगिक क्रान्ति के सभी प्रस्तावों को उसकी विशेषताएं कहा जा सकता है।

औद्योगिक क्रान्ति के प्रभाव

(Consequences of Industrial Revolution)

रेन्जे म्यौर के अनुसार ये औद्योगिक परिवर्तन मौन किन्तु महान क्रान्ति के रूप में थे। अत: देश के प्रत्येक क्षेत्र में औद्योगिक क्रान्ति के प्रभाव हुए। औद्योगिक क्रान्ति के प्रभावों ने इंग्लैण्ड की पूरी काया पलट दी। इससे न केवल आर्थिक क्षेत्र में ही प्रभाव पड़े वरन् सामाजिक व राजनैतिक क्षेत्रों में भी इसके स्पष्ट प्रभाव पड़े। इसी प्रकार औद्योगिक क्रान्ति के प्रभाव इंग्लैण्ड पर ही नहीं हुए वरन् अन्य देशों पर भी पड़े जिनका इंग्लैण्ड से सम्बन्ध था। बाद में अन्य देशों में भी वे ही प्रभाव हुए। ये प्रभाव अच्छे थे। नोल्स के शब्दों में, ''इंग्लैण्ड में औद्योगिक क्रान्ति का परिणाम था नई जनता नये वर्ग, नई नीतियां, नई समस्याएं व नए साम्राज्य।'' इन परिवर्तनों के कारण ही इंग्लैण्ड विश्व के प्रमुख देशों में अपना स्थान बना सका।

आर्थिक प्रभाव

(Economic Consequences)

आर्थिक क्षेत्र में औद्योगिक क्रान्ति के निम्न प्रभाव हुए :

1. घरेलू उद्योग धन्धों का विकास : औद्योगिक क्रान्ति का विनाशकारी प्रभाव वहां के घरेलू उद्योग धन्धों पर पड़ा। औद्योगिक क्रान्ति से पूर्ण उद्योग घर में परिवार के सदस्यों की सहायता से सीमित पूंजी व छोटे व साधारण औजारों की सहायता से चलाये जाते थे। औद्योगिक क्रान्ति के परिणामस्वरूप मशीनों का प्रयोग होने लगा। अत: घरेलू उद्योग धन्धें बन्द हो गये। क्योंकि बड़े उद्योगों के सामने उनका ठहरना सम्भव नहीं था। कारीगरों ने अपना काम छोड़कर कारखानों में कार्य करना प्रारम्भ कर दिया।

2. मशीनों का प्रयोग : औद्योगिक क्रान्ति वास्तव में मशीनों के आविष्कार पर ही आधारित थी। मशीनों के प्रयोग के कारण ही तो औद्योगिक क्रान्ति सम्भव हुई थी। अत: सभी उत्पादन कार्यों में मशीनों का प्रयोग होने लगा। हाथ के जो कलात्मक कार्य होते थे वे बन्द हो गये व मशीनों से ही उत्पादन कार्य होने लगा। मनुष्य मशीन के साथ स्वयं मशीन हो गया।

3. बड़े पैमाने पर उत्पादन : मशीनों के प्रयोग से बड़े पैमाने पर उत्पादन प्रारम्भ हुआ। क्योंकि मशीनों से कम समय में अधिक उत्पादन किया जा सकता था। कारखाना प्रणाली का प्रारम्भ हुआ व कारखानों का आकार बड़ा होने लगा। स्वतन्त्र उत्पादन कार्य में लगे व्यक्ति भी अपना कार्य छोड़-छोड़ कर कारखानों में काम करने लगे। कारखानों में श्रम विभाजन भी किया गया।

4. उत्पादन में वृद्धि तथा लागत में कमी : मशीनों के प्रयोग व बड़े पैमाने पर उत्पादन किये जाने के कारण उत्पादन में बहुत वृद्धि हुई। बड़े पैमाने पर उत्पादन के कारण आन्तरिक व बाह्य बचतें हुई जिससे लागत में भी कमी हुई। औद्योगिक क्रान्ति के काल में लोहा उत्पादन में 37 गुना, कोयला उत्पादन में 10 गुनी व कपास में 40 गुनी वृद्धि हुई। कुल मिलाकर उत्पादक वस्तुओं में 3.4 प्रतिशत व उपभोग उद्योग के उत्पादन में 2.4 प्रतिशत वार्षिक वृद्धि रही।

5. संयुक्त पूंजी वाली कम्पनियों का प्रारम्भ : बड़ें पैमाने पर उत्पादन व मशीनों के प्रयोग के कारण पूंजी की आवश्यकता में वृद्धि हुई। इनती ज्यादा पूंजी एकाकी व्यापारी या साझेदारी फर्मों द्वारा प्रदान करना सम्भव नहीं था। अतः संयुक्त व्यापार वाली कम्पनियों का प्रारम्भ हुआ। 1825 में असीमित दायित्व वाली कम्पनियां बनने लगी। किन्तु उनमें कुछ दोष होने के कारण 1862 में सीमित दायित्व वाली कम्पनियां बनाई जाने लगी। कम्पनियों की संख्या में बहुत तेजी में वृद्धि हुई।

6. नये उद्योगों का प्रारम्भ : लोहा, सूती एवं ऊनी वस्त्र उद्योग इंग्लैण्ड के परम्परागत उद्योग थे। औद्योगिक क्रान्ति के परिणाम स्वरूप न केवल इन उद्योगों का विकास हुआ वरन् कुछ नये उद्योगों का भी प्रारम्भ हुआ। इन उद्योगों में इस्पात उद्योग, मशीन उद्योग, रसायन उद्योग, जहाज उद्योग आदि प्रमुख थे। इन सभी उद्योगों के लिये अनेक सहायक व पूरक उद्योगों का भी विकास हुआ।

7. औद्योगिक नगरों का विकास : औद्योगिक क्रान्ति में पहले नगरों की संख्या बहुत कम थी। अधिकतर जनसंख्या गांवों में निवास करती थी। औद्योगिक क्रान्ति के कारण बड़े-बड़े कारखाने बने। घरेलु उद्योगों का नाश होने से कारीगर रोजगार की तलाश में शहरों की ओर जाने लगे और वहां औद्योगिक नगरों का विकास होने लगा तथा गांव उजड़ने लगे, शहरों में जनसंख्या बढ़ने लगी। मैनेचेस्टर की आबादी 45 हजार से बढ़कर एकदम 3 लाख हो गई। इन नगरों का विकास अनियन्त्रित ढंग से हुआ। अतः यहाँ कई प्रकार की समस्याएं उत्पन्न होने लगी। गन्दगी, मकानों की कमी, पानी की कमी, कारखानों के कारण अस्वास्थ्यप्रद वातावरण आदि प्रमुख समस्यायें थी। अस्वास्थ्यप्रद वातावरण के कारण बीमारियों का भी प्रकोप हुआ व मृत्यु दर में वृद्धि हुई।

8. उद्योगों का स्थानीयकरण : उद्योगों के विकास के कारण न केवल नगरों का विकास हुआ वरन् उद्योगों का स्थानीयकरण भी होने लगा। उद्योग कच्चे माल के स्थानों व शक्ति के साधनों के केन्द्रों पर स्थापित होने लगे। इन स्थानों पर ही सहायक एवं पूरक उद्योगों का विकास हुआ।

9. आर्थिक असमानता में वृद्धि : औद्योगिक क्रान्ति के परिणामस्वरूप समाज के दो वर्गो का उदय हुआ। पूंजीपति व उत्पादक। पूँजीपति अधिक लाभ कमाकर और अधिक धनी बन गये। उन्होनें श्रमिकों का शोषण किया। उस समय पूंजीपतियों के संगठन तो कानून द्वारा मान्य थे किन्तु श्रमिकों के संगठनों पर रोक लगी थी। अत: श्रमिकों की मोलभाव करने की शक्ति कम थी। मजबूरी में उन्हें कम मजदूरी पर ही कार्य करने को बाध्य होना पड़ता था। अत: वे गरीब ही थे। इस प्रकार अमीर व गरीब दो वर्ग बन गये।

10. यातायात एवं संचार के साधनों का विकास : उत्पादन में वृद्धि होने से यातायात के साधनों का भी विस्तार हुआ। जहाज जो पहले चप्पुओं व पालों से चलाये जाते थे अब भाप के इंजनों से चलाये जाने लगे। रेल के इन्जन का आविष्कार होने से रेल्वे का भी काफी विकास हुआ। मकेड्म नाम इंजिनियर ने अच्छी सड़के बनाने का तरीका खोजा जिसके प्रयोग से मैकेडेमाइज्ड सड़के बनाई जाने लगी। टेलफोर्ड व मैरिएल्ब नामक इंजीनियरों ने वहां की सड़कों की देखभाल कर सड़कों का विकास किया। डयूक ऑफ ब्रिजवाटर ने इंजीनियर बिडेले की सहायता से नहरों का विकास किया। विश्व प्रसिद्ध ब्रिज वाटर नहर उसी समय बनी थी। शीघ्र ही लन्दन, लीवरफुल, ब्रिस्टल आदि बड़े बड़े शहरों को नहरों द्वारा जोड़ दिया गया। इसी प्रकार संचार के साधनों व डाक तार आदि का भी विकास हुआ।

11. मजदूरों का शोषण : कारखाना प्रणाली का उदय होने से पूंजीपति श्रमिकों पर हावी होने लगे। औद्योगिक नगरों का विकास तो हो गया किन्तु वहां अन्य सुविधाएं नहीं थी। मकान छोटे व तंग थे। पानी व बिज़ली का अपर्याप्त प्रबन्ध था। काम के घन्टे ज्यादा थे व मजदूरी कम थी। मजदूरी का भुगतान ट्रेक प्रथा द्वारा किया जाता था। जिसमें मजदूरी का कुछ भाग नकद न देकर वस्तुओं के रूप में दिया जाता था। स्त्रियाँ व बच्चे भी कारखानों में काम करने लगे। उनकी दशा और भी खराब थी। उन्हें मजदूरी कम दी जाती व सुविधाओं का ख्याल नहीं रखा जाता था। किन्तु धीरे धीरे इनमें भी संगठन की भावना आई। श्रमिकों के संगठनों को भी कानूनी मान्यता मिली।

12. व्यापारिक नीति में परिवर्तन : औद्योगिक क्रान्ति से पहले सरकार की नीति वाणिज्यवादी थी। सरकार ने कई उद्योगों को संरक्षण प्रदान कर रखा था। किन्तु औद्योगिक क्रान्ति के बाद स्वतन्त्र व्यापार की नीति अपनाई गई। इस नीति का ही कारण था कि इंग्लैण्ड को प्रतिस्पर्धा का सामना नहीं करना पड़ता था।

13. विदेशी व्यापार में वृद्धि : उत्पादन में वृद्धि के कारण विदेशी व्यापार भी बढ़ा एवं उसकी प्रकृति में भी परिवर्तन आया। कच्चे माल का विदेशों से आयात होने लगा। उत्पादन इंग्लैण्ड में करके विदेशों को उसका निर्यात किया जाने लगा। देश में पहले केवल विलासिता की वस्तुओं का ही विदेशी व्यापार होता था अब जीवन की आवश्यक वस्तुओं का भी विदेशी व्यापार होने लगा।

14. व्यापार की सहायक संस्थाओं का विकास : उत्पादन एवं व्यापार बढ़ने से इनकी सहायक संस्थाओं में भी वृद्धि हुई। बैंक, बीमा कम्पनियों, गोदाम आदि का विकास हुआ। इन संस्थाओं से औद्योगिक क्रान्ति की गति और भी अधिक तेज हुई। बैंकों ने पूंजी के एकीकरण एवं विनियोग में सहयोग दिया। बीमा कम्पनियों ने जोखिम के विरूद्ध बीमा कर साहसियों को जोखिम से मुक्ति दी। इससे पूंजी व साहसी और भी अधिक उद्योगों और व्यापार की ओर अग्रसर होने लगे।

15. कृषि का यन्त्रीकरण : औद्योगिक क्रान्ति से जहां एक ओर औद्योगिक क्षेत्र में परिवर्तन घटित हुये वहां दूसरी ओर कृषि में भी परिवर्तन हुआ। औद्योगिक क्रान्ति से कृषि के लिए भी यन्त्रों की खोज हुई व कृषि क्षेत्र में उन्हें काम में लिया जाने लगा। कृषि के यन्त्रीकरण की आवश्यकता इसलिए भी थी कि क्रान्ति के फलस्वरूप गांवों से जनता शहरों में उद्योगों की ओर आकर्षित हो रही थी जबकि कृषि पदार्थों की आवश्यकता बढ़ गई थी। अतः यन्त्रीकरण के कारण बड़े पैमाने पर कृषि की जाने लगी।

16. रोजगार में वृद्धि : उद्योगों, यातायात के साधनों, बैंक, बीमा कम्पनियों, व्यापार आदि के विकास से रोजगार में वृद्धि हुई। सहायक व पूरक उद्योगों का विकास होने से और भी अधिक लोगों को रोजगार मिला व बेरोजगारी समाप्त हो गई। बड़े पैमाने पर उत्पादन व लागत में कमी के कारण लाभ बढ़े। लाभ के साथ-साथ मजदूरी भी बढ़ी व श्रमिकों को अच्छी मजदूरी मिलने लगी।

17. विकास दर में वृद्धि : औद्योगिक क्रान्ति से अर्थव्यवस्था के हर क्षेत्र में विकास हुआ था। अतः इंग्लैण्ड की आर्थिक विकास की दर में भी वृद्धि हुई। औद्योगिक क्रान्ति से पूर्व विकास की दर केवल 1 प्रतिशत थी जो बढ़कर औद्योगिक क्रान्ति के दौरान 5 प्रतिशत हो गई।

18. देश का समान विकास : औद्योगिक क्रान्ति से पूर्व इंग्लैण्ड का दक्षिणी पूर्वी भाग विकसित था व उत्तरी पश्चिमी भाग उपेक्षित, किन्तु क्रान्ति के बाद सभी क्षेत्रों के प्राकृतिक साधनों का प्रयोग होने लगा व सभी क्षेत्रों में उद्योग प्रारम्भ होने लगे। अतः उत्तर पश्चिमी भाग का भी विकास हुआ। दक्षिणी पूर्वी भाग का भी विकास हुआ। दक्षिणी पूर्वी भाग का महत्व तो और भी बढ़ गया क्योंकि यहां लोहे व कोयले की खाने थी।

19. आर्थिक संकटों में वृद्धि : आर्थिक रूप से विकसित देशों में आर्थिक संकट भी अवश्यम्भावी थे। इंग्लैण्ड में औद्योगिक क्रान्ति के कारण बड़े पैमाने पर उत्पत्ति, असमान वितरण, वर्ग भेद, एकाधिकार आदि के कारण आर्थिक संकट आने लगे। औद्योगिक क्रान्ति के समय में संकट नहीं थे किन्तु क्रान्ति से इंग्लैण्ड में ये आर्थिक संकट कई बार आये। कभी मंदी तो कभी अभिवृद्धि के कारण अर्थव्यवस्था में उतार चढ़ाव आये। इन व्यापार चक्रों ने अर्थव्यवस्था को काफी हानि पहुंचाई।

सामाजिक प्रभाव

(Social Consequences)

क्रान्ति के सामाजिक प्रभाव प्रायः सभी बुरे थे। औद्योगिक क्रान्ति के निम्न सामाजिक प्रभाव थे:

1. पारिवारिक विघटन : औद्योगिक क्रान्ति के कारण संयुक्त परिवार प्रथा का अन्त हो गया। इससे पहले गांवों में संयुक्त परिवार प्रथा थी। क्रान्ति के समय कारखानों का विकास हुआ। अतः व्यक्ति गांव छोड़कर कारखानों की तरफ आकर्षित हुए। स्त्रियों व बच्चों ने भी कारखानों में कार्य करना प्रारम्भ किया। इससे पारिवारिक विघटन होना प्रारम्भ हुआ। पारिवारिक उन्नति के स्थान पर व्यक्तिगत उन्नति की ओर ध्यान दिया जाने लगा। यातायात के साधनों की उन्नति होने से श्रम की गतिशीलता में वृद्धि हुई जिसमें श्रमिक अपने परिवार से दूर भी कार्य करने के लिए जाने लगे।

2. जनसंख्या में वृद्धि : आय में वृद्धि व रोजगार के अधिक अवसर होने के कारण जनसंख्या नियन्त्रण पर कोई ध्यान नहीं दिया गया। अतः इस अवधि में इंग्लैण्ड की जनसंख्या में बहुत वृद्धि हुई। 1801 में जो जनसंख्या केवल 90 लाख थी वह 1901 में बढ़कर 3.7 करोड़ हो गई। 1851 में यह बढ़कर 5.2 करोड़ हो गई। इसके बाद जनसंख्या की वृद्धि की गति कम हो गई। 1871 में यहां की जनसंख्या 5.8 करोड़ थी।

3. ग्रामीण जनसंख्या में कमी : औद्योगिक नगरों का विकास होने के कारण श्रमिक रोजगार पाने के लिए गांवों से शहरों की ओर आकर्षित होने लगे। सन् 1700 में ग्रामीण व शहरी जनसंख्या का अनुपात 77 व 23 था जो 1800 में 28 व 72 हो गया। वर्तमान में यह 1 व 4 है अर्थात् देश की केवल 20 प्रतिशत जनसंख्या गांवों में रहती है व 80 प्रतिशत शहरों में।

4. अस्वास्थ्यकर वातावरण : कारखानों के कारण शहरों में जनसंख्या अधिक हो गई जबकि मकानों, पीने के पानी, आदि की पूर्ण व्यवस्था नहीं थी। कारखानों के धुए के कारण भी वातावरण दूषित हो गया। गन्दी बस्तियों में श्रमिक रहने लगे। इससे समस्त वातावरण अस्वास्थ्यकर हो गया व बीमारियों का प्रकोप बढ़ा।

5. मध्यम वर्ग का उदय : समाज में अमीर व गरीब दो वर्गों के स्थान पर अब तीन वर्ग बन गये। तीसरा वर्ग था मध्यम वर्ग। वास्तव में जनसंख्या का एक बड़ा भाग मध्यम वर्ग का था। सहायक व पूरक उद्योग करने वाले व्यक्ति छोटे पैमाने पर व्यवसाय करने वाले व्यक्ति, दलाल आदि व उत्पादन व व्यापार, यातायात बैंक व बीमा कम्पनियों में काम करने वाले व्यक्ति मध्यम वर्ग के थे। मध्यम वर्ग में व्यक्तियों की संख्या अधिक थी।अतः यह समाज का महत्वपूर्ण अंग बन गया।

6. श्रमिकों का शोषण : उद्योगों की उन्नति होने के कारण कारीगर गांव छोड़कर शहर में आने लगे। अब उनके पास कारखानों में काम करने के अतिरिक्त दूसरा कोई उपाय नहीं था। पूंजीपतियों ने उनकी स्थिति का लाभ उठाया। मजदूरी कम थी। कारखानों का वातावरण अस्वास्थ्यकर था, श्रमिकों को अन्य सुविधाएं नहीं थी, स्त्रियाँ व बच्चे भी कारखानों में काम करते थे जिनको और भी कम मजदूरी थी। अवकाश न देना, अधिक घंटे काम लेना, आदि के कारण श्रमिक वर्ग की दशा बड़ी हीन थी।

7. वर्ग संघर्ष का जन्म : औद्योगिक क्रान्ति से इंग्लैण्ड के समाज में नया वर्ग भेद उत्पन्न हुआ। क्रान्ति से पहले समाज में सामन्त, पादरी, व्यापारी, कृषक व मजदूर वर्ग थे। सामन्तों का महत्व अब घट गया था। पर कई सामन्त उद्योगपति बन गये थे। साधारण कृषक व स्वतन्त्र कारीगर अब कारखाने से मजदूर बन गये। नयी परिस्थितियों में मध्यम वर्ग का भी उदय हुआ। शिक्षित पूंजीपति वर्ग प्रभावशाली व सम्पन्न तो था। इसे सरकार का भी सहयोग प्राप्त था। मध्यम वर्ग साधन सम्पन्न तो नहीं था परन्तु शिक्षा व ज्ञान की दृष्टि से उन्नत था। पूंजीपतियों की अवांछनीय प्रकृति के कारण मजदूर या निम्न वर्ग के व्यक्तियों की दशा शोचनीय थी। इन सभी वर्गों के पारस्परिक हित विरोधी थे। अतः समाज में वर्ग भेद उत्पन्न हो गया व संघर्ष को जन्म मिला।

8. श्रमिकों की स्वतन्त्रता का ह्रास : कहने को तो औद्योगिक क्रान्ति से श्रमिकों की स्वतन्त्रता बढ़ी व उनका महत्व भी बढ़ा। किन्तु वास्तव में क्रान्ति से श्रमिकों की स्वतन्त्रता में कमी हुई। पहले श्रमिक गांव के खुले वातावरण में अपनी इच्छानुसार काम करते थे किन्तु अब उनके पास कारखाने में काम करने के अलावा अन्य कोई उपाय नहीं था। यह बात जरूर थी कि वे अपना मनपसन्द उद्योग चुन सकते थे। किन्तु सभी उद्योगों में कार्य की दशायें एक सी ही थी व उन्हें पूंजीपतियों के नियन्त्रण में काम करना पड़ता था। मजदूरी का कुछ भाग वस्तुओं में दिया जाता था व उन्हें मालिक द्वारा चलाई जाने वाली दुकान से ही वस्तुएं खरीदनी पड़ती थी। मजदूरों को मालिक द्वारा बनाये मकानों में ही रहना पड़ता था। इस प्रकार पूंजीपति मजदूरों को हर प्रकार से अपने दबाव में रखते थे व अधिक से अधिक लाभ कमाने का प्रयत्न करते थे।

9. व्यक्तिवाद को जन्म : औद्योगिक क्रान्ति से पूर्व इंग्लैण्ड में उदारवाद का प्रचार था जिसका आधार व्यक्तिगत स्वतन्त्रता थी। क्रान्ति के बाद पूंजीपतियों ने व्यक्तिवाद के सिद्धान्त का प्रतिपादन किया। स्वतन्त्र नीति से अपना कार्य करने के कारण ही वे पूंजीपति बने थे। उनका विचार था कि सरकार का कार्य केवल शांति बनाये रखना है। अतः उसे केवल पुलिस का प्रबन्ध ही करना चाहिए। उद्योग धन्धों में सरकार को कोई हस्तक्षेप नहीं करना चाहिए, व उद्योगों पर कोई प्रतिबन्ध नहीं लगाना चाहिए। यदि प्रत्येक व्यक्ति को इच्छानुसार कार्य करने के लिए छोड़ दिया जाये तो इससे समाज की उन्नति होगी। काम के घंटे, मजदूरी, कार्य की दशायें आदि, सब पूंजीपतियों पर छोड़ देना चाहिए। सरकार ने भी इसी व्यक्तिवाद की नीति का पालन किया और प्रतिबन्ध नहीं लगाये। इससे मजदूरों की दशा शोचनीय हो गई व पूंजीपति उन्नत हो गये।

10. अनैतिकता में वृद्धि : भौतिक समृद्ध व अनैतिकता में साधारणतः सम्बन्ध देखा जाता है जो देश भौतिक रूप से समृद्ध हैं वहां अनैतिकता भी ज्यादा है। इसका एक कारण यह होता है कि धन एक बार प्राप्त होने पर इसकी ओर अधिक लालसा होती है। इंग्लैण्ड में भी अनैतिकता में वृद्धि हुई। अनैतिकता, व्याभिचार, कालाबाजारी, तस्करी, स्वार्थ-परायणता आदि की इंग्लैण्ड में वृद्धि हुई।

11. सामाजिक चेतना में वृद्धि : वर्ग संघर्ष बहुत समय तक दबे रहने के बाद सामाजिक चेतना स्वाभाविक है। औद्योगिक क्रान्ति से भी सामाजिक चेतना जाग्रत हुई। व्यक्ति अपने अधिकारों को समझने लगे। बहुसंख्यक, मध्यम व निम्न वर्ग की दशा खराब होने पर वे अधिक समय तक शोषण सहन नहीं कर सके। पहले वे स्वतन्त्र थे, खुश थे। अब उनकी दशा खराब थी। अतः उन्होनें सोचा कि उनकी दुश्मन मशीनें हैं। अतः उन्होनें मशीनों को तोड़ना प्रारम्भ किया। किन्तु मशीनों के मालिकों ने अपने प्रभाव से 1812 में यह नियम बनवा लिया कि मशीन तोड़ने वाले को मौत की सजा दी जायेगी। अब मजदूरों ने सोचा कि बिना संगठित हुए उनकी सुनने वाला कोई नहीं है। अतः उन्होनें अपने संगठन बनाये जिसके लिए पूंजीपतियों ने बहुत रूकावटें डाली। किन्तु सामाजिक चेतना के कारण वे अपने उद्धेश्य में सफल हुए व अपने हितों के लिए कानून बनवा सके।

12. समाजवाद की ओट : उपरोक्त वर्णित सभी बुराइयों के जन्म व सामाजिक चेतना के कारण इंग्लैण्ड में समाजवाद के सिद्धान्त प्रतिपादित किये जाने लगे। यह समाजवादी

विचारधारा कुछ दयालु उद्योगपतियों का प्रयत्न था। इनमें राबर्ट ओवन प्रमुख था। वह स्वयं मजदूर से मेहनत करते-करते उद्योगपति बना था। अत: मजदूरों की कठिनाइयां समझता था। उसने यह महसूस किया कि मजदूरों को यदि सुविधाएं दी जायें व उन्हें संतुष्ट रखा जाये तो उत्पादन में वृद्धि हो सकती है। अत: उसने मजदूरों के लिए उचित वेतन, रहन-सहन, आमोद प्रमोद प्रशिक्षण, बच्चों की देखभाल व शिक्षा, चिकित्सा सुविधाएं आदि का प्रावधान प्रारम्भ किया। लाभ के मालिक व मजदूरों के बीच विभाजन का सिद्धान्त भी उसने माना। अब तक मजदूरों के संगठन भी प्रारम्भ हो चुके थे। इस प्रकार के पूंजीपतियों के प्रयत्नों व मजदूरों के संगठन के कारण सरकार को उपरोक्त वर्णित सभी सुविधाएं मजदूरों को देने के लिए कानून बनाने पड़े। यह समाजवाद की दिशा में एक प्रयत्न था।

इस प्रकार सामाजिक क्षेत्र में औद्योगिक क्रान्ति के अच्छे बुरे दोनों प्रकार के प्रभाव पड़े। जहाँ एक और स्वतन्त्रता में कमी, शोषण, अनैतिकता, अस्वास्थ्यकर वातावरण, सामाजिक जीवन का ह्रास आदि बुराइयां औद्योगिक क्रान्ति के कारण पैदा हुई, वहां दूसरी ओर सामाजिक चेतना व समाजवाद की दिशा में उठाये गए कदम इसके अच्छे प्रभाव थे।

राजनैतिक प्रभाव
(Political Consequences)

औद्योगिक क्रान्ति के आर्थिक व सामाजिक प्रभावों के कारण राजनैतिक प्रभाव भी पड़े। यहाँ यह कहा ज़ा सकता है कि राजनैतिक क्षेत्र में पड़े सभी प्रभाव अच्छे थे।

औद्योगिक क्रान्ति प्रमुख राजनैतिक परिणाम निम्न थे:

1. राजनैतिक चेतना : क्रान्ति से पहले इंग्लैण्ड एक कृषि प्रधान राष्ट्र था। अत: संसद में भी भूमिपतियों का अधिक प्रभाव था। औद्योगिक क्रान्ति के बाद समाज के कई वर्ग व मध्यम वर्ग का भी उदय हुआ तथा सामाजिक से राजनैतिक चेतना में भी वृद्धि हुई। सामाजिक चेतना से राजनीतिक चेतना में भी वृद्धि हुई जिससे सभी वर्गों ने अपने हितों की रक्षा की मांग की।

2. प्रशासन में सुधार : सभी वर्गों ने जब संसद में अपने प्रतिनिधित्व की मांग की तो सरकार को उनकी मांग को स्वीकार करना पड़ा। 1832 में अधिनियम पास कर संसद के सभी वर्गों को प्रतिनिधित्व दिया जाने लगा।

3. श्रम अधिनियम पास करना : मजदूरों की दशा में सुधार करने के लिए सरकार ने कई श्रम अधिनियम पास किये। इनमें खान अधिनियम, कारखाना अधिनियम, मजदूरी भुगतान अधिनियम आदि प्रमुख थे। इन अधिनियमों के कारण श्रमिकों के अधिकारों की रक्षा हो सकी व उनकी दशा में सुधार हुआ।

4. राजनैतिक सुदृढ़ता : आर्थिक सुदृढ़ता के साथ इंगलैण्ड में राजनैतिक सुदृढ़ता भी आई क्योंकि जब देश आर्थिक दृष्टि से सम्पन्न हुआ, राष्ट्रीय आय में वृद्धि हुई, प्रति व्यक्ति आय, आर्थिक स्थायित्व आया तो स्वत: ही राजनैतिक सुदृढ़ता व स्थिरता आई।

5. विस्तारवाद की नीति : आर्थिक व राजनैतिक सुदृढ़ता के कारण इंग्लैण्ड ने विस्तारवादीता की नीति अपनाई। पहले उसने दूसरे देशों से आर्थिक सम्बन्ध कायम किया व

बाद में उन पर अपना अधिकार जमा लिया। भारत भी इनमें से एक था। इस प्रकार इंग्लैण्ड ने कई उपनिवेश बनाये। इंग्लैण्ड ने विश्व के एक चौथाई भाग पर अपना अधिकार जमा लिया था। यह साम्राज्य इतना बड़ा था कि जिसके लिए यह कहा जाता है कि इंग्लैण्ड के साम्राज्य में कभी सुर्यास्त नहीं होता था।

6. नेपोलियन बोनापार्ट का पतन : औद्योगिक क्रान्ति से इंग्लैण्ड की आर्थिक व राजनैतिक स्थिति में सुधार हुआ। इस अच्छी स्थिति के कारण ही इंग्लैण्ड व मित्र राष्ट्र नेपोलियन पर विजय प्राप्त कर सकें। नेपोलियन एक सामान्य अफसर से फ्रांस का सम्राट बना किन्तु फिर भी उसको संतुष्टि नहीं हुई और उसने साम्राज्यवाद का प्रसार कर विश्व सम्राट बनाना चाहा। 1806 में नेपोलियन की स्थिति बहुत ही अच्छी हो गई। इस समय लगभग सम्पूर्ण यूरोप उसके अधीन था। जर्मनी पर उसका प्रभुत्व था। बेल्जियम, पश्चिमी राइनलैण्ड, सेवायें व नीम फ्रांस में मिलाये जा चुके थे। रूस का जार भी उसकी दोस्ती का इच्छुक था। अब नेपोलियन इंग्लैण्ड पर विजय प्राप्त करना चाहता था। इंग्लैण्ड की विशाल सामुद्रिक शक्ति के कारण उस पर सीधा आक्रमण न कर नेपोलियन ने इंग्लैण्ड के व्यवसाय व बाजार को नष्ट करने के लिए व्यापार बहिष्कार योजना बनाई। किन्तु इससे नेपोलियन को कोई लाभ नहीं हुआ। 1813 में लिपत्रिक नामक स्थान पर हुए सब राष्ट्रों के युद्ध में इंगलैण्ड व उसके मित्र देशों ने नेपोलियन को हराया। 1815 में नेपोलियन पुनः फ्रांस का सम्राट बन गया। 7 जुलाई, 1815 को पुनः इंग्लैण्ड व उसकी सेनाओं ने पेरिस पहुंच कर नेपोलियन को हराया। औद्योगिक क्रान्ति ने इंग्लैण्ड को इस जीत में दो प्रकार से सहायता की। एक तो युद्ध लड़ने को जो उसे धन की आवश्यकता पड़ी उसे उसने 60 करोड़ पौड़ के ऋण जनता से लेकर पूरा किया। जनता यह ऋण इसलिये दे सकी क्योंकि इसकी आर्थिक स्थिति अच्छी थी। दूसरे अच्छी आर्थिक स्थिति के कारण इंग्लैण्ड ने नेपोलियन विरोधी अन्य देशों को माल का निर्यात किया व अन्य प्रकार की सहायता की। इस प्रकार औद्योगिक क्रान्ति ने ही इंग्लैण्ड को नेपोलियन के पतन में सहयोग दिया।

7. अन्तर्राष्ट्रीय नेतृत्व : औद्योगिक क्रान्ति से इंग्लैण्ड विश्व का बहुत ही विकसित राष्ट्र हो गया। इसकी आर्थिक स्थिति अच्छी हो गई व कई देशों व उपनिवेशों पर इसने अधिकार कर लिया। अपनी विचारधारा व सभ्यता का अन्य देशों पर प्रभाव डाला। आज भी इंग्लैण्ड का अनेक देशों पर प्रभाव नजर आता है। विश्व में अग्रगण्य हो जाने के कारण इंग्लैण्ड का विश्व पर नेतृत्व सा हो गया। इंग्लैण्ड विश्व का नेता बन गया व अन्य देश भी इंग्लैण्ड का अनुसरण करने के लिये लालायित हो गये।

उपरोक्त वर्णन से स्पष्ट है कि औद्योगिक क्रान्ति के कारण इंग्लैण्ड की स्थिति में आमूलचूल परिवर्तन हो गये। देश का कोई भी वर्ग या क्षेत्र ऐसा नहीं था जिस पर औद्योगिक क्रान्ति के प्रभाव न पड़े हों। ये प्रभाव बुरे भी थे अच्छे भी थे।

वास्तव में सक्रान्ति काल में बुरे प्रभाव पड़ना एक सामान्य बात है। बाद में ये बुराइयां दूर हो गई। **मेरीडीथ** के अनुसार, "यद्यपि औद्योगिक क्रान्ति में अनेक बुराइयाँ थी, पर वे लाभप्रद थी। इन प्रभावों के कारण इंग्लैण्ड विश्व में अग्रगण्य देशों में हो गया व पूरे विश्व पर हावी सा हो गया। यह विश्व के सभी कार्यों का केन्द्र बन गया तथा इसके बाद अन्य देशों ने भी इसी प्रकार की औद्योगिक क्रान्ति का प्रयत्न कर अपने यहां औद्योगिक

विकास किया।'' **नोल्स** के अनुसार, ''औद्योगिक क्रान्ति से इंग्लैण्ड विश्व का अग्रदूत, विश्व का मालवाहक, विश्व का जहाज निर्माता, विश्व का बैंकर, विश्व का उत्पादन केन्द्र, विश्व का समाशोधनगृह व विकासगृह बन गया।''

संक्षेप में औद्योगिक क्रान्ति से इंग्लैण्ड की अर्थव्यवस्था के सभी क्षेत्रों में विकास हुआ व यह विश्व का अग्रगणी देश बन गया।

प्रश्न

1. औद्योगीक क्रान्ति से आप क्या समझते है। औद्यगीकररण क्रान्ति सर्वप्रथम इंगलैंड में ही क्यों हुई? अन्य देशों में क्यों नहीं हुई? क्या भारत में भी औद्योगिक क्रान्ति हो रही है?

   What do you mean by Industrial Revolution. Why Industrial Revolution first take place in U.K.? Why not in other nation? Is india marching on Industrial Revolution.

2. इंगलैण्ड की औद्योगीक क्रान्ति की क्या विशेषताएँ थी ? औद्योगीक क्रान्ति का इंगलैण्ड पर क्या प्रभाव पड़ा।

   What have been characteristics of Industrial Revolution taken place in U.K.? What have been effects of Industrial Revolution on U.K.

3. ''औद्योगीक क्रान्ति ने समाज के आर्थिक जीवन को पूर्णतया बदल दिया है। '' क्या आप इस कथन से सहमत हैं? अपने तर्क प्रस्तुत कीजिए।

   The Industrial Revolution has completely changed the economic life of society. Are you agree with this statement. Give arguments.

□□□

2

बैंकिंग अधिनियम तथा प्रबन्ध
(Banking Regulation and Management)

किसी राष्ट्र की अर्थव्यवस्था उस देश की बैंकिंग व्यवस्था पर निर्भर करती है। बैंक एक सेवा उद्योग है। अन्य व्यवसायों के विपरीत बैंकों की कार्यशील पूँजी का अधिकांश भाग अंशधारियों का न होकर जमाकर्त्ताओं का होता है। अतः जमा करने वालों के हितों की रक्षा करने के लिए सरकार द्वारा कुछ व्यवस्था करना आवश्यक है। यह व्यवस्था इस प्रकार की होनी चाहिए कि बैंक जमाकर्त्ताओं की रकमों का दुरूपयोग न कर सकें और जमा वालों को कोई हानि होने की आशंका न हो। गद्म वर्षों में प्रायः सभी देशों में बैंकिंग सुविधाओं का तेजी से विस्तार हुआ है और पहले से अधिक लोग बैंकों में खाते रखेंने लगे हैं तथा भुगतान के लिए चैक का प्रयोग करने लगे हैं। इस कारण से बैंकों की ऋण नीति अथवा साधनों के उपयोग सम्बन्धी कार्यों पर नियन्त्रण रखना और भी आवश्यक हो गया है। इसलिये यह आवश्यक है कि बैंकिंग संगठन को सुदृढ़ आधार प्रदान करने हेतु बैंकिंग व्यवसाय पर उपयुक्त एवं सुदृढ़ नियमन एवं नियन्त्रण रखा जाए।

भारत में बैंकिंग विधान की आवश्यकता का प्रथम अनुभव 1913-14 के बैंकिंग संकटकाल में हुआ जबकि देश के अनेक बैंक असफल हुए। जनता तथा आर्थिक विचारकों ने यह मत प्रकट किया कि यदि देश में बैंकिंग व्यवस्था तथा संगठन के नियमन सम्बन्धी कोई विधान होता तो भारतीय बैंक इतनी अनियमितताओं में संलग्न नहीं हो सकते थे। अतः देश में बैंकिंग विधान बनाने पर बल दिया गया परन्तु सरकार ने इस दिशा में कोई कार्यवाही नहीं की।

1929 में जब केन्द्रीय बैंकिंग जाँच समिति की नियुक्ति की गयी तो उसे यह कार्य सौंपा गया कि वह जनता के हितों की रक्षा करने के लिए बैंकिंग व्यवस्था के नियमन सम्बन्धी सुझाव दे। समिति ने भारतीय बैंकिंग व्यवस्था का नियन्त्रण करने के लिए एक केन्द्रीय बैंक की स्थापना का सुझाव दिया। किन्तु भारत सरकार ने इन सुझावों पर केवल यह कार्यवाही की

कि भारतीय कम्पनी अधिनियम में कुछ संशोधन कर दिये जिनसे बैंकों के विस्तार तथा नीतियों का नियन्त्रण हो सकता था। ये उपाय भी बैंकिंग को प्रभावी ढंग से नियन्त्रित करने में असफल रहे और देश में अनेक बैंक फेल हुए।

सन् 1934 में रिजर्व बैंक ऑफ इण्डिया एक्ट बना। इसके अन्तर्गत रिजर्व बैंक की स्थापना हुई और उसे व्यापक अधिकार मिले। उसके हस्तक्षेप से भी स्थिति में कोई खास सुधार नहीं हुआ।

1939 में रिजर्व बैंक ने एक पृथक् बैंकिंग कानून बनाने का सुझाव भारत सरकार के सामने रखा किन्तु द्वितीय महायुद्ध छिड़ जाने से वह कोई कदम न उठा सकी।

1943-44 में कम्पनी कानून को पुनः संशोधित करके बैंकों के नियन्त्रण हेतु रिजर्व बैंक को और अधिक अधिकार दिये गये।

सन् 1946 में एक अध्यादेश जारी करके रिजर्व बैंक को विस्तृत अधिकार प्रदान किये गये जिससे यदि कोई अनुसूचित बैंक उसके आदेशों की उपेक्षा करे, तो रिजर्व बैंक उसे अनुसूचित बैंकों की सूची में से निकाल सकता था।

भारत के स्वतन्त्र होने पर लोकप्रिय सरकार ने देश में बैंकिंग के स्वस्थ विकास के लिए एक स्वतन्त्र बैंकिंग कानून के निर्माण की आवश्यकता अनुभव की। तदनुसार बैंकिंग नियमन अधिनियम भारतीय विधान निर्मात्री सभा द्वारा 17 फरवरी, 1949 को पास किया गया और 16 मार्च, 1949 से देश में लागू किया गया। इसमें समय समय पर संशोधन होते रहे है।

भारत में बैंकिंग व्यवसाय का नियमन एवं नियन्त्रण करने हेतु बैंकिंग कम्पनी अधिनियम 1949 में पारित किया गया था। यह अधिनियम 16 मार्च 1949 से लागु हुआ। सन् 1965 में संशोधन कर इसका नाम "बैंकिंग नियमन अधिनियम" कर दिया गया है। बैंकिंग नियमन अधिनियम के प्रावधानों की विस्तृत एवं पूर्ण व्याख्या करने से पूर्व उन कारणों का विस्तृत अध्ययन आवश्यक है जिसके कारण इस अधिनियम को पारित करने की आवश्यकता अनुभव की गयी। बैंकिंग व्यवसाय का नियमन एवं नियन्त्रण करने हेतु बैंकिंग विधान की आवश्यकता मुख्य रूप से निम्न कारणों से अनभव की गयी-

(1) **अंशधारियों एवं जमाकर्त्ताओं के हितों की रक्षा करना** - बैंकों में जमाओं के रूप में जमाकर्त्ताओं का वित्तीय त्याग जमा होता है। जमाकर्त्ता बैंक से अपनी जमाओं पर बैंक से जमा राशि को पुनः लौटाने की अपेक्षा रखते है। जमाकर्त्ताओं के हितों की रक्षा हेतु बैंकों पर प्रभावी नियन्त्रण आवश्यक है।

(2) **अचल सम्पत्ति की आड़ में जो अधिक ऋण दिये जाते थे, उन पर समुचित नियन्त्रण स्थापित करना**-बैंकों द्वारा अचल सम्पत्तियों पर प्रदान किये जाने वाले ऋण अधिक सुरक्षित नहीं होते। अतः किसी उपयुक्त विधान द्वारा इस प्रथा पर समुचित नियन्त्रण आवश्यक है।

(3) **बैंकों के अनियमित शाखा विस्तार को रोकना** -स्वतन्त्रता से पूर्व किसी उपयुक्त विधान के अभाव में बैंकों का अत्यधिक गैर-नियोजित विस्तार सम्भव हुआ। बैंकिग शाखाओं का विस्तार केवल उन स्थानों पर किया गया जहाँ अधिक लाभ की सम्भावना थी। इसके परिणामस्वरूप अधिक बैंकिंग शाखाएँ औद्योगिक एवं व्यावसायिक नगरों में ही स्थापित हुई। अतः संतुलित बैंकिंग विकास के लिए नियमन की आवश्यकता अनुभव कि गयी।

(4) **स्वदेशी एवं आधुनिक बैंकरों के मध्य समन्वय स्थापित करना**-बैंकिंग प्रकृति से व्यावसायिक संस्था होने के कारण सदैव अधिक लाभार्जन की तरफ आकर्षित रहते है। लाभ कमाने की प्रवृत्ति के कारण विभिन्न प्रकार के बैंकों -स्वदेशी तथा विदेशी आदि के मध्य अनुचित प्रतिस्पर्धा उत्पन्न होने का भय बना रहता है। अतः प्रतिस्पर्धा के स्थान पर समन्वय स्थापित करने हेतु उपयुक्त विधान की आवश्यकता अनुभव की गयी।

(5) **आर्थिक सत्ता के केन्द्रीकरण को रोकना** -समाजवादी व्यवस्था में आर्थिक सत्ता के केन्द्रीयकरण का कोई महत्व नहीं होता। बैंकिंग क्षेत्र में केन्द्रीकरण की प्रवृत्ति को रोकने के दृष्टिकोण से ही स्वतन्त्रता के पश्चात् बैंकों के केन्द्रीयकरण का विषय अत्यन्त महत्वपूर्ण रहा है। बैंकिंग क्षेत्र में आर्थिक सत्ता के केन्द्रीयकरण पर उपयुक्त अंकुश की दृष्टि से किसी उपयुक्त विधान की आवश्यकता अधिक लम्बे समय से अनुभव कि जा रही थी।

(6) **ग्रामीण एवं पिछड़े हुए क्षेत्रों में पर्याप्त मात्रा में बैंकिंग सुविधा उपलब्ध कराना आदि** - भारत की अधिकांश जनसंख्या ग्रामीण क्षेत्रों में निवास करती है। किन्तु बैंक प्रवृति से व्यावसायिक होने के कारण अधिक लालायित शहरों में शाखा खोलने के प्रति होते है। ग्रामीण क्षेत्रों में उपयुक्त बैंकिंग विकास हेतु बैंकों पर समुचित नियन्त्रण की आवश्यकता अनुभव कि गयी।

इस अधिनियम को पारित करने का मुख्य उद्धेश्य भारतीय बैंकों में व्याप्त बुराईयाँ तथा कमजोरियाँ और भारतीय बैंकिंग व्यवसाय सम्बन्धि भिन्न भिन्न व्यवस्थाओं की अस्पष्टताओं को दूर करके बैंकिंग व्यवसाय के नियमन एवं नियन्त्रण हेतु स्वतन्त्र विधान की व्यवस्था करना था।

बैंकिंग नियमन अधिनियम 1949 के मुख्य प्रावधान या विशेषताएँ

(Salient Features of Banking Regulation Act, 1949 or Characteristics)

बैंकिंग नियमन अधिनियमन 1949 के अन्तर्गत बैंक के विविध अधिकार कर्त्तव्य, कार्यक्षेत्र आदि को निश्चित किया गया। इस सन्दर्भ में निम्न प्रावधान किये गये-

1. बैंकिंग की परिभाषा - बैंकिंग अधिनियम की धारा 5(बी) के अनुसार, ''एक बैंकिंग कम्पनी वह है जो बैंकिंग का कार्य करें।

अधिनियम के अनुसार 'बैंक' शब्द की परिभाषा निम्नानुसार है-

"बैंक से आशय ऐसी संस्था से है जिसका कार्य ऋण देने तथा विनियोग करने के उद्देश्य से जनता से जमा (निक्षेप) प्राप्त करना तथा जिनका चैक, ड्राफ्ट या आदेशानुसार या अन्य तरीकों द्वारा लौटा सकने से है।"

धारा 7, में यह उल्लेखित किया गया है कि प्रत्येक ऐसी कम्पनी जो बैंकिंग व्यवसाय करती है अपने नाम के साथ "बैंकर" या बैंकिंग" शब्द का प्रयोग करना अनिवार्य है अन्यथा वह बैंकिंग व्यवसाय नहीं कर सकती है।

धारा 8, में बैंकों के लिए प्रत्यक्ष अथवा अप्रत्यक्ष रूप से व्यापारिक क्रियाकलाप अपनाने और व्यापारिक जोखिम उठाने का निषेध किया हुआ है। कोई भी बैंकिंग कम्पनी प्रत्यक्ष तथा अप्रत्यक्ष रूप से माल का क्रय विक्रय नहीं कर सकती है। लेकिन कम्पनी किसी ऋण की प्रतिभूति के रूप में प्राप्त हुए माल का निपटान ऋण राशि वसूल करने के लिये कर सकती है।

धारा 9 (1) में निम्न कार्यों के सम्पादन हेतु किसी बैंकिंग कम्पनी को सहायक कम्पनी स्थापित करने की अनुमति प्रदान क्रि गयी है-

(अ) ट्रस्टों का दायित्व संभालने के लिए।

(ब) वसीयत-निष्पादक, ट्रस्टी या अन्य किसी रूप में सम्पत्तियों का प्रशासन भार सम्भालने के लिये।

(स) सेफ डिपॉजिट उपलब्ध करवाने के लिए।

(द) रिजर्व बैंक की अनुमति से भारत के बाहर व्यवसाय चलाने के लिए।

इस अधिनियम के अनुसार बैंकिंग कम्पनी वह है जो-

(i) अपने नाम के साथ बैंक, बैंकर या बैंकिंग शब्द का प्रयोग करें,

(ii) इस अधिनियम के अन्तर्गत स्थापित हुई हो, तथा

(iii) बैंकिंग का व्यवसाय करती है।

2. व्यवसाय पर प्रतिबन्ध - धारा 8 के अनुसार किसी भी बैंक को माल (सब प्रकार की चल सम्पत्ति) आदि का क्रय विक्रय करने की अनुमति नहीं है लेकिन बैंक मुद्रा, बिल अंश तथा मुल्यवान धातु का क्रय विक्रय कर सकती है। यदि बैंक अपने किसी दावे के आधार पर धरोहर (जमानत) के रूप में रखी सम्पत्ति बेचता है तो उसे व्यवसाय में शामिल नहीं किया जायेगा।

3. बैंकों का प्रबन्ध - धारा 10 के अनुसार किसी व्यक्ति को बैंक का प्रबन्ध अभिकर्त्ता नियुक्त नहीं किया जा सकता है और न ही बैंक में किसी ऐसे संचालक को नियुक्त किया जा सकता है जो किसी अन्य बैंक का संचालक हो। इसके अलावा दिवालिया या जिसे किसी नैतिक अपराध के मामले में न्यायालय द्वारा दण्डित किया गया हो, ऐसा व्यक्ति भी बैंक का संचालक नहीं बन सकता है।

सन् 1956 में किये गये संशोधन के अनुसार रिजर्व बैंक को यह अधिकार है कि वह बैंकों के उच्च पदाधिकारियों एवं संचालकों की नियुक्ति, वेतन तथा सेवा की शर्तें निश्चित करें। इसी प्रकार सन् 1963 के संशोधन के अनुसार रिजर्व बैंक किसी भी बैंक के अधिकारी को लिखित सूचना देकर उसके पद से अलग कर सकता है।

4. पूँजी तथा रक्षित कोष – भारतीय बैंकिंग अधिनियम की धारा 11 में बैंकों की न्यूनतम पूँजी सम्बन्धी व्यवस्थाओं का उल्लेख है तथा इसमें प्रत्येक बैंक की पूँजी के बारे में निम्नलिखित व्यवस्था की गई है।

	बैंक का क्षेत्र	न्युनतम प्रदत्त पूँजी तथा कोष
1.	(i) यदि बैंक के कार्यालय एक से अधिक राज्यों में हैं ।	5 लाख रु
	(ii)यदि कार्यालय बम्बई, कलकत्ता या दोनो शहरों में है ।	10 लाख रु.
2.	(i) यदि बैंके के सभी कार्यालय एक ही राज्य में हो तो (मुम्बई व कलकत्ता को छोड़कर)	
	(अ) प्रमुख कार्यालय के लिए	1 लाख रु.
	(ब) प्रमुख कार्यालय वाले जिले में स्थित प्रत्येक शाखा के लिये	10,000 रु.
	(स) उस जिले के बाहर प्रम्येक शाखा के लिये (अधिकतम 5 लाख रु. से होने की आवश्यकता नहीं है।)	25,000 रु.
3	यदि बैंक के सभी कार्यालय एक राज्य में है तथा मुम्बई या कलकत्ता में भी है तो	10 लाख रु.
4.	यदि भारतीय बैंक की शाखाएँ कलकत्ता या बम्बई या दोनों शहरों में होने पर	10 लाख रु.

इस प्रकार प्रदत्त पूँजी एवं सुरक्षित कोष की कुल राशि 10 लाख रु. से अधिक होने की आवश्यकता नहीं है।

विदेशी बैंक का कार्यालय यदि कलकत्ता व बम्बई शहर में है तो न्यूनतम पूँजी 20 लाख रू. और अन्य जगह होने पर 15 लाख रुपये आवश्यक है। यह राशि इन बैकों द्वारा नकद अथवा अनुमोदित प्रतिभूतियों में रिजर्व बैंक के पास जमा रखना आवश्यक हैं।

5. अधिकृत एवं प्रदत्त पूँजी में अनुपात – भारतीय बैंकिंग अधिनियम की धारा 12 (1) के अनुसार बैंक की प्रार्थित पूँजी अधिकृत पूँजी के 50 प्रतिशत से कम नहीं हो सकती तथा प्रदत्त पूँजी प्रार्थित पूँजी के आधे से कम नहीं हो सकती। इसके अतिरिक्त कोई भी बैंक रिजर्व बैंक की पूर्व अनुमति के बिना अपनी पूँजी को नहीं बढ़ा सकता।

6. नकद कोष – रिजर्व बैंक अधिनियम की धारा 22(1) के अनुसार प्रत्येक अनुसूचित बैंक को अपनी कुल जमा राशि का 3 प्रतिशत नकद रूप में रिजर्व बैंक के पास रखना अनिवाय है। गैर अनुसूचित बैंकों के लिए अपने निक्षेपों का 3 प्रतिशत अपने पास

अथवा रिजर्व बैंक के पास रखना आवश्यक है। यह प्रतिशत 3 प्रतिशत से बढ़ाकर 15 प्रतिशत तक किया जा सकता हैं। इस कोश को रखने का उद्धेश्य बैंकों की शोधन क्षमता को बनाए रखना है।

7. सुरक्षित कोष – प्रत्येक बैंक के लिए अपनी आर्थिक स्थिति दृढ़ बनाये रखने के लिए यह आवश्यक है कि वह अपने वार्षिक लाभ में से प्रतिवर्ष कुछ राशि नियमित रूप से सुरक्षित कोष में डालता रहे। भारतीय बैंकिंग अधिनियम की धारा 17 के अनुसार प्रत्येक बैंकिंग कम्पनी को प्रत्येक वर्ष लाभांश घोषित करने से पूर्व लाभ हानि खातें में दर्शाए गए लाभों का कम से कम 20 प्रतिशत भाग सुरक्षित कोषमें डालना आवश्यक होगा।

8. लाभांश वितरण पर प्रतिबन्ध – बैंकों के असफल होने के अन्य अनेक कारणों में एक महत्वपूर्ण कारण यह होता है क उनके द्वारा पर्याप्त लाभ न अर्जन करन के बावजुद भी लेखों में लाभ दर्शाते रहते है और इस प्रकार पूँजी में से लाभ वितरित कर देते है। यह नीति बैंकों के आर्थिक हित के सर्वथा प्रतिकूल होती है जिस पर अंकुश अनिवार्य है। भारतीय रिजर्व बैंक अधिनियम की धारा 15 (1) के अनुसार प्रत्येक बैंक के लिए यह आवश्यक है कि वह लाभांश का वितरण करने से पूर्व अपने सभी व्यय एवं हानियों की व्यवस्था कर ले। इन व्ययों में पूँजीगत प्रारम्भिक व्यय भी शामिल है। इसके अलावा लाभांश वितरण से सम्बन्धित कम्पनी अधिनियम की धाराएँ 205, 206 एवं 207 भी बैंकों पर लागू होती है।

9. तरल कोष – प्रत्येक बैंक के पास अपने ग्राहकों की आवश्यकताओं की तत्काल पूर्ति करने हेतु पर्याप्त मात्रा में तरल सम्पत्तियाँ होना आवश्यक है। धारा 24 के अनुसार वर्तमान में प्रत्येक बैंक को अपने कुल भारतीय दायित्वों का 25 प्रतिशत भाग नकद कोष, सोना-चाँदी या स्वीकृत प्रतिभूतियाँ हमेशा बनाए रखना आवश्यक है। यह राशि रिवर्ज बैंक में नकद कोष के रूप में रखे गये 3 प्रतिशत के अतिरिक्त हैं। इसका आश्य यह है कि सभी अनुसूचित बैंकों को अपने समस्त दायित्व का कम से कम 28 प्रतिशत तरल रूप में रखना अनिवार्य है। रिजर्व बैंक इस राशि में और वृद्धि भी कर सकता है।

10. लाइसेन्स की अनिवार्यता – बैंकिंग नियमन अधिनियम की धारा 22 के अनुसार भारत में कार्य करने वाले प्रत्येक बैंक को बैंकिंग कार्य करने के लिए रिजर्व बैंक से लाइसेन्स लेना अनिवार्य है। इस हेतु प्रत्येक बैंक को रिजर्व बैंक के पास लिखित में आवेदन करना होता है। रिजर्व बैंक निम्न 3 शर्ते पूरी करने पर ही लाइसेन्स प्रदान करता है–

(अ) बैंक का प्रबन्ध जमाकर्त्ताओं के हित में किया जा रहा हो।

(ब) बैकिंग जमाकर्त्ताओं की जमा राशियों का भुगतान करने की क्षमता रखता हो।

(स) विदेशी बैंक जो भारत में कार्य कर रहे हैं, उनके देशों में भारतीय बैंकों के साथ पक्षपातपूर्ण व्यवहार नहीं किया जा रहा हो।

उपर्युक्त किसी भी शर्त का पालन न करने पर रिजर्व बैंक कभी भी बैक का लाइसेन्स रद्द कर सकता है। रिजर्व बैंक द्वारा लाइसेन्स रद्द करने के निर्णय के विरूद्ध केन्द्रीय सरकार से अपील की जा सकती है।

लाइसेंस देने के अधिकार द्वारा रिजर्व बैंक को भारतीय बैंक-व्यवस्था के नियमन तथा नियन्त्रण की इतनी अधिक शक्तियाँ प्रदान कर दी गयी हैं कि सामान्यत: किसी भी बैंक द्वारा अधिक समय तक कोई आर्थिक अनियमितता किये जाने की आशंका नहीं होनी चाहिए परन्तु दुर्भाग्य से इस दिशा में रिजर्व बैंक की नीति शिथिल एवं निष्क्रिय रही है जिसके कारण अनेक बैंक असफल हुए हैं।

11. शाखा विस्तार – भारत में बैंकिंग सुविधाओं का ग्रामीण क्षेत्रों में सर्वथा अभाव है जबकि इसके विपरीत शहरों में बैंकों का केन्द्रीयकरण होने से अनावश्यक एवं अस्वस्थ प्रतिस्पर्धा को जन्म मिलता है।

बैंकिंग अधिनियम की धारा 23 बैंकों के शाखा विस्तार को प्रोत्साहित कर केन्द्रीय करण की प्रवृत्ति पर रोक लगाती है। इसके अनुसार प्रत्येक बैंक को नयी शाखा खोलने अथवा पुरानी शाखा स्थानान्तरित करने के लिए रिजर्व बैंक से पूर्व अनुमति लेना आवश्यक है। रिजर्व बैंक अनुमति तभी देता है जबकि उस बैंक की आर्थिक स्थिति एवं आय-अर्जन क्षमता अच्छी हो तथा सम्बन्धित शाखा से उस क्षेत्र की जनता को वास्तव में लाभ होने की सम्भावना हो।

अब सरकारी क्षेत्र के बैंकों को शाखा विस्तार के लिए लाईसेंस लेने की अनिवार्यता से मुक्त कर दिया गया है।

12. मत देने का अधिकार – वर्तमान समय में बैंक केवल साधारण अंश ही निर्गमित कर सकते हैं। धारा 12 (4) के अनुसार बैंकिंग कम्पनी के प्रत्येक अंशधारी को उसके द्वारा दी गई पूँजी के अनुपात में ही मतदान का अधिकार होता है, परन्तु किसी भी अंशधारी को कुल मतदान के एक प्रतिशत से अधिक मत देने का अधिकार नहीं होगा।

13. अन्तिम खाते व अंकेक्षण – किसी भी बैंक की वास्तविक स्थिति जानने के लिए उसके अन्तिम खातों का अध्ययन करना आवश्यक है। इस सम्बन्ध में बैंकिंग अधिनियम 1949 सुदृढ व्यवस्था करना है।

धारा 29 के अनुसार प्रत्येक बैंक को 31 दिसम्बर को अन्तिम खाते तैयार करने होते है। इसकी विधि एवं प्रारूप भारतीय बैंकिंग नियमों द्वारा निर्धारित किये गये हैं। जिन पर मैनेजर तथा कम से कम तीन संचालकों के हस्ताक्षर आवश्यक है। धारा 30 के अनुसार इनका विधिवत योग्यता प्राप्त अंकेक्षक से अंकेक्षण कराना आवश्यक है। धारा 31 के अनुसार 31 मार्च तक इन खातों की तीन प्रतियाँ रिजर्व बैंक के पास भेजना अनिवार्य है।

14. ऋणों पर प्रतिबन्ध – धारा 20 के अन्तर्गत -(अ) कोई भी अपने अंशों की जमानत पर और संचालकों की बिना जमानत के ऋण नहीं दे सकता। (ब) यदि रिजर्व बैंक चाहे तो किसी भी बैंक को आरक्षित ऋण देने से मना कर सकता है। (स) रिजर्व बैंक को यह भी अधिकार दिया गया है कि वह ऋण प्रदान करने की नीति एवं क्षेत्र के विषय में निर्देश जारी कर सकता है।

15. एकीकरण योजना – जब कोई बैंक किसी दूसरे बैंक के साथ मिलना चाहता है तो उस बैंक को सभी अशधारियों की साधारण सभा में एकीकरण की योजना प्रस्तुत करना पड़ती है। रिजर्व बैंक को 1960 तथा 61 के संशोधन के पश्चात् से समामेलन (एकीकरण), पुनर्गठन तथा दुर्बल बैंकों के कार्गो में हस्तक्षेप करने का व्यापक अधिकार प्राप्त है।

16. निरीक्षण – धारा 35 के अनुसार रिजर्व बैंक किसी भी बैंक का किसी भी समय निरीक्षण कर सकता है। निरीक्षण करने के पश्चात उसकी रिपोर्ट की एक प्रति सम्बन्धित बैंक को भेजी जाती है। निरीक्षण होने पर बैंक अधिकारी का कर्त्तव्य है कि ऐसी खाता बहियाँ जो माँगी जावे, निरीक्षण अधिकारी के सुपुर्द की जयें। अनियमितता की दशामें में एक निश्चित समय में उसे दूर करने का आदेश दे सकता है। बैंक द्वारा आदेश की अवहेलना करने पर विघटन सम्बन्धि कार्यवाही भी की जा सकती है।

इस प्रकार बैंकिंग नियमन अधिनियम 1949 में बैंकिंग व्यवसाय के नियमन के लिए उपर्युक्त महत्वपूर्ण व्यवस्थाएँ की गई हैं।

बैंक तथा ग्राहक का सम्बन्ध

(Banker Customer Relationship)

बैंक द्वारा ग्राहकों को अनेक प्रकार की सेवायें प्रदान कि जाती है। इस प्रक्रिया में बैंक तथा ग्राहकों के मध्य विभिन्न सम्बन्धों की स्थापना स्वाभाविक है। बैंकों द्वारा विद्यमान बैंकिंग परिपेक्ष्य में ग्राहकों को बेहतर सेवायें प्रदान कि जाय तभी बैंक सामाजिक एवं आर्थिक विकास के महत्वपूर्ण उपकरण बन सकेंगे। इस आश्य की पूर्ति के लिए बैंक तथा ग्राहक के मध्य उत्पन्न होने वाले सम्बन्धों की विस्तृत जानकारी आवश्यक है। बैंक और ग्राहक के मध्य सम्बन्ध ज्ञात करने पूर्व हमें बैंकर तथा ग्राहक शब्द का आशय जानना महत्वपूर्ण है।

बैंकर की परिभाषा

(Definition of Banker)

बैंकर एक व्यापक शब्द है, अधिकंाश विद्वानों द्वारा इसको परिभाषित किये जाने के बावजूद भी इसके कार्यों के अनुसार दी गई परिभाषा अपूर्ण है। सामान्यतया बैंक अथवा बैंकर्स से हमारा आशय एक ऐसी कम्पनी अथवा संस्था से है जो जनता रो धन स्वीकार करती है तथा ग्राहकों के आदेशानुसार धन का भुगतान करती है।

''बैंकर'' शब्द की कतिपय परिभाषाओं का संक्षिप्त समिक्षात्मक वर्णन निम्न प्रकार प्रस्तुत किया जा सकता है :

(1) **भारतीय बैंकिंग नियमन अधिनियम 1949 की धारा 5 (ब)** के अनुसार, ''बैंकिंग से तात्पर्य ऋण देने अथवा नियोजन के लिए जनता से धन जमा करना है जो माँग करने पर लैटाया जा सकेगा तथा जिसे चैक, ड्राप्ट, आदेश या अन्य प्रकार से निकाला जा सकें''

(2) **डॉ. हरबर्ट हार्ट** के अनुसार, ''बैंक वह है जो अपने व्यवसाय के साधारण व्यवहार में स्वयं पर (बैंक पर) उन व्यक्तियों द्वारा लिखे गये चैंको को भुगतान करता है जिनसे तथा जिनके लिये वह चालू खाते में धन प्राप्त करता है।''

समिक्षा (Evaluation)–वर्तमान परिस्थितियों के संदर्भ में हार्ट की परिभाषा को उचित परिभाषा नहीं कहा जा सकता हैं क्योंकि वर्तमान समय में बैंकर्स का कार्य धन प्राप्त करना है एवं धन का भुगतान करना ही नहीं है।

इस परिभाषा से यह स्पष्ट है कि जो व्यक्ति इस परिभाषा में वर्णित कार्य करेगा वह बैंक होगा परन्तु फिर भी यह परिभाषा बैंक के सभी कार्यों पर प्रकाश नहीं डालती।

भारतीय विनिमय साध्य विलेख अधिनियम की धारा 3 के अनुसार, "बैंकर के अन्तर्गत बैंकिंग का कार्य करने वाला प्रत्येक व्यक्ति तथा डाकघर बचत बैंक सम्मिलित है।"

(3) **वैब्स्टर शब्द कोष** के अनुसारण "बैंक वह संस्था है जो मुद्रा में व्यवसाय करती है, एक प्रतिष्ठान है जहाँ धन का जमा, संरक्षण तथा निर्गमन होता है तथा ऋण देने एवं कटौती की सुविधा प्रदान की जाती है और एक स्थान से दूसरे स्थान पर धनराशि भेजने की व्यवस्था की जाती है।"

(4) **सर जान पैगट** के अनुसार, "कोई भी व्यक्ति अथवा संस्था तब तक बैंकर कहलाने के अधिकारी नहीं हँ जब तक कि वह निम्नलिखित कार्य नहीं करते हों – जमा एवं चालू खाते रखना, चैक देना तथा उसका भुगतान करना तथा ग्राहकों से प्राप्त चैंकों की राशि का भुगतान संग्रह करना।"

समीक्षा – सर जान पैगट की परिभाषा को भी संतोषजनक एवं उपयुक्त परिभाषा नहीं कहा जा सकता है क्योंकि उन्होंने अपनी परिभाषा में बैंकर के कुछ गिने चुने प्रमुख कार्यों का ही उल्लेख किया है।

वर्तमान परिस्थितियों में बैंकर की उचित परिभाषा निम्न प्रकार से प्रस्तुत की जा सकती है जो कि **वैब्स्टर के शब्दकोष** में दी गई है –

"बैंक वह संस्था है जो मुद्रा का व्यवसाय करती है एक प्रतिष्ठान जहाँ धन का जमा, संरक्षण तथा निर्गमन होता है तथा ऋण एवं कटौती की सुविधायें प्रदान की जाती है तथा धन राशि को एक स्थान से दूसरे स्थान को भेजने की व्यवस्था की जाती है।"

बैंकर के लक्षण
(Characteristics)

उपरोक्त परिभाषाओं के विश्लेषणात्मक अध्ययन से बैंकर्स के निम्नलिखित लक्षण, तत्व अथवा विशेषतायें स्पष्ट होती हैं –

1. जमाओं को स्वीकार करना तथा ऋण देना – किसी भी कम्पनी अथवा संस्था को बैंकर तभी कहा जा सकता है जबकि वह जनता की जमाओं को स्वीकार करें तथा ऋण देने अथवा विनियोग का कार्य करे। इन कार्यों के अभाव में एक कम्पनी अथवा संस्था बैंकर कदापि नहीं मानी जा सकती।

2. केवल धन को ही स्वीकार करना – बैंकर की दूसरी महत्वपूर्ण विशेषता यह है कि किसी भी कम्पनी अथवा संस्था को बैंकर तभी माना जा सकता है जबकि वह जनता से केवल धन ही स्वीकार करें अन्य किसी प्रकार की वस्तु नहीं, यदि वह अन्य वस्तुएँ भी स्वीकार करता है तो उसे बैंकर नहीं कहा जा सकता।

3. माँग पर ही भुगतान – बैंकर की एक विशेषता यह भी है कि वह मांग पर ही भुगतान करती है। बैंक से चैक, ड्राफ्ट आदि के द्वारा धन निकाला जा सकता है।

ग्राहक की परिभाषा
(Definition of Customer)

ग्राहक एक अपरिभाषित शब्द है, क्योंकि विश्व के किसी भी अधिनियम ने इसे परिभाषित नहीं किया हैं। इंगलैण्ड का अधिनियम भी इस सम्बन्ध में मौन है। विभिन्न विवादों में न्यायालय द्वारा दिये गये निर्णयों व कुछ विद्वानों द्वारा दी गई परिभाषा के आधार पर ही ग्राहक शब्द के अर्थ को समझा जा सकता है परन्तु फिर भी ग्राहक ऐसे व्यक्ति फर्म या कम्पनी को माना जाता है जो बैंक में धन जमा करके अपने नाम से खाता खुलवाते हैं व चैक द्वारा धन निकालते हैं। विभिन्न अवसरों पर न्यायालयों के निर्णय 'ग्राहक' शब्द के अर्थ पर प्रकाश डालने में सहायक सिद्ध हो सकते है। ग्राहक के सम्बन्ध में भारत में दो मान्यतायें प्रचलित है-

प्राचीन मान्यता के समर्थक सर जान पैजेट के अनुसार, किसी भी व्यक्ति को बैंक का ग्राहक तभी माना जा सकता है, जबकि बैंक के साथ उसके स्वाभाविक एवं नियमित व्यवहार हो, एक आकस्मिक सौदा कर लेने मात्र से ही कोई व्यक्ति बैंक का ग्राहक नहीं हो सकता। सर जान पैजेट के शब्दों में - "ग्राहक कहलाने के लिये नियमित बैंकिंग व्यापार के सिलसिले में कोई मान्य क्रम अथवा आदत होना नितान्त आवश्यक है ...... एक अकेला व्यवहार तथा ग्राहक- इन दो विचारधाराओं का समाधान कठिन है।" उपरोक्त विवेचन से स्पष्ट है कि प्राचीन मान्यता के अनुसार, ग्राहक कहलाने के लिये बैंक के साथ उसके नियमित सम्बन्ध होना आवश्यक है, किसी व्यक्ति का बैंक से एक आकस्मिक एवं अकेला व्यवहार उसे बैंक का ग्राहक नहीं बना देता है। इस मत की पुष्टि *मैथ्यूज* बनाम *विलियम ब्राउन एण्ड कम्पनी* के मामले में सन् 1894 में दिये गये न्यायालय के इस निर्णय से होती है कि बैंक के साथ केवल खाता खोल कर प्रथम जमा के व्यवहार से कोई व्यक्ति ग्राहक बनने का दावा नहीं कर सकता। बैंक तथा उसके व्यवहारों (सौदो) में नियमितता होना आवश्यक है।

बैंकर और ग्राहक का सम्बन्ध
(Relation of Bank and Customer)

प्राचीनकाल में बैंक का कार्य अपने ग्राहकों के धन की सुरक्षा करना ही एकमात्र एवं प्रमुख कार्य था। उस समय बैंक एवं ग्राहक के मध्य निक्षेपग्रहिता एवं निक्षेपक का सम्बन्ध था। बैंक आज भी सुरक्षा का कार्य करते हैं, लेकिन यह वर्तमान समय में इतना अधिक महत्वपूर्ण नहीं है। वर्तमान समय में अपने ग्राहकों को विधिमुखी सेवायें प्रदान करते हैं, उनकी सेवाओं की विविधता के कारण ही ग्राहक तथा उनके मध्य विविध प्रकार के सम्बन्ध बनते हैं तथा बिगड़ते हैं। एक आधुनिक बैंक अपने ग्राहक के लिये कभी निक्षेपग्रहिता होता है, कभी प्रन्यासी तथा कभी प्रतिनिधि। किस परिस्थिति में ग्राहक एवं बैंक के मध्य कौन सा सम्बन्ध होगा, यह व्यवहार की प्रकृति पर निर्भर करता है।

बैंकर और ग्राहकों के के मध्य पाये जाने वाले विभिन्न सम्बन्धों का अध्ययन दो वर्गो में किया जा सकता है :

1. सामान्य सम्बन्ध, (General Relationship) तथा

2. विशेष सम्बन्ध (Special Relationship)

I. सामान्य सम्बन्ध
(General Relation)

बैंकर और ग्राहक के मध्य सामान्य सम्बन्ध निम्नलिखित प्रकार के होते है–

1. देनदार (ऋणी) और लेनदार (ऋणदाता) का सम्बन्ध – बैंक और ग्राहक के बीच आधारभूत सम्बन्ध देनदार तथा लेनदार का है। जब कोई व्यक्ति बैंक में खाता खोलकर अपना रूपया जमा कराता है तो बैंक की स्थिति देनदार (ऋणी) तथा ग्राहक की स्थिति लेनदार की होती है। ग्राहक द्वारा जमा की गई इस राशि पर बैंक का पूर्ण अधिकार होता है। उनका यह सम्बन्ध तभी तक चलता है जब तक की ग्राहक के खाते में रूपया जमा रहता है लेकिन जब ग्राहक अपने खाते में जमा रकम से अधिक रकम अधिविकर्ष के रूप में निकाल लेता है तो ऐसी स्थिति में बैंक लेनदार (ऋणदाता) तथा ग्राहक देनदार (ऋणी) हो जाता है। परन्तु यह सम्बन्ध कुछ समय के लिये ही होता है, क्योंकि बैंक ग्राहकों को अधिविकर्ष की सुविधा कुछ समय (कम दिन) के लिये ही प्रदान करते है। इस प्रकार बैंक एवं ग्राहक के मध्य एक सामान्य सम्बन्ध देनदार एवं लेनदार का पाया जाता है।

यद्यपि बैंकर और ग्राहक का सम्बन्ध देनदार एवं लेनदार (ऋणी एवं ऋणदाता) का होता है, परन्तु यह सम्बन्ध साधारण व्यापारिक ऋण की दशा में उत्पन्न सम्बन्ध से निम्नलिखित प्रकार से भिन्न होता है :

(i) **ग्राहक द्वारा माँगने पर भुगतान** – व्यापारिक ऋण में जो लेनदार एवं देनदार का सम्बन्ध उत्पन्न होता है उसके अन्तर्गत देनदार, लेनदार को बिना मांगे ऋण का भुगतान करने के लिये बाध्य होता है, लेकिन बैंक एवं ग्राहक के मध्य जो देनदार लेनदार का सम्बन्ध का सम्बन्ध स्थापित होता है, उसमें बिना मांगे बैंक ग्राहक को धन का भुगतान करने के लिए बाध्य नहीं हैं। यदि बैंक ग्राहक के बिना माँगे रूपये लौटा कर खाता बन्द कर देता है तो इसके गम्भीर परिणाम हो सकते है, हो सकता है कि ग्राहक ने कुछ चैक लेनदारों को भुगतान स्वरूप दिये हों तथा बैंक द्वारा खाता बन्द कर दिये जाने से ये चैक अप्रतिपिष्ठत हो जायेंगे जिसका ग्राहक की साख पर प्रतिकूल प्रभाव पड़ेगा तथा इसके लिये पूर्णतः बैंक उत्तरदायी होगा। *जोचिमसन* वर्सेज *स्विस बैंकिंग कॉरपोरेशन* के विवाद में लार्ड एटकिन्स ने स्पष्ट किया है कि "बैंक ग्राहक को बिना मांगे जमा राशि चुकाने के लिए बाध्य नहीं है।

(ii) **माँग करने का उचित स्थान एवं समय** – ग्राहक बैंक की एक विशिष्ट शाखा में खाता खोलता है, अतः जमा राशि केवल उसी शाखा से माँगी जानी चाहिए। उसी बैंक की अन्य शाखा को भुगतान करने का कोई दायित्व नहीं होता । यह भी आवश्यक है कि माँग बैंक के किसी कार्य दिवस को केवल कार्य के घंटो के दौरान की जानी चाहिये।

(iii) **माँग करने की उचित विधि** – ग्राहक द्वारा धन वापसी की माँग चैक, ड्राप्ट, आदेश या बैंकरों द्वारा उपयोग में लाये जाने वाले प्रचलित एवं सामान्य तरीकों से की जानी चाहिये। बैंक में जमा धन, ड्राफ्ट आदि के द्वारा निकाला जा सकता है। इससे स्पष्ट है कि मांग लिखित रूप में तथा बैंक के नियमानुसार किसी विशेष रूप में की जानी चाहिये, ग्राहक बैंक से मौखिक या टेलिफोन पर रूपयों की मांग नहीं कर सकता है।

(iv) **समायोजन तथा नियोजन** – व्यापारियों की भांति बैंक भी जमा राशि का ऋण एवं ब्याज के प्रति समायोजन एवं नियोजन कर सकता है। यदि किसी ग्राहक के बैंक में दो खाते हों उनमें से एक में नाम शेष हो तथा दूसरे में जमा शेष हो तथा नाम शेष वाले खाते को जमा शेष वाले खाते को मिलाकर अपने ऋण की वसूली कर सकता है बशर्ते कि दोनों खाते एक ही नाम से हो।

बैंक को खातों को मिलाने का अधिकार है लेकिन ग्राहक बैंक से यह अपेक्षा नहीं कर सकता है कि भुगतान करते समय बैंक उसके सभी खातों का ध्यान रखे।

2. प्रन्यासी का सम्बन्ध – बैंकर अपने ग्राहक के प्रन्यासी (Trustee) के रूप में भी कार्य करता हैं। बैंक द्वारा ग्राहकों की बहुमूल्य वस्तुएँ, आभूषण, बहुमूल्य प्रतिभूतियाँ सुरक्षित रखने की सुविधा दी जाती है और उसके बदले में बैंक कुछ कमीशन या किराया वसूल करती है। बैंक के लॉकर में ग्राहक द्वारा रखी सम्पत्ति का भी बैंक प्रन्यासी होता है। प्रन्यासी के रूप में बैंक को अपने ग्राहक से जो सम्पत्ति प्राप्त होती है उस पर स्वामित्व ग्राहक का ही होता है, लेकिन अधिकार बैंक का होता है। बैंक इन वस्तुओं को पूर्णरूप से सुरक्षित रखने तथा मांग पर वापस देने के लिए बाध्य होता है। बैंक प्रन्यासी के रूप में ग्राहक से जो सम्पत्ति प्राप्त करता है उसका प्रयोग किसी भी ऋण की पूर्ति में नहीं कर सकता है क्योंकि जमा कराई गई मूल्यवान वस्तु के प्रति बैंक प्रन्यासी है, उनकी सुरक्षा करना उसका उत्तरदायीत्व है क्योंकि इस सेवा के बदले वह निश्चित शुल्क प्राप्त करता है।

बैंकर की स्थिति ग्राहक के प्रति देनदार की है अथवा प्रन्यासी की, इसका निर्णय परिस्थितियों के अनुसार किया जाना चाहिये। यदि ग्राहक से कोई विशिष्ट आदेश प्राप्त किये बिना बैंक व्यापार की सामान्य रीति के अनुसार व्यवहार करता है तो ऐसी स्थिति में बैंक ग्राहक का देनदार माना जाता है। यदि किसी विशिष्ट उद्धेश्य या कार्य के लिए धन या विपत्र जमा कराये जाते हैं, तब बैंक की स्थिति का निर्णय करते समय यह देखना चाहिये कि वह राशि ग्राहक के खाते में जमा की गई है अथवा नहीं। उदाहरण के लिये, जब ग्राहक अपने बैंक में चैक संग्रह के लिये जमा करवाता है तो बैंक की स्थिति प्रन्यासी की होती है तथा खाते में धन जमा हो जाने के पश्चात बैंक की स्थिति देनदार की हो जाती है। यदि चैक की राशि प्राप्त होने से पूर्व बैंक फेल हो जाता है तो ग्राहक बैंक से चैक की पूरी राशि प्राप्त कर सकेगा तथा यदि राशि बैंक में जमा होने के बाद बैंक फेल हो जाता है तब ग्राहक को पूरी राशि नहीं वरन् आनुपातिक राशि ही प्राप्त होगी।

न्यू बैंक ऑफ इण्डिया लि. वर्सेज *प्यारे लाल* के विवाद में सुप्रीम कोर्ट ने निर्णय दिया है कि किसी विपरीत प्रमाण के न होने पर ग्राहक द्वारा बैंक को स्पष्ट निर्देश देने पर बैंक तथा ग्राहक के मध्य प्रन्यासी तथा हितधारी के सम्बन्ध माने जाते है।

सुब्रह्मण्य पिललई तथा अन्य वर्सेज *सैन्ट्रल बैंक* के विवाद में न्यायालय ने निर्णय दिया कि बैंक के पास जब कोई धन राशि विशिष्ट कार्य के लिये जमा की जाती है तो उस राशि पर साधारण देनदार के अदृश्य अधिकार नहीं होता वरन् बैंक उस राशि के लिये प्रन्यासी समझा जाता है।

3. अभिकर्त्ता(एजेन्ट) और प्रधान का सम्बन्ध - एक बैंकर और ग्राहक के मध्य एजेन्ट और प्रधान का भी सम्बन्ध होता है। वर्तमान समय में बैंक अपने ग्राहक के अभिकर्त्ता के रूप में भी निम्नलिखित सेवाएँ प्रदान करते है-

(i) ग्राहकों के चैक, बिल, प्रतिज्ञा-पत्र हुंडी इत्यादि का भुगतान वसूल प्राप्त करना।

(ii) ग्राहकों का रूपया एक स्थान से दूसरे स्थान पर हस्तांतरित करना।

(iii) ग्राहक की सम्पत्तियौ का किराया, ऋण पत्रों का ब्याज, ऋण की राशि लाभांश आदि वसूल करना।

(iv) ग्राहक की ओर से अंशो, ऋण पत्रों, बॉण्डस, साख पत्रों का क्रय -विक्रय करना।

(v) ग्राहक की और से ऋण की किश्तें, ब्याज, बीमें की किश्तें, आयकर, किराया आदि का भुगतान करना।

उपरोक्त कार्यो को करते समय बैंक को पर्याप्त सावधानी एवं सतर्कता तथा ग्राहक के निर्देशों का पालन करना चाहिये। यदि बैंक की लापरवाही से कार्य करने पर अथवा अनाधिकृत रूप से कोई कार्य करने पर ग्राहक को कोई क्षति होती है तो बैंक ऐसी क्षति की पूर्ति के लिए उत्तरदायी माना जायेगा।

4. सलाहकार परामर्शदाता का सम्बन्ध - चूँकि बैंक का विभिन्न कम्पनियों एवं संस्थाओं से सम्बन्ध रहता है, अत: वह अपने ग्राहकों को करारोपण, विनियोग, वित्त प्रबन्धन साहस आदि विभिन्न आर्थिक मामलों में सलाह देने का कार्य भी करती है। बैंक अपने ग्राहकों को यह बताते हैं कि किस कम्पनी में रकम विनियोग करना लाभप्रद होगा। बैंक को यह कार्य सम्पूर्ण विश्वास एवं जानकारी के आधार पर करना चाहिये अन्यथा बैंक की लापरवाही से ग्राहक को होने वाले नुकसान के लिए बैंक उत्तरदायी होगा।

II. बैंकर और ग्राहक मध्य विशेष सम्बन्ध
(Special relationship between Banker and Customer)

बैंक तथा ग्राहक के साधारण सम्बन्धों के अतिरिक्त कुछ अन्य जिम्मेदारियाँ भी है, जिन्हें हम विशेष सम्बन्धों के रूप में व्यक्त कर सकते है। इस सम्बन्ध की विशेषताओं के अन्तर्गत बैंकर पर ग्राहक के प्रति कुछ अतिरिक्त अधिकार एवं दायित्व भी आ जाते है। उदाहरणतया, चैक के भुगतान करने का दायित्व, खातों को गुप्त रखने का दायित्व, सही प्रविष्टियाँ करने का दायित्व, ग्रहणाधिकार, समंजन का अधिकार, विनियोजन का अधिकार आदि, बैंक तथा ग्राहक के विशेष सम्बन्ध के अन्तर्गत आते है। बैंकर एवं ग्राहक के विशेष सम्बन्धों के अन्तर्गत दोनों के आपसी अधिकार एवं दायित्व उत्पन्न होते है, जो कि निम्नलिखित हैं-

1. ग्राहक के चैकों का भुगतान करना- जब बैंक जमा राशि स्वीकार करता है तो उसका वैधानिक दायित्व उत्पन्न हो जाता है कि वह ग्राहक द्वारा उचित ढंग से रूपया माँगे जाने पर उसका भुगतान करें। भारतीय विनिमय विपत्र अधिनियम की धारा 31 के अनुसार,

यदि बैंक के पास ग्राहक की पर्याप्त धन राशि जमा है जिसे ग्राहक द्वारा लिखे गये चैकों के भुगतान में प्रयोग किया जा सकता है तो मांग करने पर बैंक ग्राहक के चैक का भुगतान करने के लिये बाध्य है। यदि ग्राहक के खाते में पर्याप्त रकम जमा है तथा ग्राहक ने उचित ढंग से रकम निकालने के लिए चैक लिखा है तो बैंक ग्राहक का चैक भुगतान करने के लिये बाध्य मानी जायेगी।

ग्गहकों के चैकों का भुगतान करने के लिए बैंक का दायित्व निम्नलिखित शर्तो के पूर्ण होने पर ही उत्पनन होगा-

(i) **ग्राहक के खाते में पर्याप्त धनराशि होना** - प्रथम आवश्यक शर्त यह है कि ग्राहक के खाते में पर्याप्त धन राशि जमा होना चाहिए। यदि ग्राहक के खाते में जमा रकम चैक की राशि से कम है, तो बैंक चैक का भुगतान करने से मना कर सकता है। यदि बैंक ने अपने ग्राहक को अधिविकर्ष की सुविधा दे रखी है तो अधिविकर्ष की सीमा तक बैंक चैकों का भुगतान करने के लिये बाध्य है। जो बिल, चैक आदि बैंक में संग्रहण के लिये जमा कराये जाने है, जब तक उनकी राशि प्राप्त नहीं की जाती हो, बैंक उस राशि को जमा मानने के लिए बाध्य नहीं है।

(ii) **अधिविकर्ष सीमा तक भुगतान अनिवार्य** - यदि बैंक ने ग्राहक को अधिविकर्ष की सुविधा प्रदान की है, तो अधिविकर्ष की सीमा तक बैंक चैकों का भुगतान करने के लिए बाध्य है।

(iii) **चैक सम्बन्धी रिक्तियाँ पूर्ण की गयी हो** - चैक में प्रविष्टियाँ उचित ढंग से एवं पूर्णरूप से की जानी आवश्यक है। यदि चैक अपूर्ण हो, विकृत हो अथवा परिवर्तन पर हस्ताक्षर न हो तो बैंक ऐसे चैक का भुगतान करने के लिए बाध्य नहीं होगा।

(iv) **धन का प्रयोग चैक के भुगतान के लिये सम्भव** - यदि परिस्थितियाँ ऐसी है कि खाते में रूपया तो जमा है लेकिन भुगतान के लिये उन रूपयों का प्रयोग करना संभव नहीं है तो ऐसी दशा में बैंक चैक का भुगतान नहीं करेगा। उदाहरण के लिये, राम के खाते में 10,000 रूपए जमा है, उसमें से 5,000 रूपए किसी बिल के भुगतान के लिए सुरक्षित रखने का आदेश राम ने बैंक को दिया है इस दिशा में यदि 6000 रूपये का चैक बैंक में भुगतान हेतु प्रस्तुत किया जाता है तो बैंक अपर्याप्त राशि लिखकर चैक का अनादरण कर देगा। यद्यपि खातें में 10,000 रूपए जमा है, परन्तु केवल 5,000 रूपए की राशि ही चैक के भुगतान के लिये प्रयुक्त की जा सकती है जो कि चैक के भुगतान करने के लिए अपर्याप्त है।

(v) **असंग्रहित राशि अपूर्ण होने पर** - यदि ग्राहक ने चैक, विनिमय विपत्र विल, हुण्डी या लाभांश अधिपत्र संग्रह के लिए बैंक के पास जमा कराये हैं और उनका संग्रह नहीं हुआ है तो पर्याप्त राशि के अभाव में बैंक चैक का भुगतान करने से इन्कार कर संकता है।

(vi) **उचित अवधि एवं शाखा में प्रस्तुत किया जाना चाहिये** - भुगतान के लिए चैक बैंक की कार्य की अवधि के दौरान एवं उचित शाखा में प्रस्तुत किया जाना चाहिये। यदि चैक उचित अवधि में उचित शाखा पर प्रस्तुत नहीं किया जाता है तो बैंक ऐसे कार्य चैकों का भुगतान करने के लिये बाध्य नहीं है। चैक को प्रस्तुत करने की अवधि चैक लिखने के 6 माह तक की होती है इसके पश्चात् चैक का भुगतान हेतु प्रस्तुत करने पर बैंक बासी चैक लिखकर

चैक का अनादरण कर देगा, यदि चैक बैंक की गलत शाखा पर प्रस्तुत किया जाता है तो बैंक चैक की राशि का भुगतान करने के लिए बाध्य नहीं है।

बैंक द्वारा उपर्युक्त चैकों का अनुचित ढंग से अनादर किये जाने पर वह ग्राहक की क्षतिपूर्ति के लिए उत्तरदायी होगा। सामान्य ग्राहक जो कि व्यापारी न हो की दशा में साधारण क्षतिपूर्ति तथा व्यापारी ग्राहक (प्रतिष्ठित) की दशा में विशेष क्षतिपूर्ति के लिए उत्तरदायी होगा।

2. ग्राहक के खातों को गुप्त रखने का दायित्व – कुछ परिस्थितियों को छोड़कर बैंक को अपने ग्राहकों के खातों के लेन-देन को गुप्त रखना आवश्यक है। बैंक को ग्राहक के खाते की अनाधिकृत जानकारी अन्य व्यक्ति को नहीं देना चाहिये। यदि ग्राहक को इससे कोई क्षति होती है तो बैंक ग्राहक की क्षति की पूर्ति के लिए उत्तरदायी होगा। *टूनियर* वर्सेज *नेशनल प्रोविन्शियल बैंक* के विवाद में बैंक को ग्राहक की क्षति पूर्ति करनी पड़ी थी क्योंकि बैंक ने ग्राहक के खाते के सम्बन्ध में सूचना ग्राहक के नियोक्ता की दी जिसका ग्राहक की नौकरी पर प्रतिकुल प्रभाव पड़ा था।

परन्तु निम्नलिखित परिस्थितियों में बैंक अपने ग्राहक के खाते की जानकारी प्रकट कर सकता है-

(i) न्यायालय आदेश दे – जबकि न्यायालय आदेश के कारण ग्राहक की आर्थिक स्थिति बताना आवश्यक हो तो बैंक ग्राहक के खाते की जानकारी दे सकता है।

(ii) सूचना देना बैंक हित में हो – जब खाते की सूचना प्रकट करना बैंक के हित में हो तो बैंक ग्राहक के खाते की जानकारी दे सकता है।

(iii) ग्राहक दाता के लिए आवश्यक – गारण्टी देने वाले व्यक्ति को खाते के बारे में महत्वपूर्ण जानकारी देना आवश्यक हो तो बैंक ग्राहक के खाते की जानकारी दे सकता है।

(v) राष्ट्र अथवा समाज के हित में होने पर – ग्राहक के खाते की गोपनीय जानकारी देना सार्वजनिक (सरकार या समाज) हित में हो जैसे कि तस्कर व्यापार में लगे राष्ट्र विरोधी व्यक्ति के खाते की जानकारी राष्ट्र हित में माना जायेगा।

(3) सही प्रविष्टियाँ करने का दायित्व – बैंक का यह कर्त्तव्य है कि वह ग्राहक के खाते में लेन देन की सही प्रविष्टियाँ करे, यदि ग्राहक के खाते में गलती से कोई रकम जमा कर दी जाती है तथा ग्राहक सद्भाव से उस राशि को खाते में से निकाल लेता है तो बैंक ग्राहक से राशि वसूल नहीं कर सकता है।

बैंकर के अधिकार
(Right of Banker)

1. कुर्की आदेश (Garnishee Order)-बैंक के अधिकारों का स्पष्टिकरण निम्न प्रकार प्रस्तुत किये जा सकते है।

कुर्की आदेश न्यायालय द्वारा लेनदार की प्रार्थना पर जारी किया गया एक ऐसा आदेश होता है जिसे द्वारा ऋणी के बैंक के खातें में से रकम के भुगतान पर रोक लगा दी जाती

है। इस आदेश के पास होने पर बैंक ऐसे खाते से भुगतान बन्द कर देता है, लेकिन ऐसी कोई रकम या चैक जिसका वायदा बैंक ने कुर्की आदेश के पहले किया हो, कुर्की आदेश के मिलने के बाद भी उस चैक का भुगतान रोका नहीं जायेगा।

निम्नलिखित दशाओं में कुर्की आदेश प्रभावशाली नहीं होगा-

(i) यदि कुर्की आदेश प्राप्त होने के पूर्व ही कोई ग्राहक दिवालिया हो जाये।

(ii) स्थायी जमा खातों पर अवधि समाप्त होने पर ही कुर्की आदेश लागू होगा।

(iii) संयुक्त खाातो (साझेदारी व्यवसाय आदि) की स्थिति में किसी एक व्यक्ति के विरूद्ध कुर्की आदेश हो तो उसका कोई प्रभाव नहीं पड़ेगा।

(iv) यदि ग्राहक के खाते में पहले से ही अधिविकर्ष हो तो कुर्की आदेश लागू ही नहीं होगा।

2. ग्रहणाधिकार - ग्रहणाधिकार से आशय बैंक के उस अधिकार से है, जिसके अन्तर्गत ग्राहक द्वारा बैंक को दी जाने वाली राशि का भुगतान न किये जाने पर बैंक ऐसी सम्पत्ति जो उसके (बैंक के) अधिकार में है, उस समय तक रोक सकता है जब तक की भुगतान न हो जाये।

एक बैंक उसके ग्राहक द्वारा जमानत के रूप में रखी गयी निम्नलिखित सम्पत्तियों पर ग्रहणाधिकार का प्रयोग कर सकता है।

(i) सभी बेचान साध्य प्रतिभूतियाँ जैसे- प्रतिज्ञा पत्र, विनिमय विपत्र, देशी एवं विदेशी बाण्ड, सरकारी विपत्र ।

(ii) ग्राहक द्वारा बैंक में जमा की गई धनराशि ।

(iii) ऐसे विनिमय साध्य विपत्र जो ग्राहक के अधिकार में हो, परन्तु निम्नलिखित सम्पत्तियों पर बैंक ग्रहणाधिकार का प्रयोग नहीं कर सकता है-

(a) बैंक लॉकर में रखी गयी कीमती वस्तुएँ जैसे-जेवरात, अंश पत्र या अन्य महत्वपूर्ण प्रपत्र आदि। इन वस्तुओं पर बैंक को ग्रहणाधिकार प्राप्त नहीं होगा।

(b) दलाल के माध्यम से विक्रय हेतु भेजी गयी प्रतिभूतियाँ।

(c) विशेष उद्धेश्य के लिए जमा की गयी राशि।

(d) बैंक की टेबल या खिड़की पर ग्राहक द्वारा भूल से छोड़ी गयी सम्पत्ति या प्रतिभूति।

(e) ग्राहक के बिना अधिकार की सम्पत्ति।

(f) ऐसे ऋृण जो देय नहीं है।

3. ब्याज तथा सेवा शुल्क लेने का अधिकार - बैंक द्वारा ग्राहकों को अनेक प्रकार से सेवाएँ की जाती है तथा इनके प्रतिफल स्वरूप वह पारिश्रमिक प्राप्त करता है। बैंक दिये गये ऋणों एवं अग्रिमों के क्रय विक्रय पर कमीशन पाने का अधिकारी है। इस प्रकार बैंक

का कमीशन, शुल्क, ब्याज़ आदि वसूल करने का अधिकार है। यदि ग्राहक इन्हें नहीं चुकता, तो बैंक उस राशि को कानून की सहायता से वसूल कर सकता है।

4. समंजस का अधिकार – यदि किसी ग्राहक के एक ही बैंक में दो खाते है जिसमें से एक खाने में नाम शेष है तथा दूसरे खाते में जमा शेष है तो बैंक को यह अधिकार है कि वह जमा शेष वाले खाते को नाम शेष वाले खातों में मिलाकर अपने ऋण की पूर्ति कर ले। उदाहरण के लिए, सोहन ने चालू खाते में से 10,000 रूपये का अधिविकर्ष लिया हुआ है तथा उसी बैंक में बचत खातें में 7000 रूपये जमा है तो इस परिस्थिति में बैंक अपने संमजन के अधिकार का प्रयोग करके दोनों खातों को मिलाकर सोहन से 3000 रूपये प्राप्त करने का अधिकारी हो सकता है।

समंजन का यह अधिकार केवल एक शाखा में खुले हुए दो खातों पर ही नहीं वरन् एक ही बैंक की दो या दो से अधिक शाखाओं में एक ही नाम से खाते हों तो भी बैंक उन्हें मिलाकर अपने ऋण की वसूली कर सकता है। समंजन के अधिकार का प्रयोग निम्न दशाओं में ही किया जा सकता है–

(अ) ग्राहक के दोनों खाते एक ही नाम से हों,

(ब) समंजन के अधिकार का प्रयोग सिर्फ देय ऋणों के सम्बन्ध में ही किया जा सकता है।

(स) ऋण की राशि निश्चित होने पर ही समंजन के अधिकार का प्रयोग किया जा सकता है।

(द) खाते बैंक की एक ही शाखा में अथवा एक ही बैंक की दो विभिन्न शाखाओं में होने चाहिए।

(य) ग्राहक तथा बैंक के मध्य कोई विपरीत ठहराव नहीं होना चाहिये।

5. विनियोजन का अधिकार – यदि ग्राहक ने बैंक से एक से अधिक ऋण ले रखे है तथा वह बैंक में कुछ राशि जमा करवाता है तो बैंक के समक्ष यह समस्या उत्पन्न हो जाती है कि जमा राशि का विनियोजन किस ऋण के सम्बन्ध में किया जावे। इस सम्बन्ध में क्लेटन विवाद में दिया गया निर्णय महत्वपूर्ण है। यदि ग्राहक ने धन जमा करवाते समय कोई स्पष्ट आदेश दिया है तो जमा धन का प्रयोग ग्राहक के आदेशानुसार ही किया जावेगा, इसके विपरीत यदि ग्राहक ने बैंकर को धन राशि के विनियोजन के सम्बन्ध में कोई आदेश नहीं दिये है तो बैंक जमा धन का विनियोजन अपनी स्वेच्छा से कर सकता है तथा जमा धन के विनियोजन की सूचना अपने ग्राहक को दे देता है।

विनियोजन के सम्बन्ध में क्लेटन का नियम उस समय प्रभावशील होता है जबकि जमा धन राशि के विनियोजन के सम्बन्ध में न तो ग्राहक कोई स्पष्ट आदेश देता है और न ही बैंक उस राशि का विनियोजन करता है। क्लेटन के नियम के अनुसार ग्राहक से धनराशि प्राप्त होने पर बैंक प्राप्त राशि को ऋणों के भुगतान में क्रमानुसार विनियोजित करेगा अर्थात् सबसे पहले दिये गये ऋण की पूर्ति सबसे पहले चुकाई गई राशि से की जायेगी। उदाहरण के लिये, राम ने बैंक से 3000, 2000 तथा 4000 की तीन अलग अलग ऋण लिये थे। राम बिना

किसी स्पष्ट सूचना के 2000 रूपये जमा करवाते है। बैंक इसे किसी भी ऋण के भुगतान में जमा कर सकता है, यदि बैंक इस राशि का विनियोजन नहीं करता है तो क्लेटन का नियम लागू होगा तथा 2000 रूपये की राशि 3000 रूपये के ऋण के भुगतान में जमा की जायेगी।

6. ब्याज तथा आकस्मिक प्रभार लगाने का अधिकार - बैंक दिये गये ऋणों एवं अग्रिमों पर ब्याज प्राप्त करने का अधिकार रखता है। व्यवहार में बैंक प्रति 6 माह में ब्याज लगाते हैं, ब्याज की राशि ग्राहक के खाते में नाम लिख दी जाती है तथा फिर अगली छमाही में इस ब्याज पर भी ब्याज लगता है। जिस प्रकार बैंक चालू खाते पर ब्याज प्राप्त करता है उसी प्रकार बचत खाते में जमा राशि पर 6 माह में एक बार ब्याज देता है। बैंक अपने ग्राहकों को अनेक प्रकार की सेवायें प्रदान करता है। इसके लिये वह कुछ कमीशन अथवा शुल्क प्राप्त करता है। यदि ग्राहक के चालू खाते में एक निश्चित राशि से कम धन जमा होता है तो इसके लिये बैंकर ग्राहक से प्रांसगिक व्यय भी प्राप्त कर सकता है।

7. परिसीमा अवधि - परिसीमा अधिनियम 1963 की अनुसूची के भाग II अनुच्छेद 22 के अन्तर्गत बैंक धनराशियाँ भुगतान करने की परिसीमा अवधि 2 वर्ष है। यह अवधि उस तिथि से गिनी जाती है जिस तिथि को ग्राहक अपने जमा धन की मांग करता है।

ग्राहक के खाते की गोपनीयता
(Secrecy of Customer's Account)

बैंकिंग कम्पनी अधिनियम 1970 की धारा 13 के अनुसार राष्ट्रीयकृत बैंकों के लिए स्पष्ट रूप से यह अनिवार्य कर दिया गया है कि वे ग्राहक के लेन-देन से सम्बन्धीत जानकारी तब तक प्रकट नहीं करेंगे, जब तक की परिस्थितियॉ ऐसी न हो, जिनमें उन्हें विधि द्वारा अथवा बैंकों में प्रचलित आवश्यक अथवा उचित न हो।

निम्नलिखित परिस्थितियों में बैंकर ग्राहक के खाते की गोपनीयता को प्रकट (भंग) कर सकता है-

1. कानून अथवा अधिनियम के अधीन अनिवार्य होने पर - यदि किसी कानून एवं अधिनियम के अन्तर्गत ग्राहक के खाते के सम्बन्ध में सूचना देना अनिवार्य हो तो बैंक के लिए जानकारी देना आवश्यक होगा। जैसे आयकर अधिनियम 1961 के अन्तर्गत ग्राहक द्वारा कमाया गया ब्याज, लाभांश अथवा अन्य राशि जो बैंक में जमा है। इस सम्बन्ध में आयकर अभिकारी के आदेश गें जानकारी प्रकट करना पड़ती है। इसी प्रकार कम्पनी अधिनियम 1956 रिजर्व बैंक ऑफ इंडिया अधिनियम 1934, बैंकिंग नियमन अधिनियम 1949 उपहार कर अधिनियम 1958 आदि अधिनियमों के प्रावधानों तथा न्यायालयों के आदेशों के अन्तर्गत बैंक को ग्राहक के खातों की जानकारी प्रकट करनी पड़ती है तथा जाँच की दशा में खाते पेश करना होता है। इन सब परिस्थितियों में बैंक कोई हर्जाना देने के लिए उत्तरदायी नहीं हो सकता।

2. व्यवसायिकशीलता - व्यवसायिकशीलता के अन्तर्गत एक बैंक दूसरे बैंक को ग्राहक की स्थिति की सूचना परस्पर एक दूसरे को देते रहते है। देशी अथवा विदेशी व्यापार की स्थिति में उधार क्रय-विक्रय में बिलों की कटौती या हुण्डी आदि की स्थिति में ऐसी सूचना देना आवश्यक होता है।

3. बैंक के स्वयं के हित में आवश्यक होने पर - कभी कभी बैंकर के लिए अपने हितों की रक्षा के लिए भी ग्राहक के लेन-देन का हिसाब प्रकट करना आवश्यक हो जाता है। जैसे ग्राहक को ऋण देने पर उसके जमानतदार या वकील को खाते की दशा बताना या विवाद होने पर ग्राहक के खाते न्यायालय में प्रस्तुत करना।

4. ग्राहक के आदेश पर - यदि कोई ग्राहक बैक को आदेश देता है कि अमुक व्यापारी अथवा अन्य व्यक्ति को उसकी जमा या नाम की रकम का समस्त हिसाब बतला दिया जाये, तो ऐसी स्थिति में बैंक आवश्यक तत्यों को प्रकट कर सकता है। ऐसी दशा में यह सतर्कता रखनी चाहिये कि बैंक केवल माँगी गयी जानकारी ही प्रकट करें, अधिक नहीं। अन्यथा वह गोपनीयता भंग के लिए उत्तरदायी माना जा सकता है।

5. सार्वजनिक हित में - बैंक यदि यह समझता है कि उसका कोई ग्राहक राष्ट्रीय हितों पर प्रतिकूल प्रभाव डालने वाली गतिविधियों में संलग्न हैं, तो वह ऐसे ग्राहक के खाते की सुचना जनहित में प्रकट कर सकता है।

6. गारण्टी करने वाले को- यदि गारण्टी करने वाला व्यक्ति ग्राहक की स्थिति अथवा उसके खाते के बारे में सूचना माँगता है तो यह प्रकट करना बैंकर के लिए आवश्यक होता है। अन्यथा गारण्टी करने वाला 'सूचना छिपाने' के आरोप में हानि की दशा में हरजाने की माँग कर सकता है।

आर्थिक स्थिति की सूचना देने में रखी जाने वाली सावधानियाँ
(Precautions to Information about Economic Condition)

उपरोक्त सभी दशाओं में ग्राहक के खातों के विषय में सूचना देते समय कुछ सावधानियाँ रखने की आवश्यकता होती है, जो निम्न हे-

(i) **सामान्य सूचना** - जहाँ तक सम्भव हो सके बैंक को अपने ग्राहक के खाते के बारे में वास्तविक आँकड़े न देते हुए केवल 'साधारण', 'ठीक', 'अच्छा', 'अतिश्रेष्ठ', 'खराब' या 'असन्तोषजनक' जैसे सामान्य कथनों का ही प्रयोग करना चाहिये।

(ii) **गोपनीयता** - जो भी सूचना बैंकर द्वारा दी जाये वह अत्यन्त गोपनीय रूप से दी जानी चाहिय, साथ ही बैंक को यह भी लिख देना चाहिये कि उसकी शुद्धता अथवा सत्यता के सम्बन्ध में बैंक का कोई दायित्व नहीं होगा।

(iii) **तथ्य मात्र** - बैंक को यथा सम्भव तथ्य मात्र ही प्रकट करने चाहिये। कोई भी बात घटा-बढ़ाकर न करते हुए केवल केवल सरल एवं संक्षिप्त भाषा में उत्तर देना चाहिये।

(iv) **अधिकृत एवं विश्वसनीय व्यक्ति को ही जानकारी** - बैंक द्वारा ग्राहक के खाते की जानकारी केवल अधिकृत तथा विश्वसनीय व्यक्ति को ही दी जानी चाहिए।

अनुचित रूप से जानकारी देने का परिणाम
(Results of Improper Information)

उपरोक्त परिस्थितियों को छोड़कर बैंकर यदि आवश्यक रूप से जानकारी देता या गोपनीयता भंग करता है, तो इस सम्बन्ध में उसके अग्रलिखित दायित्व होंगे।

(i) **ग्राहक के प्रति दायित्व** - यदि बैंकर द्वारा अवांछनीय प्रकटीकरण के परिणामस्वरूप ग्राहक को कोई हानि होती है, तो वह बैंक से क्षतिपूर्ति प्राप्त कर सकता है।

(ii) **तीसरे पक्षकार के प्रति दायित्व** - यदि बैंक जान-बूझकर किसी तृतीय पक्षकार को कोई गलत जानकारी देता है तथा तृतीय पक्षकार उस पर विश्वास करके कोई हानि उठाता है, तो बैंक ऐसे तीसरे पक्षकार के प्रति उत्तरदायी होगा। बैंकर हर्जाने के लिए तभी दायी माना जायेगा, जब यह सिद्ध हो जाये कि बैंकर ने गलत जानकारी जानबूझकर दी थी।

बैंकर और ग्राहक के सम्बन्ध की समाप्ति

(Termination of Relationship)

बैंकर और ग्राहक के बीच सम्बन्ध आपसी संविदे से उत्पन्न होता है। बैंकर और ग्रहक का सम्बन्ध तब तक चलता रहता है। जब तक इसे समाप्त न कर दिया जाये। निम्नलिखित परिस्थितियों में बैंकर और ग्राहक के बीच सम्बन्ध विच्छेद (समाप्त) हो जाते है।

(1) बैंकर और ग्राहक द्वारा पारस्परिक समाप्ति - बैकर और ग्राहक जब चाहें तो सम्बन्ध की समाप्ति कर सकते है। अगर बैंकर खाता बन्द करना चाहता है तो उसे ग्राहक को आवश्यक सूचना देनी पड़ती है। जिस तरह बैंकर ग्राहक का खाता बन्द कर सकता है उसी तरह ग्राहक भी अपनी मर्जी से खाता बन्द कर सकता है लेकिन इस हेतु ग्राहक द्वारा बैंकर को यह लिखित सूचना देनी पड़ती है कि वह अपना खाता बन्द करना चाहता है। खाता बन्द होने की स्थिति में ग्राहक को प्रयोग न किये हुए चैक बुक के फार्म बैंकर को लौटाने पड़ते है। बैंकर पास बुक में खाता बन्द लिखकर ग्राहक को पासबुक वापस कर देता है। अगर ग्राहक के खाते में जमा शेष है तो वह उसे भुगतान कर देगा। खाता बन्द हो जाने के बाद ग्राहक और बैकर का सम्बन्ध टूट जाता है और ग्राहक बैंकर के लिये तीसरा पक्ष बन जाता है।

(2) ग्राहक द्वारा खाते के शेष का किसी तीसरे पक्ष को अभिहस्तांकन - कभी कभी बैंक को आवश्यक सूचना देने के बाद अपने खाते के जमा शेष का किसी तीसरे पक्ष को अभिहस्तांकन कर देता है। इस स्थिति में बैंक अपने ग्राहक द्वारा लखे गये चैक का भुगतान करने के लिये उत्तरदायी नहीं होगा।

(3) ग्राहक के फर्म की व्यवस्था में परिवर्तन - अगर ग्राहक के फर्म की व्यवस्था में परिवर्तन होता है या फर्म का फिर से निर्माण किया जाता है तो वर्तमान फर्म के साथ बैंकर का सम्बन्ध समाप्त हो जाता है और नये फर्म के साथ नया संबंध स्थापित किया जा सकता है।

(4) सम्पूर्ण रकम के लिए गर्निशी आदेश - अगर ग्राहक के खाते में जमा शेष के रूप में विद्यमान सम्पूर्ण रकम पर न्यायालय द्वारा गर्निशी आदेश जारी कर दिया जाता है तो बैंकर और ग्राहक के सम्बन्ध समाप्त हो जाते है और बैकर ग्राहक द्वारा लिखे गये चैक का भुगतान करने के लिये बाध्य नहीं होता।

(5) ग्राहक की मृत्यु हो जाने - जब बैंक के किसी ग्राहक की मृत्यु हो जाती है तो बैंकर और उस विशेष ग्राहक का सम्बन्ध समाप्त हो जाता है और उसके मृत्यु से पूर्व के हस्ताक्षर किये हुए चैकों का भुगतान नहीं किया जा सकता।

(6) ग्राहक के पागल हो जाने पर - पागलपन की स्थिति में बैंकर को खाते का संचालन तभी बन्द करना चाहिये। जब उसे पागलपन की सूचना मिल जाये। अन्यथा बैंकर को ग्राहक के चैंकों का अनादरण नहीं करना चाहिये।

(7) ग्राहक के दिवालिया होने पर - दिवालियेपन की स्थिति में सरकारी प्रापक को खाते के शेष पर अधिकार हो जाता है और दिवालिये के चैक का भुगतान करने का बैंक का अधिकार समाप्त हो जाता है। दिवालियेपन की स्थिति में सम्बन्ध की समाप्ति तब होती है जब बैंकर को ग्राहक के दिवालिया होने की सूचना मिल जाती है।

बैंकों का वर्गीकरण तथा संगठन
(Classification of Banks and their Organisation)

बैंक कई प्रकार के होते हैं। बैंकों का वर्गीकरण उनके द्वारा किये जाने वाले कार्यो के आधार पर किया जाता है। आधुनिक बैंक निम्न प्रकार के होते हैं—

1. व्यापारिक बैंक (Commercial Banks)- व्यापार का अर्थ प्रबन्ध करने वाले बैंकों को व्यापारिक बैंक कहा जाता है। ये बैंक केवल अल्पकालीन ऋण ही देते हैं। इन बैंकों के निक्षेप भी अल्पकालीन होते हैं अत: ये ऋण भी अल्पावधि ही देते हैं। ये बैंक साधारणत: 6 माह तक की अवधि के लिए ऋण देते हैं। इनके निक्षेप अल्पकालीन होने के कारण ये व्यापार के लिए दीर्घकालीन ऋण देने में समर्थ नहीं होते। ये बैंक विदेशी व्यापार के भी अर्थ प्रबन्ध करते हैं किन्तु वह भी मध्यावधि के लिए ही होता है। भारत में अधिकांश व्यापारिक बैंक संयुक्त पूंजी वाले बैंक हैं।

2. औद्योगिक बैंक (Industrial Banks)- उद्योगों को दीर्घकालीन ऋण प्रदान करने वाले बैंक को औद्योगिक बैंक कहा जाता है। ये बैंक उद्योगों को दीर्घकालीन ऋण देने के अलावा उनके अंशों, ऋणपत्रों व बांड्स आदि का अभिगोपन करके उन्हें दीर्घावधि के लिए राशि प्राप्त करने में भी सहायता करते हैं।

व्यापारिक बैंक क्योंकि उद्योगों की दीर्घकालीन ऋण की आवश्यकता पूरी करने में असमर्थ होते हैं, अत: औद्योगिक बैंकों की आवश्यकता पड़ती है। व्यापारिक बैंकों के निक्षेप अल्पकालीन होने के कारण वे दीर्घकालीन ऋण नहीं दे सकते। अत: औद्योगिक बैंक उद्योगों को दीर्घकालीन ऋण देकर उनकी आवश्यकता पूरी करते हैं।

औद्योगिक बैंकों के निम्न कार्य होते हैं --

(i) **दीर्घकालीन निक्षेप स्वीकार करना** (Long term deposits)- औद्योगिक बैंक दीर्घकालीन ऋण प्रदान करते हैं। अत: उन्हें ऋण देने के लिए दीर्घकालीन निक्षेपों की आवश्यकता पड़ती है।

(ii) **दीर्घकालीन ऋण प्रदान करना** – औद्योगिक बैंक उद्योगों को दीर्घकालीन ऋण प्रदान करते हैं। उद्योगों को दीर्घकालीन ऋण मशोने क्रय करने, भूमि क्रय करने व भवन निर्माण, कच्चा माल क्रय करने आदि के लिए आवश्यक होता है। औद्योगिक बैंक उनकी यह आवश्यकता पूरी करते हैं।

(iii) **अन्य कार्य** - औद्योगिक बैंकों के अन्य कार्यों में अभिगोपन व वित्तीय परामर्श देना हैं।

भारत में कार्यरत औद्योगिक वित्त निगम (Industrial Finance Corporation), राज्य वित्त निगम (State Finance Corporations) आदि औद्योगिक बैंक ही हैं। भारत में प्रारंभ से ही औद्योगिक बैंकों का अभाव रहा हैं। अमेरिका जर्मनी आदि देशों में अधिकांश बैंक औद्योगिक बैंक ही हैं अर्थात् वे मध्यकालीन नियमों के साथ-साथ दीर्घकालीन ऋण भी प्रदान करते है।

3. कृषि बैंक (Agricultural Banks)- कृषि व्यवसाय का स्वभाव व्यापार व उद्योगों से अलग होता है। इसकी ऋण सम्बन्धी आवश्यकताएँ भी भिन्न होती है। अत: व्यापारिक व औद्योगिक बैंक कृषि की ऋण सम्बन्धि आवश्यकताओं को पूरा करने में समर्थ नहीं होते। इसलिए कृषि की ऋणी सम्बन्धी आवश्यकताओं को पूरा करने के लिए विशेष प्रकार के बैंकों की आवश्यकता पड़ती है। कृषि की साख सम्बन्धी आवश्यकताओं को पूरा करने वाले बैंकों का कृषि बैंक कहा जाता है।

कृषि की वित्त सम्बन्धी आवश्यकताएँ भी दो प्रकार की होती है अल्पकालीन आवश्यकता जो बीज, खाद, कृषि के छोटे औजार आदि के क्रय के लिए होती है व दीर्घकालीन आवश्यकता जो कृषि भूमि क्रय करने अथवा उसमें स्थायी सुधार करने, सिंचाई की व्यवस्था करने, अधिक कीमत के कृषि यन्त्र खरीदने आदि के लिए होती है। कृषि की इन दोनों प्रकार की आवश्यकता पूरी करने वाले बैंक भी अलग-अलग प्रकार के होते हैं। अल्पकालीन पूरी करने के लिए कृषि सहकारी बैंक होते हैं व दीर्घकालीन आवश्यकता पूरी करने के लिए भूमि विकास बैंक।

(i) **कृषि सहकारी बैंक** (Agricultural Cooperative Banks)- कृषि सहकारी बैंक कृषकों की अल्पकालीन वित्त की आवश्यकता पूरी करने के लिए होते हैं। कृषि सहकारी बैंकों की व्यवस्था कई चरणों में की गई है। सबसे नीचे गांव के स्तर पर सहकारी साख समिति (Village Cooperative Society)होती है। गांव के कोई भी 10 या अधिक व्यक्ति मिलकर सहकारी साख समिति स्थापित कर सकते हैं। यह समिति प्रवेश शुल्क, पूंजी निक्षेप व राज्य द्वारा अनुदान व केन्द्रीय सहकारी बैंक से ऋण आदि से वित्तीय साधन प्राप्त करती है व सदस्यों को अल्पकालीन वित्त उधार देती है। इन सहकारी साख समितियों के ऊपर प्रत्येक जिले में एक कन्द्रीय सहकारी बैंक होता है। पूरे राज्य में इन केन्द्रीय सहकारी बैंकों के ऊपर राज्य सहकारी बैंकों के ऊपर रिजर्व बैंक का कृषि साख विभाग होता है। रिजर्व बैंक अथवा सरकार द्वारा जो भी सहायता-अनुदान या ऋण इन सहकारी बैंकों को दिया जाता है वह राज्य सहकारी बैंकों को दिया जाता है। राज्य सहकारी बैंक इसे केन्द्रीय

सहकारी बैंकों को देते हैं व केन्द्रीय सहकारी बैंक इसे सहकारी साख समितियों को देते है। अन्त में सहकारी साख समिति कृषक को ऋण प्रदान करती है।

(ii) **भूमि विकास बैंक** (Land Development Banks)- भूमि विकास बैंक कृषि की दीर्घकालीन आवश्यकताओं की पूर्ति के लिए स्थापित बैंक हैं। ये कृषकों के लिए 30 वर्ष तक की अवधि के ऋण प्रदान करते हैं। ये ऋण कृषकों को उनकी भूमि गिरवी रखकर दिए जाते हैं। इन ऋणों को भुगतान दीर्घकाल में आसान किश्तों में किया जाता हैं।

4. विदेशी विनिमय बैंक (Foreign Exchange Banks)- विदेशी व्यापार का अर्थ प्रबन्ध करने वाले बैंक अर्थात् विदेशी विनिमय का कार्य करने वाले बैंक विदेशी विनिमय बैंक कहलाते हैं। जब अन्तर्राष्ट्रीय व्यापार किया जाता है तो एक देश से दूसरे देश को भुगतान की समस्या उत्पन्न होती है। विदेशी विनिमय बैंक इस प्रकार के भुगतानों की व्यवस्था करते है। ये अपने पास विभिन्न देशों की मुद्राएं रखते हैं। विदेशी विनिमय का कार्य वही बैंक कर सकता हैं जिसकी कई देशों में शाखाएं हों। अत: विदेशी विनिमय बैंकों की शाखाएं कई देशों में फैली होती हैं।

भारत में विदेशी विनिमय बैंकों का अभाव है। यहाँ के अधिकांश विदेशी विनिमय बैंकों पर विदेशियों का आधिपत्य है। अब कुछ भारतीय व्यापारिक बैंक भी विदेशी विनिमय का कार्य करने लगे हैं।

5. केन्द्रीय बैंक (Central Banks)- केन्द्रीय बैंक एक विशेष प्रकार का बैंक होता है। यह एक राष्ट्रीय बैंक होता है। इस बैंक को ही नोट निर्गमन का अधिकार होता है। यह बैंक जनता से प्रत्यक्ष रूप से कोई व्यवहार नहीं करता। अन्य व्यापारिक बैंकों से यह कोई प्रतियोगिता नहो करता। संक्षेप में केन्द्रीय बैंक के कार्य निम्न प्रकार होते हैं -

(i) केन्द्रीय बैंक को देश में मुद्रा निर्गमन का एकाधिकार होता है।

(ii) केन्द्रीय बैंक सरकार का बैंक होता है। सरकार का सभी हिसाब किताब जमा, उधार आदि सभी इसी बैंक के पास होता है।

(iii) यह बैंकों का बैंक होता है। यह बैंकों को सहायता देता है।

(iv) यह देश में बैंकिंग प्रणाली पर नियन्त्रण रखता है व उसका नियमन करता है।

(v) यह देश में साख पर नियन्त्रण करता है।

(vi) यह सरकार को वित्तीय सलाह भी देता है।

(vii) केन्द्रीय बैंक आर्थिक परिस्थितियों से सम्बन्धित आंकडे भी प्रकाशित करता हैं।

6. निर्यात आयात बैंक (Export Import Banks)- निर्यात व आयात सम्बन्धी कार्यो के लिए दीर्घकालीन ऋण प्रदान करने वाले बैंक निर्यात आयाता बैंक कहलाते हैं। ये

बैंक निर्यातकों व आयातकों को साख प्रदान करते हैं। भारत में निर्यात आयात बैंक का अभाव है। अमेरिका व जापान में निर्यात आयात बैंकों ने विदेशी व्यापार के वित्तीय प्रबन्ध में बहुत सहायता दी है।

7. बचत बैंक (Savings Banks)- पश्चिमी देशों में निश्चित आय वाले व्यक्तियों द्वारा बचत को प्रोत्साहन देने के लिए बचत बैंक स्थापित किये गये हैं। ये बैंक व्यापारिक बैंकों के सहायक होते हैं। भारत में बचत बैंक अलग से नहीं है। भारत में व्यापारिक बैंक व डाकघर बचत खातों का संचालन करते है।

8. देशी बैंकर (Indigenous Banks)- बैंकों के आधुनिक रूपों का विकास होने से पहले भारत में देशी बैंकर्स विकसित थे। अब भी भारत में ऋणों का एक बड़ा भाग इन्हीं देशी बैंकर्स द्वारा प्रदान किया जाता है। भारतीय केन्द्रीय बैंक जाँच समिति के अनुसार, देशी बैंकर वह व्यक्ति अथवा व्यक्तिगत फर्म है जो जमा स्वीकार करने, हुडियों में व्यवसाय करने व ऋण देने का कार्य करती है।

देशी बैंकर भारत में हर भाग में पाये जाते हैं। इन्हें देश के अलग अलग भागों में अलग-अलग नामों से पुकारा जाता है। इनके निक्षेप बहुत कम होते है। इनकी ब्याज दर बहुत अधिक होती है। भारतीय बैंकिग कम्पनी अधिनियम इन्हें बैंक नहीं मानता किन्तु भारत मे इनके महत्व से इंकार नहीं किया जा सकता।

बैंकों का संगठन

(Organisation of Banks)

बैंकों के संगठन में एक रूपता नहीं मिलती। सामान्यत: बैंकों के संगठन को दो भागों में बाँटा जा सकता है- शाखा बैंकिंग तथा इकाई बैंकिंग।

(a) **शाखा बैंकिंग प्रणाली** (Branch Banking)

शाखा बैंकिंग प्रणाली से तात्पर्य बैंकिंग संगठन की उस विधि से है जिसमें बैंकिंग कम्पनी की अनेक शाखाएं देश में फैली हों। जर्मनी, फ्रँास, इंगलैण्ड तथा भारत में बैंकिंग संगठन की यह प्रणाली ही प्रचलित है। भारत में स्टेट बैंक व उसके समूह की शाखाओं की संख्या 5000 को पार कर चुकी है। इंगलैण्ड की कुल 1,00,874 बैंकिंग संस्थाओं में से 97,717 पर पांच बैंकों का नियन्त्रण है।

लाभ

शाखा बैंकिंग प्रणाली के लाभ निम्न प्रकार हैं:

1. बड़े संगठन तथा विशिष्टिकरण के लाभ - इस प्रणाली में बैंक को बड़े संगठन तथा विशिष्टिकरण के लाभ प्राप्त होते हैं। पूंजी के साधनों की बहुलता के परिणामस्वरूप बैंक शोध,वैज्ञानिक प्रबन्ध तथा विशेषज्ञ सेवाओं पर आवश्यकतानुसार व्यय कर सकता है।

2. धन का हस्तान्तरण कम खर्चीला- इस प्रणाली के अन्तर्गत धन का एक स्थान से दूसरे स्थान पर सुलभतापूर्वक तथा कम व्यय पर हस्तान्तरण किया जा सकता है। देश के भिन्न भिन्न भागों में ब्याज दर की असमानता भी स्पष्ट हो जाती है।

3. बैंकिंग सेवाओं का विकास – यह प्रणाली उन देशों के लिए वरदान स्वरूप कही जा सकती है जिनका भौगोलिक क्षेत्र विशाल परन्तु आर्थिक संसाधनों का असमान वितरण लिए हुए हों। बैंक उन क्षेत्रों में भी शाखायें प्रारम्भ कर सकता है जहाँ व्यवसाय की कमी के कारण ऐसा किया जाना संभव न हो। ऐसी शाखाओं को खोलने के परिणामस्वरूप हूई हानि को लाभकारी शाखाओं के लाभ द्वारा संतुलित किया जा सकता है।

4. कर्मचारियों का प्रशिक्षण एवं पदौन्नति– बैंकों का कार्य क्षेत्र विस्तृत होने के परिणामस्वरूप कर्मचारियों की भारी संख्या में भर्ती की जाती है तथा उन्हें प्रशिक्षित किया जाता है। बैंक के संगठन के विशाल होने के परिणामस्वरूप पदोन्नति के अवसर भी अपेक्षाकृत अधिक होते है।

5. उचित विनियोग नीति– शाखा बैंकिंग प्रणाली में संगठन के विशाल होने के कारण विनियोग नीति के निर्माण तथा कार्यान्वियन के लिए विशेषज्ञों की नियुक्ति की जा सकती है जो अपने गणितिय, आर्थिक तथा सामाजिक ज्ञान के परिणामस्वरूप उचित विनियोग नीति सुझाते हैं।

6. जोखिम में कमी– संपूर्ण देश में शाखाओं के वितरण के परिणामस्वरूप बैंक की संपत्ति तथा विनियोग बंट जाते हैं। इसका परिणाम यह होता हैं कि एक उद्योग में मन्दी आने अथवा देश के एक भाग में प्राकृतिक विभिषिका आने पर बैंक अप्रभावित रहता है। एक उद्योग में मन्दी तथा देश के किसी भाग में आर्थिक असंतुलन दूसरे उद्योगों की तेजी तथा दूसरे भागों की अच्छी आर्थिक स्थिति से समायोजित होते रहते हैं।

7. नई तथा आधुनिक योजनाओं का प्रारम्भ – शाखा बैंकिंग प्रणाली के अंतर्गत देश में नई तथा साहसिक योजनाओं को लागू किया जा सकता है। हमारे देश में अभिन्व बैंकिंग, प्राथमिकता क्षेत्र बैंकिंग तथा ग्रामीण बैंकिंग इस संदर्भ में उदाहरणस्वरूप प्रस्तुत किए जा सकते हैं।

दोषः

शाखा बैंकिंग प्रणाली में निम्न दोष पाये जाते हैं :-

1. बड़े संगठन की कठिनाइयां – बड़े पैमाने के संगठन के सभी दोष इस प्रणाली में पाये जो हैं। बैंक का संगठन अति विशालकाय हो जाता है परिणामतः अधिकारों के विकेन्द्रीकरण तथा प्रत्यायोजन की समस्या उग्र रूप धारण कर लेती है। कर्मचारियों में व्यक्तिगत सम्बन्धों की अनुपस्थिति के परिणामस्वरूप बैंक के प्रति अपनेपन की भावना समाप्त हो जाती है। संगठन में नियन्त्रण तथा निरीक्षण के दैनिक कार्य भी वांछित रूप में पूर्ण नहीं किए जा सकते।

2. खर्चीली व्यवस्था – प्रबन्ध तथा व्यवस्था बनाए रखने के लिए इस प्रणाली में अधिक संख्या में विशेषज्ञों की नियुक्ति की जाती है तथा यांत्रिक उपकरण खरीदने होते हैं। बैंक संगठन के ऊपर से भारी (Top Heavy) होने की संभावना भी रहती है। परिणामस्वरूप यह एक खर्चीली व्यवस्था हो जात्ती है।

3. प्रतियोगिता के कारण अनावश्यक व्यय- इस व्यवस्था के अन्तर्गत एक ही भवन में विभिन्न बैंकों की भिन्न भिन्न शाखाएं संचालित होती रहती हैं। व्यवसाय को अपनी ओर आकृष्ट करने के लिए वे गलाकाट प्रतिस्पर्धा के वातावरण में व्यय करती है।

4. बैंकिंग व्यवसाय में कमी- बैंकिंग व्यवसाय के विकास के लिए बाजार शोध (Marketing Research) के अनुरूप बैंकिंग योजनाओं का बनाना तथा प्रबंध को निर्णयन में स्वतन्त्रता दिया जाना आवश्यक है। शाखा बैंकिंग प्रणाली में इन दोनों ही अनिवार्यताओं को उपलब्ध किया जाना संभव नहीं होता। बैंक शाखा के प्रबन्धक को प्रत्येक बात के लिए मुख्य कार्यालय की ओर देखना होता है।

5. वित्तीय एकाधिकार को प्रोत्साहन - शाखा बैंकिग प्रणाली के अन्तर्गत कुछ बैंकों का ही अर्थव्यवस्था पर एकाधिकार हो जाता है। इसके परिणामस्वरूप देश के व्यवसायियों तथा सामान्य जनता को असुविधा का सामना करना होता है। हमारे देश में शाखा बैंकिंग के परिणामस्वरूप राजकीय बैंकों का एकाधिकार हो गया है जिसके कुछ क्षेत्रों में भारी हानिकारक प्रभाव हो रहे है।

6. आर्थिक साधनों का असमान वितरण - शाखा बैंकिंग प्रणाली में लाभों की वृद्धि के लिए अविकसित क्षेत्रों की जमाओं को विकसित क्षेत्रों की ओर बहा दिया जाता है जिससे कि उनपर प्रत्याय की दर अधिक प्राप्त हो सके। ऐसा किए जाने के कारण देश से आर्थिक असमानता की प्रवृत्ति को बल मिलता है।

(b)इकाई बैंकिंग प्रणाली

(Unit Banking)

बैंक संगठन की यह वह पद्धति है जिसमें एक बैंक का कार्य सामान्यतया एक कार्यालय तक सीमित रहता है। विशेष परिस्थितियों में एक बैंक को निश्चित क्षेत्र में शाखायें खोलने के लिए अधिकृत किया जा सकता है। प्रो. केन्ट (Prof. R. P. Kent) के शब्दों में, इकाई बैंकंग प्रणाली के अन्तर्गत प्रत्येक स्थानीय बैंक का एक पृथक निगम होता है जिसका पृथक पंजीकरण होता हैं ओर जिसकी अपनी पूंजी, संचालक मण्डल व अंशधारी होते हैं। इकाई बैंकिंग प्रणाली के अन्तर्गत एक बैंक के स्वामी उसके कार्य क्षेत्र में सम्मिलित व्यक्ति तथा संस्थाएं एवं उसका व्यवसाय उस क्षेत्र की अर्थव्यवस्था तथा समाज से सम्बन्धित घटकों से होता है।

लाभः

इकाई बैंकिंग प्रणाली के गुण निम्न प्रकार हैं:—

1. कुशल प्रबन्ध - इकाई बैंकिंग प्रणाली के अंतर्गत बड़े बैंकिंग संगठन की विभिन्न प्रारम्भिक समस्याओं का सामना नहीं करना पड़ता हैं। अधिकारों के प्रत्यायोजना तथा विकेन्द्रीकरण एवं नियन्त्रण के क्षेत्र (Span of Control)की समस्यायें इस पद्धति में नहीं होती हैं।

2. लोच तथा परिवेश के अनुरूप योजनायें - इस प्रणाली के अन्तर्गत प्रबंधकों को अपने विवेक को काम में लेने का अवसर मिलता हैं जिसके परिणामस्वरूप उनकी प्रतिभा

का उचित उपयोग होता है। यही नहीं बैंक प्राथमिक जमा तथा ऋण एवं विकास की वे योजनाएं तैयार कर पाले में अपने आपकों समर्थ पाता हैं जो स्थानीय परिवेश के अनुरूप हैं।

3. प्रबन्धिक व्यय में कमी तथा अकुशल बैंकों की समाप्ति- शाखा बैंकिंग में नियन्त्रण तथा निरीक्षण के दैनन्दिन कार्यो की पूर्ति हेतु भारी राशि का किया जाने वाला व्यय इस प्रणाली में बच जाता है। इस प्रणाली में समग्रता के अभाव में अकुशल बैंकों को अपना कार्य बन्द कर देना पड़ता है।

4. आर्थिक साधनों का समान वितरण - इस प्रणाली में एक क्षेत्र के बैंक को उस क्षेत्र में सामान्त: विनियोग करना पड़ता है। ऐसा किए जाने के परिणामस्वरूप साख जमा अनुपात में अन्तर (Credit -Deposit Ratio) की कठिन समस्या का हल हो जाता है।

5. स्वतंत्र व्यवसाय के अनुकूल - इस प्रणाली में निजी व्यवसाय को भी विकसित होने का पूर्ण अवसर प्राप्त होता है।

दोष :

इकाई बैंकिंग प्रणाली में निम्न दोष पाये जाते है:-

1. छोटे आकार के दोष - इस प्रणाली के अन्तर्गत बैंकों का वित्तीय आकार बहुत सबल नहीं हो सकता। जिसके अभाव में बैंक आधुनिक प्रबन्ध प्रणाली के गुणों को प्राप्त नहीं कर सकते हैं। बैंक शोध पर अधिक व्यय नहीं किया जा सकता है। बैंक वैज्ञानिक प्रबन्ध तथा विशेषज्ञों की सेवाओं को भी प्राप्त नहीं कर सकता।

2. कोष हस्तान्तरण में कठिनाई - एक विकसित तथा विकासशील अर्थव्यवस्था में कोषों की गतिशीलता पूंजी की उत्पादकता का प्रमुख आधार होती है। इस प्रणाली के अन्तर्गत कोषों को देश के एक भाग से दूसरे भाग में तेजी से हस्तांतरित नहीं किया जा सकता। इसका परिणाम यह होता है कि देश के विभिन्न भागों में ब्याज दर भिन्न भिन्न होती है और अविकसित क्षेत्रों का धन के अभाव में तेजी से विकास नहीं हो पाता।

3. बैंकिंग सुविधाओं के विकास में कठिनाई- इस प्रणाली में चूकिं प्रत्येक बैंक को अपने स्वयं के पैरों पर खड़ा होना होता है। अत: साधारणत: उन क्षेत्रों में बैंकिंग सुविधाओं का विकास नहीं हो पाता जहाँ बैंक लाभ प्राप्त कम होने की संभावना होती है।

4. आर्थिक नीतियों के उद्धेश्यों की प्राप्ति में असहायक - इकाई बैंकिंग प्रणाली के अन्तर्गत सरकार बैंकों के माध्यम से अपनी आर्थिक नीतियों के उद्धेश्यों को प्राप्त नहीं कर सकती क्योंकि बैंकों के प्रबन्ध एक छतरी के नीचे नहीं होते।

5. आर्थिक संकटों का सामना करने में असमर्थ - इकाई बैंकिंग में बैंकों का आकार बहुत छोटा होता है अत: इनके आर्थिक साधन सीमित होते है। ये बैंक आर्थिक संकट का सामना करने में असमर्थ होते है। 1929 की मन्दी के दौरान अमरीका के सैकड़ों बैंक फैल हो गए थे।

6. जोखिम का भौगोलिक वितरण नहीं - इकाई बैंकिंग में जोखिम का भौगोलिक वितरण नहीं हो पाता जैसा कि शाखा बैंकिंग प्रणाली में होता है। इससे बैंक केवल

एक ही स्थान पर केन्द्रीत रहता है। अतः उस स्थान पर मन्दी आ जाने पर उस बैंक के फैल हो जाने की संभावना रहती है।

इकाई बैंकिंग के दोषों को दूर करने के उपाय

इकाई बैंकिंग के लाभ महत्वपूर्ण है किन्तु इनके दोषों के कारण इन्हें अच्छा नहीं कहा जा सकता। इकाई बैंकिंग के दोषों को दूर करने के लिए अमरीका में निम्न प्रयत्न किए गये हैं:

(1) नई शाखाएं स्थापित करने का अधिकार - इकाई बैंकों के अपने आस-पास के क्षेत्र से नयी शाखाएं स्थापित करने का अधिकार दे दिया गया है जिससे वे अपने व्यवसाय का विकास कर सके।

(2) श्रृंखलाकारी बैंकिंग (Chain Banking System)**को प्रोत्साहन** - अमरीका में इकाई बैंकिंग के दोषों को दूर करने के लिए श्रृंखलाकारी बैंकिंग को प्रोत्सा दिया गया है। इस प्रणाली के अन्तर्गत एक ही व्यक्ति या समूह एक साथ कई बैंकों पर अपना स्वामित्व स्थापित कर लेता है। यद्यपि संगठन की दृष्टि से ये बैंक अलग-अलग होते हैं किन्तु स्वामित्व की दृष्टि से ये एक ही होते हैं। अतः इनकी नीतियों में आपस में समन्वय रहता है।

(3) करैसपोण्डेन्ट बैंक (Correspondent Bank) **का निर्माण** - इकाई बैंकिंग के दोषों को दूर करने के लिए करसपोण्डेन्ट बैंकों की स्थापना की गई है। छोटे छोटे बैंक अपनी राशि इनके पास जमा करा सकते हैं। पूंजी के स्थानान्तरण के लिए भी इनकी सहायता की जा सकती है। छोटे बैंक इनसे वित्तीय परामर्श भी ले सकते हैं। करैसपोण्डेन्ट बैंक कई बैंकों को आपस में जाड़ देता है। इससे इकाई बैंकों को भी शाखा बैंकिंग के लाभ मिलने लगते है।

निष्कर्ष - उपरोक्त वर्णन से स्पष्ट है कि इकाई व शाखा बैंकिंग दोनों में ही कुछ गुण है तो कुछ दोष। शाखा बैंकिंग में दोष कम पाये जाते हैं। अतः शाखा बैंकिंग एक अच्छी बैंकिंग प्रणाली है। किन्तु अमरीका में इकाई बैंकिंग का ही अधिक विकास हुआ है। इसका कारण वहां की परिस्थितियां है। वहां लोगों की आय काफी ऊंची है। अमरीका काफी समृद्ध देश है। अतः वहां इकाई बैंकिंग का विकास हुआ है। किन्तु अल्प विकसित देशों के लिए शाखा बैंकिंग प्रणाली ही अधिक उपयुक्त है।

एक अच्छी बैंकिंग प्रणाली की विशेषताएं
(Essentials of a Good Banking System)

प्रत्येक देश के आर्थिक विकास के लिए एक अच्छी बैंकिंग प्रणाली का होना आवश्यक है। देश के विभिन्न वर्गो से बचतों को एकत्रित करके पूंजी निर्माण में सहायता देने के लिए बैंकिंग की आवश्यकता होती है। बैंक साख का निर्माण कर देश की उत्पादन शक्ति बढ़ाते हैं। देश में औद्योगिक व व्यापारिक विकास वहाँ की बैंकिंग प्रणाली पर निर्भर करता है। देश के विकास में सहायक होने के लिए एक अच्छी बैंकिंग प्रणाली में निम्न विशेषताएं होनी चाहिए।

(1) बैंकिंग प्रणाली बचतों को प्रोत्साहित करने वाली होनी चाहिए - देश में बैंकिंग प्रणाली इस प्रकार की होनी चाहिए जो देश में बचतों को प्रोत्साहित करे। बैंकिंग

प्रणाली ऐसी होनी चाहिए जिसकी सहायता से देश के विभिन्न वर्गों की बचतों को एकत्रित कर देश के विकास के लिए काम में लाया जा सके। अतः बैंकों में विभिन्न प्रकार के खातें होने चाहिए जो सभी प्रकार के वर्गों की बचतें आकर्षित कर सकें।

(2) बैंकिंग प्रणाली देश की परिस्थितियों के अनुसार होनी चाहिए – बैंकिंग प्रणाली सदैव देश की परिस्थितियों के अनुसार होनी चाहिए। कृषि प्रधान देश होने पर बैंकिंग व्यवस्था ऐसी होनी चाहिए जो कृषि का विकास करने में सहायक सिद्ध हो सके।

(3) साख पर नियन्त्रण होना चाहिए – एक अच्छी बैंकिंग प्रणाली में साख पर नियन्त्रण होना चाहिए। साख पर नियन्त्रण न होने पर देश की अर्थव्यवस्था पर विपरीत प्रभाव पड़ सकते है। अतः साख के विस्तार को बैंकिंग के माध्यम से नियन्त्रित किया जाना चाहिए। बैंक साख का निर्माण करते हैं। अतः बैंकिंग के माध्यम से ही साख का उचित विस्तार या संकुचन सम्भव है। यहां इसका तात्पर्य यह नहीं है कि साख पर पूर्ण रोक लगा दी जाय। किन्तु साख का विस्तार या संकुचन देश की आवश्यकतानुसार होना चाहिए।

(4) बैंकिंग प्रणाली समन्वित होनी चाहिए – किसी भी देश में बैंकिंग प्रणाली इस प्रकार की होनी चाहिए जिससे देश के विभिन्न बैंकों में आपस में समन्वय स्थापित हो सके। विभिन्न बैंकों में आपस में स्वस्थ प्रतिस्पर्धा से बैंकों को तो लाभ होगा ही साथ ही देश को भी लाभ होगा ।

बैंकिंग अपरिष्कृत रूप मे अति प्राचीन विचारधारा है। यह प्राचीन समय से भी पूर्व अस्तीत्व में विद्यमान थे। उदाहरण के लिए फ्रेंच लेखक रिवलीपोट द्वारा अपने लेख में बैंक नोट का उल्लेख किया गया है। यह उल्लेख बेबीलोन में 600 बी. सी. से सम्बन्धित है। भारत में मनु-स्मृति में भी मुद्रा उधार व्यवसाय का सन्दर्भ मिलता है। वस्तुतः बैंकिंग शब्द उतना ही प्राचीन है जितनी है मानव सभ्यता। जब मानव के समक्ष स्वर्ण तथा अन्य मूल्यवान के सुरक्षित रखने का प्रश्न उपस्थित हुआ तो वाणिज्यक बैंकों की उत्पत्ति अनुभव की गयी। सरकार को वित्त प्रदान करने की दृष्टि से प्रारम्भ में बैंकों कि स्थापना 1694 में इटेलियन प्रारूप पर हुई। यद्यपि आधुनिक संयुक्त पूँजी वाली बैंकिंग संस्थाएँ इंगलैण्ड में बैंकिंग अधिनियम 1833 पास करने के फलस्वरूप अस्तीत्व में आई। भारत में आधुनिक बैंकिंग का सूत्रपात ईस्ट इण्डिया कम्पनी को बैंकिंग सेवाएँ प्रदान करने हेतु कलकत्ता तथा बम्बई में अंग्रेजी ऐजेन्सी गृह द्वारा बैंकों के रूप कार्य प्रारम्भ किया गया। इस सन्दर्भ में हिन्दुस्तान बैंक प्रथम बैंकिंग संस्थान था जिसकी स्थापना 1779 में हुई।

किसी भी देश की बैंकिंग प्रणाली का आशय बैंकिंग सेवाओं की समस्त व्यवस्था से हैं जिसके अन्तर्गत सभी बैंकिंग संस्थाओं की रीती-नीतियों एवं कार्यपद्धतियों का अध्ययन किया जाता है। संकुचित दृष्टिकोण से बैंकिंग प्रणाली में किसी देश में कार्यशील स्वयं के व्यावसायिक बैंकों को ही सम्मिलित किया जाता है। इसके विपरीत व्यापक दृष्टिकोण से बैंकिग प्रणाली के अन्तर्गत किसी देश में कार्यशील समस्त व्यावसायिक बैंको के अतिरिक्त केन्द्रीय बैंक तथा अन्य समस्त विशिष्ट वित्तीय संस्थाओं जैसे आद्योगिकरण बैंक, कृषि बैंक, सहकारी बैंक, विनियोग बैंक, निर्यात आयात बैंक तथा इसी प्रकार की अन्य संस्थाओं को भी सम्मिलित किया जाता है। इसके अतिरिक्त किसी राष्ट्र की बैंकिंग प्रणाली का आशय वहाँ के संगठित पूँजी और मुद्रा बाजार की विभिन्न संस्थाओं से भी लगाया जा सकता है

बैकिंग प्रणाली के उपर्युक्त विवेचन के आधार पर किसी देश की बैंकिंग प्रणाली के प्रमुख संघटक निम्नांकित हो सकते हैं :

1. केन्द्रीय बैंक या नोट निर्गमित करने वाला बैंक (Central Bank)
2. व्यापारिक बैंक (Commercial Bank)
3. सहकारी साख बैंक (Co-operative Bank)
4. लघु उद्योग विकास बैंक (Small Scale Industries Development Bank)
5. औघोंगिक बैंक (Industrial Bank)
6. विनियोग बैंक (Investment Bank)
7. निर्यात-आयात बैंक (EXIM Bank)
8. स्वीकृति एवं कटौती गृह (Accepting and Discount Houses)
9. बचत बैंक (Savings Bank)
10. देशी बैंकर्स (Indegeneous Banker)
11. अन्य बैंकिंग संस्थाएं (Other Banking Institutions)

यद्यपी उपर्युक्त वर्णित संघटकों से बैकिंग प्रणाली का गठन होता है किन्तु यह आवश्यक नही है कि किसी देश की बैकिंग प्रणाली में ये सभी संघटक मौजूद होंगे यह उस देश की आर्थिक, सामाजिक, राजनैतिक एवं विकास की अवस्था से निर्धारित होगा। बैंकिंग प्रणाली की उपर्युक्त वर्णित सभी संस्थाएँ विकसित राष्ट्रों में से अनेक संस्थाएं कार्यशील नहीं होती हैं। उदाहरण के लिए भारत में ही इनमें से अनेक संस्थाएँ जैसे स्वीकृति एवं कटौती गृहों आदि का अभाव है।

भारतीय बैंकिंग प्रणाली का स्वरूप अथवा ढांचा
(Structure or Form of Indian Banking System)

भारतीय बैंकिग प्रणाली में सर्वोच्च स्थान रिजर्व बैंक ऑफ इण्ड़िया का है। यह देश का केन्द्रीय बैंक है। इसका प्रमुख कार्य नोट निर्गमन तथा साख का नियन्त्रण करना है। इसके अतिरिक्त रिजर्व बैंक देश में कृषि एवं औद्योगिक साख की व्यवस्था, बैंकों के बैंक के रूप में कार्य, विदेशी विनिमय की उचित व्यवस्था तथा मौद्रिक स्थिरता में सहयोग आदि कार्य भी करता है।

अल्प एवं मध्यकालीन साख प्रदान करने हेतु बैंकिंग प्रणाली में व्यापारिक बैंक तथा सहकारी बैंक विद्यमान हैं। 1949 के बैंकिग अधिनियम के अन्तर्गत भारतीय व्यापारिक बैंकों को दो श्रेणियों-अनुसूचित बैंकों तथा गैर-अनुसूचित बैंकों में विभक्त किया गया है। अनुसूचित बैंकों का आशय ऐसे बैंकों से है जो रिजर्व बैंक अधिनियम की द्वितीय सूचि में सम्मिलित है। अनुसूचित बैंकों में भी दो प्रकार के बैंक हैं। प्रथम, भारतीय अनुसूचित बैंक तथा द्वितीय, विदेशी अनुसूचित बैंक 1 भारतीय अनुसूचित व्यापारिक बैंकों के अन्तर्गत स्टेट बैंक ऑफ इण्ड़िया तथा इसके सहायक बैंक, 20 राष्ट्रीयकृत बैंकों तथा निजी व्यापारिक बैंकों

को सम्मिलित किया गया है। स्टेट बैंक ऑफ इण्ड़िया का प्रमुख कार्य व्यापारिक बैंक के रूप में कार्य करने के साथ-साथ ग्रामीण साख व्यवस्था तथा लघु कुटीर उद्योगों की वित्त व्यवस्था करना हैं। स्टेट बैंक ऑफ इण्ड़िया के ऐजेन्ट के रूप में भी कार्य करता है।

भारतीय बैंकिग प्रणाली में अल्प एवं मध्यकालीन साख की पूर्ति हेतु व्यापारिक बैंकों के अतिरिक्त सहकारी साख बैंक विद्यमान है। इन बैंकों का हमारे देश में त्रि-स्तरीय ढाँचा है जिस के अन्तर्गत राज्य स्तर पर राज्य सहकारी बैंक या शीर्ष बैंक, जिला स्तर पर केन्द्रीय सहकारी बैंक तथा ग्रामीण स्तर पर प्राथमिक सहकारी कृषी साख समितियाँ स्थापित की गई हैं।

भारतीय बैंकिग व्यवस्था में दीर्घकालीन साख प्रदान करने वाली संस्थाओं का भी विशिष्ट स्थान है। इनमें से प्रमुख भूमि विकास बैंक, का द्विस्तरीय ढाँचा है जिसके अन्तर्गत राज्य स्तर पर कन्द्रीय भूमि विकास बैंक तथा जिलाा या तहसील स्तर पर प्राथमिक भूमि विकास बैंकों की स्थापना की गयी हैं।

भारतीय बैंकिग संगठन के वर्तमान स्वरूप के अर्न्तगत दीर्घकालीन वित्तीय संस्थाओं में विनियोग बैंकों के रूप में जीवन बीमा निगम तथा यूनिट ट्रस्ट ऑफ इण्ड़िया प्रमुख हैं। इसके अतिरिक्त विभिन्न क्षेत्रों में दीर्घकालीन विनियोग हेतु अनेक विशिष्ठ वित्तिय संस्थाएं भी हैं। कृषि क्षेत्र मे विकास हेतु दीर्घकालीन साख प्रदानं करने के लिए 1 जुलाई 1982 से एक नवीन संस्था राष्ट्रीय कृषी तथा ग्रामीण विकास बैंक की स्थापना की गयी हैं। यह विभाग पूर्व में रिजर्व बैंक के कृषि साख विभाग एवं कृषि पुनर्वित एवं विकास निगम द्वारा सम्पन्न किये जाने वाले कार्यों को वर्तमान में सम्मपन्न करता हैं। इसके अतिरिक्त भारतीय कृषी वित्त निगम लि0 अप्रेल 1968 में स्थापित राज्य कृषि निगमें तथा ग्रामीण विद्युतिकरण निगम जुलाई 1969 में स्थापित आदि भी दीर्घकालीन विनियोजन हेतु प्रमुख संस्थाएं है।

कृषि के अतिरिक्त औद्योगिकरण क्षेत्रों में दीर्घकालीन साख प्रदान करने के लिए अनेक विशिष्ट वित्तिय संस्थाओ की स्थापना की गयी हैं। इन संस्थाओं में प्रमुख भारतीय औद्योगिक वित्त निगम, जुलाई 1948 में स्थापित भारतीय औद्योगिक साख एवं विनियोग निगम, जनवरी 1955 में स्थापित राज्य वित्त निगम जिनकी स्थापना प्रत्येक राज्य में की गयी हैं तथा भारतीय औद्योगिक विकास बैंक आदि प्रमुख हैं। इसके अतिरिक्त औद्योगिक विकास हेतु दीर्घकालीन साख प्रदान करने वाली अन्य संस्थाएँ, भारतीय औद्योगिक पुनर्निर्माण निगम, राष्ट्रीय औद्योगिक विकास निगम तथा राज्य लघु उद्योग विकास निगम आदि प्रमुख संस्थाएं है।

भारतीय बैंकिग प्रणाली में जन-आस्था को बनाने रखने के उद्देश्य से जनवरी 1962 में निक्षेप बीमा हेतु निक्षेप बिमा निगम की स्थापना तथा लघु ऋणियों को साख संस्थाओं द्वारा उधार ऋण दिये जाने की गारण्टी हेतु भारतीय साख गारन्टी निगम की स्थापना की गयी। निर्यातकों को सहायता देने और निर्यात व्यापार जोखिम के बीमा हेतु निर्यात साख एवं गारन्टी निगम तथा निर्यात-आयात हेतु सहायता प्रदान करने हेतु भारतीय निर्यात-आयात बैंक की स्थापना की गयी है।

उपर्युक्त वर्णित संगठित संस्थाजों के अतिरिक्त गैर-वित्तिय संस्थाओं का भी भारतीय बैंकिग व्यवस्था में प्रमुख स्थान है। इनमें प्रमूखतः देशी बैंकर्स एवं साहुकार, गैर-बैंकिग वित्तिय कम्पनियां, बीमा कम्पनियाँ, विनियोग कम्पनियाँ, या ट्रस्ट तथा अन्य इसी प्रकार की साख निर्माण करने वाली अनेक संस्थाएँ है। भारतीय बैंकिग प्रणाली का वर्तमान स्वरूप अत्यन्त ही विस्तृत एवं विशाल है। भारतीय बैंकिंग प्रणाली के प्रमुख संगठक निम्नलिखित है :

1. केन्द्रिय बैंक-भारतीय रिजर्व बैंक

2. अनुसूचित बैंक

(अ) सहकारी बैंक

(ब) वाणिज्यिक बैंक

(i) विदेशी

(ii) स्वदेशी

निजी क्षेत्र

सार्वजनिक क्षेत्र

स्टेट बैंक तथा इसकी सहयोगी बैंक

अन्य राष्ट्रीयकृत बैंक

क्षेत्रीय ग्रामीण बैंक

3. गैर-अनुसूचित बैंक

(अ) केन्द्रिय सहकारी बैंक तथा प्राथमिक साख समितियाँ

(ब) वाणिज्यिक बैंक

(1) भरतीय रिजर्व बैंक (Reserve Bank of India) भारतीय रिजर्व बैंक देश के केन्द्रीय बैंक के रूप में सन् 1935 में स्थापित किया गया था। सन् 1948 में इसका राष्ट्रीयकरण करके इस पर सरकार का नियन्त्रण स्थापित हो गया है। रिजर्व बैंक केन्द्रीय सरकार तथा राज्य सरकार के बैंकर के रूप में कार्य करता है। सरकार के बैंकर के रूप में रिजर्व बैंक सरकार के विपत्रों का संग्रह करता है, उन्हें स्वीकार करता हैं तथा भुगतान करता है। केन्द्रीय तथा राज्य सरकारों के लिए ऋणों की व्यवस्था करता है। केन्द्रीय सरकार की ओर से राजकोषीय विपत्रों का विक्रय करता है। केन्द्रीय और राज्य सरकारो को विभिन्न आर्थिक मामलों में परामर्श देता है। रिजर्व बैंक, बैंकों के बैकर के रूप में भी कार्य करता है। रिजर्व बैंक, बैंकों के अन्तिम ऋणदाता के रूप में भी कार्य करता है।

वाणिज्यिक बैंक व्यावसायिक प्रतिष्ठान है, जो वित्त, वित्तीय विलेखों में व्यवहार करते हैं तथा मूल्य, जिसे ब्याज दर, बट्टा, कमीशन, शुल्क आदि कहा जाता के, बदले विभिन्न वित्तीय सेवाएँ प्रदान करते हैं बैंकिंग अधिनियम 1949 के अनुसार बैंकिंग का आश्य उधार तथा विनियोग प्रयोजन हेतु जनता से मौद्रिक जमाएं प्रास करना। इस प्रकार प्रास जमाएँ माँग पर

पुनः भुगतान की जाती है अन्यथा जिनको चैक, ड्राफ्ट, आदेश अथवा अन्य वैधानिक प्रकार से पुनः प्राप्त किया जा सकता है। जमाएँ स्वीकार करना तथा इस प्रकार प्राप्त कोषों को व्यावसायिक प्रतिष्ठानों तथा व्यक्तियों को उधार दे देना वाणिज्यक बैंकों का प्रमुख कार्य होता है। वर्तमान में वाणिज्यक बैंकों द्वारा विभिन्न विविधीकृत वित्तीय सेवाओं में प्रवेश किया जा सकता है।

(2) व्यावसायिक बैंक (Commercial Bank)-सामान्य रूप से जब बैकं शब्द का प्रयोग किया जाता है तो उसका अभिप्राय व्यवसायिक बैंक से ही होता है। ये बैंक मुख्य रूप से व्यापार एवं उद्योग को उनकी अल्पकालीन आवश्यकताओं की पूर्ति के लिए ऋण प्रदान करते हैं। ये बैंक छोटी—छोटी बचतों को एकत्रित करके आवश्यकता वाले क्षेत्रां में विनियोजित करते हैं। इन बैकों के दो मुख्य कार्य हैं— ये माँग अथवा अन्य प्रकार से देय निक्षेपों को प्राप्त करते हैं तथा समाज की अल्पकालीन ऋणों की आवश्यकताओं की पूर्ती करते हैं। इसके अतिरिक्त, ये बैंक अपने ग्राहकों के लिए अन्य कार्य भी करते हैं, जैसे—चैकों तथा विनिमय विपत्रों का संग्रह, साख पत्रों का निर्गमन, बहुमूल्य वस्तुओं की सुरक्षा, ग्राहकों के आदेशानुसार ऋणों की किस्तें, ब्याज, लाभांश तथा बीमा प्रीमियम, आदि का भुगतान, प्रतिभूतियों का क्रय—विक्रय, आदि। व्यावसायिक बैंकों का अनुसूचित बैंक, गैर—अनुसूचित बैंक लाइसेन्सधारी और गैर—लाइसेन्सधारी बैंक, सार्वजनिक क्षेत्र के बैंक और निजी क्षेत्र के बैंक तथा भारतीय बैंक और विदेशी बैंको के रूप में विभाजित किया जा सकता है।

(3) **अनुसूचित बैंक** (Scheduled Bank) : अनुसूचित व्यावसायिक बैंक से तात्पर्य उस बैंक से है जिसका नाम भारतीय रिजर्व बैंक अधिनियम, 1934 की द्वितीय अनुसूची में सम्मिलित कर लिया गया हो। अधिनियम की द्वितिय अनुसूची में सम्मिलित कर लिये जाने के कारण ही इन्हें अनुसूचित बैंक कहा जाता है। अधिनियम की धारा 42(6) के अनुसार किसी ऐसे बैंक का नाम द्वितीय अनुसूचि में सम्मिलित कर लिया जायेगा जो भारत में बैंकिंग व्यवसाय करता हो तथा अग्र शर्तों को पूरी करता हो:

(i) उसकी प्रदत पूँजी तथा रक्षित निधी 5 लाख रूपये से कम मूल्य की न हो, इस सम्बन्ध में मूल्य से तात्पर्य वास्तविक मूल्य अथवा बाजार मूल्य से है, पुस्तक मूल्य से नहीं।

(ii) रिजर्व बैंक इस बात से सन्तुष्ट हो जाने के पश्चात् कि सम्बन्धित बैंक के कार्यालय जमाकर्ताओं के हितों के विपरीत नही हैं, अनुसूचि में सम्मिलित किये जाने के इच्छुक बैंक का नाम, अनूसूचि में सम्मिलित कर लेता है।

(iii) वह बैंक एक राज्य सहकारी बैंक अथवा भारतीय कम्पनी अधिनियम, 1956 की धारा 3 के अनुसार परिभाषित एक कम्पनी अथवा सरकार द्वारा इस आशय से अधिसूचित एक संस्था अथवा भारत के बाहर प्रचलित किसी सन्नियम के अन्तर्गत समामेलित कोई निगम अथवा कम्पनी हो।

किसी बैंक को द्वितीय अनुसूची से हटाने का भी अधिकार रिज़र्व बैंक को हैं। रिजर्व बैंक अधिसूचना द्वारा किसी बैंक को द्वितिय अनुसूची से हटा सकती है यदि वह सन्तुष्ट है कि:

(i) बैंक की पूँजी तथा संचित कोष 5 लाख रूपयें से कम मूल्य की हो गयी है, अथवा

(ii) बैंक के कार्याकलाप जमाकर्ताओं के हित के विपरीत चलाये जा रहे, अथवा

(iii) वह बैंक समापन में चला गया है अथवा उसने बैंकिग व्यवसाय चलाना बन्द कर दिया है।

(ii) **गैर-अनुसूचित व्यावसायिक बैंक** (Non-Scheduled Commercial Bank) : गैर अनुसूचित बैंक वह बैंक हैं जिनका नाम रिजर्व बैंक अधिनियम, 1934 की द्वितीय अनुसूची में सम्मिलित नहीं किया जाता। ऐसे बैंकों के नाम द्वितीय अनुसूची में इसलिये सम्मिलित नहीं किये जाते क्योंकि ये भारतीय रिजर्व बैंक अधिनियम की धारा 42(6) की औपचारिकताओं को पूरा नहीं करते। यद्यपि इन बैंकों को वे समस्त सुविधाएँ उपलब्ध नहीं होतीं जो कि अनुसूचित बैंकों को प्राप्त होती हैं। बैंकिग नियमन अधिनियम की धारा 18 के अनुसार प्रत्येक बैंकिग कम्पनी, जो कि एक अनुसूचित बैंक नहीं हैं, को एक नकद कोष रखना आवश्यक है। यह कोष भारत में उसके कुल माँग और समय दायित्वों का 3 प्रतिशत होगा जो ऐसी बैकिंग कम्पनी को अपने पास अथवा रिजर्व बैंक के साथ चालू खाते अथवा स्टेट बैंक अथवा केन्द्रीय सरकार द्वारा घोषित किसी अन्य बैंक के साथ चालू खातों में रखना होगा। ऐसी बैंकिग कम्पनी को प्रत्येक महीने की 20 तारीख से पहले रिजर्व बैंक को एक विवरणी भेजना आवश्यक है जिसमें महीने के वैकल्पिक शुक्रवार को ऐसे संचित कोष तथा माँग एवं समय दायित्वों का विवरण होगा।

भारतीय स्टेट बैंक (State Bank of India) : सन् 1921 में तीन प्रेसीडेन्सी बैंकों को मिलाकर इम्पीरियल बैंक की स्थापना की गयी थी। नोट निर्गमन के कार्यों को छोड़कर इस बैंक को केन्द्रीय बैंक के महत्वपूर्ण कार्य सौंपे गये थे। सन् 1935 में रिजर्व बैंक की स्थापना हो जाने पर भी यह बैंक रिजर्व बैंक और सरकार के प्रतिनिधी के रूप में कार्य करता रहा। यद्यपि इम्पीरियल बैंक एक व्यावसायिक बैंक था परन्तु विशेष सुविधाएँ प्राप्त होने के कारण इसकी स्थिति अन्य व्यावसायिक बैंकों से भिन्न थी।

सन् 1959 में स्टेट बैंक ऑफ इण्डिया (सबसीडियरी बैंक्स) एक्ट, 1959 पारित करके भूतपूर्व रियासतों से सम्बन्धित बैंकों का राष्ट्रीयकरण करके उन्हे भारतीय स्टेट बैंक का सहायक बना दिया गया।[1] इस समय भारतीय स्टेट बैंक के साहयक बैंकों की संख्या 7 है। इन बैंको में कम से कम 55 प्रतिशत अंश भारतीय स्टेट बैंक के पास हैं। यह अंश हस्तान्तरणीय हैं परन्तु किसी भी एक व्यक्ति के पास दो सौ से अधिक अंश नही हो सकेंगे। इन बैंकों का प्रबन्ध संचालन मण्डल द्वारा किया जाता है।

राष्ट्रीयकृत बैंक (Nationalised Bank) : 14 व्यावसायिक बैंक का राष्ट्रीयकरण स्वतन्त्रता प्राप्ति के पश्चात् बैंकिंग सुधार के लिए एक महत्वपूर्ण घटना थी। 19

---

1 ये बैंक थे: स्टेट बैंक ऑफ बीकानेर, स्टेट बैंक ऑफ हैदराबाद, स्टेट बैंक ऑफ इन्दौर, स्टेट बैंक ऑफ जयपुर, स्टेट बैंक ऑफ मैसूर, स्टेट बैंक ऑफ पटियाला, स्टेट बैंक ऑफ सौराष्ट्र, तथा स्टेट बैंक ऑफ ट्रावनकोर। बाद में कुछ परिवर्तन करके स्टेट बैंक ऑफ बीकानेर तथा स्टेट बैंक ऑफ जयपुर को मिलाकर स्टेट बैंक ऑफ बीकानेर एण्ड जयपुर स्थापित कर दिया गया।

जुलाई, 1969 को 50 करोड़ के निक्षेप धारण करने वाले 14 बैंकों का राष्ट्रीयकरण कर दिया गया। देश में निक्षेपों को गतिशीलता प्रदान करना, उत्पादक उद्देश्यों के लिए ऋण प्रदान करना विशेष रूप से उन क्षेत्रों में जो अभी तक उपेक्षित थे, जैसे—कृषि, लघु उद्योग, निर्यात, आदि, प्रत्यक्ष तथा अप्रत्यक्ष रूप से रोजगार में वृद्धि, बैंकिंग सुविधाओं से वंचित क्षेत्रों में बैंक शाखायें खोलकर देश में साख का अधिक सामान वितरण, उद्यमशीलता को बढ़ावा देना, देश के आर्थिक विकास में सक्रिय रूप से भाग लेना तथा बैंकों का व्यावसायिकरण सुनिश्चित करना, बैंक राष्ट्रीयकरण के मुख्य उद्देश्य थे।

प्रत्येक बैंक का राष्ट्रीयकरण होते ही उसकी सम्पत्ति, दायित्व तथा अधिकार तत्सम्बन्धित नये राष्ट्रीयकृत बैंक में हस्तान्तरित हो गये। राष्ट्रीयकरण से पूर्व कार्यरत अध्यक्ष को बैंक का राष्ट्रीयकरण होने पर उसका कस्टोडियन नियुक्त कर दिया गया। 18 जुलाई, 1970 को रिजर्व बैंक से परामर्श करके केन्द्रीय सरकार ने राष्ट्रीयकृत बैंकों के पहले संचालक —मण्डल का गठन किया।

बैंकों का राष्ट्रीयकरण— सन् 1980 मे 6 अन्य बैंकों का राष्ट्रीयकरण कर दिया गया। इसमें वे बैंक सम्मिलित किये गये जिनके निक्षेप 200 करोड़ रूपये से अधिक थी।[2]

निजी क्षेत्र के बैंक (Private Sector Bank) : निजी क्षेत्र के व्यावसायिक बैंकों में भारत में कार्यरत दो प्रकार के बैंक हैं:

भारत में समामेलित बैंक तथा विदेशी बैंक। निजी क्षेत्र के भारतीय बैंक दो भागों में विभाजित किये जा सकते हैं। अनुसूचित बैंक तथा गैर—अनुसूचित बैंक। गैर-अनुसूचित बैंकों को स्वतन्त्र रूप में अपनी पूँजी निर्गमित करने तथा अपना प्रबन्ध करने का अधिकार है। ये अंशधारियों के बैंक हैं। इनका नियन्त्रण बैंकिग नियमन अधिनियम की व्यवस्था के अन्तर्गत होता है।

विदेशी बैंक (Foreign Bank) : विदेशी बैंक ऐसे बैंक हैं जो विदेशों में समामेलित (Incorporated) हुए हैं तथा जिनका पंजीकृत कार्यालय विदेशों में स्थित है परन्तु भारत में जिनकी शाखाएँ कार्यरत हैं। ये समस्त बैंक अनुसूचित बैंक हैं। सन् 1950 तक ये बैंक विदेशी विनिमय बैंक कहलाते थे। 30 जून 2002 को देश में विदेशी बैंकों की संख्या 40 थी तथा इनकी कुल शाखाएँ 202 थीं। इन बैंकों में ब्रिटेन में समामेलित बैंकों की संख्या सबसे अधिक है। ये बैंक सामान्य बैंकिग सेवाएँ निष्पादित करते हैं। भारतीय अनुसूचित बैंक के समान ही ये बैंक निक्षेप प्राप्त करते है तथा ऋण एवं अग्रिम प्रदान करते हैं। अन्तर्राष्ट्रीय व्यापार की वित्त व्यवस्था में इन बैंकों का विशेष योगदान है।

भारत में अनुसूचित बैंकिंग ढाँचे का अध्ययन चार्ट संख्या 1 से भी किया जा सकता है।

---

2 ये बैंक थे—(1) कॉरपोरेशन बैंक, (2) पंजाब एवं सिंध बैंक, (3) आन्ध्रा बैंक, (4) विजया बैंक, (5) न्यू बैंक ऑफ इण्डिया, (6) ओरियण्टल बैंक ऑफ कॉमर्स। 4 सितम्बर, 1993 को न्यू बैंक ऑफ इण्डिया का पंजाब नेशनल बैंक के साथ विलय कर दिया गया।

सहकारी बैंक (Co-operative Bank) : 1 मार्च, 1966 से बैंकिंग नियमन अधिनियम की कुछ व्यवस्थाएँ सहकारी बैंक पर लागू कर दी गयी थीं। इस अधिनियम में सहकारी बैंकों को इस प्रकार परिभाषित किया गया है:

सहकारी बैंक का तात्पर्य राज्य सहकारी बैंक, केन्द्रीय सहकारी बैंक तथा प्राथमिक सहकारी बैंक से है।

प्राथमिक सहकारी बैंक से तात्पर्य उस सहकारी समिति से है जो एक प्राथमिक कृषि साख समिति न हो तथा जिनका मुख्य उद्देश्य अथवा मुख्य व्यवसाय बैंगिक व्यवसाय करना हो, जिसकी दत्त (Paid-up) पूँजी तथा संचित कोष एक लाख रूपये से कम न हों तथा जिसकी उपविधियाँ किसी अन्य सहकारी समिति को इसका सदस्य बनने की अनुमति नहीं देती हों।

प्रश्न

1. बैंकिंग प्रणाली से आप क्या समझते हैं? एक श्रेष्ठ बैंकिंग प्रणाली के तुलनात्मक गुण एवं दोषों की विवेचना कीजिये?
2. इकाई एवं शाखा बैंकिंग की विचारधारा की विवेचना कीजिये? इन दोनों में से कौनसी बैंकिंग प्रणाली उपयुक्त है तथा क्यो?

3

उत्पादन अर्थशास्त्र

(Economics of Production)

उत्पादन का अर्थ

(Meaning of Production)

उपभोग के अन्तर्गत हम यह देख चुके है कि मानव सीमित साधनों से अपनी असीमित आवश्यकताओं की पूर्ति करना चाहता है। उपभोग के लिए यह आवश्यक है कि आवश्यक वस्तु उपलब्ध है तथा उपलब्धि के लिए उसका उत्पादन होना भी आवश्यक है। सामान्यत: उत्पादन का अर्थ किसी भौतिक वस्तु के निर्माण से लगाया जाता है। किन्तु यह एक वैज्ञानिक तथ्य है की मनुष्य किसी भी भौतिक पदार्थ की उत्पत्ति नहीं कर सकता। सभी भौतिक वस्तुएं प्रकृति के द्वारा उपलब्ध कराई जाती है। **एडम स्मिथ** व अन्य प्राचीन अर्थशास्त्रियों ने उत्पादन को इसी अर्थ में परिभाषित किया। किन्तु वैज्ञानिक दृष्टि से असत्य होने के कारण इसे स्वीकार नहीं किया जाता।

मनुष्य किसी भौतिक पदार्थ का निर्माण या सृजन तो नहीं कर सकता किन्तु प्रकृति द्वारा प्रदत्त वस्तु का रूप इस प्रकार परिवर्तित कर सकता है कि वह उसके लिए उपयोगी हो जाए अथवा यदि पहले वह वस्तु उसके लिए कम उपयोगी है तो उपयोगिता में वृद्धि हो जाए। आधुनिक अर्थशास्त्री इस उपयोगिता के सृजन या उपयोगिता में वृद्धि को ही उत्पादन मानते है। उदाहरण के लिए यदि बढ़ई लकड़ी से मेज बनाता है तो यह उपयोगिता का सृजन हैं क्योंकि लकड़ी का उत्पादन प्रकृति ने किया है। **मार्शल** के अनुसार, ''मनुष्य भौतिक वस्तुओं का सृजन नहीं कर सकता यह मानसिक तथा नैतिक क्षेत्र में नये नये विचारों को जन्म भले ही दे सकता है, किन्तु जब भौतिक वस्तुओं के निर्माण की बात आती है तो वह केवल उपयोगिता का ही सृजन या निर्माण कर सकता है।''

उत्पादन की परिभाषाएँ
(Definitions)

उत्पादन की विद्वानों द्वारा प्रस्तुत परिभाषाएँ निम्नलिखित है:

पेंशन (Pension) के अनुसार, ''उत्पादन का अर्थ किसी पदार्थ का निर्माण नहीं है वरन इसका अर्थ किसी वस्तु में मानवीय आवश्यकताओं को सन्तुष्ट करने की योग्यता, क्षमता अथवा गुण में वृद्धि करना है।''

फ्रेजर (Fraser) के अनुसार, ''यदि उपभोग का अर्थ उपयोगिता निकाल लेना है तो उत्पादन का अर्थ उपयोगिता भर देना है।''

फेयर चाइल्ड (Fairchild) के अनुसार, ''धन में उपयोगिता का सृजन ही उत्पादन है।''

ऐली (Ely) के अनुसार, ''आर्थिक उपयोगिता का सृजन ही उत्पादन है''

जे. के. मेहता (J.K.Mehta) उपयोगिता के सृजन के स्थान पर उपयोगिता में वृद्धि को उत्पादन मानते हैं। **मेहता** के अनुसार, ''उपयोगिता का सृजन नहीं वृद्धि उत्पादन से सम्बद्ध है।''

इस प्रकार **मार्शल, पेन्सन, फ्रेजर** आदि अर्थशास्त्रियों के अनुसार उपयोगिता का सृजन करना अथवा उपयोगिता में वृद्धि करना ही उत्पादन है मेहता केवल उपयोगिता वृद्धि को उत्पादन मानते है। किन्तु कुछ आधुनिक अर्थशास्त्री केवल उपयोगिता सृजन अथवा वृद्धि को ही उत्पादन नहीं मानते वरन् वे मूल्यों या आर्थिक उपयोगिता के सृजन को उत्पादन मानते है। थॉमस, फेयर चाइल्ड, केरनक्रास, मेहता, मेयर्स आदि अर्थशास्त्रियों के अनुसार उत्पादन के लिए उपयोगिता के सृजन या वृद्धि के साथ साथ विनिमय मूल्य का सृजन करना भी आवश्यक है। यदि किसी वस्तु में उपयोगिता का सृजन कर दिया जाय अथवा उपयोगिता में वृद्धि कर दी जाए किन्तु उसका विनिमय मूल्य नहीं है तो उसे उत्पादन नहीं कहा जाना चाहिए।

डीविट (Dewett) के अनुसार, ''उत्पादन को उपयोगिता का नहीं वरन् मूल्य का निर्माण अथवा उसकी वृद्धि करनी चाहिए।''

थॉमस (Thomas) के अनुसार, ''उत्पादन से आशय भौतिक साधनों व सेवाओं में मूल्य वृद्धि या विनिमय शक्ति में वृद्धि अर्थात मूल्यों के सृजन से है।''

इस प्रकार जहाँ मार्शल, पेन्शन, फ्रेजर, ऐली, फेयर चाइल्ड आदि अर्थशास्त्री उपयोगिता के सृजन या वृद्धि को उत्पादन मानते हैं। मेयर्स, केरनक्रास आदि अर्थशास्त्रियों का भी यही मत है। इस मत के अनुसार यदि उपयोगिता में तो वृद्धि हो जाय किन्तु विनिमय मूल्य न हो तो इसे उत्पादन नहीं कहा जाएगा। मूल्यों का सृजन वस्तुओं में ही किया जा सकता है क्योंकि इनमें आवश्यकताओं की सन्तुष्टि की क्षमता होती है। अतः आर्थिक उपयोगिता का सृजन उत्पादन है न कि केवल उपयोगिता का सृजन या उपयोगिता में वृद्धि। उत्पादन में मूल्य का सृजन या आर्थिक उपयोगिता का सृजन दोनों ही क्रियाएं एक साथ की जाती है।

उपयोगिता सृजन की विधियां (Methods of Creation of Utility) - किसी वस्तु में उपयोगिता सृजन करने अथवा वृद्धि करने की निम्न विधियां है:

1. **रूप परिवर्तन द्वारा** (Change of Form or Form Utility) - कुछ वस्तुओं का रूप परिवर्तन कर देने से उसकी उपयोगिता बढ़ जाती है। लकड़ी से मेज, कुर्सी या अन्य वस्तुओं का निर्माण अथवा मिट्टी से मटके, गमले आदि का निर्माण इसी प्रकार से उपयोगिता का सृजन है। रूप बदलने के कारण इनकी उपयोगिता बढ़ जाती है। अतः इसे रूप उपयोगिता (Form Utility) कहते है।

2. **स्थान परिवर्तन द्वारा** (Change of Place or Place Utility) - कुछ वस्तुएं एक स्थान पर उपयोगी होती है किन्तु अन्य स्थान पर नहीं। अतः उसे यदि ऐसे स्थान पर पहुंचा दिया जाए जहां वह उपयोगी है तो इसे स्थान परिवर्तन द्वारा उपयोगिता का सृजन करना कहा जाता है। उदाहरण के लिए खानों से कोई भी वस्तु यदि उपभोग के स्थान पर पहुंचा दी जाए तो इसे स्थान परिवर्तन द्वारा उपयोगिता का सृजन कहा जाएगा।

3. **समय परिवर्तन द्वारा** (Time Utility) - कुछ वस्तुएं एक समय उपयोगी होती है अन्य समय पर नहीं। समय बीतने पर इनकी उपयोगिता बढ़ती है। अतः समय के साथ साथ उनमें उपयोगिता का सृजन होता है। फसल आने पर माल अगली फसल तक के लिए स्टांक में रखना समय उपयोगिता ही है।

4. **पात्र मूलक उपयोगिता** (Possession Utility) - कुछ वस्तुएं ऐसी होती है जिनका स्वामित्व बदल जाने से उनकी उपयोगिता बढ़ जाती है। इसे पात्र मूलक उपयोगिता अथवा स्वामित्व परिवर्तन द्वारा उपयोगिता कहा जाता है। वस्तुओं का स्थान परिवर्तन करने पर प्रायः सभी वस्तुओं में पात्र मूलक उपयोगिता का सृजन होता है क्योंकि मनुष्य कम उपयोगिता की वस्तु देकर अधिक उपयोगिता की वस्तु प्राप्त करता है। पुस्तक प्रकाशक के हाथ से विद्यार्थी के हाथ में पहुंच कर अधिक उपयोगी हो जाती है।

5. **सेवा मूलक उपयोगिता** (Service Utility) - व्यक्तिगत गुणों या सेवाओं से जो उपयोगिता का सृजन होता है उसे सेवा द्वारा उपयोगिता का सृजन कहा जाता है। अध्यापक, डाक्टर, इन्जीनियर, वकील आदि की सेवाएं समाज के लिए उपयोगी होती है। यद्यपि इन सेवाओं का कोई भौतिक रूप नहीं होता।

6. **ज्ञान मूलक उपयोगिता** (Knowledge Utility) - अनेक वस्तुओं की उपयोगिता उनके बारे में ज्ञान में वृद्धि होने से होती है। विज्ञापन द्वारा जब उपभोक्ता को किसी वस्तु विशेष के उपयोगों के बारे में ज्ञान प्राप्त होता है तो इसे ज्ञान मूलक उपयोगिता कहते है। वस्तुओं के बारे में नये नये अनुसंधानों आदि द्वारा भी उपयोगिता का सृजन होता है।

इस प्रकार उपरोक्त वर्णित विभिन्न विधियों से किसी वस्तु में उपयोगिता का सृजन हो सकता है अथवा उसकी उपयोगिता में वृद्धि की जा सकती है। वह उत्पादन कहलाता है।

उत्पादन का महत्व
(Importance of Production)

उत्पादन व्यक्तिगत रूप में प्रत्येक व्यक्ति के लिए तथा सामूहिक रूप में पूरे समाज के लिए लाभप्रद होता है। उत्पादन का महत्व निम्न प्रकार है –

1. आवश्यकताओं की पूर्ति – मनुष्य की आवश्यकताओं की पूर्ति उत्पादन द्वारा ही सम्भव है। प्रत्येक व्यक्ति कुछ वस्तुएं स्वयं उत्पादित कर प्रयोग में लाता है तथा शेष वस्तुएं वह मुद्रा के माध्यम से क्रय कर उपभोग करता है। उदाहरण के लिए किसान अनाज का उत्पादन कर अपनी अनाज की आवश्यकता पूरी करता है। अनाज बेच कर मुद्रा प्राप्त कर उससे अन्य वस्तुएं क्रय कर वह अपनी अन्य आवश्यकताएं पूरी करता है।

2. जीवन स्तर पर प्रभाव – किसी भी व्यक्ति का जीवन स्तर उसके द्वारा उपभोग की गई वस्तुओं पर निर्भर करता है। अत: यदि देश में उत्पादन अधिक होता है तथा वहां के निवासी अधिक वस्तुओं का उपभोग करते हैं तो उनका जीवन स्तर ऊंचा होता है।

3. आर्थिक उन्नति – आर्थिक उन्नति उत्पादन पर ही निर्भर करती है। उत्पादन किसी देश की आर्थिक उन्नति का द्योतक भी है। जो देश जितना अधिक उत्पादन करेगा वह उतना ही अधिक उन्नत व सुदृढ़ माना जाता है।

4. सार्वजनिक वित्त पर प्रभाव – सरकार के आय व्यय भी उत्पादन पर ही निर्भर करते हैं। सरकार उत्पादन व उससे प्राप्त आय पर अनेक प्रकार के कर लगाती है। अत: यदि देश में उत्पादन अधिक है तो सरकार को कर के रूप में आय भी अधिक प्राप्त होगी। इस आय को सरकार देश के निवासियों के कल्याण के लिए प्रयोग करती है। इसके विपरीत यदि देश में उत्पादन कम है तो सरकार को उत्पादन करने में व्यय करना पड़ता है।

5. देश के निवासियों की आय का स्त्रोत – उत्पादन से देश के निवासियों को भी आय प्राप्त होती है। उत्पादन होने पर ही भूस्वामी को लगान, श्रम को मजदूरी, पूंजी को ब्याज व साहस को लाभ के रूप में आय प्राप्त होती है।

6. रोजगार का स्तर – देश में रोजगार का स्तर भी उत्पादन पर निर्भर करता है जब देश में उत्पादन का स्तर बढ़ता है तो रोजगार का स्तर भी बढ़ता है क्योंकि उत्पादन कार्यो में अनेक साधनों को रोजगार मिल जाता है।

7. राजनैतिक सुरक्षा – देश की राजनीतिक सुरक्षा भी उत्पादन पर ही निर्भर करती है। यदि देश में उत्पादन होता है व उससे प्राप्त आय को सरकार विकास व सुरक्षा कार्यो पर व्यय करती है तो देश की सुरक्षा रहती है।

8. आर्थिक सहयोग में वृद्धि – उत्पादन से विभिन्न देशों में आर्थिक सहयोग में भी वृद्धि होती है। आज किसी भी देश के आत्म निर्भर न होने के कारण सभी देश अपनी अतिरिक्त वस्तुओं का निर्माण कर अन्य आवश्यक वस्तुओं का आयात करते हैं। इससे आपस में सहयोग बढ़ता है। उन्नत देश पिछड़े देशों को उत्पादन बढ़ाने में तकनीकी व अन्य सहायता भी प्रदान करते है।

उत्पादन के साधन
(Factors of Production)

उत्पादन के साधन में वह प्रत्येक वस्तु या सेवा सम्मिलित की जाती है जिसके प्रयोग से उत्पादन किया जाता है अर्थात उपयोगिता का सृजन किया जाता है। **बेनहम** (Benham) के अनुसार, ''कोई भी वस्तु जो उत्पादन में सहायता पहुँचाती है, उत्पादन का साधन है।''

जे. के. मेहता के अनुसार, ''उत्पादन के साधनों का अभिप्राय उन समस्त वस्तुओं और सेवाओं से है जो धन के उत्पादन में सहायक होती है।''

उत्पादन के साधनों की सामान्य विशेषताएँ
(General Characteristics)

उत्पादन के सभी साधनों की सामान्य विशेषताएँ निम्न प्रकार है :

1. सीमितता – उत्पादन के प्रायः सभी साधन सीमित है। भूमि यद्यपि प्रकृति का निशुल्क उपहार है किन्तु यह भी (हवा व सूर्य की रोशनी को छोड़कर) सीमित है। प्रकृति की ओर से निशुल्क होते हुए भी इनका विनिमय मूल्य होता है अतः इन्हें भी आर्थिक साधन माना जाता है।

2. वैकल्पिक प्रयोग – उत्पादन के सभी साधनों के वैकल्पिक प्रयोग होते हैं अर्थात् उन्हें अनेक कार्यो में लाया जा सकता है। भूमि को कृषि, भवन निर्माण, खेल का मैदान बनाने आदि कार्या में लिया जा सकता है। अन्य साधनों को भी अनेक वैकल्पिक प्रयोगों में लिया जा सकता है। साधन को उस कार्य में प्रयोग में लाया जाता है जिसमें प्रयोग से लाभ अधिकतम हो। उदाहरण के लिए नगरिय भूमि को कृषि के लिए काम में न लेकर अन्य कार्यो में लिया जाता है।

3. परिवर्तनीय अनुपातों में प्रयोग – उत्पादन के लिए उत्पादन के साधनों को परिवर्तनीय अनुपातों में लगाया जा सकता है। इसका तात्पर्य यह है कि उत्पादन की एक निश्चित मात्रा रखने के लिए एक साधन की मात्रा कम व दूसरे की अधिक की जा सकती है। उदाहरण के लिए मशीन हटा कर श्रमिकों की संख्या बढ़ाई जा सकती है।

उत्पादन के साधनों व उनके वर्गो के बारे में विभिन्न अर्थशास्त्रियों में मतभेद है। **फ्रेजर** (Fraser) ने उत्पादन के साधनों को मौलिक उत्पादनकारी साधनों के एक वर्ग या समूह के रूप में माना है। **फ्रेजर** के अनुसार, ''उत्पादन के साधन शब्द का अभिप्राय उन मौलिक तत्वों के समूह या वर्ग से है जिसके प्रत्येक तत्व को उस वर्ग की इकाई कहना उपयुक्त है।'' उत्पादन के साधनों के बारे में विभिन्न अर्थशास्त्रियों के विचार निम्न प्रकार है:

1. उत्पादन के दो साधन है – कुछ अर्थशास्त्री उत्पादन के केवल दो साधन मानते है –

1. **भूमि व श्रम** – मिल (J.S.Mill) व चैपमेन (Chapman) इसके समर्थक हैं। उनका यह मानना है कि पूंजी प्रबन्ध व साहस का कोई अलग अस्तित्व नहीं है। पूंजी को उन्होनें भूमि व श्रम के सहयोग के परिणामस्वरूप प्राप्त आय की बचत माना है।

2. उत्पादन के तीन साधन है – प्रतिष्ठित अर्थशास्त्री भूमि, श्रम व पूंजी को उत्पादन के तीन साधन मानते है। प्रतिष्ठित अर्थशास्त्रियों के अनुसार भूमि उत्पादन का आधारभूत साधन है जिसे आवश्यकताओं की पूर्ति के लिए श्रम की सहायता से प्रयोग किया जाता है। वे भूमि को निष्क्रिय व श्रम को सक्रीय साधन मानते थे। बाद में उन्होंने पूंजी को भी उत्पादन का साधन मान लिया।

3. उत्पादन के साधन अनन्त है – कुछ अर्थशास्त्रियों के अनुसार उत्पादन के साधन अनन्त है। बेनहम ने उत्पादन के साधनों को अनन्त माना है। बेनहम के अनुसार उत्पादन में विभिन्न प्रकार की भूमि, विभिन्न प्रकार की श्रम व पूंजी आदि का सहयोग होता है। उत्पादन के साधनों की विभिन्न इकाईयों में से कुछ अधिक कुशल होती हैं तो कुछ कम कुशल। बेनहम कुशलता के आधार पर इन साधनों को उत्पादनों का अलग अलग साधन मानते हैं। इससे उत्पादन के साधनों की संख्या अनन्त हो जाती है।

4. उत्पादन के साधन हैं – विशिष्ट व अविशिष्ट – ऑस्ट्रियन अर्थशास्त्री वाइजर (Weiser) ने उत्पादन के साधनों को अलग ढंग से विभाजित कर दो वर्गों में बांटा है विशिष्ट साधन व अविशिष्ट साधन। वाइजर के अनुसार विशिष्ट साधन वे है जिन्हें एक प्रयोग से अन्य प्रयोग में हस्तान्तरित नहीं किया जा सकता। जिन साधनों को एक प्रयोग से अन्य प्रयोगों में हस्तांतरित किया जा सकता है उन्हें अविशिष्ट साधन कहा जाता है। उत्पादन के किसी भी साधन को उसके गुण के अनुसार इन दो वर्गों में बांटा गया है।

5. उत्पादन के पांच साधन है – आधुनिक अर्थशास्त्रियों का मत है कि उत्पादन के पांच साधन है – भूमि, श्रम, पूंजी, संगठन व साहस । उत्पादन के पैमाने में वृद्धि, जोखिम में वृद्धि आदि कारणों से पूंजी, संगठन व साहस का महत्व बढ़ गया है। वास्तव में आधुनिक अर्थशास्त्रियों का मत है कि उत्पादन के साधन कितने भी हो सकते है किन्तु उन्हें इन पांच वर्गों में रखा जा सकता है। आधुनिक अर्थशास्त्रियों का यह मत ही आज सर्वस्वीकृत है। उत्पादन के ये पांच साधन निम्न प्रकार है –

1. भूमि
(Land)

साधारण अर्थ में पृथ्वी की उपरी सतर को भूमि माना जाता है किन्तु अर्थशास्त्र में भूमि का अर्थ कुछ विस्तृत है। अर्थशास्त्र में प्रकृति की निशुल्क देन को भूमि कहा जाता है। मार्शल के अनुसार, "भूमि का अभिप्राय उन सब पदार्थों एवं शक्तियों से है जो प्रकृति ने मानव को निशुल्क उपहार के रूप में दी है।" इस अर्थ में नदी, पहाड़, वन, खनिज सम्पदा, सूर्य, चन्द्रमा आदि सभी को अर्थशास्त्र में भूमि माना गया है।

भूमि की विशेषताएँ

भूमि की निम्न विशेषताएँ होती है–

(1) भूमि प्रकृति की निशुल्क देन है – भूमि प्रकृति की निशुल्क देन है। मनुष्य इसका सृजन या वृद्धि नहीं कर सकता। प्रकृति का निशुल्क उपहार होने के कारण मानव कोई भुगतान नहीं कर सकता। वह इसमें सुधार कर उसे अधिक उपयोगी तो बना सकता है किन्तु

वह भूमि का सृजन नहीं कर सकता। इसी कारण मार्शल ने कहा है, ''जो भौतिक पदार्थ अपनी उपयोगिता के लिए मानवीय श्रम के ऋणी है वे पूंजी है तथा जो ऐसे नहीं है वे भूमि है।

(2) भूमि अविनाशी है – जिस प्रकार भूमि का सृजन या निर्माण नहीं किया जा सकता उसी प्रकार भूमि को नष्ट भी नहीं किया जा सकता है। अतः भूमि उत्पादन का अविनाशी साधन है। भूमि की उर्वरा शक्ति कम होने पर उसे फिर बढाया जा सकता है।

(3) भूमि मात्रा में सीमित है – भूमि उतनी ही रहती है जितनी प्रकृति ने प्रदान की है। यह मात्रा में सीमित है। आवश्यकता अनुभव होने पर भी इसमें वृद्धि नहीं की जा सकती। मार्शल के अनुसार, ''पृथ्वी का क्षेत्र निश्चित है। मनुष्य का इस पर कोई नियन्त्रण नहीं है। मांग का इस पर कोई प्रभाव नहीं पड़ता, इसका कोई उत्पादन व्यय नहीं होता, इसका कोई पूर्ति मूल्य नहीं होता जिस पर इसका उत्पादन किया जाए।''

(4) भूमि में विषमता – सभी भूमि एक समान नहीं होती । स्थिति, बनावट उर्वरता आदि के अन्तर विभिन्न भूमियों में पाये जाते है। विषमता के कारण ही भूमि के अलग अलग टुकड़ों में उत्पादन भी अलग अलग होता है। उत्पादन के अन्तर के कारण ही लगान उत्पन्न होता है।

(5) गतिशीलता का अभाव – भूमि में गतिशीलता का अभाव होता है। अर्थात भूमि को एक स्थान से दूसरे स्थान पर नहीं ले जाया जा सकता। खेत, खान, नदियाँ, वर्षा आदि अपने स्थान से हटाये नहीं जा सकते।

(6) उत्पादन का निष्क्रीय साधन – भूमि उत्पादन का निष्क्रीय साधन है अर्थात अकेले भूमि से कुछ भी उत्पादन सम्भव नहीं है श्रम व पूंजी का सहयोग होने पर ही उत्पादन में भूमि का सहयोग मिलता है।

(7) विविध प्रयोग सम्भव – भूमि के अनेक प्रयोग सम्भव है। भूमि पर कृषि की जा सकती है या भवन बनाये जा सकते है। अथवा खेल के मैदान बनाये जा सकते है।

(8) उत्पादन का अपरिहार्य साधन – भूमि उत्पादन का अपरिहार्य साधन है। इसका तात्पर्य यह है कि भूमि के बिना उत्पादन का कोई कार्य करना सम्भव नहीं है। जिस प्रकार भूमि उत्पादन का निष्क्रीय साधन है उसी प्रकार भूमि के अभाव में श्रम व पूँजी भी निष्क्रीय बने रहते है।

(9) भूमि का महत्व उसकी स्थिति पर निर्भर – भूमि का महत्व उसकी स्थिति पर निर्भर करता है। नगरों के आस पास की भूमि अधिक महत्वपूर्ण होती है, ग्रमीण क्षेत्रों की भूमि कम महत्वपूर्ण होती है।

(10) भूमि उत्पादन ह्रास नियम के आधीन – भूमि उत्पादन ह्रास नियम के आधीन है। भूमि के टुकड़े पर यदि श्रम व पूंजी की उत्तरोत्तर इकाईयों का प्रयोग किया जाए तो उत्पादन में घटती हुई दर में वृद्धि होगी। रिकार्डो व मार्शल के अनुसार से कृषि में ही उत्पत्ति ह्रास नियम लागू होता है। अन्य आधुनिक अर्थशास्त्रियों के अनुसार उद्योगों में भी यह नियम लागू होता है।

2. श्रम
(Labour)

श्रम उत्पादन का सक्रीय साधन है। श्रम का तात्पर्य उस मानवीय श्रम से है जो उत्पादन कार्य में लाया जाता है। यह श्रम मानसिक व शारीरिक दोनों प्रकार का हो सकता है। मार्शल के अनुसार, ''वे प्रयत्न जो प्रत्यक्ष आनन्द की दृष्टि से न किए जाकर पूर्णत: या आंशिक रूप से धनोत्पादन की दृष्टि से किये जाते है, श्रम कहलाते है।'' श्रम उत्पादन का अनिवार्य साधन है।

श्रम की विशेषताएँ

श्रम, उत्पादन का सक्रिय साधन है। श्रम में उत्पादन के अन्य साधनों की तुलना में कुछ विशेषताएँ है। ये विशेषताएँ श्रम के सजीव होने के कारण है। श्रम की विशेषताएँ निम्न प्रकार है:

(1) श्रम उत्पादन का अपरिहार्य साधन है - श्रम उत्पादन का अपरिहार्य अर्थात अनिवार्य साधन है। श्रम के बिना उत्पादन कार्य असम्भव है। श्रम के बिना उत्पादन के अन्य साधनों यथा भूमि पूँजी आदि का प्रयोग भी सम्भव नहीं होता है।

(2) श्रम उत्पादन का एक सक्रिय साधन है - श्रम उत्पादन का एक ऐसा साधन है जो सक्रिय है। मनुष्य सजीव प्राणी है। उसमें सोचने विचारने की बुद्धि है। उसके बिना भूमि व पूंजी निष्क्रिय बने रहते है। संगठन व साहस भी श्रम के दो रूप है।

(3) श्रम नाशवान है - श्रम अत्यन्त नाशवान है। यदि किसी दिन श्रमिक कोई कार्य नहीं करता तो उस दिन का श्रम नष्टं हो जाता है। श्रम का संचय नहीं किया जा सकता। एक दिन की श्रम की हानि को अन्य दिनों अधिक्र श्रम करके पूरा किया जा सकता है, किन्तु श्रम को संचय करके नहीं रखा जा सकता।

(4) श्रम को श्रमिक से अलग नहीं किया जा सकता - श्रम के स्वामी को श्रमिक कहा जाता है। श्रम श्रमिक के द्वारा किया गया शारीरिक या मानसिक प्रयास है। अत: श्रम व श्रमिक को अलग नहीं किया जा सकता। श्रम प्रदान करने के स्थान पर श्रमिक की उपस्थिति अनिवार्य है। इसी कारण श्रमिक अपना श्रम बेचते समय कार्य की दशाओं की ओर ध्यान देते है।

(5) श्रमिक अपना श्रम बेचता है, अपने आप को नही - श्रम की श्रमिक से अलग नहीं किया जा सकता किन्तु फिर भी श्रमिक अपना श्रम बेचता है। अपने आप को नहीं। कोई श्रमिक किसी नियोक्ता के काम करता है। इसका यह तात्पर्य नहीं है कि उसने अपने आप को बेच दिया है अथवा वह नियोक्ता का गुलाम बन गया है। निश्चित समय तक कार्य करने के पश्चात वह स्वतन्त्र रहता है।

(6) श्रम उत्पादन का साधन व साध्य दोनों है - श्रम उत्पादन का साधन है। उत्पादन का उद्धेश्य आवश्यकताओं की पूर्ति है। श्रमिक स्वयं भी उपभोक्ता होता है। इस प्रकार श्रम उत्पादन का साधन भी है व साध्य भी।

(7) श्रम कि पूर्ति धीरे धीरे बढ़ती घटती है – श्रम की पूर्ति जनसंख्या व श्रम की कार्य कुशलता पर निर्भर करती है। जनसंख्या जन्म दर व मृत्यु दर पर निर्भर करती है। इन दोनों में ही वृद्धि या कमी धीरे धीरे ही होती है। इसी प्रकार श्रम की कार्य कुशलता में भी शीध्र वृद्धि करना सम्भव नहीं होता। श्रम की पूर्ति धीरे धीरे बढ़ती है व धीरे धीरे घटती है।

(8) श्रम गतिशील होता है – श्रम गतिशील होता है अर्थात श्रम एक स्थान को छोड़ कर अन्य स्थानों को तथा एक व्यवसाय को छोड़ कर अन्य व्यवसायों में जा सकता है। श्रम की गतिशीलता पर प्राकृतिक, सामाजिक, राजनैतिक, धार्मिक आदि अनेक तत्वों का प्रभाव पड़ता है।

(9) श्रमिक का सौदा करने की शक्ति नियोक्ता की तुलना में कम होती है – श्रम नाशवान है। इसे संचय करना सम्भव नहीं है। अतः श्रम का सौदा करने की शक्ति कम होती है। वह जानता है कि यदि एक दिन कार्य नहीं किया तो उस दिन का श्रम बेकार हो जाएगा। नियोक्ता इस बात का लाभ उठा कर श्रमिकों का शोषण करते है।

(10) श्रम का पारिश्रमिक श्रम की पूर्ति को साधारण वस्तुओं की भांति प्रभावित नहीं करता – वस्तुओं के मूल्यों में परिवर्तन का उनकी पूर्ति पर प्रभाव पड़ता है। मूल्य घटने पर पूर्ति कम व बढ़ने पर पूर्ति बढ़ जाती है। किन्तु पूर्ति का यह नियम श्रम कि पूर्ति के सम्बन्ध में सही नहीं है। श्रम का पारिश्रमिक बढ़ने पर श्रम की पूर्ति घट जाती है इसके दो कारण है एक तो श्रमिक को अधिक पारिश्रमिक मिलने पर वह आराम अधिक करता है। दूसरे पारिश्रमिक अधिक होने पर जीवन स्तर में सुधार होता है इससे जन्म दर कम होती है। इन दोनों कारणों से श्रम की पूर्ति कम हो जाती है।

इसी प्रकार पारिश्रमिक कम होने पर श्रम की पूर्ति बढ़ती जाती है पारिश्रमिक कम मिलने पर श्रमिक को अपनी आवश्यकताएं पूरी करने के लिए अधिक काम करना पड़ेगा। दूसरे पारिश्रमिक कम होने पर अधिक सन्तान पैदा करना चाहते है क्योंकि प्रत्येक सन्तान परिवार की आय वृद्धि में सहायक होता है।

(11) श्रम पर श्रमिक व समाज के नैतिक स्तर का प्रभाव – श्रमिक की स्वयं ने नैतिक स्तर व समाज के नैतिक स्तर का श्रम व उसकी कार्यकुशलता पर प्रभाव पड़ता है यदि श्रमिक कार्य के प्रति लगन रखता है व अपना कर्त्तव्य समझता है तो उत्पादन अधिक होगा, अन्यथा नहीं। भारत में नैतिक स्तर निम्न होने के कारण भी श्रम की कार्य कुशलता कम है।

(12) श्रम पर वंशानुगत प्रभाव – श्रमिक पर वंशानुगत प्रभाव भी पड़ते है। यदि श्रमिक के माता पिता स्वस्थ, चरित्रवान व योग्य हैं तो श्रमिक में भी वे गुण आयेंगे अन्यथा उसमें इन गुणों का अभाव होगा।

(13) श्रम में पूंजी का विनियोग किया जाता है – श्रम को योग्य बनाने के लिए पूंजी का विनियोग भी करना पड़ता है श्रमिक की कार्य कुशलता बढ़ाने के लिए उसे प्रशिक्षण देना पड़ता है कार्य क्षमता बनाए रखने के लिए पोषण, स्वास्थ्य आदि पर भी व्यय करना पड़ता है। इस प्रकार श्रम पर पूंजी का विनियोजन करना पड़ता है।

पूंजी विनियोग की इस विशेषता के साथ एक विशेषता और भी जुड़ी हुई है। श्रम पर जो विनियोग किया जाता है उसे वापस नहीं निकाला जा सकता। मशीन, भवन आदि पर जो विनियोग किया जाता है उसे उन्हें बेच कर वापस प्राप्त किया जा सकता है किन्तु श्रम पर जो विनियोग किया जाता है उसे वापस नहीं निकाला जा सकता।

(14) श्रम बुद्धि तथा निर्णय शक्ति का प्रयोग करता है – श्रम उत्पादन का सजीव साधन है अतः मनुष्य होने के कारण उसमें वृद्धि तथा निर्णय शक्ति होती है केरनक्रास के अनुसार श्रम की सबसे महत्वपूर्ण विशेषता बुद्धि तथा निर्णय शक्ति का प्रयोग है मनुष्य के शारीरिक रम को मशीन से प्रतिसथापित किया जा सकता है किन्तु उसके मस्तिश्क के कार्य को मशीन से प्रतिस्थापित नहीं किया जा सकता। कम्प्यूटर आदि भी मानव मस्तिष्क के आधार पर ही कार्य करते हैं।

(15) मशीन की भांति श्रम लगातार सेवा प्रदान नहीं कर सकता – श्रम मशीनों की भांति लगातार सेवा प्रदान नहीं कर सकता। कुछ समय तक कार्य करने के पश्चात मनुष्य थक जाता है। अतः उसे आराम की आवश्यकता पड़ती है। उम्र के साथ साथ कार्य करने की क्षमता भी घटती जाती है।

श्रम की विशेषताओं में से अनेक ऐसी है जो उत्पादन के अन्य साधनों में नहीं पायी जाती हैं अथवा कम पायी जाती है। ये विशेषता श्रम को उत्पादन के अन्य साधनों से अलग करती है। अन्य विशेषतओं के कारण ही सरकार श्रम के सम्बन्ध में विशेष अधिनियम बनाती है।

श्रम की गतिशीलता
(Mobility of Labour)

साधारणतः गतिशीलता का तात्पर्य एक स्थान से दूसरे स्थान पर जाने से है। किन्तु अर्थशास्त्र में इसका अर्थ कुछ विस्तृत है। श्रम उत्पादन का सक्रीय व सजीव साधन है। श्रम में सोचने विचारने की बुद्धि होती है। अतः उसे अपने हित का ज्ञान होता है। वह अपने हितों की रक्षा व जीवन स्तर में वृद्धि के लिए सदैव प्रयत्नशील रहता है। अतः वह आय में वृद्धि अथवा अन्य सुविधाओं के लिए एक स्थान से दूसरे स्थान पर तथा एक कार्य से दूसरे कार्य में जाने के लिए तत्पर रहता है। इसी को श्रम की गतिशीलता कहते है। **थॉमस** के अनुसार, ‘‘श्रम की गतिशीलता का अर्थ एक व्यवसाय या धन्धे से दूसरे में जाने की क्षमता व तत्परता से लिया जाता है।’’

श्रम की गतिशीलता के प्रकार

श्रम की गतिशीलता निम्न तीन प्रकार की होती है:

(1) भौगोलिक या प्रादेशिक गतिशीलता – भौगोलिक गतिशीलता का तात्पर्य श्रमिक के एक स्थान से दूसरे स्थान पर जाने से है। जब श्रमिक स्थायी रूप से एक स्थान छोड़ कर दूसरे स्थान पर जाने को तत्पर रहता है तो इसे स्थायी भौगोलिक गतिशीलता कहा जाता है। यदि वह केवल अस्थायी रूप से अन्य स्थान पर जाने के लिऐ तत्पर रहता है, स्थायी रूप से जाने के लिए नहीं, तो इसे अस्थायी गतिशीलता कहते है। अनेक भारतीय विदेशों को जाना तो चाहते है किन्तु स्थागी रूग रो नहीं। इसे अस्थायी गतिशीलता कहा जाएगा।

(2) व्यावसायिक गतिशीलंता - जब श्रमिक एक व्यवसाय को छोड़कर दूसरे व्यवसाय में जाने के लिए तत्पर रहता हैं तो इसे व्यावसायिक गतिशीलता कहा जाएगा। कृषि कार्य को छोड़कर भवन निर्माण कार्य में जाने को व्यावसायिक गतिशीलता ही कहा जाएगा।

(3) वर्गीय गतिशीलता - प्रत्येक व्यवसाय में वेतन या मजदूरी के आधार पर अनेक वर्ग होते है। यदि श्रमिक एक वर्ग छोड़ कर दूसरे वर्ग में जाता है तो इसे वर्गीय गतिशीलता कहा जाता है। वर्गीय गतिशीलता दो प्रकार की होती हैं:

(अ) समस्तरीय, समवर्गीय या क्षैतिज गतिशोलता - यदि श्रमिक एक फर्म या व्यवसाय को छोड़कर दूसरी फर्म या व्यवसाय में उसी वर्ग या ग्रेड में नौकरी करने को तत्पर है तो उसे समवर्गीय या क्षैतिज वर्गीय गतिशीलता कहा जाएगा। उदाहरण के लिए भवन निर्माण कार्य में 10 रू रोज पर कार्य करने वाला श्रमिक इसी वेतन पर अन्य उद्योगों में कायै करने को तत्पर हो तो इसे क्षैतिज गतिशीलता कहा जाएगा।

(ब) भिन्न वर्गीय या शीर्ष गतिशीलता - यदि श्रमिक एक व्यवसाय को छोड़कर अन्य व्यवसाय में पहले से कम या अधिक वेतन पर जाने को तत्पर है तो इसे भिन्न वर्गीय या शीर्ष गतिशीलता कहा जाता है। उदाहरण के लिए भवन निर्माण में 10 रू. रोज पर कार्य करने वाला श्रमिक इस से कम मजदूरी पर भी अन्य उद्योग में कार्य करने को तत्पर हो अथवा इससे अधिक मजदूरी पर कृषि में कार्य करने को तत्पर हो तो इसे शीर्ष गतिशीलता कहा जाएगा।

श्रम की गतिशीलता के कारण

(Causes)

श्रम उत्पादन का गतिशील साधन है। अनेक कारणों से व्यक्तियों ने स्थान, देश व व्यवसाय परिवर्तन किये है। किन्तु श्रम की गतिशीलता उतनी नहीं है जितनी पूंजी की। इसका कारण श्रम की गतिशीलता को प्रभावित करने वाले तत्व है। श्रम की गतिशीलता को प्रभावित करने वाले तत्वों को गतिशीलता के तीन प्रकारों के आधार पर तीन वर्गो में बाँटा गया है।

(1) भौगोलिक गतिशीलता के कारण

श्रम की भौगोलिक गतिशीलता को निम्न तत्व प्रोत्साहित करते है:

(1) आर्थिक कारण - बेरोजगार श्रमिक रोजगार की तलाश में अथवा कम आय प्राप्त करने वाले श्रमिक अधिक आय की तलाश में अथवा रोजगार की स्थिरता की तलाश में एक स्थान से दूसरे स्थान पर जाते है। राजस्थान में रोजगार के अवसर कम उपलब्ध होने के कारण यहाँ के निवासी असम, बंगाल आदि स्थानों पर जा बसे है।

(2) राजनैतिक कारण - जब किसी स्थान पर राजनैतिक शान्ति नहीं रहती है तो श्रमिक भी वह स्थान छोड़कर चले जाते है। राजनैतिक निर्णयों के कारण भी श्रमिकों को एक स्थान छोड़कर दूसरे स्थान को जाना पड़ता है। पाकिस्तान व बंगला देश से विस्थापितों का आगमन, असम में आन्तरिक अशान्ति के कारण वहां के निवासियों का अन्य स्थानों पर पलायन, अफ्रिका के देशों से भारतीयों का निष्कासन आदि राजनैतिक कारण ही है।

(3) सामाजिक कारण – समाज की परिस्थितियों के कारण भी अनेक लोग एक स्थान से दूसरे स्थान पर चले जाते है। भारत में निम्न वर्ग के प्रति घृणा का व्यवहार दक्षिणी अफ्रिका मे गोरे काले की समस्या आदि के कारण श्रमिकों को अपना स्थान छोड़ना पड़ा है।

(2) व्यावसायिक गतिशीलता के कारण

व्यावसायिक गतिशीलता को निम्न तत्व प्रोत्साहित करते हैं :

(1) आर्थिक कारण – जब विभन्न व्यवसायों में मजदूरी तथा अन्य सुविधाओं में अन्तर होता है तो श्रमिक कम मजदूरी वाला व्यवसाय छोड़कर अधिक मजदूरी वाले व्यवसाय में जाने को तत्पर रहते हैं।

(2) रोजगार की सुरक्षा – यदि व्यवसाय में रोजगार की सुरक्षा नहीं है तो श्रमिक ऐसे व्यवसाय में जाने को तत्पर रहते हैं जिनमें रोजगार की सुरक्षा रहती है। उदाहरण के लिए निजी संस्थानों के श्रमिक उन संस्थानों को छोड़कर सरकारी सेवाओं में इसी कारण जाना चाहते हैं।

(3) कार्य की दशाएँ – यदि अन्य व्यवसायों में कार्य की दशाएं अच्छी है तो श्रमिक अन्य व्यवसायों में जाना पसंद करते हैं। उदाहरण के लिए रसायन उद्योग को छोड़कर अन्य उद्योगों में कार्य की दशाओं के कारण ही श्रमिक जाना पसन्द करते हैं क्योंकि रसायन उद्योग में कार्य करते समय रसायनों की बदबू को भी सहना होता है।

(4) भविष्य में उन्नति की आशा – श्रमिक अपने व्यवसाय को छोड़कर सदैव उस व्यवसाय में जाने को तत्पर रहते हैं। जिनमें भविष्य में उन्नति की आशा हो। सरकारी सेवाओं का एक आकर्षण भविष्य में उन्नति के अवसर भी है।

(5) काम सीखने की सुविधा – यदि किसी अन्य व्यवसाय में काम सीखने की सुविधा है तो श्रमिक अपना व्यवसाय छोड़कर उस व्यवसाय में जाना पसन्द करते है। उदाहरण के लिए सेकेण्डरी पास व्यक्ति अध्यापक बनना इसलिए पसन्द करते हैं क्योंकि बाद में उन्हें बी.ए., एम. ए. पास करने में सुविधा रहती है।

(6) योग्यता में वृद्धि – यदि कार्य करते करते व्यक्ति अपनी योग्यता में वृद्धि कर लेता है तो वह नई योग्यता के आधार पर अच्छे कार्य में जाने का प्रयास करता है। उदाहरण के लिए यदि सैकेण्ड्री पास करने पर कोई व्यक्ति अध्यापक बनता था और धीरे धीरे वह एम. ए. पास कर लेता है तो वह अध्यापक का पद छोड़ कर प्रधानाध्यापक का पद प्राप्त करने के लिए प्रयत्न करता है।

(7) कठिन परिश्रम – यदि किसी कार्य में कठिन परिश्रम करना पड़ता है तो व्यक्ति उस व्यवसाय को छोड़कर ऐसे अन्य व्यवसायों में जाना पसन्द करते हैं जिनमें कम परिश्रम करना पड़ता है। भवन निर्माण कार्य को छोड़कर सूती वस्त्र उद्योग में रोजगार इसी कारण पसन्द किया जाता है।

(8) सामाजिक कारण – अनेक व्यवसायों को समाज में अन्य व्यवसायों की तुलना में अधिक प्रतिष्ठा की दृष्टि से देखा जाता है अतः व्यक्ति अपना व्यवसाय छोड़कर इन अधिक प्रतिष्ठित व्यवसायों में जाना चाहते हैं। डाक्टर, इंन्जिनियर, प्रशासनिक अधिकारी आदि व्यवसाय समाज में अधिक प्रतिष्ठित माने जाते हैं।

(9) व्यवसाय का आकर्षण – अनेक व्यवसायों में कुछ ऐसी विशेषताएँ होती है जिनमें आकर्षित होकर लोग उन व्यवसायों में जाना पसन्द करते है। पद का प्रभाव, अपने परिवार के अन्य आश्रितों को रोजगार देना, काली कमाई आदि ऐसे आकर्षण है। अध्यापन कार्य छोड़कर प्रशासनिक सेवाओं में जाने का यही कारण है।

(3) वर्गीय गतिशीलता के कारण

वर्गीय गतिशीलता के निम्न कारण है:

(1) योग्यता में वृद्धि – यदि कार्य करते करते व्यक्ति अपनी योग्यता बढ़ा लेता है तो वह उसी संगठन में अथवा अन्य संगठन में ऊंचे पद पर जाने का प्रयत्न करता है।

(2) श्रमिक की योग्यता अथवा अनुभव – जहां योग्यता के आधार पर पदोन्नति की जाती है वहां श्रमिक की योग्यता के आधार पर तथा जहां समयानुसार पदोन्नति की जाती है वहां एक निश्चित समय बाद श्रमिक को पदोन्नत किया जाता है। कार्य में लापरवाही, बेईमानी आदि के कारण पदोवनत भी किया जा सकता है।

(3) अन्य वर्गों में रोजगार के अवसर – जब उच्च वेतन वर्ग में रोजगार की सम्भावनाएँ बढ़ जाती है तो श्रमिक उन वेतन वर्गो में जाने का प्रयास करता है।

(4) नियोक्त की मर्जी – निजी व्यवसायों में नियोक्ता की मर्जी के आधार पर पदोन्नत या पदावनत किया जाता है। नियोक्ता के खुश होने पर श्रमिक को पदोन्नत व नाराज होने पर पदावनत किया जा सकता है।

क्षैतिज गतिशीलता के वही कारण है, जो व्यावसायिक गतिशीलता के है।

श्रम की गतिशीलता में बाधक तत्व अथवा श्रम की गतिशीलता कम होने के कारण

जैसा कि पूर्व में वर्णित किया जा चुका है कि श्रम उत्पादन का गतिशील साधन है किन्तु श्रम उतना गतिशील नहीं होता जितनी पूँजी। उपरोक्त वर्णित श्रम की गतिशीलता के कारण से श्रम की गतिशीलता बढ़ती है। किन्तु श्रम की गतिशीलता में बाधक तत्व भी है। इन तत्वों की प्रभावशीलता के कारण श्रम की गतिशीलता कम है। ये तत्व निम्न प्रकार है:

(1) स्थानीय व पारिवारिक मोह – प्रायः श्रमिकों को अपने स्थान व परिवार से मोह होता है। अतः वे अपने स्थान व परिवार छोड़कर नहीं जाना चाहते । राजस्थान के मरूथल में जीवन यापन के साधनों का अभाव होते हुए भी लोग अपने स्थान के मोह के कारण अन्य स्थानों पर जाना नहीं चाहते। परिवार के प्रेम के कारण श्रमिक अन्य स्थान पर नहीं जाना चाहते, चाहे उन्हें अन्य स्थानों पर अधिक मजदूरी ही क्यों न मिले।

(2) आर्थिक तत्व – कुछ आथिक तत्व श्रमिकों की गतिशीलता को कम भी करते है। रोजगार के नये स्थान पर जाने का व्यय, समय समय पर अपने परिवार के अन्य सदस्यों से मिलने के लिए आने का व्यय, आदि के कारण गतिशीलता कम होती है।

(3) प्राकृतिक कारण – विभिन्न स्थानों का जलवायु अलग अलग होता है। एक प्रकार के जलवायु में रहने वाले व्यक्तियों को अन्य प्रकार का जलवायु रास नहीं आता। अतः वे अन्य स्थानों पर जाना पसन्द नहीं करते। उत्तर भारत के निवासी दक्षिणी भारत में अथवा मैदानी भाग में रहने वाले व्यक्ति पहाड़ी स्थानों पर जाना पसन्द नहीं करते।

(4) सामाजिक तत्व - समाज में व्याप्त जांत-पाँत, छुआ-छूत आदि के कारण श्रम की गतिशीलता कम होती है। संयुक्त परिवार में संरक्षण प्राप्त करने वाला श्रमिक कम मजदूरी पाते हुए भी अन्य स्थानों पर नहीं जाना चाहता। हरिजन छुआछुत के कारण अन्य व्यवसायों में नही जा पाते।

(5) क्षेत्रिय विषमताएँ - देश के विभिन्न भागों में भाषा, खानपान, रीतिरिवाज, वेशभुषा आदि के सम्बन्ध में विषमताएँ पाई जाती है। इन विषमताओं के कारण श्रमिक अन्य स्थानों पर कठिनाई अनुभव करता है। उदाहरण के लिए उत्तरी भारत के हिन्दी भाषी निवासियों को दक्षिणी भारत में बहुत कठिनाई का सामना करना पड़ता है।

(6) अज्ञानता - अनेक बार श्रमिक को इस बात का ज्ञान नहीं होता कि अन्य स्थानों या व्यवसायों में रोजगार की सम्भावना क्या हे? अथवा उसे किन स्थानों या व्यवसायों में अधिक मज़दूरी प्राप्त हो सकती है। इस कारण उसकी गतिशीलता कम बनी रहती है।

(7) तकनीकी ज्ञान का अभाव - कभी कभी तकनीकी ज्ञान के अभाव के कारण श्रमिक एक स्थान से दूसरे स्थान पर जाने में असमर्थ रहता है। वर्तमान युग में तकनीकी ज्ञान का महत्व और भी बढ़ गया है।

(8) यातायात व संदेश वाहन के साधनों का अभाव - यदि देश में यातायात व संदेश वाहन के सस्ते व सुविधा पूर्ण साधनों का अभाव है तो उस देश में श्रम की गतिशीलता कम होती है। भारत में यातायात के साधनों यथा रेलों व बसों में भीड़ तथा अधिक किराया आदि के कारण श्रम की गतिशीलता कम है।

(9) राजनैतिक कारण - कई बार राजनैतिक कारणों से किसी स्थान पर अन्य स्थानों के व्यक्तियों के आने जाने पर रोग लगाई जाती है। अफ्रीका, इंगलैण्ड आदि ने अन्य देशों के निवासियों के आने पर जो रोक लगाई है उसके कारण इन देशों को श्रमिकों का प्रवास कम हुआ है

(10) शान्ति व सुरक्षा का अभाव - जिन स्थानों पर शान्ति व सुरक्षा का अभाव होता है, उन स्थानों पर श्रम की गतिशीलता कम होती है। आसाम में शान्ति व सुरक्षा के अभाव के कारण श्रमिक वहाँ जाने से डरते है।

(11) धार्मिक कारण - कट्टर धर्मानुयायी अपने देश में अन्य धर्मो के लोगों को आने नहीं देते अथवा उनके साथ गलत व्यवहार करते है। ऐसे देशों में श्रमिक जाना नहीं चाहते। उदाहरण के लिए पाकिस्तान में इसी कारण लोग जाना पसन्द नहीं करते।

(12) नगरों का दूषित वातावरण - नगरों में वातावरण दूषित है। वहां निवास सफाई नैतिकता भ्रष्टाचार, शिक्षा, स्वास्थ्य आदि सम्बन्धि अनेक समस्याएँ है। अतः ग्रामीण क्षेत्र के निवासी नगरों को जाना पसन्द नहीं करते। नगरों को श्रम की गतिशीलता कम है।

(13) महत्वाकंाक्षा का प्रभाव - कुछ व्यक्तियों में महत्वाकांक्षा का अभाव होता है वे भाग्य या सादाजीवन में विश्वास रखते है ऐसे व्यक्ति अधिक आय प्राप्त होने पर भी अन्य स्थानों पर जाना पसन्द नही करते। आज के निवासी भाग्य व सादाजीवन पर विश्वास करने के कारण कम आय में ही सन्तुष्ट है।

भारत में श्रम की गतिशीलता कम होने के कारण
(Low Labour Mobility)

भारत में श्रम की गतिशीलता कम होने के लिए उपरोक्त सभी कारण उत्तरदायी है इन कारणों की प्रभावशीलता के कारण भारत में अन्य देशों की तुलना में श्रम गतिशीलता कम है।

भारत में श्रम की गतिशीलता को प्रोत्साहित करने के उपाय – भारत में श्रम की गतिशीलता को प्रोत्साहित करने के लिए निम्न उपाय काम में लिए जा सकते है:

(1) शिक्षा का प्रसार – शिक्षा का प्रसार करने से अनावश्यक पारिवारिक मोह, सामाजिक बाधाओं, भाषा, भाग्य पर विश्वास, अज्ञानता साहस के अभाव आदि बाधक तत्वों को दूर किया जा सकता है। इससे श्रम की गतिशीलता में वृद्धि होगी।

(2) रोजगार कार्यालयों की स्थापना – विभिन्न स्थानों व व्यवसायों में रोजगार की संम्भावनाओं पर सूचना प्रदान करने के लिए रोजगार कार्यालयों की स्थापना की जानी चाहिए । रोजगार कार्यालयों को प्रभावशाली ढंग से काम करना चाहिए।

(3) प्रशिक्षण की व्यवस्था – तकनीकी ज्ञान के अभाव के कारण श्रम की गतिशीलता में जो बाधा उत्पन्न होती है। उसे दूर करने के लिए प्रशिक्षण सुविधाओं का विस्तार करना चाहिए।

(4) परिवहन व संचार के सस्ते व तीव्र साधनों का विकास – देश में परिवहन व संचार के सस्ते, तीव्र व सुविधाजनक साधनों का विकास करना चाहिए जिसमें एक स्थान से दूसरे स्थान पर जाने में श्रमिकों पर अधिक आर्थिक भार न पड़े व यात्रा सुविधा पूर्ण भी है।

(5) सुरक्षा में वृद्धि – जिन स्थानों पर जनता सुरक्षा का अभाव अनुभव करती है उन स्थानों पर पर्याप्त सुरक्षा व्यवस्था की जानी चाहिए। जिससे उन स्थानों पर लोग बेहिचक जा सके।

(6) नगरों के वातावरण मे सुधार – भारत में नगरों का वातावरण बहुत दुषित है। इसमें सुधार किया जाना चाहिए। नगरों की आवास, सफाई, स्वास्थ्य, भ्रष्टाचार आदि समाचारों की सुलझाना चाहिए।

(7) औद्योगिक विकास – देश में प्रत्येक क्षेत्र में औद्योगिक विकास करना चाहिए। इससे कृषि पर जनसंख्या का भार कम होगा, क्षेत्रीय विषमताएं कम होगी तथा श्रम की गतिशीलता में भी वृद्धि होगी।

(8) श्रम कल्याण व सामाजिक सुरक्षा की व्यवस्था – श्रम कल्याण व सामाजिक सुरक्षा की व्यवस्था से श्रम की गतिशीलता में वृद्धि होती है। श्रम कल्याण व सुरक्षा व्यवस्था से श्रमिक परिवार के मोह में नहीं रहता व निश्चित होकर एक स्थान से दूसरे स्थान को जा सकता है।

3. पुँजी
(Capital)

पूँजी आधुनिक उत्पादन व्यवस्था का आधार हैं। वैसे तो प्रारम्भ से ही उत्पादन कार्यों में पूँजी का प्रयोग होता रहा हैं । किन्तु बड़े पैमाने के उत्पादन, श्रम-विभाजन व विशिष्टीकरण, आधुनिक तकनिकों के प्रयोग के कारण पूँजी का महत्व बढ़ गया है। साथ ही पूँजी का स्वरूप भी बदल गया हैं आखेट अवस्था के पशुओं का शिकार करने लिये प्रयोग किये जाने वाले हथियार पूंजी थे तो आज उत्पादन के लिए प्रयुक्त आधुनिक मशीनें पूंजी हैं। वर्तमान युग में पूंजी को भी उत्पादन का अनिवार्य साधन माना जाता है। अर्थशास्त्र में पूंजी का तात्पर्य केवल नकदी से ही नहीं है वरन इसमें वह सब धन सम्मिलित किया जाता है जो उत्पादन कार्यो में प्रयोग में लाया जाता है। मार्शल के अनुसार, पूंजी मनुष्य द्वारा उत्पन्न धन का वह भाग है जिसे अधिक धन के उत्पादन के लिए प्रयोग किया जाता है।

पूँजी की परिभाषा व अर्थ
(Definitions and Meaning of Capital)

साधारणतः पूंजी का अर्थ मुद्रा से लगाया जाता है। किन्तु अर्थशास्त्र में पूँजी का तात्पर्य धन के उस भाग से है हो जो ओर अधिक धनोपार्जन के लिये प्रयूक्त किया जाता हैं।

चैपमैन के अनुसार, पूंजी वह सम्पत्ति है जिससे आय प्राप्त होती है अथवा आय की उत्पत्ति में सहायक होती है अथवा जो ऐसा करने का इरादा रखती हैं।

हिक्स के अनुसार, पूंजी में किसी समय विशेष पर उपस्थित वे सभी वस्तुऐं सम्मिलित हैं, जिन्हें भविष्य की आवश्यकताओं की संतुष्टि के लिए उपयोग मे लाया जाता हैं।

थामस के अनुसार, भूमि के अतिरिक्त, पूंजी व्यक्तिगत तथा सामाजिक सम्पत्ति का वह भाग है जिसकी और अधिक धनोत्पत्ति में सहायता ली जाती हैं।

मार्शल के अनुसार प्रकृति की निःशुल्क देने के अतिरिक्त वह समस्त सम्पत्ति, जिससे आय प्राप्त होती है, पूंजी कहलाती हैं।

फिशर के अनुसार, पूंजी ऐसी सम्पत्ति है जो भूतकालीन श्रम द्वारा उत्पन्न होती है परन्तु जिसका प्रयोग अधिक धनोत्पत्ति के साधन के रूप में किया जाता हैं।

पीगू के अनुसार, पूंजी एक ऐसी झील के समान है जिसमें ऐसी विभिन्न वस्तुऐं जो बचत का परिणाम हैं, सतत रूप से सम्मिलित होती रहती हैं लेकिन ये सभी वस्तुऐं जो झील में प्रवेश करती हैं , आखिरकार पुनः इससे वापस निकल जाती हैं।

बोम बेवर्क के अनुसार, उत्पादित उत्पादन के साधनों को पूंजी कहा जाता हैं।

स्टोनियर व हेग के शब्दों में, पूंजी,उत्पादन के उन सभी उपकरण के लिये प्रयोग किया जाता है, जिन्हें मनुष्य जानबूझ कर भविष्य में उत्पादन करने के उद्देश्य से बनाता हैं।

उपरोक्त सभी परिभाषाओं से यह स्पष्ट होता है कि पूँजी धन का वह भाग है जिसे उत्पादन के कार्य में प्रयोग किया जाता हैं। इसमें मानव द्वारा उत्पादित धन को ही सम्मिलित किया जाता हैं। प्रकृति की निःशुल्क देनों को इसमें सम्मिलित नहीं किया जाता हैं। अतः यदि धन को उत्पादन के कार्य में प्रयोग नहीं लाया जाये तो वह केवल धन ही कहलायेगा। किन्तु यदि उस धन को उत्पादन के काम में लाया जाय तो उसे पूँजी कहा जायेगा। इस प्रकार संपूर्ण पूँजी धन होती है किन्तु सम्पूर्ण धन पूँजी नहीं होता।

सम्पूर्ण मुद्रा को भी पूँजी नहीं कहा जा सकता। मुद्रा का वह भाग जो उत्पादन में लगाया जाता है पूँजी कहलाता हैं। अतः धन की भाँति ही, समस्त मुद्रा या द्रव्य पूंजी नही होती।

पूँजी की विशेषतायें
(Characteristics of Capital)

पूँजी की उपरोक्त वर्णित परिभाषाओं व उनके अर्थ के आधार पर पूंजी की निम्न विशेषताएें द्रष्टिगोचर होती हैं:-

(1) पूँजी मानव श्रम का परिणाम है– पूँजी का मनुष्य के श्रम से उत्पादन होता हैं। प्रकृति की निःशुल्क देनों को पूँजी नहीं माना जाता।

(2) पूँजी बचत का परिणाम है – पूँजी बचत से उत्तपन्न होती है। जब मनुष्य अपने उत्पादित धन के सम्पूर्ण भाग का उपयोग नहीं करता तथा उसका कुछ भाग बचाकर रख लेता हैं तथा उत्पादन के काम में लगा देता है तो उसे पूंजी कहा जाता हैं।

(3) पूँजी नाशवान है – पूँजी नाशवान है अर्थात् समय के साथ-साथ घिसावट टूट-फूट आदि के कारण पूँजी में हास होता रहता है। **हेयर** के अनुसार, पूँजी अस्थायी है। अतः इसकी पुनरूत्पत्ति तथा पुनः पूर्ति आवश्यक हैं।

(4) पूंजी उत्पादन का निष्क्रिय साधन है – पूँजी उत्पादन का निष्क्रिय साधन हैं। श्रम के बिना इसका प्रयोग नहीं हो सकता। स्वयं पूँजी भी कुछ नहीँ कर सकती। मशीनों को श्रमिक को ही चलाना पड़ता हैं चाहे मशीन कितनी भी आधुनिक क्यों न हो।

(5) पुंजी में उत्पादकता होती है – पूँजी में उत्पादकता होती है अर्थात् पूँजी उत्पादन वृद्धि में सहायक होती हैं। वास्तव में उत्पादनकर्ता पूंजी की मांग करते हैं।

(6) पूँजी आय प्रदान करती है – पूँजी में उत्पादकता होती है तथा उत्पादन से आय प्रास होती है। अतः पूँजी आय प्रदान करती हैं। बचत करने वाले व्यक्ति पूंजी का स्वयं प्रयोग कर अथवा पूँजी को उधार देकर आय प्राप्त कर सकते हैं।

(7) पूँजी अधिक गतिशील होती है – भूमि अगतिशील होती है तथा श्रम की गतिशीलता भी अनेक कारणों से सीमित हो जाती है किन्तु श्रम की तुलना में पूंजी की गतिशीलता अधिक होती हैं।

(8) पूँजी परिवर्तनशील होती है – पूँजी की मात्रा आसानी से कम या अधिक की जा सकती है। पूँजी का रूप भी बदला जा सकता हैं। अतः पूँजी को परिवर्तनशील कहा जाता हैं।

पूँजी का महत्व
(Importance of Capital)

आर्थिक विकास की प्रत्येक अवस्था में पूँजी का महत्व रहा हैं। विकास की प्रारम्भिक अवस्था में भी पूँजी का महत्व था किन्तु आज की आधुनिक बड़े पैमाने की जटिल उत्पादन व्यवस्था में पूँजी का महत्व बहुत अधिक बढ़ गया हैं। प्रत्येक प्रकार की अर्थव्यवस्था में पूँजी की आवश्यकता पड़ती हैं। अर्थव्यवस्था चाहे पूँजीवादी हो या समाजवादी, साम्यवादी हो अथवा कोई भी सभी में पूँजी, उत्पादन का एक महत्वपूर्ण साधन हैं। पूँजी का महत्व निम्न प्रकार है:-

1. बड़े पैमाने पर उत्पादन का आधार - पूँजी बड़े-बड़े पैमानै पर उत्पादन का आधार हैं। छोटे पैमाने पर उत्पादन में पूँजी का इतना महत्व नहीं हैं। किन्तु बड़े पैमाने पर उत्पादन पूँजी के बिना पूँजी सम्भव नहीं हैं। बड़ी व आधुनिक मशीनें पूंजी का ही रूप है। बड़े पैमाने पर कच्चा माल की व्यवस्था, मशीनों का क्रय, श्रमिकों का भुगतान आदि कार्य बिना पूँजी के सम्भव नहीं हैं।

2. अर्थव्यवस्था का संचालन - पूँजी सम्पूर्ण अर्थव्यवस्था के विभिन्न पहलूओं का विकास बिना पूँजी के सम्भव नहीं हैं। कृषि, उद्योग, परिवहन, संचार, सामाजिक सेवाऐं आदि सभी में पूँजी की आवश्यकता पड़ती हैं। यदि देश में पर्याप्त मात्रा में पूँजी उपलब्ध है तो इनका देश में अर्थव्यवस्था का विकास हो सकता है अन्यथा नहीं। पूँजी के अभाव में सभी क्षेत्रों की प्रक्रियाऐं मन्द पड़ जाती हैं।

3. प्रत्येक सरकार की आर्थिक प्रणाली का आधार - अर्थव्यवस्था में चाहे जो भी प्रणाली अपनाई जाये पूँजी सभी दशाओं में महत्वपूर्ण हैं। पूँजीवाद में पूँजी ही निजी लाभ का स्त्रोत है, किन्तु समाजवाद व साम्यवाद में भी देश के आर्थिक विकास के लिये पूंजी एक अनिवार्य साधन हैं।

4. नियोजित अर्थव्यवस्था का आधार - तीव्र आर्थिक विकास के लिए आज विश्व के सभी देशों में नियोजित अर्थव्यवस्था को अपनाया जाता है। नियोजन द्वारा अल्प उपलब्ध साधनों का सर्वोत्तम प्रयोग कर देश का विकास करना होता हैं। पूँजी उपलब्ध भौतिक व मानवीय साधनों का सर्वोत्तम प्रयोग कर देश के विकास को सम्भव बनाती है। पूँजी उपलब्ध भौतिक व मानवीय साधनों का सर्वोत्तम प्रयोग करने में सहायता करती हैं।

5. रोजगार का विकास - पूँजी रोजगार के अवसरों में वृद्धि कर बेरोजगारी की समस्या को हल करने में सहायता करती हैं। पूँजी से कारखाने खोल कर, कृषि का विकास कर तथा उत्पादन में सहायक अन्य कार्यों व सेवाओं का विकास कर रोजगार में वृद्धि की जा सकती हैं।

6. राजनैतिक महत्व - पूँजी आर्थिक विकास के साथ-साथ राजनैतिक दृष्टि से भी महत्वपूर्ण हैं। आर्थिक समृद्ध होने पर देशों में आन्तरिक शान्ति रहती हैं। पूँजी आर्थिक समृद्धि लाने मे सहायता करती हैं। विदेशी शत्रुओं से भी रक्षा करने में पूँजी सहायता करती हैं। पूँजी से हथियार, हवाई जहाज, समुद्री बेड़ा आदि का निर्माण किया जा सकता हैं। आज के युद्धों में

मानव शक्ति के स्थान पर पूँजी अधिक महत्वपूर्ण हैं। अमेरिका पूँजी की सहायता से आज विश्व का ताकतवर राष्ट्र बना हुआ हैं। अमेरिका ने पूँजी की सहायता देकर ही अनेक राष्ट्रों को अपने पक्ष में बना रखा हैं।

7. सामाजिक महत्व – पूँजी सामाजिक दृष्टि से भी महत्वपूर्ण हैं। समाज में शिक्षा का प्रसार करने, बेरोजगारी दूर करने, भूख व अभाव से मुक्ति पाने आदि के लिए भी पूँजी आवश्यक होती है। शिक्षा के प्रसार से सामाजिक कुरीतियां व रूढ़ियां भी समाप्त करने में सहायता मिलती हैं।

इस प्रकार यह कहा जा सकता है कि वर्तमान में पूँजी उत्पादन का एक महत्वपूर्ण साधन हैं। प्रत्येक प्रकार की अर्थव्यवस्था में पूँजी का महत्व हैं। पूँजी का महत्व केवल आर्थिक दृष्टि से ही नहीं वरन् राजनैतिक व सामाजिक दृष्टि से भी महत्वपूर्ण हैं।

किन्तु यहाँ यह समझ लेना आवश्यक है कि पूँजी विकास के लिए अनिवार्य तत्व है किन्तु पूँजी ही विकास के लिए पर्याप्त नहीं हैं। **नर्कसे** के अनुसार, पूँजी आर्थिक विकास के लिए अनिवार्य है किन्तु पूँजी ही विकास की आवश्यक शर्त नहीं हैं। विकास के लिए पूँजी के अतिरिक्त अन्य साधनों की भी आवश्यकता पड़ती हैं। **लेविस** के अनुसार, आर्थिक विकास पूँजी के अतिरिक्त अन्य तत्वों से भी सम्बन्धित हैं। आर्थिक विकास उन संस्थाओं से सम्बन्धित हैं जो प्रत्येक को प्रेरणा देते हैं, उन दृष्टिकोणों से सम्बन्धित है जो आर्थिक कुशलता को मूल्य प्रदान करते हैं, बढ़ते हुए तकनीकी ज्ञान से सम्बन्धित हैं आदि।

यह सही है कि पूँजी विकास की प्रक्रिया को गति प्रदान करती हैं। पूँजी के उचित प्रयोग व अन्य साधनों के साथ उसके समायोजन से देश का विकास सम्भव होता हैं।

पूँजी निर्माण एवं पूँजी संचय
(Capital Formation and Capital Accumulation)

पूँजी धन का वह भाग है जो उत्पादन के कार्य में लगाया जाता हैं। धन का कुछ भाग उपभोग कार्यों में प्रयुक्त किया जाता हैं तथा कुछ भाग भविष्य के लिये बचाकर उत्पादन के कार्यों में लगा दिया जाता हैं। साधारण शब्दों में धन बचाकर उत्पादन कार्यों में लगाने को ही पूँजी निर्माण कहा जाता हैं। **नर्कसे** के अनुसार पूँजी निर्माण का अर्थ यह है कि समाज समस्त उत्पादन क्रियाओं का प्रयोग सम्पत्तियों, औजार, उपकरण, यन्त्र, मशीनें, परिवहन सामान आदि के निर्माण में प्रयुक्त करता हैं। वास्तविक पूँजी के ये विभिन्न रूप उत्पादन प्रयत्नों की कार्य कुशलता में अधिक वृद्धि कर सकते हैं।

सेम्युलसन के अनुसार, जिस सीमा तक लोग बचत करने के इच्छुक होते हैं, उस सीमा तक समाज पूँजी निर्माण में अपनें साधन लगा पाता हैं।

संयुक्त राष्ट्र संघ के साख्यिकीय आयोग के अनुसार, पूँजी निर्माण किसी देश की वर्तमान उत्पत्ति व आयात का वह भाग है जो गणना अवधि में न तो उपभोग में प्रयुक्त किया जाता हैं और न ही निर्यात किया जाता हैं, वरन् पूँजीगत वस्तुओं के स्टॉक में वृद्धि हेतु अलग दिया जाता हैं।

इस प्रकार स्पष्ट है कि पूँजी निर्माण का तात्पर्य यह है कि आय में से बचत की जाय व उस बचत को उत्पादन कार्यों में लगाया जाय तो ही उसे पूँजी निर्माण कहा जा सकता हैं। आय में से बचत की जाये किन्तु उसे उत्पादन के कार्यों में न लगाया जाये तो उसे पूँजी निर्माण नहीं कहा जाऐगा। दूसरे शब्दों में राष्ट्रीय आय के भाग को उत्पादन कार्यों में लगााने को पूँजी निर्माण कहा जाता हैं।

व्यापक दृष्टिकोण से देखने पर यह पता चलता है कि उत्पादन में न केवल भौतिक पूँजी ही सहयोग देती है वरन् अभौतिक व मानव पूँजी भी सहयोग देती हैं। अतः शिक्षा, स्वास्थ, समाज सेवाओं आदि पर किया गया व्यय भी ही पूँजी निर्माण के अर्न्तगत ही आता हैं।

पूँजी निर्माण के लिए यह भी आवश्यक है कि वर्तमान पूँजी स्टॉक में वृद्धि हो। केवल बैंक में धन जमा कराना या कम्पनी के अंश व ऋण पत्र क्रय करना ही पूँजी निर्माण नहीं हैं। इस विनियोग से धनोत्पादक में और अधिक वृद्धि होने व पूँजी स्टॉक में वृद्धि होने पर ही इसे पूँजी निर्माण कहा जाता हैं। पूँजी निर्माण को राष्ट्रीय आय के प्रतिशत के रूप में व्यक्त किया जाता हैं।

पूँजी निर्माण का अनुमान– नई पूँजी निर्माण की मात्रा जानने के लिये निम्न सूत्र का प्रयोग किया जाता है–

कुल पूंजी निर्माण (Gross Capital Formation) = समस्त उत्पादित पूंजीगत सम्पत्तियाँ + आयतित पूंजीगत सम्पत्तियाँ

शुद्ध पूंजी निर्माण (Net Capital Formation) = (समस्त उत्पादित पूंजीगत सम्पत्तियाँ + आयतित पूंजीगत सम्पत्तियाँ) – वर्तमान पूंजीगत सम्पत्तियों पर ह्रास

पूँजी निर्माण की अवस्थायें
(Stages of Capital Formation)

पूँजी निर्माण की प्रक्रिया तीन अवस्थाओं में पूरी होती है–

1. बचतों का निर्माण – आय का समस्त भाग उपभोग पर ब्याज पर व्यय न करने पर बचत होती हैं। पूँजी निर्माण की पहली अवस्था बचत का निर्माण हैं। आय अधिक, खर्च कम होने पर बचत होती हैं। बचतों का निर्माण तब होता है जब आय व्यय से अधिक हो, जनता में बचत करने की इच्छा हो तथा बचत करने की सुविधायें उपलब्ध हों।

2. बचतों को एकत्रित करना – देश के विभिन्न व्यक्ति बचत करते हैं, किन्तु ये लोग व्यक्तिगत रूप से अपनी बचतों को उत्पादन कार्य में लगाने में असमर्थ होते हैं। अतः पूँजी निर्माण के लिये इनको एकत्रित कर गतिशीलता प्रदान करना आवश्यक हैं। वित्तीय संस्थाओं के माध्यम से इन बचतों को एकत्रित किया जाता हैं।

3. बचतों को वास्तविक पूँजीगत सम्पत्तियों में बदलना – जब बचत करने वाले व्यक्ति अपनी बचतों को वित्तिय संस्थाओं को सौंप देते हैं तब भी इसे पूँजी निर्माण नहीं कहा जा सकता। जब तक कि उन बचतों को वास्तबिक पूँजीगत परिसम्पत्तियों में नहीं लगाया जाये। अतः पूँजी निर्माण की अवस्था में बचतों को उत्पादन कार्य में विनियोजित किया जाता हैं। वास्तव में बचत को अर्थात धन को पूँजी का रूप इसी अवस्था में मिलता हैं। इस अवस्था में पूँजी निर्माण को गति मिलती हैं। पूँजी बढ़ने पर उत्पादन बढ़ता हैं। उत्पादन बढ़ने पर आय होती हैं, आय बढ़ने पर बचत होती हैं तथा बचत बढ़ने पर पूँजी निर्माण बढ़ता हैं। यह चक्र आगे चलता रहता हैं।

पूँजी निर्माण को प्रभावित करने वाले तत्व

(Factors Affecting Capital Formation)

किसी भी देश में पूँजी निर्माण वहाँ की बचत पर निर्भर करता हैं। **कीन्स** के अनुसार, पूँजी निर्माण बचत की प्रवृत्ति पर निर्भर करता हैं। बचतें कई प्रकार की होती हैं। देश की बचतें, घरेलु बचतें कहलाती हैं व बाहर से आई बचतें, विदेशी बचतें कहलाती हैं। घरेलू बचतें, पारिवारिक बचतें, व्यावसायिक बचतें व सरकारी बचतें होती हैं। बचत अनेक बातों पर निर्भर करती हैं। बचत मुख्यतः बचत करने की शक्ति, बचत करने की इच्छा, बचत करने की सुविधायें व सरकार के सहयोग पर निर्भर करती हैं। अतः बचत पूँजी निर्माण को प्रभावित करने वाले तत्वों को चार भागों में बाटा जा सकता हैं–

I. बचत करने की शक्ति

(Capacity to Save)

जब देश के निवासियों में बचत करने की शक्ति नहीं होगी तब तक चाहने पर भी बचत नहीं कर पायेंगे। अतः

पूँजी निर्माण के लिये बचत करने की शक्ति होना आवश्यक हैं, बचत करने की शक्ति निम्न बातों पर निर्भर करती हैं–

1. आय – व्यक्ति की आय अधिक होने पर ही वह बचत कर सकता हैं। अन्यथा नहीं। आय कम होने पर बचत पूरी आय ही उपभोग पर खर्च हो जाती हैं। अतः बचत करने की क्षमता मुख्यतः आय पर निर्भर करती हैं। आय अधिक होने पर बचत भी अधिक होगी। देश की कुल बचत राष्ट्रीय आय पर निर्भर करती हैं।

2. राष्ट्रीय आय का वितरण – बचत आय पर ही निर्भर नहीं करती वरन् आय के वितरण पर भी निर्भर करती हैं। आय का वितरण समान होने पर प्रत्येक व्यक्ति कुछ न कुछ अवश्य बचायेगा, किन्तु धन का वितरण असमान होने पर निर्धन कम आय होने के कारण बचा नहीं पायेंगे तथा धनिक अपनी आय विलासिता पर व्यय करेंगे। अतः वे भी बचत नहीं कर पायेंगे। अतः आय का वितरण असमान होने पर बचत कम होगी।

3. प्राकृतिक साधन - देश में प्राकृतिक साधन जितने अधिक होंगे वहाँ बचत भी उतनी ही अधिक होगी। प्राकृतिक साधनों के उपयोग से देश का विकास होगा। देश का विकास होने पर राष्ट्रीय आय में वृद्धि तथा राष्ट्रीय आय में वृद्धि होने पर बचत भी अधिक होगी। केवल प्राकृतिक साधनों का ही होना पर्याप्त नहीं वरन् उसका विदोहन होना भी आवश्यक हैं।

4. उत्पादन के साधनों की कार्यक्षमता - उत्पादन के साधनों का विवेकपूर्ण प्रयोग करने के लिए कुशल श्रमिको, संगठनकर्ताओं व साहसियों की आवश्यकता पड़ती है। अत: यदि देश में उत्पादन के साधन कुशल है तो बचत अधिक होगी अन्यथा कम।

5. व्यापार - व्यापार भी आय का एक स्त्रोत हैं। यदि देश में आंतरिक विदेशी व्यापार विकसित है तो आय अधिक होगी व बचत भी अधिक होगी। इसके विपरीत देश में व्यापार अविकसित होने पर आय व बचत कम होगी।

6. व्यय करने का ढ़ंग - यदि व्यक्ति अपनी आय को सोच समझ कर व्यय करते हैं तो वे कम व्यय में भी अधिक सन्तुष्टि प्राप्त कर सकते हैं। इस प्रकार वे आय का कुछ भाग बचा सकने में असमर्थ होते हैं। अविवेकपूर्ण व्यय करने से बचत कम होती हैं।

II. **बचत करने की इच्छा**
(Willingness to Save)

बचत करने की क्षमता के साथ-साथ यह भी आवश्यक है कि व्यक्ति में बचत की इच्छा भी हो। बचत करने की इच्छा न होने पर व्यक्ति बचत करने की क्षमता होते हुए भी बचत नहीं करेगा। अत: बचत के लिए बचत की इच्छा का होना भी आवश्यक हैं। बचत करने की इच्छा निम्न बातों से प्रभावित होती हैं-

1. सामाजिक सुरक्षा व्यवस्था - यदि देश में सामाजिक सुरक्षा व्यवस्था नहीं है तो आकस्मिकताओं के लिए व्यक्ति को स्वयं को ही व्यवस्था करनी होती हैं। जिसके लिए वह बचत करता हैं। इसके विपरीत यदि देश में सामाजिक सुरक्षा व्यवस्था अच्छी हैं तो वहाँ के निवासी बचत करने को प्रेरित नहीं होते।

2. सामाजिक प्रतिष्ठा - आज के भौतिकवादि युग में उन लोगों को अधिक प्रतिष्ठा प्राप्त है जिनके पास अधिक धन हैं। अत: कुछ व्यक्ति सामाजिक प्रतिष्ठा प्राप्त करने के लिए बचत करते हैं।

3. ब्याज की दर - यदि ब्याज की दर अधिक है तो व्यक्ति में बचत करने की इच्छा भी उतनी ही अधिक होगी। इसके विपरीत ब्याज की दर कम होने पर बचत की इच्छा भी कम होगी।

4. व्यक्तिगत प्रभाव - कुछ व्यक्ति स्वभाव से ही मितव्ययी एवं बचत करने वाले होते हैं। ऐसे व्यक्ति वर्तमान आवश्यकताओं से कटौती करके भी बचत करते हैं। इसके विपरीत कुछ लोग स्वभाव से ही खर्चीले होते हैं। उनके लिए बचत करना सम्भव नहीं होता।

5. आय प्राप्ति की इच्छा - मनुष्य की सदैव यह इच्छा होती हैं कि उसके आय में वृद्धि हो। अत: कुछ व्यक्ति बचत कर उस पर ब्याज के रूप में आय प्राप्त करने की दृष्टि से बचत करते हैं।

6. दूरदर्शिता - दूरदर्शी व्यक्ति, भविष्य की आकस्मिकताओं जैसे बीमारी, दुर्घटना, वृद्धावस्था, बेकारी आदि से सुरक्षा प्राप्त करने के लिए बचत करता हैं। जो व्यक्ति दूरदर्शी नहीं होते वे अपनी आय वर्तमान उपभोग पर ही व्यय कर देते हैं।

7. पारिवारिक मोह – मनुष्य सदैव यह चाहता है कि उसके बच्चे सुखी व सम्पन्न रहें। अतः उनकी शिक्षा शादी के लिये वह बचत करता हैं। अतः यदि व्यक्ति को अपने परिवार के प्रति मोह है तो वह अधिक बचत कनेगा जिससे उनके परिवार के सदस्यों को भविष्य में कोई कष्ट न हो।

III. बचत करने की सुविधायें

(Facility to Save)

बचत करने की शक्ति व इच्छा के साथ-साथ यह भी आवश्यक है कि बचत करने के लिये उचित सुविधायें व अवसर हों। बचत की सुविधाओं के अभाव में बचत की शक्ति व इच्छा होते हुए भी व्यक्ति बचत नहीं कर पायेगा। बचत करने की सुविधाओं में निम्न तत्व सम्मिलित होते हैं-

1. बचत व ईमानदार उद्यमी – बचतकर्ता सदैव यह चाहते है कि उनकी बचत सुरक्षित रहे व उससे उन्हें नियमित आय भी प्राप्त होती रहे। अतः यदि देश में योग्य व ईमारदार उद्यमी हैं, जिनके हाथों में बचतें सुरक्षित रहती हैं तो बचतें प्रोत्साहित होंगी। अन्यथा व्यक्ति बचत नहीं करेंगे।

2. विनियोग सुविधायें – जिन देशों में बचतों को उद्योग व्यापार आदि कार्यों में लगाने की सुविधायें अधिक होती हैं तो वहाँ पूँजी निर्माण अधिक होता हैं। विनियोग सुविधाओं के अभाव में पूँजी निर्माण हतोत्साहित होता हैं।

3. प्राकृतिक स्थिति – कुछ देशों की प्राकृतिक स्थिति भी बचत पर प्रभाव ड़ालती हैं। जिन देशों की स्थिति ऐसी है जहाँ बाढ़,भूकम्प, तूफान व अन्य प्राकृतिक प्रकोपों से सर्वनाश का भय बना रहता हैं वहाँ के निवासी बचत के लिये कम प्रेरित होते हैं। जो देश प्राकृतिक प्रकोपों से मुक्त हैं वहाँ बचत अधिक होती हैं।

4. बैंकिग व वित्तीय संस्थायें – जो व्यक्ति छोटी-छोटी बचतें करते हैं अथवा जो व्यक्ति व्यवसाय की जोखिम उठाना नहीं चाहते वे अपनी बचत को बैंकों में जमा कर देते हैं। बैंकिग व वित्तीय संस्थायें इन बचतों को गतिशील बना कर पूँजी का रूप प्रदान करती हैं। अतः देश में बैंकिग व वित्तीय संस्थायें जितनी अधिक होंगी बचतें भी उतनी ही अधिक होंगी।

5. मुद्रा के मूल्य में स्थायित्व – मुद्रा के मुल्य में भारी उतार-चढ़ाव होते हैं तो मुद्रा प्रणाली से जनता का विश्वास उठ जाता है। विशेषतः मुद्रा प्रसार की स्थिति में बचतों का वास्तविक मूल्य कम हो जाता हैं। अतः लोग बचाने के स्थान पर अपनी आय को वर्तमान उपभोग पर ही खर्च करना पसंद करते हैं।

6. शन्ति व सुरक्षा – देश में आन्तरिक शान्ति व सुरक्षा होने तथा विदेशी आक्रमण का भय न होने पर लोगों के जान व माल की सुरक्षा रहती हैं। ऐसी अवस्था में लोग बचत अधिक करते हैं। बाहरी आक्रमण व आन्तरिक उपद्रवों से सुरक्षा न होने पर अशान्ति के वातावरण में बचतकर्ता बचत को उत्पादन कार्यों में लगाने को प्रेरित होते।

IV. सरकार की भुमिका
(Role of Government)

बचत को पूँजी में परिवर्तित करने के लिए सरकार की भूमिका महत्वपूर्ण होती हैं। बचत में सरकार की भूमिका निम्न नीतियों से प्रभावित होती हैं–

1. मौद्रिक नीति – मौद्रिक नीति मुद्रा साख दर व ब्याज आदि के सम्बन्ध में नीति हैं। मन्दी काल में मुद्रा व साख का प्रसार पूँजी निर्माण में योगदान देता हैं। कम ब्याज पर ऋण व्यवस्था करने पर देश में उद्योगों का विकास होता है। जिनमें विनियोग करने के लिये बचतें बढ़ती हैं व पूँजी का निर्माण होता हैं।

2. घाटे की अर्थव्यवस्था – यदि देश में प्राकृतिक साधन उपयुक्त हैं तो उसे उनके विदोहन के लिये सरकार घाटे की अर्थव्यवस्था कर सकती हैं। घाटे की अर्थव्यवस्था से भी पूँजी निर्माण होता हैं।

3. मानव पूँजी निर्माण – भौतिक पूँजी के निर्माण में मानव पूँजी निर्माण का भी महत्व है। अत: यदि देश में शिक्षा, प्रशिक्षण आदि का प्रसार किया जाता हैं तो लोगों के दृष्टिकोण में परिवर्तन आता हैं। वे बचतों को उत्पादक कार्यों में विनियोग करने को प्रेरित होते हैं।

4. छिपी हुई बेरोजगारी का पूँजी निर्माण में प्रयोग – नर्कसे के अनुसार सरकार छिपी हुई बेरोजगारी का पूँजी निर्माण के लिये प्रयोग कर सकती हैं। नर्कसे के अनुसार सरकार बेरोजगारी को सामाजिक पूँजी निर्माण में कार्य प्रदान करे जिससे उनकी आय बढ़े, किन्तु उनके उपभोग स्तर को पूर्ववत रखा जाय। ऐसा होने से उन्हें जो आय प्राप्त होगी वह पूँजी उत्पादन कार्यों में लगाई जायेगी व पूँजी निर्माण होगा, किन्तु प्राय: आय बढ़ने पर उपभोग भी बढ़ता ह॥ अत: यह विधि प्रयोग करने में आसान नहीं हैं।

5. आर्थिक विकास के लिये आन्तरिक संरचना का निर्माण – विकास के लिये आन्तरिक संरचना भी पूँजी निर्माण को प्रोत्साहित करती हैं। यदि देश में रेल, सड़कें, शक्ति के साधन नहरें, संचार के साधन शिक्षा आदि का विकास कर आर्थिक विकास के लिये एक आधार तैयार कर लिया जाये तो यह आधार पूँजी निर्माण के लिये आधार का काम करता हैं। इससे पूँजी निर्माण अधिक होता हैं।

6. राजस्व नीति – सरकार की आय-व्यय नीति को राजस्व नीति कहा जाता हैं। सरकार उपभोग पर कर लगाकर बचत को पूँजीगत कार्यों में विनियोजित करवा सकती हैं। उद्योगों को करों में छूट देकर भी सरकार पूँजी निर्माण में सहायता प्रदान कर सकती हैं। पूँजी निर्माण के लिये सरकार अनिवार्य बचत योजना का भी सहारा ले सकती हैं।

सेम्यूलसन के अनुसार, कड़ी राजस्व नीति तथा उदार नीति के मिश्रण से पूँजी निर्माण अपेक्षाकृत ऊँचा होता हैं। जबकि उदार राजस्व नीति तथा कड़ी मौद्रिक नीति से निर्माण स्तर नीचा होता हैं।

7. व्यापारिक नीति – व्यापारिक नीति विदेशी व्यापार सम्बन्धी नीति होती हैं, यदि सरकार विदेशों से विलासिता की वस्तुओं से आयात पर प्रतिबन्ध लगाती है व पूँजी निर्माण अधिक होगा।

8. वित्तीय व बैंकिग संस्थाओं का विस्तार - यदि सरकार देश की छोटी-छोटी बचतों को गतिशील बनाने के लिए बैंकिग व वित्तीय संस्थाओं का विस्तार करती हैं तो पूँजी निर्माण अधिक होगा। बैंकिग व वित्तीय संस्थाओं के अभाव में बचतों का एक बड़ा भाग पूँजी बनने से रह जाता हैं।

9. औद्योगिक नीति - औद्योगिक नीति उद्योगों के विकास सम्बन्धी नीति होती हैं। यदि सरकार पूँजीगत उद्योगों के विकास को प्राथमिकता देने पर पूँजी निर्माण की गति कम होती हैं।

10. विदेशी पूँजी सम्बन्धी नीति - यदि सरकार विदेशी पूँजीपतियों को पूँजीगत सम्पत्तियों के आयात की सुविधा प्रदान करती हैं तो पूँजी निर्माण की गति तेज होगी। विदेशी पूँजी का आयात कर देश में विकास करने पर देश में भविष्य में पूँजी निर्माण अधिक होगा।

भारत में पूँजी निर्माण की धीमी गति के कारण
(Causes of Slow Capital Formation in India)

भारत में अन्य देशों की तुलना में पूँजी निर्माण की गति कम हैं। भारत में पूँजी निर्माण की दर आन्तरिक उत्पादन की तुलना में यह तीन गुनी अवश्य हैं, किन्तु अभी भी यह देश की आवश्यकताओं को देखते हुये कम हैं। भारत में पूँजी निर्माण की धीमी गति के निम्न कारण हैं-

1. बेराजगारी - भारत में बेरोजगारी व अर्ध बेरोजगारी ने विकराल रूप धारण कर लिया हैं। जनसँख्या की वृद्धि के साथ- साथ बेरोजगारी भी बढ़ती जा रही हैं। बेरोजगारी की दशा में बचत की आशा करना ही व्यर्थ हैं।

2. करों की अधिकता - भारत में कर की मात्रा अधिक हैं। आय कर के बारे में तो कहा जाता है कि भारत में आयकर विश्व में सर्वाधिक हैं। अन्य करों की भी यही स्थिति हैं तथा करों की संख्या भी यहाँ अधिक हैं। करों की अधिकता के कारण आय का एक बड़ा भाग कर के रूप में चला जाता हैं। इसके फलस्वरूप बचतें कम होती हैं।

3. निर्धनता - भारत में राष्ट्रीय व प्रति व्यक्ति आय कम हैं। निर्धनता के कारण बचत विनियोग कम होते हैं। अतः पूँजी निर्माण भी कम होता हैं। पूँजी निर्माण के कम होने के कारण आय भी कम होती हैं। निर्धनता का यह कुचक्र निरन्तर चलता रहने से देश में पूँजी निर्माण कम हैं।

4. बचत करने की क्षमता का अभाव - भारत में आय कम होने तथा कर अधिक होने के कारण बचत करने की क्षमता का भी अभाव हैं। कर अधिक होने के कारण आय का एक बड़ा भाग कर भुगतान में चला जाता हैं। आय का शेष भाग आवश्यकताओं की पूर्ती में ही व्यय हो जाता हैं। अतः बचत नहीं की जा सकती। जिन व्यक्तियों की आय अधिक है वे अपनी आय विलासिता की वस्तुओं पर व्यय कर देते हैं।

5. आर्थिक विकास के लिये आवश्यक आधार का अभाव - भारत में आर्थिक विकास के लिए आवश्यक आधार का अभाव हैं। यातायात व संचार के साधनों का अभाव, आधारभूत उद्योगों का अभाव, सिंचाई के साधनों का अभाव, शक्ति के साधनों का अभाव आदि के कारण देश में विकास कम हुआ हैं। अतः देश में पूँजी निर्माण भी कम हैं।

6. घाटे की अर्थव्यवस्था – भारत में नियोजन काल में सदैव घाटे की अर्थव्यवस्था अपनाई गई हैं। घाटे की अर्थव्यवस्था के कारण कीमतों में वृद्धि हो रही हैं। कीमतों की वृद्धि के कारण बचत करना कठिन हो गया हैं।

7. भ्रष्टाचार व अकुशल प्रशासन – सरकार के अकुशल व भ्रष्ट प्रशासन के कारण भी देश में पूँजी निर्माण कम हैं। अकुशलता व भ्रष्टाचार के कारण कीमतों में वृद्धि हो रही हैं। कीमतों की वृद्धि के कारण बचत करना कठिन हो गया हैं।

8. शिक्षा का अभाव – भारत में शिक्षा का अभाव हैं। शिक्षा के अभाव के कारण यहाँ के लोग दूरदर्शी नहीं हैं। वे बचत का महत्व नहीं समझते। अत: अपनी सम्पूर्ण आय को व्यय कर देते है। शिक्षा के अभाव के कारण समाज में अनेक कुरीतियां भी व्याप्त हैं। अत: यहाँ के अधिकांश लोग बचत करने के स्थान पर अपनी आय शादी, मृत्यु भोज आदि के समय अनुत्पादक कार्यों पर व्यय कर डालते हैं।

9. दोषपूर्ण सरकारी नीतियां – भारत में सरकारी नीतियां भी दोषपूर्ण हैं। सरकार की दोषपूर्ण नीतियों के कारण देश में आर्थिक विषमता में वृद्धि हुई हैं। धनिक वर्ग अपनी आय को विलासिताओं में व्यय करते हैं तथा निर्धन वर्ग आय कम होने पर बचत नहीं कर पाता।

10. ईमानदारी व कुशल उद्योगियों का अभाव – हमारे देश में ईमारदार व कुशल उद्यमियों का अभाव हैं। अत: व्यक्ति अपनी बचत उनके हाथों में सुरक्षित नहीं समझते। उन्हें यह विश्वास नहीं होता है कि वे उनकी बचत की विनियोजित कर उन्हें ब्याज या लाभ के रूप में आय प्रदान करेंगे। अत: यहां के व्यक्ति बचत नहीं करते।

11. मुद्रा के मुल्य में कमी – कीमतों में वृद्धि के कारण मुद्रा के मूल्य में लगातार कमी होती जा रही हैं। भारतीय रूपये का मूल्य बहुत कम हो गया हैं। रूपये के मूल्य में कमी होने से बचत का भावी वास्तविक मूल्य कम होता हैं। अत: बचत करना लाभकारी नहीं हैं।

12. श्रम की उत्पादकता कम होना – भारत में श्रम की उत्पादकता कम हैं। उत्पादकता कम होने का कारण आय कम हैं। अत: समस्त आय उपभोग करली जाती हैं।

13. संचय की सुविधाओं का अभाव – देश के अनेक भागों में संचय की सुविधाओं का अभाव हैं। देश में बैंकिग का विकास न होने के कारण लोग अपनी बचत को गतिशीलता प्रदान नहीं कर पाते। बचत या तो गाड़ कर रखी जाती है अथवा आभुषण आदि के रूप में पड़ी रहती हैं।

14. बचत करने की इच्छा की कमी – भारत के निवासियों में बचत करने की इच्छा का अभाव पाया जाता हैं। संयुक्त परिवार प्रथा के कारण यहां के निवासी भविष्य के प्रति निश्चित रहते हैं। शिक्षा के अभाव के कारण यहां के निवासी अदूरदर्शी भी हैं।

15. प्रभावी माँग का अभाव – भारत में प्रभावी मांग का अभाव हैं। आय की सीमितता के कारण मांग भी कम हैं। मांग कम होने के कारण उत्पादन भी कम हैं। उत्पादन कम होने से आय भी कम होती हैं। अत: बचत नहीं हो पाती।

भारत में पूँजी निर्माण में वृद्धि करने के लिए सुझाव
(Suggestions for more Capital Formation in India)

भारत में पूँजी निर्माण की दर में वृद्धि करने के लिए निम्न सुझाव दिये जा सकते हैं–

1. देश में बचतों को एकत्रित करने के लिए बैंकिग सुविधाओं का विस्तार किया जायें जिससे छोटी-छोटी बचतों को एकत्रित होकर पूँजी निर्माण की दर में वृद्धि कर सकें।
2. बचतों को प्रोत्साहित करने के लिए बचत करने पर दी जाने वाली कर की छूट में वृद्धि की जाये।
3. देश में कृषि व उद्योगों का विकास किया जाये। जिससे उत्पादन व आय बढ़े तथा रोजगार में भी वृद्धि हो।
4. मूल्य स्तर में वृद्धि पर रोक लगाई जाए जिससे उपभोग व्यय कम हो व बचत बढ़ सके तथा बचतों का भावी वास्तविक मूल्य कम न हो।
5. विदेशी पूँजी को उस समय तक बढ़ावा दिया जा सकता है जब तक देश में पर्याप्त पूँजी निर्माण न हो जाये। इनमें अन्तर्राष्ट्रीय वित्तीय संस्थाओं से प्राप्त पूँजी को प्राथमिकता दी जानी चाहिए।
6. जनसँख्या वृद्धि पर रोक लगाने के प्रयास कियें जाय। जनसँख्या कम होने पर उपभोग कम होगा तथा बचतों में वृद्धि होगी।
7. आर्थिक विकास के लिए आवश्यक आधार तैयार किया जाये। इसके लिए यातायात व संचार तथा आधारभूत उद्योग, बैंकिग शक्ति के साधन, सिंचाई के साधन, आदि का विकास किया जाये।
8. श्रम की कार्यकुशलता में वृद्धि के सभी प्रयत्न किये जायें।
9. यदि बचतें वांछित स्तर से कम हों तो अनिवार्य बचत योजना का सहारा लिया जा सकता हैं।
10. देश में वर्तमान में उपलब्ध पूँजी का सदुपयोग किया जाये। उपलब्ध पूँजी का सदुपयोग पूँजी निर्माण में सहायक सिद्ध होगा।
11. सरकारी क्षेत्र में अपव्यय को रोका जाये जिससे राजकीय बचतें बढ़ सकें।
12. शिक्षा का प्रसार किया जाए जिससे लोग अनुत्पादक कार्यों पर व्यय करना छोड़ सकें।
13. आर्थिक विषमता को कम करने का प्रयत्न किया जाये।
14. घाटे की अर्थव्यवस्था को रोका जाये जिससे मुद्रा प्रसार रूके व मूल्य में स्थायित्व आये।

4. संगठन
(Organisation)

उत्पादन के कार्य को सुचारू रूप से चलाने के लिए एक ऐसे व्यक्ति की आवश्यकता पड़ती है जो उत्पादन के अन्य साधनों को इस प्रकार व्यवस्थित करे जिससे कम से कम लागत पर अधिक व अच्छा उत्पादन हो। इसे ही संगठनकर्त्ता कहा जाता है। बड़े पैमाने पर उत्पादन, प्रतिस्पर्धा में वृद्धि आदि के कारण संगठन उत्पादन का अनिवार्य साधन बन गया है। कुछ आधुनिक अर्थशास्त्रियों का यह मत है कि संगठन विशिष्ट श्रम या मानसिक श्रम है।

5. साहस
(Enterprise)

उत्पादन कार्य में अनिश्चितता या जोखिम रहती है। उत्पादन कार्य में लाभ हानि का उत्तरदायित्व जिस पर होता है वह साहसी कहलाता है। भूमि, श्रम, पूंजी व संगठन को उनके प्रतिफल का भुगतान करने के पश्चात यदि कुछ शेष रहता है तो वह साहसी का लाभ होता है। किन्तु यदि उत्पादन इन चारों साधनों के प्रतिफल का भुगतान करने के लिए भी कम पड़ता है तो यह हानि होती है जो साहसी को भुगतनी पड़ती है।

उपरोक्त वर्णित उत्पादन के पांच साधनों में यह आवश्यक नहीं है कि इन पांचों साधनों के मालिक अलग अलग हों। एक ही व्यक्ति उत्पादन के एक से अधिक साधन का मालिक हो सकता है। उदाहरण के लिए भारतीय किसान प्राय: उत्पादन के सभी साधनों का मालिक होता है। भूमि उसी की होती है, उस पर वह अपनी पूंजी लगाता है, श्रम व संगठन के रूप में भी वही कार्य करता है तथा जोखिम भी वही उठता है।

उत्पादन के साधनों का सापेक्षिक महत्व
(Relative Importance)

उत्पादन के विभिन्न साधनों के अध्ययन के पश्चात यह प्रश्न उठता है कि इनमें से सर्वाधिक महत्व का साधन कौन सा है। वास्तव में इस बात का निर्णय करना एक कठिन कार्य है।

भूमि उत्पादन का अनिवार्य साधन है क्योंकि इसके अभाव में उत्पादन संभव नहीं होगा। किन्तु केवल भूमि से ही काम नहीं चलेगा। जब तक भूमि पर श्रम कार्य नहीं करेगा तब तक भूमि से कोई लाभ नहीं, क्योंकि भूमि उत्पादन का निष्क्रिय साधन है व श्रम सक्रिय। आज के आधुनिक मशीनों से बड़े पैमाने पर उत्पादन किया जाता है। बड़े पैमाने पर उत्पादन करने के लिए अधिक पूंजी की आवश्यकता पड़ती है अत: पूँजी भी महत्वपूर्ण साधन है। आज के युग में तो पूंजी का महत्व बहुत बढ़ गया हैं।

उत्पादन के पैमाने में वृद्धि से भूमि, श्रम व पूंजी का प्रयोग भी बड़ी मात्रा में किया जाता है। उत्पादन कार्य में जटिलाताएँ भी बढ़ गई है अत: कम से कम लागत पर अधिकाधिक उत्पादन प्राप्त करने के लिए संगठन भी उत्पादन का एक महत्वपूर्ण साधन बन गया है।

गलाकाट प्रतिस्पर्धा होने से उत्पादन कार्य अनिश्चितता और जोखिम से भरा हुआ है। उत्पादन के अन्य साधन यथा, भूमि, पूंजी, श्रम व संगठन भी अपने प्रतिफल के प्रति गारन्टी चाहते है। अत: जोखिम को वहन करने वाले की आवश्यकता होती है। अत: साहस भी उत्पादन का अनिवार्य साधन है।

अतः यह कहा जा सकता है कि उत्पादन के पांचों साधन ही अनिवार्य व महत्वपूर्ण हैं। किसी भी साधन के अभाव में आज के युग में उत्पादन कार्य करना सम्भव नहीं है। आर्थिक विकास की विभिन्न अवस्थाओं में विभिन्न साधनों का महत्व भी अलग अलग रहा। आखेट व पशुपालन युग में भूमि का महत्व अधिक था। कृषि युग में भूमि के साथ श्रम का महत्व भी बढ़ा। औद्योगिक युग में पूंजी व प्रबन्ध व साहस के महत्व में वृद्धि हुई। आज उत्पादन के पांचों साधन अनिवार्य हैं। सभी अपनी अपनी जगह अपरिहार्य है।

प्रश्न

1. उत्पादन के साधन से क्या अभिप्राय है। उत्पादन के विभिन्न साधनों की संक्षेप में व्याख्या कीजिए।

   What do you mean by factor of production? Discuss briefly various factors of production.

2. उत्पादन का क्या अभिप्राय है। उपयोगिता सृजन करने की विभिन्न विधियों का संक्षेप में विवेचना कीजिए।

   What do you mean by production? Discuss briefly various methods of creation of utility.

3. श्रम की विशेषताएँ तथा गतिशीलता को प्रभावित करने वाले तत्वों की संक्षेप में विवेचना कीजिए।

   Discuss briefly elements of influencing characteristics and mobility of labour.

4. श्रम की गतिशीलता के विभिन्न प्रकारों का संक्षेप में वर्णन कीजिए।

   Discuss briefly various kinds of mobility of labour.

5. वे कौन तत्व हैं जिन पर पूँजी संचय निर्भर करता है? भारतीय दशाओं के सन्दर्भ में विवेचना कीजिए।

   What are the factors on which accumulation of capital depends? Discuss with reference to Indian conditions.

6. पूँजी निर्माण को प्रभावित करने वाले तत्व क्या है? अर्द्ध-विकसित देशों में पूँजी निर्माण की गति धीमी क्यों होती है?

   What are the factors affecting capital formation? Why is the rate of capital formation slow in underdeveloped economies?

7. किसी देश में पूँजी निर्माण किन-किन बातों से प्रभावित होता है? भारत में पूँजी निर्माण की गति धीमी क्यों है।

   What factors influence Capital formation in a country? Why is the rate of capital formation slow in India?

8. आप पूँजी-निर्माण से क्या समझते है? अल्पविकसित देशों में पूँजी निर्माण की दर धीमी क्यों होती है? अल्पविकसित देशों में पूँजी निर्माण में सरकार के योगदान की विवेचना कीजिए।

What do you understand by capital formation? Why is the rate of capital formation slow in underdeveloped countries? Discuss the role of government in capital formation in underdeveloped countries.

□□□

4

उत्पादन फलन
(Production Function)

उत्पादन फलन का अर्थ

प्रत्येक वस्तु का उत्पादन करने के लिए उत्पादन के पांच साधन-भूमि, श्रम, पूंजी, संगठन व साहस की आवश्यकता होती है। उत्पादन के लिए इन सभी साधनों का एक आदर्श संयोग करना पड़ता है। उत्पत्ति की मात्रा उत्पादन में लगाए गए साधनों की मात्रा पर निर्भर करती है। उत्पादन के लिए जो साधन प्रयोग किए जाते हैं उन्हें परम्परागत दृष्टिकोण से उत्पादन के साधन ही कहा जाता है किन्तु उन्हें आधुनिक दृष्टिकोण से आदान अथवा पड़ते (Inputs) कहा जाता है। इसी प्रकार उत्पादन को उत्पाद (Output) कहा जाता है। उत्पादन के साधन अथवा आदान एवं उत्पादन के बीच भौतिक सम्बन्ध को उत्पादन फलन कहा जाता है।

सेम्यूलसन के अनुसार, "उत्पादन फलन एक तकनीकी सम्बन्ध है जो यह बताता है कि उत्पादन के साधनों के प्रत्येक विशेष संयोग द्वारा कितनी वस्तुएं उत्पादित की जा सकती है।"

लेफ्टविच के अनुसार, "उत्पादन फलन शब्द उस भौतिक सम्बन्ध के लिए प्रयुक्त किया जाता है जो एक फर्म के साधनों की इकाईयों और प्रति इकाई समयानुसार प्राप्त वस्तुओं और सेवाओं की उत्पत्ति के बीच पाया जाता है।"

उपरोक्त परिभाषाओं से यह स्पष्ट है कि उत्पादन फलन हमें यह बतलाता है कि एक निश्चित समय में आदानों के परिवर्तन से प्रदाओं अर्थात् उत्पादन की मात्रा में कितना परिवर्तन होता है। प्रत्येक उत्पादक उत्पादन की योजना बनाते समय उत्पत्ति के विभिन्न साधनों के विभिन्न वैकल्पिक संयोगों से प्राप्त हो सकने वाले उत्पादन का अनुमान लगाता है व उनका विश्लेषण करता है। अन्त में वह उत्पादन के साधनों के उस संयोग को स्वीकार करता

है जिससे उसे न्यूनतम लागत से सर्वाधिक उत्पादन प्राप्त होता है। उत्पादन फलन आदानों की मात्रा व उत्पादन की मात्रा के बीच भौतिक सम्बन्ध है। इससे मूल्यों पर कोई विचार नहीं किया जाता।

उत्पादन फलन को एक गणितात्मक समीकरण के रूप में भी व्यक्त किया जा सकता है। इस समीकरण से उत्पादन अर्जित चल राशि है आदान अनार्जित चल राशियां।

इस सम्बन्ध को निम्न समीकरण से व्यक्त किया जा सकता है :

$$P = f(a, b, c, d, ... n)$$

यह P = दी हुई वस्तु की उत्पादन की दर तथा

a, b, c, d, ... n = उत्पादन के विभिन्न साधनों की मात्रा है।

उत्पदन फलन को एक उदाहरण से स्पष्ट किया जा सकता है :

उत्पादन फलन को एक उदाहरण से स्पष्ट किया जा सकता है– माना कि किसी कारखाने में 8 घण्टे काम करने पर 1000 टन वस्तु का उत्पादन होता है इस कारखाने के उत्पादन फलन को यूँ व्यक्त किया जा सकता है कि इस कारखाने के उत्पादन फलन से अर्थ प्राप्त उत्पादन की उस अधिकतम मात्रा से है जिसका उत्पादन मशीन समय, श्रम, बिजली, कच्चा माल आदि की दी हुई मात्रा से किया जा सकता है। उत्पादन फलन सदैव समय की एक निश्चित अवधि से सम्बन्धित होता है। यहां यह समयावधि 8 घण्टे वाली पारी हैं।

प्रत्येक फर्म का अपना ही उत्पादन फलन होता है। यह उस फर्म की प्रबन्ध योग्यता व तकनीकी ज्ञान की स्थिति से निर्धारित होता है। यदि फर्म की प्रबन्ध योग्यता व तकनीकी ज्ञान में कोई परिवर्तन होता है तो फर्म का पुराना उत्पादन फलन भंग हो जाता है व नया उत्पादन फलन ग्रहण कर लिया जाता है। नए उत्पादन फलन के अनुसार मूल आदानों सके उत्पादन का प्रवाह बढ़ जाता है अथवा प्रारम्भिक उत्पादन को प्राप्त करने के लिए आदानों की कम मात्रा की आवश्यकता पड़ेगी। किन्तु इसी मध्य यदि फर्म की भौतिक सम्पत्तियों की स्थिति में गिरावट आ जाती है तो नए उत्पादन फलन के अनुसार आदानों की एक दी हुई मात्रा से उत्पादन कम होगा।

पिछले कुछ वर्षों से अर्थशास्त्रियों ने आदानों व प्रदानों में हुए परिवर्तनों के सम्बन्ध के साँख्यिकीय विश्लेषण के आधार पर कई प्रकार के उत्पादन फलन का प्रतिपादन किया है। अमरीकी अर्थशास्त्री पॉल एच. डगलस (Paul H. Douglas) व सी. डब्ल्यू. कॉब (C.W.Cobb) द्वारा साँख्यिकीय उत्पाद फलन का निर्माण किया गया जिसे कॉब डगलस उत्पादन फलन कहा जाता है।

उत्पादन फलन एक उच्च तकनीकी कार्य है जिसका निर्माण वही व्यक्ति कर सकता है जिसे उस उद्योग विशेष के सम्बन्ध में पूरी तकनीकी जानकारी हो। अर्थशास्त्र में साधारणत: दो उत्पादन फलन होते हैं:

(i) उस समय उत्पादन फलन जब आदानों की कुछ मात्राएँ स्थिर हों लेकिन एक मात्रा में परिवर्तन हो।

(ii) उस समय उत्पादन फलन जब सभी आदानों की मात्राएं परिवर्तित हो रही है।

उक्त दोनों प्रकार के उत्पादन फलन के आधार पर एक उत्पादक अपने उत्पादन की मात्रा दो प्रकार से बढ़ा सकता है। यदि वह अपने उत्पादन के कुछ साधनों को स्थिर कर एक की मात्रा में परिवर्तन कर दे। ऐसे उत्पादन फलन में परिवर्तनशील अनुपातों के नियम आते हैं। अल्पकाल में सामान्यतः उत्पादन के सभी साधनों में परिवर्तन नहीं किया जा सकता अतः अल्पकाल में उत्पादन फलन का अध्ययन परिवर्तनशील अनुपातों के नियम द्वारा किया जाता है।

इसके विपरीत जब फर्म द्वारा उत्पादन के सभी साधनों की मात्रा में परिवर्तन करने से उत्पादन में जो परिवर्तन होते हैं उनका अध्ययन पैमाने के प्रतिफल द्वारा किया जाता है। दीर्घकाल में फर्म का उत्पादन फलन का अध्ययन पैमाने के प्रतिफल की सहायता से ही किया जाता है।

उत्पादन फलन की मान्यताएं : उत्पादन फलन की निम्न मान्यताएं है:

1. उत्पादन फलन का सम्बन्ध किसी एक निश्चित समयावधि से होता है।
2. अल्पकालीन उत्पादन फलन में उत्पादन के कुछ साधन अर्थात् आदान स्थिर होते हैं व अन्य में परिवर्तन होता है।
3. दीर्घकालीन उत्पादन फलन में उत्पादन के सभी साधनों में परिवर्तन होता है।
4. उत्पादन के विभिन्न साधन छोटी छोटी इकाईयों में विभाजय योग्य होते हैं।
5. जिस समयावधि के लिए उत्पादन फलन का अध्ययन किया जा रहा है उसमें यह मान लिया जाता है कि कोई तकनीकी परिवर्तन नहीं होते।
6. उत्पादन फलन से यह भी माना जाता है कि फर्म सर्वश्रेष्ठ तकनीकी का प्रयोग करती है।

उत्पादन फलन की विशेषताएँ

उत्पादन फलन की निम्न विशेषताएं होती हैं :

1. उत्पादन फलन आदानों की भौतिक मात्रा व उत्पादन की भौतिक मात्रा के बीच सम्बन्ध व्यक्त करता है। अतः यह एक इंजिनीयरिंग धारणा है।
2. उत्पादन फलन में मूल्यों को कोई महत्त्व नहीं दिया जाता। अर्थात् इससे उत्पादन में वृद्धि या कमी पर ध्यान दिया जाता है, उत्पादन के विक्रय मूल्य पर नहीं।
3. उत्पादन फलन प्रौद्योगिकी का सारांश प्रस्तुत करता है।
4. उत्पादन फलन का अध्ययन एक दी हुई प्रौद्योगिकी से ही किया जाता है। उत्पादन तकनीक बदल जाने पर उत्पादन फलन भी बदल जाता है।
5. उत्पादन फलन एक निश्चित समयावधि से सम्बन्धित होता है।
6. एक ही उत्पादन फलन में एक साधन के स्थान पर दूसरे साधन के कम अथवा अधिक मात्रा में प्रयोग करना सम्भव होता है। उदाहरण के लिए पूंजी के स्थान पर श्रम अथवा श्रम के स्थान पर पूंजी का अधिक प्रयोग किया जा सकता है।

उत्पादन के पांचों साधन भूमि, श्रम, पूंजी, संगठन व साहस के सामुहिक प्रयत्नों का परिणाम है। उत्पादन के साधनों में वृद्धि करने से उत्पादन में जिस दर से वृद्धि होती है उनका उत्पादन के नियमों के अन्तर्गत अध्ययन किया जाता है।

यदि उत्पादन के काफी साधनों में वृद्धि की जावे तो पहले तो सीमान्त उत्पादन में बढती हुई दर में वृद्धि होती है। उसके बाद कुछ समय तक सीमान्त उत्पादन दर स्थिर रहती है व अन्त में सीमान्त उत्पादन दर कम होने लगती है। इस आधार पर उत्पत्ति के तीन नियम होते हैं अथवा उत्पत्ति के नियमों की तीन अवस्थाएं होती हैं :

1. उत्पादन में बढ़ती हुई दर में वृद्धि होना अर्थात् सीमान्त उत्पादन वृद्धि नियम अथवा लागत ह्रास नियम।
2. उत्पादन बढ़ने की दर स्थिर रहना अर्थात् सीमान्त उत्पादन क्षमता नियम अथवा लागत क्षमता नियम।
3. उत्पादन में घटती हुई दर में वृद्धि होना अर्थात् उत्पादन ह्रास नियम अथवा लागत वृद्धि नियम।

वास्तव में उत्पादन प्रक्रिया में ये तीनों नियम क्रम से लागू होते हैं।

उत्पादन वृद्धि नियम

उत्पादन वृद्धि नियम का तात्पर्य यह है कि उत्पादन के अन्य साधनों को स्थिर रख कर यदि एक साधन में वृद्धि की जाय तो सीमान्त उत्पादन में बढ़ती हुई दर में वृद्धि होगी। मार्शल ने इस नियम की व्याख्या केवल उद्योगों के सन्दर्भ में की थी। मार्शल के अनुसार जब लाभ व पूंजी की मात्रा में वृद्धि की जाती है तो संगठन श्रेष्ठ बनता है जिसके परिणामस्वरूप काम व पूंजी की कार्य कुशलता में वृद्धि होती है। अतः उन उद्योगों में जिनमें कच्चे माल का उत्पादन नहीं होता, काम व पूंजी में वृद्धि करने पर उत्पत्ति अनुपात से अधिक होती है।

मार्शल के अनुसार इस नियम में दो बातें प्रमुख हैं :

1. उत्पत्ति वृद्धि नियम लागू होने के कारण व्यापार या उद्योग के संगठन के सुधार है।
2. यह नियम उन्हीं उद्योगों में लागू होता है जो कच्चे माल का उत्पादन न कर के वहाँ तैयार माल का उतादन करते हैं।

आधुनिक अर्थशास्त्री कृषि व उद्योग में कोई अन्तर नहीं मानते । आधुनिक अर्थशास्त्री उत्पादन के सभी नियमों को सार्वभौमिक मानते हैं।

चैपमैन के अनुसार, "किसी उद्योग के विस्तार करने पर जिसमें प्रयुक्त होने वाले उपयुक्त साधनों की कोई कमी न हो तो अन्य बातों के समान रहने पर वर्द्धमान प्रतिफल प्राप्त होते हैं।

जोन टोविन्सन के अनुसार, "जब किसी उत्पादन संगठन का अधिक मात्रा में प्रयोग किया जाता है तो सामान्यतः सगठन में सुधार सम्भव है। इसमें उत्पादन की इकाई की कार्यकुशलता बढ़ जाने में उत्पादन में वृद्धि करने के लिए उत्पादन संगठन की भांति मात्रा में आनुपातिक वृद्धि नहीं करनी पड़ती।"

इस प्रकार उत्पादन साधनों में वृद्धि करने से उत्पादन की मात्रा में सधनों की मात्रा से आनुपातिक वृद्धि की अपेक्षा उत्पादन में अधिक वृद्धि होती है। जब तक साधनों का अनुकूलतम संयोग स्थापित नहीं होता तब तक यह नियम लागू होता रहता है। आधुनिक अर्थशास्त्रियों के अनुसार इस नियम में चार महत्वपूर्ण बातें हैं:

(i) उत्पादन में वृद्धि संगठन में सुधार होने से होती है।

(ii) इस नियम में सभी साधनों में एक सीमा तक वृद्धि की कल्पना की गई है।

(iii) यह नियम परिस्थितियों के अनुसार अनुकूलता प्राप्त करता है।

(iv) यह नियम सभी क्षेत्रों में लागू होता है।

इस प्रकार उत्पादन के साधनों की मात्रा में वृद्धि से संगठन में सुधार होते हैं व साधनों की कार्यकुशलता बढती है। उत्पादन के पैमाने की वृद्धि के विस्तार से साधनों का अधिक अच्छा प्रयोग होता हैं। इससे आन्तरिक व बाह्य बचतें प्राप्त होती हैं। इन सब कारणों से कुल उत्पादन के अनुपात में अधिक वृद्धि होती है।

उत्पत्ति वृद्धि नियम के क्रियाशील होने के कारण

उत्पत्ति वृद्धि नियम निम्न कारणों से लागू होता है :

1. उत्पादन के कुछ साधनों की अविभाज्यता – जोन रोबिन्स के अनुसार इस नियम की क्रियाशीलता के प्रमुख कारण उत्पत्ति के कुछ साधनों की क्रियार्शालता अविभाज्यता है। अविभाज्यता के कारण उत्पादन के साधन को उत्पादन कार्य के लिए छोटे छोटे टुकड़ों में बांटना कठिन है। आदमी, मेजरनै, भूमि–मीन आदि में अविभाज्यता पाई जाती है। साधन अविभाज्यता के कारण उसका पूर्ण प्रयोग नहीं हो पाता। उत्पादन बढ़ने पर उस अविभाज्य साधन का पहले की अपेक्षा अधिक अच्छा प्रयोग होता है। जिससे उत्पादन में वृद्धि होती है। उदाहरा के लिए एक कारखाने में 5000 तकुंएं की मशीन लगी हुई है किन्तु मजदूरों व कच्चे माल की कमी के कारण 3000 तकुएं काम आ रहे हैं। अत: एक मात्र कच्चा माल बढ़ाने पर मशीन का पूर्ण प्रयोग होगा।

2. आन्तरिक एवं बाह्य बचतें – बड़े पैमाने के उत्पादन में उद्योग को आन्तरिक व बाह्य बचतें प्राप्त होती है। आन्तरिक बचतों का तात्पर्य उद्योग में होने वाली बचतों से है, जैसे उत्पादन का पैमाना बढ़ने पर कच्चा माल सस्ता प्राप्त होना नई मशीन खरीदना, प्रति इकाई विज्ञापन व्यय कम होना, अनुसंधान की सुविधा, विशेषज्ञों की सेवाएं प्राप्त करना, बड़ी मात्रा में माल भेजने व मंगाने में कम व्यय आदि लाभ प्राप्त होते हैं। टॉमस के अनुसार, ''निर्माण उद्योगों में बड़े पैमाने की उत्पत्ति की बचत, विज्ञान का अधिक प्रयोग श्रम विभाजन, नित नए आविष्कार का प्रयोग, उपज घटने के बिन्दु को सदा पीछे ढकेलते हैं तथा उत्पादन में उत्पत्ति वृद्धि नियम क्रियाशील होने में सहायक होते हैं।

3. साधनों का आदर्श संयोग – कई बार उत्पादन के साधनों का आदर्श संयोग नहीं होता। इसमें उत्पादन के कुछ साधन उद्योग में बेकार पड़े रहते हैं व उत्पादन कम होता है। ऐसे साधन यदि उत्पादन के किसी साधन की एक इकाई बढ़ा दी जाए तो उत्पादन बढ़ जाता है। उदाहरण के लिए किसी कारखाने में यदि 40 मशीनें हैं किन्तु उन पर काम करने

वाले 39 ही हैं तो एक मशीन बेकार पड़ी रहेगी। यदि एक मजदूर बढ़ा दिया जाय तो चालीसवीं मशीन भी काम आजाएगी व उत्पादन बढ़ जाएगा।

4. वैज्ञानिक आविष्कारों का प्रयोग – कुछ वैज्ञानिक आविष्कारक ऐसे भी होते हैं जिनका छोटे उद्योगों में प्रयोग नहीं हो पाता। बड़े उद्योगों में इनका प्रयोग होने से उत्पादन बढ़ता है। उदाहरण के लिए छोटे उद्योगों में कम्प्युटर का प्रयोग नहीं हो सकता।

5. उद्योगो में मानव प्रकृति की अपेक्षा अधिक महत्व है – उद्योगों में मानव का अधिक महत्व है जबकि कृषि में प्राकृतिक तत्वों का अधिक महत्व है। अतः उद्योगों में निरीक्षण व देखभाल से उत्पादन में वृद्धि होती है वहां यह नियम लागू होता है।

क्षेत्र – मार्शल व अन्य पुराने अर्थशास्त्री केवल उद्योगों को ही इस नियम का क्षेत्र मानते थे किन्तु आधुनिक अर्थशास्त्रियों के अनुसार यह नियम कृषि उद्योग, यातायात सामाजिक सेवायें सभी में एक सीमा तक लागू होता है। प्रत्येक क्षेत्र में जबतक साधन ठीक अनुपात में नहीं मिल पाते यही नियम लागू होता है।

सीमाएँ – इस नियम की निम्न सीमाएं हैं :

1. यह नियम सदैव लागू नहीं होता। यह नियम कुछ समय तक तो लागू होता है किन्तु शीघ्र ही इसकी क्रियाशीलता समाप्त हो जाती है जब साधनों का अनुकूलतम संयोग हो जाता है।
2. यह नियम तभी लागू होता है जब उद्योग में अविभाज्य साधन हो तथा उत्पादन बढ़ने में साधनों की कुशलता बढ़े, संगठन में सुधार हो, व आन्तरिक बाह्य बचतें प्राप्त हो।

उद्योगों में नियम विशेष लागू होने के कारण – वैसे तो यह नियम सभी क्षेत्रों में लागू होता है किन्तु उद्योगों में विशेष रूप से लागू होने के निम्न कारण हैं :

1. उद्योगों में उत्पत्ति के साधनों की पूर्ति अधिक लोचदार होती है।
2. उद्योगों में मशीनों का अधिक प्रयोग सम्भव है व साथ ही श्रम विभाजन का विशिष्ट कार्य भी किया जा सकता है।
3. उद्योगों में वैज्ञानिक आविष्कार या अनुसंधान के प्रयोग की अधिक सम्भावना होती है।
4. उद्योगों में आन्तरिक व बाह्य बचतों की मात्रा अधिक होती है।
5. उद्योगों में मानवीय प्रयत्नों का अधिक महत्व है।

उत्पत्ति समता नियम – उत्पत्ति वृद्धि नियम की प्रवृत्ति अनन्त नहीं होती कुछ ही समय बाद देखा जाता है जब उत्पादन वृद्धि की प्रवृत्ति सामान्य हो जाती है। यदि उत्पादन वृद्धि नियम सदैव लागू होता तो विश्व में किसी भी प्रकार की आर्थिक समस्या नहीं आती। उत्पादन वृद्धि नियम की क्रियाशीलता समाप्त होने पर उत्पत्ति समता नियम लागू होता है।

उत्पादन का पैमाना बढ़ाने पर जब साधनों की वृद्धि में मिलने वाली मितव्ययताएं बड़े पैमाने के अपव्ययों में क्षतिपूरक हो जाती है तो उत्पादनसमता नियम लागू होता है। इस नियम के अन्तर्गत उत्पादन के साधनों में वृद्धि करने में कुछ उत्पादन सीमान्त उत्पादन व औसत उत्पादन समान रूप से बढ़ता है। उदाहरण के लिए उत्पादन के साधन की एक इकाई बढ़ाने पर 100 इकाईयों का उत्पादन बढ़ा। अब यदि उत्पादन के साधन की एक इकाई और बढ़ा दी जाए तो भी उत्पादन में 100 इकाईयों की ही वृद्धि होगी। इस नियम की व्याख्या में अर्थशास्त्रियों के भिन्न भिन्न दृष्टिकोण हैं :

1. प्रथम दृष्टिकोण के अनुसार यदि फर्म का आकार उसके अनुकूलतम संयोग के बाद भी बढ़ाया जाता है तो कुछ समय तक उत्पादन वृद्धि से प्राप्त बचतें व विस्तार से होने वाले अपव्यय एक दूसरे की क्षतिपूर्ति करते हैं अतः उत्पादन साधनों में वृद्धि कुल उत्पादन के समान दर में वृद्धि करता है।

2. द्वितीय दृष्टिकोण के अनुसार उत्पादन समता नियम की अवधि कार्यों की होती है। उद्योग के साधन अनुकूलतम संयोग तक बढ़ाने पर जब तक उत्पत्ति ह्रास नियम लागू नहीं होता जबतक समता नियम लागू होता है।

3. तृतीय दृष्टिकोण के अनुसार, यह नियम कृषि पर आधारित उद्योगों पर लागू होता है। क्योंकि कृषि में उत्पत्ति ह्रास नियम लागू होता है। उद्योगों में वृद्धि नियम दोनों मिलकर समता नियम में बदल जाते हैं। सूती वस्त्र, जूट, चीन आदि इसी प्रकार के उद्योग है।

उत्पादन समता नियम लागू होने के कारण

उत्पादन समता नियम लागू होने के कारण बड़े पैमाने की मितव्ययताओं की अपव्ययों से क्षतिपूर्ति होना है। बड़े पैमाने के उद्योगों में जहां एक और कुछ लाभ होते हैं वही दूसरी ओर इनकी कुछ हानियां भी है। ये दोनों एक दूसरे की क्षतिपूर्ति कर देते है। व उत्पादन बराबर एक गति से बढ़ता है।

मार्शल के अनुसार, ''यह नियम किसी उद्योग में तब लागू होता है जब उस उद्योग के एक भाग में क्रमागत उत्पत्ति ह्रास नियम इस प्रकार लागू हो कि ये दोनों प्रवृत्तियाँ एक दूसरे को सन्तुलित कर दे।

वास्तविक स्थिति यह है कि उत्पत्ति समता नियम की क्रियाशीलता को एक क्षणिक सिद्धि कहा जाता है। सीमान्त उत्पादन बढ़ते रहने के बाद जब बाद में घटने लगता है तब बीच में कुछ समय के लिए यह नियम लागू हो जाता है।

उत्पत्ति ह्रास नियम – उत्पत्ति ह्रास नियम उत्पादन का एक प्रमुख नियम है। प्रतिष्ठावादी अर्थशास्त्रियों ने भूमि के संदर्भ में इसकी व्याख्या की थी किन्तु आधुनिक अर्थशास्त्री सम्पूर्ण उत्पादन प्रणाली में इसकी व्याख्या करते हैं।

मार्शल के अनुसार, यदि कला में कोई सुधार न हो तो सामान्यतः कृषि में प्रयुक्त काम व पूंजी की मात्रा में वृद्धि से कुछ उत्पादन में कम वृद्धि होती है।

किन्तु आधुनिक अर्थशास्त्रियों ने इस नियम के क्षेत्र को व्यापक बना दिया है। नियम के व्यापक बन जाने पर अब इसे परिवर्तनशील अनुपातों का नियम, अनुपात का नियम,

प्रतिफल का नियम या सीमान्त उत्पादकता ह्रास नियम कहा जाता है। नियम की आधुनिक व्याख्या के अनुसार नियम सभी क्षेत्रों में लागू होता है।

बेनहम के अनुसार, ''जैसे-जैसे उत्पत्ति के साधनों के संयोग में किसी एक साधन के अनुपात को बढ़ाया जाय तो एक बिन्दु के पश्चात उस साधन को सीमान्त व औसत ऊपज घटने लगेगी।

बौल्डिंग के अनुसार, ''यदि उत्पत्ति की अन्य इकाईयों को स्थिर मानकर किसी एक इकाई की मात्रा को जैसे जैसे बढ़ाते हैं उस परिवर्तनशील इकाई की सीमान्त भौतिक उत्पादकता क्रमशः घटती है।

श्रीमती रोबिन्सन के अनुसार, ''उत्पत्ति ह्रास नियम यह बताता है कि किसी एक उत्पत्ति के साधन की मात्रा को स्थिर रखा जाए तथा अन्य साधनों की मात्रा में ऊत्तरोत्तर वृद्धि की जाय तो एक निश्चित बिन्दु के बाद उत्पादन में घटती हुई दर में वृद्धि होगी।

इस प्रकार उपरोक्त सभी परिभाषाओं में इस नियम को अविभाजक माना है। अर्थात यह सभी क्षेत्रों में लागू होता है केवल कृषि पर ही नही। रोबिन्सन व अन्य अर्थशास्त्रियों की परिभाषाओं में यही अन्तर है कि रोबिन्सन ने अपनी परिभाषा में एक साधन को स्थिर रखकर अन्य साधनों की वृद्धि के सीमान्त उत्पादन में कमी का आधार माना है जबकि अन्य अर्थशास्त्रियों ने सब साधनों को स्थिर रखकर एक साधन की मात्रा में वृद्धि को नियम आधार माना है। रोबिन्सन के अनुसार सीमान्त उत्पत्ति घटने के साथ ही नियम लागू मान लिया जाता है किन्तु बेनहम के अनुसार सीमान्त व औसत उत्पादन दोनों ही घटने पर नियम लागू माना जाता है फिर भी सभी परिभाषाओं का आधार एक ही है कि जैसे जैसे उत्पादन के नए साधन लगाए जाते हैं सीमान्त उत्पादन की घटती हुई दर में वृद्धि होती है।

उत्पत्ति ह्रास नियम की क्रियाशीलता के कारण - उत्पत्ति ह्रास नियम की क्रियाशीलता के निम्न कारण हैं :

1. एक या अधिक साधन का स्थिर रहना - यह नियम तभी लागू होता है। जब एक या अधिक साधन को स्थिर मान लिया जाय या उत्पादन के केवल एक साधन को ही बढ़ाया जाय। ऐसा इसलिए होता है कि उत्पादन के उस साधन को अन्य साधनों के साथ कम से कम कार्य करना पड़ता है। उदाहरण के लिए यदि मशीनें उतनी ही रहे व एक श्रमिक बढ़ा दिया जाए तो वह श्रमिक बेकार बैठा रहेगा अतः उत्पादन में वृद्धि कम होगी।

2. साधनों की सीमितता - उत्पादन के कई साधनों की पूर्ति सीमित होती है। अतः उत्पादक के उन साधनों की सीमित मात्रा से ही कार्य चलाना पड़ता है। अतः उत्पत्ति ह्रास नियम लागू होता है। उदाहरण के लिए भूमि की मात्रा सीमित होने पर एक ही टुकड़े पर श्रम व पूंजी का अधिक प्रयोग किया जाए तो यह नियम लागू होने लगता है।

3. उत्पादन के साधनों का पूर्ण प्रतिस्थापन सम्भव नहीं - रोबिन्सन के अनुसार, उत्पादन के किसी एक साधन का दूसरे में एक सीमा तक ही प्रतिस्थापन किया जा सकता है। अब उत्पत्ति के साधनों में उत्पत्ति प्रतिस्थापन की लोच सीमित होने के कारण यह निम क्रियाशील होता है।

4. उत्पत्ति तकनीक में सुधार का अभाव – उत्पत्ति के क्षेत्र में नए नए आविष्कार होने पर इस नियम की क्रियाशीलता को ठीक रखा जा सकता है किन्तु उत्पादन तकनीक में एक निश्चित समय में कोई अन्तर नहीं होता अत: यह नियम लागू होता है।

5. अनुकूलतम आकार के बाद – अल्पकाल में यदि कोई फर्म अपनी उत्पादन क्षमता से अधिक उत्पादन करती है तो भी यह नियम लागू होता है फर्म अपने न्यूनतम बिन्दु से उत्पादन बढ़ाती है तो यह नियम लागू होता है।

6. उत्पादन के साधनों के अनुकूलतम संयोग के बाद – जब उत्पादन के साधन अनुकूलतम संयोग पर कार्य कर रहे हों तो उत्पादन अधिकतम होता है। किन्तु उत्पादन के किसी एक साधन में वृद्धि करने पर अनुकूलतम संयोग पुन: बिगड़ जाता है। जिससे सीमान्त उत्पादन में कमी होती है।

इस प्रकार उत्पादन वृद्धि व उत्पादन समता नियम के बाद अन्त में उत्पादन ह्रास नियम लागू होता है।

उदाहरण

उत्पादन के तीनों नियमों को निम्न उदाहरण से स्पष्ट किया जा सकता है।

उत्पादन के साधन की इकाई	सीमान्त उत्पादन इकाईयों में	
1	10	उत्पादन वृद्धि नियम
2	20	
3	30	
4	40	
		उत्पादन समान नियम
5	40	उत्पादन ह्रास नियम
6	30	
7	20	

उपरोक्त तालिका में 4 इकाईयों की वृद्धि तथा उत्पादन वृद्धि नियम कहा जाएगा क्योंकि पहली इकाई का सीमान्त उत्पादन 10 है तो दूसरी का 20, तीसरी का 30 व चौथी का चालीस। चौथी व पांचवी इकाई का सीमान्त उत्पादन समान (40) होने से समता नियम कहा जाएगा। पांचवी इकाई के बाद सीमान्त उत्पादन 40 से 30 व 30 से 20 होने के कारण उत्पादन ह्रास नियम कहा जाएगा।

इन सभी नियमों को निम्न रेखा चित्र में स्पष्ट किया जा सकता है:

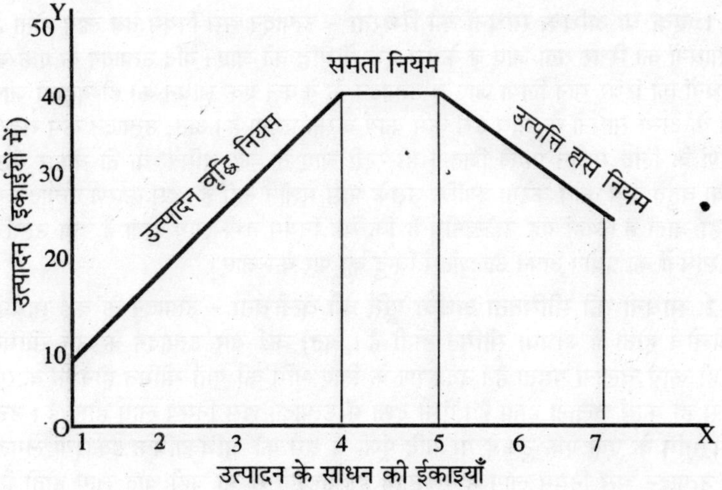

चित्र

उक्त रेखा चित्र में OY पर उत्पादन व OX पर उत्पादन के साधन की इकाईयाँ है। प्रारम्भ में उत्पादन बढ़ रहा है के पश्चात् अतः यह उत्पादन वृद्धि नियम है। बाद में उत्पादन बराबर है अर्थात यह उत्पादन समता नियम है व अन्त में उत्पादन की दर गिर रही है अतः यह उत्पादन ह्रास नियम है।

उत्पादन के नियम व लागत

उत्पादन के नियमों को लागत में भी जोड़ा जाता है। उत्पादन वृद्धि नियम के क्रियाशील होने पर वास्तविक उत्पादन बढ़ता है यानि लागत कम होती है। अतः इसे लागत ह्रास नियम भी कहा जाता है। उत्पादन समता नियम में लागत भी पूर्ववत् रहती है अतः इसे लागत समता नियम भी कहा जाता है। उत्पादन ह्रास नियम में सीमान्त उत्पादन में कमी होती है अर्थात् लागत में वृद्धि होती है। अतः इसे लागत वृद्धि नियम कहा जाता है।

उत्पत्ति ह्रास नियम उत्पादन का एक प्रमुख नियम है। उसके बारे में यह कहा जाता है कि एक तर्क संगत अनिवार्यता है अर्थात यह नियम अवश्य ही लागू होता है। इस नियम के अनुसार यदि उत्पादन के अन्य साधन स्थिर रखकर एक में ही वृद्धि की जाए तो सीमान्त उत्पादन में घटती हुई दर में वृद्धि होगी। यह सम्भव है कि आरम्भ में उत्पादन वृद्धि अथवा उत्पादन समता नियम लागू हो किन्तु अन्त में सीमान्त उत्पादन में घटती हुई दर में ही वृद्धि होगी।

मार्शल व अन्य कई प्रतिष्ठित अर्थशास्त्रियों ने इस नियम का कार्यक्षेत्र कृषि ही बताया है किन्तु आधुनिक अर्थशास्त्रियों का मत है कि यह नियम केवल कृषि पर ही नहीं वरन् उद्योग व अन्य उत्पादक क्षेत्रों में भी लागू होता है दूसरे शब्दों में यह नियम सार्वभौमिक है। उसके निम्न कारण हैं :

1. एक या अधिक साधनों की स्थिरता - उत्पादन ह्रास नियम तब लागू होता है जब कुछ साधनों को स्थिर रखा जाए व केवल एक में वृद्धि की जाए। यदि उत्पादन के एक या अधिक साधनों को स्थिर मान लिया जाए व उत्पादन के केवल एक साधन को ही बढ़ाया जाए तो उत्पादन के अन्य साधनों के साथ उसे कम कार्य करना पड़ता है। अतः उत्पादन कम बढ़ता है। उदाहरण के लिए मशीन पहले जितनी ही रखी जाए तो वह श्रमिक या तो बेकार बैठा रहेगा अथवा बहुत कम कार्य करेगा क्योंकि उसके पास मशीन नहीं है। इस कारण उत्पादन में वृद्धि कम हो जाती है। यहां यह उल्लेखनीय है कि यह नियम तभी लागू होता है जब उत्पत्ति के विभिन्न साधनों का प्रयोग अपने आदर्शतम बिन्दु को पार कर जाए।

2. साधनों की सीमितता अथवा पूर्ति की बेलोचता - उत्पादन के कई साधनों की पूर्ति बेलोच होती है अथवा सीमित होती है। अतः कई बार उत्पादन के उन सीमित साधनों से ही कार्य चलाना पड़ता है। उदाहरण के लिए भूमि की पूर्ति सीमित होने के कारण कम भूमि से ही कार्य चलाना होता है। ऐसी दशा में उत्पादन ह्रास निमय लागू होता है। उक्त उदाहरण में भूमि के एक एक टुकड़े पर यदि पूंजी व श्रम की अधिकाधिक इकाईयां लगती जाएगी तो उत्पादन ह्रास नियम लागू होने लगता है। उद्योगों में भी यही बात लागू होती है। क्योंकि कच्चा माल अथवा मशीनें सीमित मात्रा में होती है।

3. उत्पादन के साधनों का पूर्ण प्रतिस्थापन सम्भव नहीं - जोन रोबिन्सन के अनुसार, ''उत्पत्ति ह्रास नियम यह बताता है कि किसी एक साधन को अन्य साधन के स्थान पर प्रतिस्थापित करने की एक निश्चित सीमा होती है।'' दूसरे शब्दों में उत्पादन के साधनों की प्रतिस्थापन की लोच असीमित नहीं होती और उत्पत्ति के साधनों की प्रतिस्थापन की लोच सीमित होने से ही यह नियम क्रियाशील होता है। अगर यह लोच असीमित नहीं होती तो यह नियम लागू नहीं होता। प्रतिस्थापन की लोच सीमित होने के कारण भूमि को स्थिर रखकर पूंजी या श्रम की अतिरिक्त इकाईयों का प्रयोग एक सीमा तक ही किया जा सकता है। क्योंकि भूमि व श्रम के बीच प्रतिस्थापन की लोच सीमित है अतः एक स्थिति ऐसी आ जाती है कि सीमान्त उत्पादन में क्रमशः कमी होने लगती है। जब कहीं भी कोई साधन सीमित होता है तो उसकी प्रतिस्थापन की लोच समाप्त हो जाती है व उत्पादन ह्रास नियम लागू होने लगता है। अगर ऐसा न होता तो भूमि के एक टुकड़े में ही पूरे विश्व के लिए खाद्यान्न उत्पादित कर लिया जाता।

4. उत्पादन के साधनों के अनुकूलतम संयोग - उत्पादन के साधनों का अनुकूलतम संयोग होने पर उत्पादन अधिकतम होता है। किन्तु उत्पादन के एक साधन में वृद्धि करने पर अनुकूलतम संयोग फिर बिगड़ जाता है। अतः सीमान्त उत्पादन में कमी होती है।

5. उत्पादन तकनीक में सुधार का अभाव - उत्पादन तकनीक में सुधार होने पर उत्पादन ह्रास नियम की कार्यशीलता को रोका जा सकता है। किन्तु उत्पादन की तकनीक में निरन्तर सुधार नहीं होता वरन् उत्पादन की एक ही तकनीक कुछ लम्बे समय तक काम करती है। अतः उत्पादन ह्रास नियम लागू होने लगता है। कई बार ऐसा भी होता है कि उत्पादन तकनीक में सुधार तो होते हैं किन्तु कुछ कारणों में फर्म विशेष उनका प्रयोग नहीं कर पाती। तकनीक में सुधार हो और उसे उत्पादन प्रक्रिया में प्रयोग न किया जाए तो भी यह नियम लागू होता है।

6. अनुकूलतम आकार के पश्चात् - अल्पकाल में प्रत्येक फर्म अपने अनुकूलतम आकार पर कार्य करती है। अत: अल्पकाल में फर्म का औसत लागत वक्र. U की शक्ल का होता है। इस न्यूनतम बिन्दु पर ही लागत न्यूनतम होती है। यदि इसे थोड़ा भी लोच के दांए या बांए बढ़ाया जाए तो लागत बढ़ने लगती है। व उत्पादन ह्रास नियम लागू होने लगता है।

उत्पादन ह्रास नियम के क्रियाशील होने के क्षेत्र

उत्पादन ह्रास नियम एक सार्वभौमिक नियम है। यह उत्पादन के प्रत्यक्ष क्षेत्र में लागू होता है। इस नियम की बिभिन्न उत्पादन क्षेत्रों में क्रियाशीलता निम्न प्रकार है:

1. कृषि के नियम में क्रियाशीलता - जब कृषि उत्पादनों की माँग बढ़ती है तो कृषि का उत्पादन बढ़ाने के लिए विस्तृत अथवा गहन खेती की जा सकती है। दोनों ही प्रकार की खेती में यह नियम लागू होता है।

(i) **विस्तृत कृषि में** - विस्तृत कृषि में कृषि उत्पादन बढ़ाने के लिए नई भूमि में कृषि की जाती है। अर्थात् श्रम व पूंजी की मात्रा स्थिर रख कर भूमि की मात्रा बढ़ाई जाती है। विस्तृत कृषि करते समय सबसे पहले सर्वोत्तम भूमि में खेती की जाए। कम अच्छी भूमि पर खेती तब ही की जाएगी जब कृषि उत्पादनों की मांग बढ़ेगी। इस प्रकार बाद में कम अच्छी भूमि पर कृषि करने के कारण पूंजी व श्रम की समान इकाईयां लगाने पर भी सीमान्त उत्पादन में कमी होती जाती है।

(ii) **गहन खेती में** - गहन खेती में उत्पादन बढ़ाने के लिए भूमि की मात्रा स्थिर रखकर श्रम व पूंजी की मात्रा बढ़ाई जाती है। इससे उत्पादन ह्रास नियम लागू होता है क्योंकि भूमि कम होने के कारण श्रम व पूंजी का कुछ भाग बेकार रहता है अथवा कम काम करता है।

2. उद्योग धन्धों में नियम की क्रियाशीलता - उद्योगों में उत्पादन बढ़ाने के लिए श्रम व पूंजी की मात्रा बढ़ान पर प्रारम्भ में तो उत्पादन ह्रास नियम लागू होता है। इसका कारण यह है कि उत्पादन के जिन अविभाज्य साधनों का पूर्ण प्रयोग नहीं हो पा रहा था अब पूरा प्रयोग होने लगता है व उद्योग को आन्तरिक व बाह्य बचतें प्राप्त होने लगती हैं। किन्तु बाद में पूंजी व श्रम की इकाईयां और बढ़ाते रहने पर अनुकूलतम संयोग के बाद सीमान्त उत्पत्ति में कमी प्रारम्भ हो जाती है। अत: प्रारम्भ में उत्पत्ति वृद्धि नियम लागू होने परभी अन्त में उद्योगों में उत्पादन ह्रास नियम लागू होता है।

3. मछली पकड़ना - जब तालाब या झीलों में मछलियां पकड़ी जाती हैं तो वहाँ मछलियों की माँग कम होने लगती हैं। अत: उत्पादन ह्रास नियम लागू होता है।

समुद्र में मछलियों की संख्या तो असीमित होती हैं किन्तु ज्यों ही अधिक मछलियां पकड़ी जाती हैं किनारे पर मछलियों की संख्या कम होती है बाद में मछली पकड़ने के लिए जैसे जैसे समुद्रतट से दूर जाते हैं वैसे वैसे ही मछली पकड़ने की लागत बढ़ती जाती है। लागत वृद्धि नियम उत्पादन ह्रास नियम का ही दूसरा नाम है।

4. भवन निर्माण – भवन निर्माण में भी उत्पादक कार्यों की भांति उत्पादन ह्रस नियम लागू होता है। जैसे जैसे भवन मे ऊँची मंजिलें चढती जाती हैं वैसे वैसे निर्माण सामग्री को ऊपर ले जाने के लिए अधिक श्रम व पूंजी लगती है। अतः उत्पादन लागत घटती है।

5. खान खोदना – जैसे जैसे खाने गहरी खोदी जाती हैं उनमें उत्पादन कम हो जाता है। क्योंकि नीचे मिट्टी अधिक व खनिज कम मिलता है। इसी प्रकार गहरी खानें खोदने में अधिक श्रम व पूंजी लगती है। माल को ऊपर लाने में भी अधिक श्रम व पूंजी लगती है। अतः खान में भी श्रम व पूंजी की समान इकाईयां बढ़ाने पर भी उत्पादन ह्रस नियम लागू होता है।

उत्पादन ह्रस नियम का महत्व

उत्पादन ह्रस नियम की क्रियाशीलता का क्षेत्र व्यापक है अतः इस नियम का अर्थशास्त्र में अधिक महत्व है। इसका महत्व निम्न प्रकार है :

1. आधारभूत एवं सर्वव्यापक नियम – यह अर्थशास्त्र का आधारभूत एवं सर्वव्यापक नियम है। कृषि, उद्योग, खान, भवन निर्माण, मछली पकड़ना आदि सभी क्षेत्रों में लागू होता है। प्रारम्भ में उत्पादन बढ़ सकता है किन्तु अन्त में यही नियम लागू होता है।

2. रिकार्डो के लगान सिद्धान्त का आधार – उत्पादन ह्रस नियम रिकार्डो के लगान सिद्धान्त का भी आधार है। विस्तृत खेती में श्रेष्ठ भूमि पर घटिया भूमि की तुलना में अधिक उत्पादन होता है। रिकार्डो के अनुसार यही लगान है। गहन कृषि में सीमान्त भूमि की तुलना में जो अधिक उत्पादन होता है वही लगान है।

3. माल्थस के जनसंख्या सिद्धान्त का आधार – माल्थस का जनसंख्या नियम भी इसी नियम पर आधारित है। इस नियम को कार्यशीलता के कारण ही माल्थस ने खाद्यान्नों के उत्पादन में गणितीय दर में वृद्धि मानी है जबकि जनसंख्या में ज्यामितिक दर में वृद्धि मानी गई है।

4. सीमान्त उत्पादकता सिद्धान्त का आधार : सीमान्त उत्पादकता ह्रस नियम अर्थशास्त्र का एक महत्वपूर्ण नियम है जो उत्पादन के विभिन्न साधनों का पारिश्रमिक निर्धारित करता है। यह नियम भी उत्पादत ह्रस नियम पर आधारित है।

5. उत्पत्ति का प्रतिस्थापन नियम का आधार – उत्पत्ति का प्रतिस्थापन सिद्धान्त भी इसी नियम का प्रतिफल है। प्रत्येक उत्पत्ति कार्य उत्पत्ति के साधनों का सीमान्त उत्पादन गिरने के कारण ही ऐसे बिन्दु पर उनका संयोग बैठाता है जहाँ सबका सीमान्त उत्पादन और मूल्य अनुपात बराबर है।

6. जनसंख्या के प्रवाह का स्पष्टीकरण – जनसंख्या का प्रवाह कई बार एक क्षेत्र से दूसरे क्षेत्र की ओर होता है। यह नियम जनसंख्या के प्रवाह का स्पष्टीकरण होता है। एक क्षेत्र में भूमि पर जनसंख्या का दबाव घटने के कारण सीमान्त उत्पादन घटता है तो उस क्षेत्र की जनसंख्या दूसरे क्षेत्र में जाने लगती है।

7. नए आविष्कारों को प्रोत्साहन - उत्पादन ह्रास नियम नए आविष्कारों को प्रोत्साहित करता है। इस नियम की कार्यशीलता के कारण जब उत्पादन कम होने लगता है तो इसे रोकने के लिए वैज्ञानिक नए-नए उपाय खोजते हैं। इसमें नए नए आविष्कार होते हैं।

उपरोक्त वर्णन से स्पष्ट है कि उत्पादन ह्रास नियम सभी क्षेत्रों में लागू होता है। प्रारम्भ में उत्पादन वृद्धि नियम अथवा समता नियम लागू हो सकता है। किन्तु अन्त में उत्पादन ह्रास नियम लागू होता है। वैज्ञानिक आविष्कारों में भी इस नियम को क्रियाशील होने में स्थगित किया जा सकता है किन्तु अन्त में यह नियम अवश्य लागू होता है।

पैमाने के प्रतिफल

प्रत्येक उत्पादक का उद्धेश्य लाभ प्राप्ती होता है। अतः प्रत्येक उत्पादक सदैव अपने लाभ को अधिकतम करना चाहता है। इसके लिए वह उत्पादन के साधनों में भी वृद्धि कर सकता है। किन्तु अल्पकाल में उत्पादन के सभी साधनों को एक साथ नहीं बढ़ाया जा सकता है। दीर्घकाल में उत्पादन के सभी साधनों को बढ़ाया जा सकता है। उत्पादन के सभी साधनों को एक निश्चित अनुपात में बढ़ाने पर उत्पत्ति की मात्रा पर जो प्रभाव पड़ता है उसे पैमाने का प्रतिफल कहा जाता है। उदाहरण के लिए उत्पादन के सभी साधनों को दो गुणा करने पर उत्पत्ति की मात्रा पर जो प्रभाव पढ़ेगा उसे पैमाने के प्रतिफल कहा जाएगा।

उत्पादन के नियम व पैमाने के प्रतिफल में अन्तर

प्रायः कई लोग उत्पादन के नियम व पैमाने के प्रतिफल को एक ही समझते हैं। किन्तु वास्तव में इन दोनों में अन्तर है। उत्पादन के नियमों में उत्पादन के कुछ साधनों को स्थिर रख अन्त में वृद्धि अथवा कमी करके उत्पादन पर उसके प्रभाव का अध्ययन किया जाता है। किन्तु पैमाने के प्रतिफल में उत्पादन के सभी साधनों में एक साथ परिवर्तन कर उत्पादन पर उसके प्रभाव का अध्ययन किया जाता है। अल्पकाल में सभी साधनों में परिवर्तन करना सम्भव नहीं है। किन्तु एक साधन में परिवर्तन किया जा सकता है। अतः उत्पादन के नियम अल्पकाल से सम्बन्धित हैं। दीर्घकाल में उत्पादन के सभी साधनों को परिवर्तित किया जा सकता है। अतः पैमाने के प्रतिफ़ल दीर्घकाल से सम्बन्धित है।

आवश्यक तत्व - पैमाने के प्रतिफल के निम्न आवश्यक तत्व है:

1. पैमाने के प्रतिफल में उत्पादन के सभी साधनों के एक साथ बढ़ाया जाता है। अतः इसमें किसी भी साधन को स्थिर नहीं रखा जाता अर्थात् यदि पैमाने को दो गुणा किया गया है तो उत्पादन के सभी साधन दो गुने कर दिए जाते हैं।

2. पैमाने का प्रतिफल दीर्घकाल से सम्बन्धित है।

3. पैमाने के प्रतिफल में उत्पादन का अर्थ उत्पादन की मात्रा में दी कीमत से नहीं अर्थात् इसमें कीमतें स्थिर मानी जाती हैं।

4. उत्पादन की तकनीक में कोई परिवर्तन नहीं होता है।

5. पैमाने के प्रतिफल पूर्ण प्रतियोगिता की दशा में ही कार्यशील होते हैं।

पैमाने के प्रतिफल की विभिन्न दशाएँ

उत्पादन के तीन नियमों की भांति ही पैमाने के प्रतिफल की तीन दशाएं हो सकती हैं – पैमाने के वृद्धि प्रतिफल, पैमाने के समता प्रतिफल तथा पैमाने के घटते प्रतिफल। इन सभी का विस्तृत वर्णन निम्न प्रकार है:

पैमाने के बढ़ते प्रतिफल

जब उत्पादन के साधनों की वृद्धि की तुलना में उत्पादन में अधिक वृद्धि होती है तो उसे पैमाने के वृद्धि प्रतिफल कहा जाता है। उदाहरण के लिए यदि उत्पादन के साधनों में 20 प्रतिशत वृद्धि की जाय व उत्पादन में 25 प्रतिशत वृद्धि हो जाय तो इसे पैमाने के वृद्धि प्रतिफल कहा जाएगा। इस दशा में समोत्पत्ति वक्रो में विस्तार पथ पर उत्पादन में समान वृद्धि बताने वाली समात्पत्ति वक्रों के बीच की दूरी कम होती जाती है। इसे निम्न उदाहरण से स्पष्ट किया जा सकता है।

पूंजी = लाभ की इकाईयां (इकाईयां)	सीमान्त उत्पादन (इकाईयों में)	कुल उत्पादन (इकाईयों में)
1 + 1	10	10
2 + 2	12	22
3 + 3	15	37
4 + 4	17	54

उपरोक्त तालिका में उत्पादन में वृद्धि बढ़ती हुई दर से हो रही है अत: इसे पैमाने के बढ़ते प्रतिफल कहा जाएगा। प्रारम्भ में उत्पादन 10 इकाई है किन्तु पूंजी व श्रम की मात्रा दो गुनी करने पर कुल उत्पादन दो गुने से भी अधिक बढ़ जाता है इसे निम्न रेखा चित्र से स्पष्ट किया जा सकता है।

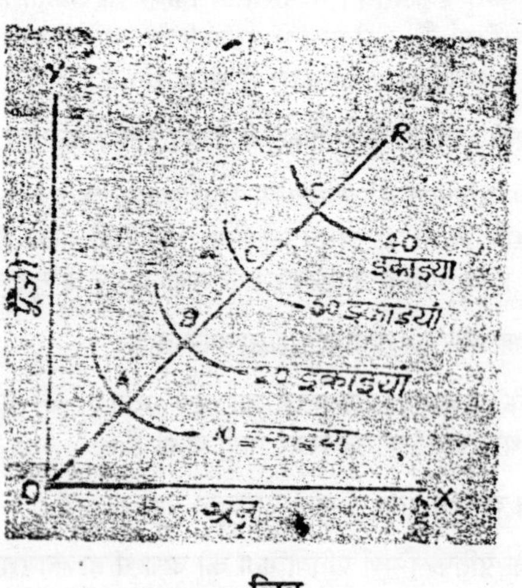

चित्र

उपरोक्त चित्र में रेखा OR विस्तार मार्ग बताती है। उत्पादन में समान वृद्धि के प्रकट करने वाली समोत्पत्ति वक्र रेखा इस विस्तार पथ के टुकड़ों में बाँट देती है। विस्तार पथ पर जैसे जैसे आगे बढ़ते है समोत्पत्ति वक्रों में अन्तर कम होता जाता है जो यह स्पष्ट करता है कि उत्पादन में समान वृद्धि के लिए श्रम व पूँजी की कम मात्रा में वृद्धि की आवश्यकता होती है।

पैमाने के बढ़ते प्रतिफल लागू होने के कारण – पैमाने के बढ़ते प्रतिफल लागू होने के निम्न कारण है:

1. **उत्पत्ति के साधन में अविभाज्य** – उत्पत्ति के कई साधन अविभाज्य होते है। मशीन, प्रबन्धक, आदमी आदि इसी प्रकार के साधन है। उत्पत्ति का पैमाने करने पर समुचित उपयोग होने लगता है।
2. **आकार की कुशलता** – बोमाल के अनुसार बड़े आकार की कुशलता पैमाने व बढ़ते प्रतिफल का कारण है। उदाहरण के लिए तेल पाईप का घैरा दो गुना करने पर तेल दो गुने से भी अधिक निकाला जा सकता है।
3. **विशिष्टीकरण के लाभ** – उत्पादन बड़े पैमाने पर करने पर श्रम विभाजन व विशिष्टीकरण के लाभ प्राप्त होते हैं। इससे कार्य कुशलता बढ़ती है व लागत कम होती है।
4. आन्तरिक व वाहन बचतें – उत्पादन का पैमाना बढ़ने पर कई प्रकार की आन्तरिक व वाहन बचतें प्राप्त होती है। बड़े पैमाने पर कच्चा माल खरीदने में बचत, परिवहन में बचत, विपणन में बचत, प्रति इकाई विज्ञापन व्यय कम होगा, ख्याति के कारण सस्ती दर पर उधार मिलना, प्रबन्ध की बचत आदि के कारण से उत्पादन लागत कम होती हैं अर्थात् उत्पादन के बढ़ते प्रतिफल प्राप्त होते हैं।

पैमाने का स्थिर प्रतिफलन

जब उत्पादन के साधनों की वृद्धि व उत्पादन में वृद्धि दोनों बराबर हो तो इसे पैमाने का स्थिर प्रतिफल अथवा पैमाने का समता प्रतिफल कहा जाता है। उदाहरण के लिए उत्पादन के साधनों में 50 प्रतिशत वृद्धि करने पर यदि उत्पादन में भी 50 प्रतिशत वृद्धि हो तो ऐसे पैमाने को समानता प्रतिफल कहा जाएगा। इसे निम्न उदाहरण से स्पष्ट किया जा सकता है:

श्रम व पूंजी की इकाईयां (इकाईयां)	सीमान्त उत्पादन (इकाईयों में)	कुल उत्पादन (इकाईयों में)
1 + 1	10	10
2 + 2	10	20
3 + 3	10	30
4 + 4	10	40

उक्त तालिका में स्पष्ट है कि उत्पादन के साधनों में प्रत्येक बार वृद्धि में उत्पादन 10 इकाइयों से बढ़ रहा है। अत: इसे पैमाने के समता प्रतिफल कहा जाएगा। इसे निम्न रेखा चित्र से दिखाया जा सकता है।

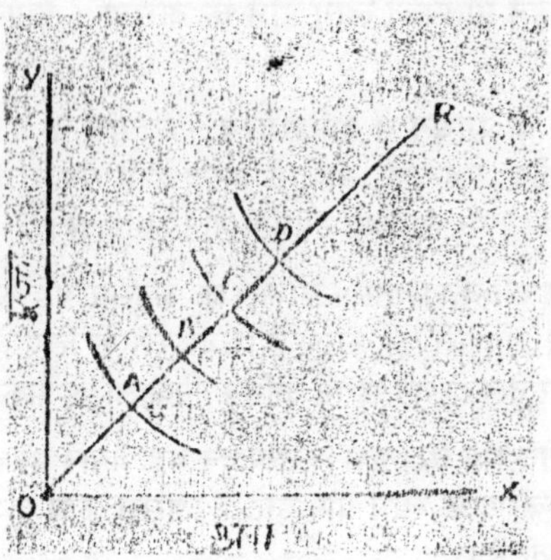

चित्र

उपरोक्त रेखा चित्र में oy पर पूंजी व ox पर लाभ दिखाया गया है। CR/OR पैमाने की रेखा है । इस रेखा चित्र में ABCD बिन्दुओं के बीच की बराबर दूरी यह बताती है कि पैमाने के समता प्रतिफल मिल रहे है अर्थात् समान मात्रा में उत्पादन वृद्धि के लिए समान लागत होती है।

पैमाने के घटते प्रतिफल

जब उत्पादन के साधनों की तुलना में उत्पादन में कम अनुपात में वृद्धि होती है तो इसे पैमाने के घटते प्रतिफल कहा जाता है। उदाहरण के लिए उत्पादन के साधनों में 10 प्रतिशत वृद्धि करने पर यदि उत्पादन में 8 प्रतिशत की वृद्धि हो तो इसे पैमाने का घटता प्रतिफल कहा जाएगा। इसे निम्न उदाहरण से समझाया जा सकता है।

पूंजी = लाभ की इकाईयां (इकाईयां)	सीमान्त उत्पादन (इकाईयों में)	कुल उत्पादन (इकाईयों में)
1 + 1	10	10
2 + 2	8	18
3 + 3	5	23
4 + 4	3	26

उक्त उदाहरण में उत्पादन के साधन दो गुना करने पर उत्पादन में कम वृद्धि होती है। उत्पादन के साधनों में पुन: वृद्धि करने पर उत्पादन में पहले से भी कम वृद्धि होती है। अत: इसे पैमाने के घटते प्रतिफल कहा जाएगा। इसे निम्न रेखा चित्र में स्पष्ट किया जा सकता है।

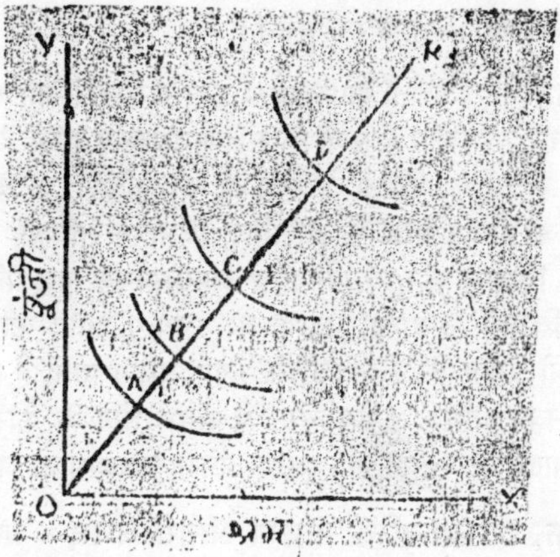

चित्र

उक्त रेखा चित्र में oy पर पूँजी व ox पर लाभ की इकाईयां दी गई है। ABCD के बीच बढ़ती हुई दूरी यह बताती है कि समान अनुपात में उत्पादन वृद्धि के लिए साधनों की अधिक मात्रा में आवश्यकता होगी।

पैमाने के घटते प्रतिफल लागू होने के कारण

पैमाने के बढ़ते प्रतिफल व पैमाने के स्थिर प्रतिफल वास्तव में कुछ ही समय तक लागू होते हैं अन्त में पैमाने के घटते प्रतिफल ही लागू हो जाते हैं। पैमाने के घटते प्रतिफल लागू होने के कारण यह है कि बड़े पैमाने के उत्पादन से प्राप्त मितव्ययताएं बड़े पैमाने के उत्पादन में अपव्यय, प्रबन्ध में घटित निर्णयों में देरी के कारण समाप्त हो जाती है। अपव्यय इतने बढ़ जाते हैं कि पैमाने के घटते प्रतिफल लागू होते हैं।

आन्तरिक व बाह्य किफायत

आर्थिक स्वावलम्बन का युग समाप्त हो गया है। अपनी आवश्यकताओं की पूर्ति के लिए दूसरों पर निर्भर रहना पड़ता है। अत: उत्पादन का उद्देश्य व्यक्तिगत आवश्यकताओं की पूर्ति न होकर विनिमय की सुविधाओं के माध्यम से समाज के अधिकाधिक वर्ग की मांग पूरी करके अधिकाधिक लाभ कमाता है। इसलिए उत्पादन बड़े पैमाने पर चलाया जाता है। उत्पादन की सफलता के लिए बहुत बड़ी मात्रा में कच्चा माल, पूंजी, श्रमिक तथा कुशल श्रमिकों की बड़ी संख्या प्रयोग की जाती है। बड़े बड़े कल कारखाने इसका उदाहरण है। इसके विपरीत जब उत्पादन के साधन थोड़ी थोड़ी मात्रा में प्रयोग करके उत्पादन चलाया जाता है तो उत्पादन का पैमाने छोटा होता है।

बड़े पैमाने के उत्पादन के लाभ - बड़े पैमाने पर उत्पादन चलाना छोटे पैमाने पर उत्पादन चलाने की अपेक्षा अधिक मितव्ययी एवं लाभकारी होता है। बड़े पैमाने पर उत्पादन चलाने से अनेक प्रकार से बचत होने लगती है अत: उत्पादन व्यय कम तथा कुल उत्पादन लाभ अधिक हो जाता है। इन बचतों को दो श्रेणियों में बाँटा जा सकता है।

1. बाह्य बचतें तथा 2. आन्तरिक बचतें।

1. बाह्य बचतें - इन बचतों का सम्बन्ध कल कारखानों की भीतरी व्यवस्था अथवा संगठन से नहीं होता वरन् यह बाह्य कारणों के परिणामस्वरूप होती है। स्थानीय कारण की सुविधायें, परिवहन एवं संचार के साधनों के विकास की सुविधा, कच्चे माल का आसानी से मिलना कुशल श्रमिकों की पर्याप्त मात्रा में उपलब्धि, विज्ञापन सुविधा, शोध कार्य की प्रगति, प्रयोग व अनुसंधान का विशाल रूप, वैज्ञानिक व व्यावसायिक पत्र पत्रिकाओं का प्रकाशन, बैंकिंग व बीमा की सुविधायें, अवशिष्ट पदार्थो के उपयोग आदि की व्यवस्था आदि। इस प्रकार की सुविधायें सभी प्रकार के उत्पादकों के लिए समान होती है। परन्तु बड़े पैमाने पर उत्पादन चलाने वाले इनका अधिक प्रयोग करने में समर्थ होने के कारण अधिक लाभ उठा लेते है। अत: उनके उत्पादन की लागत प्रति इकाई अपेक्षाकृत कम हो जाती है।

2. आन्तरिक, आभ्यान्तरिक अथवा भीतरी बचत - किसी विशेष उत्पादक इकाई की भीतरी व्यवस्था द्वारा उत्पन्न होने वाली बचत को आन्तरिक बचत कहते हैं। ये बचतें उत्पादन का पैमाना बड़ा होने से उत्पादक को कुशल संगठन की संगठन क्षमता के कारण उपलब्ध होने लगती हैं। ये व्यवसाय की केवल इसी इकाई को प्राप्त होती हैं। इस प्रकार संगठन की संगठन क्षमता पर निर्भर होने के कारण अलग-अलग उत्पादकों के लिए अलग-अलग होती हैं और इसी इन्हें आन्तरिक बचत कहते हैं। इन्हें तीन श्रेणियों में विभाजित किया जा सकता है:

(i) प्रारम्भिक व्यय में बचत,

(iI) निर्माण सम्बन्धी व्यय में बचत तथा

(iii) वितरणात्मक या बिक्री या व्यय में बचत।

(i) **प्रारम्भिक व्यय में बचत** - किसी उत्पादन किया के लिए भूमि, श्रम, पूंजी-कच्चा माल, औजार, कल पूजें मशीनें आदि की आवश्यकता होती है। प्रथमत: उत्पादन का पैमाना बढ़ने पर आनुपातिक दृष्टि से इनकी कम आवश्यकता पड़ती है। दूसरे जितनी बड़ी मात्रा में ये क्रय की जायेगी उतनी ही सस्ती इनके मिलने की सम्भावना रहती है क्योंकि ये थोक भावों पर खरीदी जा सकती है। क्रेता को कमीशन तथा डिस्काउन्ट आदि भी अधिक मिल जाते हैं। वस्तुओं को छाँट कर अच्छी किस्म की वस्तुएं प्राप्त करने में भी सुविधा रहती है। इसी प्रकार माल को कम कारखाने तक ढोकर लाने में भी व्यय की मात्रा कम पड़ सकती है। बड़ी मात्रा में पूंजी भी सस्ते ब्याज पर मिलने की सम्भावना रहती है।

(ii) **निर्माण सम्बन्धी व्यय में बचत** - बड़े पैमाने पर उत्पादन चलाने से निर्माण व्यय में अनेक प्रकार से बचत होने की संभावना रहती है। जैसे :

(क) संचालन शक्ति - मशीनों को चलाने के लिए कोयला बिजली आदि का औसत व्यय उत्पादन का पैमाना बढ़ने पर कम होना स्वाभाविक है। इंजन आदि अपेक्षाकृत कम अश्वशक्ति के उपयोग किये जाकर संचालन शक्ति में बचत करली जाती है। पैमाना और अधिक बढ़ने पर स्वयं कारखाने में ही शक्ति उत्पादन यंत्र लगाकर शक्ति उत्पादन करने में लागत और अधिक कम पड़ने लगती है।

(ख) निर्माण कार्य मशीनों का प्रयोग - बड़े पैमाने के उत्पादन में अधिकाधिक तथा आधुनिकतम एवं सर्वोत्तम मशीनों का उपयोग किया जा सकता है। साथ ही साथ मशीनों को उनकी पूरी-पूरी क्षमता के साथ प्रयोग किया जा सकता है।

2. श्रम विभाजन का लाभ - बड़े पैमाने के उत्पादन को चलाने के लिए बड़ी मात्रा में श्रमिकों की आवश्यकता होती है अतः श्रम विभाजन द्वारा श्रमिकों को उनकी योग्यतानुसार कार्य देकर विशिष्टीकरण की स्थिति लाना आसान हो जाता है। श्रम विभाजन के सभी लाभ उठाकर अभिनवीकरण भी संभव हो जाता है।

3. निर्माणशाला या वर्कशॉप - बड़े पैमाने के उत्पादन में मरम्मत आदि के लिए अलग से वर्कशॉप खोल कर कुशलतम इंजीनियर आदि रखे जा सकते हैं । अतः मरम्मत आदि के अभाव में काम रूकने की संभावना कम हो जाती है। छोटे पैमाने के उत्पादन में इन कामों के लिए बाहरी मिस्त्रियों पर निर्भर रहना पड़ता है।

4. अनुसंधान, आविष्कार तथा नवीनतम प्रयोगों के प्रयोग की सुविधा - बड़ें पैमाने के उत्पादन में नवीनतम आविष्कारों, अनुसंधानों सुविधाओं तथा नवीनतम उत्पादन पद्धतियों का प्रयोग संभव हो जाता है अतः लघु पैमाने के उत्पादन की अपेक्षा कम से कम लागत पर अच्छे से अच्छा उत्पादन प्राप्त कर लिया जाता है।

(स) उपोत्पाद (By Products) **तथा अवशिष्ट पदार्थ** (Waste Products) **का उपयोग** - छोटे पैमाने के उत्पादन में उपोत्पाद तथा अवशिष्ट पदार्थों की मात्रा इतनी कम होती है कि इनका आर्थिक दृष्टि से उपयोग करना संभव नहीं होता वरन् इन्हें हटाने में भी काफी व्यय करना पड़ता है अथवा इनकी बिक्री द्वारा बहुत कम पैसा प्राप्त होता है। परन्तु बड़े पैमाने के उत्पादन में इनकी मात्रा इतनी अधिक होती है कि इनसे एक स्वतंत्र उत्पादन कार्य चलाया जा सकता है। उदाहरण के लिए एक बड़े चीनी के कारखाने में शीरे से स्प्रिट तथा शराब, खोई से गत्ता तथा कागज और मैली या काट से खाद बनाने के कारखाने खोल दिये जाते है। इस प्रकार कुल लागत में कमी आ जाती है।

(द) पैंकिंग व्यय में बचत - बड़े पैमाने के उत्पादन में आधुनिकतम, सुन्दर व आकर्षक पैंकिंग सामान तैयार करने का एक अलग विभाग खोला जा सकता है इस प्रकार लागत भी कम की जा सकती है।

(य) कार्यालय व्यवस्था में सुधार एवं मितव्ययिता - बड़े पैमाने के उत्पादन में क्लर्कों आदि की संख्या आनुपातिक दृष्टि से बढ़ाना आवश्यक नहीं होता। साथ ही साथ श्रम विभाजन का प्रयोग करके कुशलतम व्यक्तियों को रख कर अधिकाधिक कार्य कराया जा सकता है। ठेबुलेटर्स, मल्टीप्लायर्स, लॉगटेबिल्स, रैडीरेकनर्स कम्प्यूटर्स आदि मशीनों का प्रयोग करके त्रुटियों को तो कम किया जा सकता है साथ ही साथ कार्य की गति एवं कार्यकुशलता भी बढ़ाई जा सकती है।

(iii) **वितरणात्मक या बिक्री व्यय में बचत** - उत्पादक तथा उपभोक्ता के माध्यम की दूरी निरन्तर बढ़ती जा रही है। इस दूरी को कम से कम लागत पर सुविधापूर्वक कम करने में बड़े पैमाने का उत्पादक ही सफल हो सकता है। वह

(क) सस्ते दामों पर परिवहन व संचार व्यवस्था का उपयोग करने में समर्थ हो जाता है। वह स्वयं की ट्रांसपोर्ट व्यवस्था अपना सकता है, परिवहन कम्पनियां उसे कम लागत पर अधिकाधिक सुविधायें देने को लालायित रहती है।

(ख) अपने उत्पादन की बाजार में अधिकाधिक मांग पैदा करने के लिए विज्ञापन तथा एंजेन्टो की सेवाओं का अधिकतम लाभ उठा सकता है। समाचार पत्र, सिनेमा, रेडियों आदि सुविधाओं के माध्यम से अपने उपभोक्ताओं तक पहुंचने में सफल हो जाता है। स्थान स्थान पर अपने शो-रूम, सेल्स डिपो, रिटेल शाप्स, आदि खोलकर बिक्री बढ़ सकता है। ट्रेवलिंग एजेन्टस तथा विक्रय एजेन्ट भी वह बड़ी सख्या में नियुक्त कर सकता है। परन्तु एक छोटे पैमाने पर उत्पादन चलाने वाला इन सभी सुविधाओं से वंचित रहता है। ये सभी उसके सामर्थ्य में कहा।

(ग) कुशल प्रबन्धकों का नियुक्ति - प्रबन्धक की कुशलता पर ही आजकल उत्पादन की सफलता निर्भर है। एक कुशल-प्रबन्धक देख-रेख, संगठन कार्य बाजार में मांग को घट-बढ़ बाजार की मंदी-तेजी, देशी-विदेशी वस्तुओं से प्रतियोगिता बाह्य तथा आन्तरिक बचतों का आंकलन आदि सभी बातों का व्यवस्था आसानी से कर सकता है। उत्पादन का पैमाना जितना बड़ा होता है उसमें उतने ही कुशल प्रबन्ध की सेवाओं का उपयोग किया जा सकता है।

उपरोक्त विवरण से स्पष्ट हो जाता है कि बड़े पैमाने पर उत्पादन चलाने से केवल उत्पादन को ही लाभ नहीं होता वरन् समाज के प्रत्येक वर्ग को ही लाभ होता है। रोजगार के क्षेत्रों का विस्तार एवं विशिष्टीकरण श्रमिकों को, पूंजी की बढ़ी हुई मात्रा पूंजीपतियों को अधिक लाभकारी होती है। सरकार को भी उत्पादन कर आदि के रूप में अधिक आय प्राप्त होती है। आयात-निर्यात में वृद्धि से देश का विदेशी व्यापार बढ़ता है। और सबसे अधिक लाभ तो जन साधारण को उपभोक्ताओं के रूप में होता है। उपभोग के लिए सस्ती से सस्ती एवं अच्छी से अच्छी वस्तुएं उपलब्ध होने से उनका रहन सहन का स्तर उन्नत हो जाता है।

बड़े पैमाने पर उत्पादन के दोष - बड़े पैमाने पर उत्पादन चलाने से समाज को कुछ हानियाँ भी उठानी पड़ती है। इनका उल्लेख नीचे किया जा रहा है:

1. एकाधिकार की प्रवृत्ति को बढ़ावा - बड़े पैमाने पर उत्पादन चलाने के बड़ी मात्रा में पूंजी का प्रयोग होता है। अत: पूंजीपति अपनी सौदा करने की शक्ति द्वारा छोटे छोटे उत्पादकों को अपने क्षेत्र से हटाता चला जाता है। बड़े पैमाने के उद्योग साधारणत: स्थानीयकरण के कारण एक ही स्थान तथा क्षेत्र में चलाये जाते हैं। ये सब एक होकर छोट पैमाने के उत्पादकों को, गलाकाट प्रति स्पर्धा की नीति अपनाकर, उत्पादन के क्षेत्र से हटाकर एकाधिकार स्थापित करने में सफल हो जाते है और वस्तुएँ के मनमाने दाम वसूल करने लग जाते है। उनकी यह मनमानी उपभोक्ताओं के लिए हानिकारक होती है।

2. सम्पत्ति का असमान वितरण – अगर बड़े पैमाने का उत्पादन निजी क्षेत्र में चलाया जाता है तो पूंजीपतियों का बोलवाला होता है। पूंजीवाद अर्थव्यवस्था में धनवान अधिक धनवान और निर्धन अधिक निर्धन होता चला जाता है। अतः समाज में धन के वितरण की बड़ी भारी असमानता आ जाती है। वर्ग संघर्ष तथा असन्तोष की लहन व्याप्त हो जाती है। यह आर्थिक ढाँचे को दुर्बल कर देती है।

3. श्रमिकों का शोषण – बड़े पैमाने के उत्पादन को अर्थव्यवस्था में मालिक और मजदूरों का आपसी सम्पर्क टूट जाता है। एक दूसरे की कठिनाइयों से अनभिज्ञ रहने के कारण अपनी-अपनी स्वार्थ पूर्ति की फिक्र करते है और साधारणतः श्रमिक ही घाटे में रहता है। उसका भारी शोषण होता है। आपसी विद्वेष बढ़ने से हड़ताल, तालाबन्दी आदि घटनायें होती रहती है। तोड़ फोड़ से समस्त देश में आर्थिक बर्बादी को बढ़ावा मिलता है।

4. बड़े बड़े नगरों के बनने की बुराइयाँ – बडे पैमाने के उत्पादन के कारण बड़े बड़े नगरों का जन्म होता है। अतः बड़े बड़े नगरों की खराबियों के समाज का शारीरिक, नैतिक तथा सामाजिक पतन होता है।

5. कम-अधिक उत्पादन की समस्या – अगर प्रबन्धक समाज की माँग का सही-सही आंकलन नहीं करपाता तो उत्पादन की मात्रा मांग से बहुत कम या अधिक हो सकती है। उत्पादन कम होने पर मूल्य स्तर बढ़ने से उपभोक्ता को हानि उठानी पड़ती है तो उत्पादन आवश्यकता से अधिक होने पर मन्दी की स्थिति आ जाती है। जो समस्त समाज के लिए घातक सिद्ध होती है। व्यापार ठप्प हो जाता है।

6. व्यक्तिगत रूचि के अनुसार उत्पादन न होना – बड़े पैमाने के उत्पादन में व्यक्तिगत इच्छा एवं रूचि के अनुसार उत्पादन करना संभव नहीं। इसी प्रकार कलात्मक तथा कारीगरी की वस्तुओं का उत्पादन भी असम्भव है।

7. अन्तर्राष्ट्रीय संघर्ष की सम्भावना – बड़े पैमाने के उत्पादन की अर्थ व्यवस्था में व्यापार अन्तर्राष्ट्रीय सीमाओं को लाँघ जाता है। विभिन्न देशों के हित आपस में टकराने से आपसी युद्धों की सम्भावना बनी रहती है।

बड़े पैमाने के उत्पादन की सीमाएँ

एक सीधा सा प्रश्न सामने आ जाता है। अगर बड़े पैमाने के उत्पादन में लागत निरन्तर गिरती जाती है तो एक विशिष्ट का उत्पादन एक ही इकाई के रूप में क्यों नहीं किया जाता? इसके उत्तर में यही कहा जा सकता है कि उत्पादक उत्पादन के पैमाने को चाहे जहां तक नहीं बढ़ा सकता है क्योंकि एक सीमा के उपरान्त उत्पादन चलाने पर लाभ के स्थान पर हानि होने लगती है। वह सीमा निम्न बातों पर निर्भर है।

1. बाजार का क्षेत्र – अगर वस्तु की मांग बहुत अधिक है और उन की मांग में विशेष घट बढ़ नहीं होती तो उत्पादन की पैमाना बढ़ाया जा सकता है। अन्यथा सीमित मात्रा में उत्पादन करना ही लाभकारी होगा।

2. व्यवसाय का स्वभाव – कुछ व्यवसाय ऐसे होते हैं जिनमें व्यक्तिगत देखरेख में उत्पादन करना पड़ता है। कुछ में व्यक्तिगत इच्छा एवं अभिरूचि की पूर्ति का ध्यान रखा

जाता है। कुछ में बहुमूल्य कच्चे माल का प्रयोग किया जाता है। उदाहरण के रूप में कृषि, कलात्मक वस्तुओं का निर्माण, आभूषण निर्माण का कार्य आदि ऐसे कार्य हैं जिनमें उपरोक्त सभी बातों का ध्यान रखना पड़ता है। इन क्षेत्रों में उत्पादन का बड़ा पैमाना हानिकारक ही सिद्ध होता है।

3. प्रबन्धक की योग्यता – व्यवस्थापक अथवा प्रबन्धक अगर उत्पादन के पैमाने के एक सीमा से आगे बढ़ने पर संचालन का काम कुशलतापूर्वक नहीं कर सकता तो ऐसी अवस्था में उत्पादन चलाना हानिकारक होता है।

4. वित्तीय कठिनाईयां – बड़े पैमाने के उत्पादन में विभिन्न कार्यों के लिये चल तथा अचल पूंजी के रूप में काफी वित्त की आवश्यकता होती है जो पर्याप्त मात्रा में आवश्यकता के समय कम ब्याज पर मिल भी सकती है। इस अनिश्चिता का स्थिति में उत्पादन का पैमाना चाहे जितना कैसे बढ़ाना सम्भव है।

छोटे पैमाने पर उत्पादन के गुण एवं दोष – उत्पादन का पैमाना छोटा होने पर मालिक और मजदूर का सम्बन्ध निकट का बना रहता है। एक दूसरे की कठिनाईयों का ज्ञान होने से आपसी संघर्ष नहीं हो पाता। मालिक द्वारा उत्पादन का निरीक्षण भी पूरा पूरा होता रहता है। उत्पादन द्वारा उपभोक्ताओं की व्यक्तिगत रूचि का ध्यान रख कर ही उत्पादन चलाया जाता है। उत्पादक भी मन चाहा व्यवसाय स्वतन्त्र रूप से थोड़ी सी पूंजी में ही चलाने में समर्थ होता है। इस प्रकार धन के वितरण की असमानतायें दूर हो जाती हैं।

परन्तु छोटे पैमाने का सबसे बड़ा दोष यह है कि वह बड़े पैमाने के उत्पादक के सामने प्रतिस्पर्धा में टिक नहीं सकता । वह न तो सस्ता माल उत्पादन कर सकता है और न बढ़ी हुई माँग के अनुरूप उत्पादन की मात्रा बढ़ा सकता है। वर्तमान वैज्ञानिक युग में श्रम विभाजन व पूंजी का विशिष्टीकरण जैसी सुविधाओं से वह वंचित रहता है। वितरण की विभिन्न सुविधाओं का भी वह पर्याप्त लाभ न उठा पाता है। फिर भी भारत जैसे देश के लिए छोटे पैमाने का उत्पादन ही अधिक श्रेष्ठकर है। तभी अधिकाधिक लोगों को रोजगार मिल सकता है। इसे और अधिक लाभकारी बनाने के लिए नवीनतम मशीनों तथा उत्पादन विधियों का प्रयोग भी किया जाना चाहिए।

आन्तरिक तथा बाह्य किफायतों में अन्तर

आन्तरिक किफायतें	बाह्य किफायतें
1. आन्तरिक किफायतें का तात्पर्य किसी उत्पादन इकाई की स्वयं की आन्तरिक व्यवस्था व प्रबन्ध अच्छी होने, अविभाज्य साधनों के समुचित प्रयोग, विशिष्टीकरण से प्राप्त मितव्ययिताओं से है।	बाह्य बचतों का अभिप्राय उन बचतों से है जो किसी एक फर्म को नहीं, वरन् पूरे उद्योग को प्राप्त होती है।
2. आन्तरिक बचतें उद्योग की किसी फर्म विशेष को प्राप्त बचतें हैं जो फर्म का आकार बढ़ जाने के फलस्वरूप उसे प्राप्त होती है।	बाह्य बचतें उद्योग का पैमाना बढ़ने पर प्राप्त बचतें हैं, जो उद्योग की अधिकांश या फर्मों को प्राप्त होती है।
3. आन्तरिक बचतें साधनों की अवधिभाज्यता व विशिष्टीकरण के कारण होती है।	बाह्य बचतें स्थानीयकरण के कारण होती है। इन बचतों के कारण लागत कम होती है।
4. आन्तरिक बचतें अपेक्षाकृत कम महत्वपूर्ण है, क्योंकि इससे किसी फर्म विशेष को ही लाभ होता है।	बाह्य बचतें अपेक्षाकृत अधिक महत्वपूर्ण है, क्योंकि एक उद्योग का पैमाना बढ़ने पर उससे सम्बन्धित अन्य उद्योग व सेवाओं का भी विकास होता है।
5. इस प्रकार की बचतों पर अन्य फर्मो का कोई प्रभाव नहीं पड़ता है।	ऐसी बचतों का सब फर्मों या उद्योग पर समान रूप से प्रभाव पड़ता है।

यद्यपि आन्तरिक व बाह्य बचतों में अन्तर है, दोनों ही बड़े पैमाने की उत्पादन व्यवस्था के परिणामस्वरूप होती है, किन्तु दोनों के बीच एक स्पष्ट व निश्चित रेखा खींचना सम्भव नहीं है। एक स्थिति में, जो बचतें आन्तरिक बचतें हैं वे दूसरी स्थिति में बाह्य बचतों का रूप धारण कर लेती है। उदाहरण के लिए, यदि किसी फर्म का आकार इतना बढ़ जाय कि वह स्वयं अपनी एक अलग इकाई अवशिष्ट पदार्थों का उपयोग करने के लिए स्थापित करले तो यह आन्तरिक बचत होगी। किन्तु यदि वह अवशिष्ट पदार्थों का उपयोग करें तो यह बाह्य बचत होगी। इसी प्रकार बाह्य बचतें प्राप्त कर रहीं अनेक फर्में यदि आपस में मिल जाय तो उनको प्राप्त होने वाली बचतें आन्तरिक बचतें हो जायेगी। काहन के अनुसार, ''व्यक्तिगत फर्मों के लिए आन्तरिक व बाह्य बचतें हो सकती है, किन्तु समस्त अर्थ व्यवस्था के लिए केवल आन्तरिक बचतें ही होंगी।''

आन्तरिक एवं बाह्य किफायतों के सन्दर्भ में पैमाने के प्रतिफल : यदि उत्पादन को पैमाने से विस्तार किया जाता है तो उससे अनेक प्रकार की आन्तरिक तथा बाह्य किफायतें प्राप्त होती है।

प्रश्न

1. उत्पादन फलन को परिभाषित कीजिए और उसकी सामान्य विशेषताओं की विवेचना कीजिए।

   Define production function and pointout its main characteristics

2. उत्पत्ति के नियमों की विभिन्न अवस्थाएँ कौन-कौन सी हैं? एक रेखाचित्र की सहायता से समझाइये। इन अवस्थाओं के लागू होने के कारण बतलाइए।

   What are the different stages of law of production. Explain with the help of a diagram. What are the causes of implementing these stages.

3. उत्पत्ति ह्रास नियम एक तर्कसंगत अनिवार्यता है। स्पष्ट कीजिए।

   "The Law of Diminishing Returns is merely a matter of logical necessity. Explain.

4. "उम्पत्ति ह्रास नियम केवल एक तार्किक अनिवार्यता है, जबकि उत्पत्ति वृद्धि नियम एक अनुभवगम्य तथ्यों का विषय है।" - जॉन रोबिन्सन

   उपर्युक्त कथन का परीक्षण कीजिए तथा उत्पत्ति ह्रास नियम के सम्बन्ध में आधुनिक दृष्टिकोण का वर्णन कीजिए।

   "The Law of Diminishing Returns is merely a matter of logical necessity but the law of Increasing Returns is a matter of empirical fact." - Joan Robinson

   Examine the above statement and give the modern view regarding the law of Diminishing Returns.

5. पैमाने के प्रतिफल से आप क्या समझते हैं? पैमाने के विभिन्न प्रतिफल व दशाओं को स्पष्ट कीजिए।

   What do you mean by return to scale. Explain various return and their stages.

6. बड़े पैमाने के उत्पादन की आन्तरिक एवं बाह्य किफायतों का उल्लेख कीजिए। साथ ही बड़े पैमाने के उत्पादन की सीमाओं पर प्रकाश डालिए।

   Explain internal and external economies of large scale production. Also discuss limitations of large scale production.

7. आप 'अनुपात' तथा 'पैमाने' में किस प्रकार अन्तर स्पष्ट करेंगे। पैमाने के ह्रासमान प्रतिफल की अवस्था को समौत्पत्ति वक्रों की सहायता से स्पष्ट कीजिए।

How will you differentiate between 'proportion' and 'scale'? Explain the Stage of diminishing returns to scale with the help of Iso-product curves.

7. समोत्पत्ति वक्रों की सहायता से उत्पादक के साम्य को स्पष्ट कीजिए।

Explain the producer's equilibrium with the help of Iso-product curves.

8. रेखाचित्र पर एक उत्पादन के साधन के सामान्य कुल उत्पत्ति वक्र की तीन अवस्थाओं को दर्शाइये। प्रत्येक अवस्था में सीमान्त उत्पत्ति की क्या स्थिति होती है और ऐसा क्यों होता है? वर्द्धमान प्रतिफलों एवं पैमाने के वर्द्धमान प्रतिफलतों में अन्तर कीजिए।

Show in a diagram the three stages of the normal total product curve of a factor of production. How does the marginal product behave in each stage and why? Distinguish between increasing returns and increasing returns to scale.

9. निम्न पर संक्षिप्त टिप्पणियाँ लिखिए:

(अ) विस्तार मार्ग,

(ब) साधन कीमत रेखा,

(स) तकनीकी स्थानापत्ति की सीमान्त दर तथा

(द) सम लागत वक्र

Write short notes on the following

(a) Expansion Path,

(b) Fator-Price Curve,

(c) Marginal rate of technical substitution, and

(d) Iso-cost Curve.

□□□

5

औद्योगिक निजीकरण
(Industrial Prosperity)

स्वतन्त्रता प्राप्ति के समय भारत में कुछ उपभोज्य वस्तुओं का उत्पादन करने वाले उद्योगों का विकास इतना हो गया था कि उनके उत्पादन से घरेलू मांग को पूरा किया जा सके। लेकिन पूंजीगत वस्तुओं का उत्पादन करने वाले उद्योग बहुत कम विकसित थे। आधुनिक उद्योगों में काम पाने वाले मजदूरों की संख्या बहुत थोड़ी थी। अनुमान है कि औद्योगिक क्षेत्र में केवल 10 प्रतिशत लोगों के पास रोजगार था। भारत में औद्योगिक विकास को आधार प्रदान करने वाला उद्यमी वर्ग भी छोटा था। छोटे व्यवसायी बड़े उद्योगों में रूचि नहीं दिखाते थे। उनकी रूचि मुख्य रूप से लघु उद्योगों में थी। उनके द्वारा भारत में औद्योगिक क्रांति के लिए कोई सहयोग नहीं मिला। संरक्षण मिलने पर भारत के बड़े पूँजीपतियों ने कुछ बड़े पैमाने पर उद्योगों की स्थापना की, लेकिन वे तकनीकि दृष्टि में पूरी तरह पश्चिमी देशों पर निर्भर थे। 1914 के बाद यद्यपि भारतीय पूंजीपतियों का भारतीय उद्योगों में हिस्सा बढ़ा, लेकिन बुनियादी उद्योगों पर ब्रिटिश कम्पनियों का नियन्त्रण बना रहा।

स्वतन्त्रता के समय विशेषताएं

(Characteristics At the time of Independence)

अत: स्वतन्त्रता के समय भारत के औद्योगिक ढ़ांचे की निम्नलिखित विशेषताएं थीं:-

1. विनिर्माण उद्योगों का अल्पविकास (Under-development of Manufacturing Industries)- स्वतन्त्रता के समय देश का औद्योगिक ढ़ांचा बहुत पिछड़ा हुआ था। इस तथ्य का अनुमान इस बात से हो सकता है कि 1948-49 में विनिर्माण उद्योगों का राष्ट्रीय आय में 6.6 प्रतिशत योगदान था और इसमें काम करने वाले श्रमिकों की संख्या 24 लाख थी, जो देश की श्रम-शक्ति की 1.2 प्रतिशत थी।

2. उद्योगों में ढांचागत असंतुलन (Organisational Imbalances)- देश का औद्योगिक ढ़ांचा असन्तुलित था। इसका कारण यह था कि भारत में पंचवर्षीय योजनाओं का युग प्रारम्भ होने से पहले औद्योगिक ढ़ांचे को इकाई के रूप में मानकर, किसी योजना द्वारा उसके विकास का कोई प्रयास नहीं किया गया। अत: अनेक उद्योगों की आपसी निर्भरता और उनके बीच सम्बन्ध पर कोई विशेष ध्यान नहीं दिया गया। उदाहरणार्थ, लकड़ी और कपास पर आधारित उद्योगों में सल्फ्यूरिक एसिड, टिन इत्यादि की आवश्यकता पड़ती है। उद्योगों की इस प्रकार की पारस्परिक निर्भरता की ओर स्वतन्त्रता से पहले कोई ध्यान नहीं दिया गया था।

3. क्षेत्रीय असन्तुलन (Regional Imbalances)- औद्योगिक विकास में क्षेत्रिय सन्तुलन की दिशा में भी स्वतन्त्रता से पहले कोई प्रयास नहीं किया गया। अत: अनेक राज्य औद्योगिकरण की दिशा में काफी पिछड़ गए। विभिन्न राज्यों के बड़े उद्योगों में काम करने वाले श्रमिकों के अनुपात पर ध्यान देने से पता चलता है कि इस सम्बन्ध में बहुत असमानताएं थीं। वास्तविकता यह थी कि क्षेत्रीय आधार पर औद्योगिक विकास के नियन्त्रण के लिए कोई राष्ट्रीय प्रयास न होने के कारण ही यह स्थिति उत्पन्न हुई।

4. निजी क्षेत्र की प्रधानता (Dominance of Private Sector)- 1947 तक भारत का लगभग सभी औद्योगिक विकास निजी क्षेत्र में हुआ था। 1947 से पहले सार्वजनिक क्षेत्र में केवल रेलें, पोस्ट और टेलीग्राफ, पोर्ट ट्रस्ट, आर्डिनेंस तथा एयरक्राफ्ट फैक्ट्री तथा नमक और क्विनीन बनाने के कुछ कारखाने थे। अत: यह स्पष्ट है कि निर्माण उद्योग की परिभाषा में आने वाले सभी उद्योग निजी क्षेत्र में ही स्थापित हुए थे। वास्तविकता तो यह थी कि स्वतन्त्रता से पहले निजी और सार्वजनिक क्षेत्र के बीच किसी प्रकार का विवाद नहीं था। वस्तुत: भारत की औद्योगिक विकास के प्रति उपेक्षापूर्ण नीति के कारण ही देश में सार्वजनिक क्षेत्र का विकास नहीं हुआ। यह एक ऐसा तथ्य है जो भारत में ढ़ांचागत और क्षेत्रीय असन्तुलन पर प्रकाश डालता हैं।

स्वतन्त्रता के पश्चात औद्योगिक विकास की प्रक्रिया
(Process of Industrial Development After Independence)

स्वतन्त्रता प्राप्ति के पश्चात् भारत को औद्योगिकरण के हित में राष्ट्रीय नीति निर्धारित करने का अवसर मिला। दिसम्बर 1947 में श्रम-पूंजी के सम्बन्धों पर विचार करने के लिए एक त्रिदलीय उद्योग सम्मेलन बुलाया गया। इस सम्मेलन में तीन वर्ष के लिए श्रम और पूंजी के बीच शान्ति का प्रस्ताव रखा गया और श्रम के लिए उचित मजदूरी तथा कार्स की दशाओं और पूंजी के लिए समुचित पुरस्कार के निर्धारण से सम्बन्धित समस्याओं के लिए उचित व्यवस्था करने का सुझाव दिया गया। इसके अतिरिक्त औद्योगिक विकास में सहयोग प्रदान करने के उद्देश्य से सरकार ने 1948-49 के बजट में उद्योगों को कुछ कर सम्बन्धी छूट दी और संविधान सभा द्वारा औद्योगिक वित्त निगम की स्थापना का निर्णय किया। सरकार ने औद्योगिक विकास के सम्बन्ध में अपनी नीति का स्पष्टीकरण देने के उद्देश्य से 1948 में संसद में औद्योगिक नीति सम्बन्धी प्रस्ताव पास किया। 1949 में सरकार ने विदेशी पूंजी के सम्बन्ध में अपनी नीति स्पष्ट कर यह आश्वासन दिया कि उसके साथ किसी प्रकार का भेदभाव नहीं किया जाएगा।

भारत सरकार के इन सभी प्रयासों का औद्योगिक विकास पर अच्छा प्रभाव पड़ा। स्वतन्त्रता के बाद औद्योगिक उत्पादन में वृद्धि हुई। औद्योगिक उत्पादन के सूचकांक से पता चलता हैं 1946 की तुलना में 1951 में भारत का औद्योगिक उत्पादन 17.4 प्रतिशत अधिक था। इस अवधि में कोयला, लोहा और इस्पात, यन्त्र और विशेष रूप से डीजल के इंजन, पावर ट्रांसफार्मर्स आदि के उत्पादन में महत्वपूर्ण वृद्धि हुई। सूती वस्त्र, चीनी, दीयासलाई, कागज तथा बिजली के सामान का भी उत्पादन बढ़ा। इस अवधि में स्वचालित (ऑटोमैटिक) करघों और अल्युमीनियम के पाउडर का उत्पादन भी प्रारम्भ हो गया। स्वतन्त्रता के तुरन्त बाद के वर्षों में केवल जूट उद्योग में ही उत्पादन गिरा।

सूती वस्त्र उद्योग
(Cotton Textile Industry)

भारत का सूती वस्त्र उद्योग अत्यन्त प्रचीन है। हड़प्पा तथा मोहन जोदड़ो की सभ्यता के इतिहास में इस उद्योग के विकास के स्पष्ट प्रमाण मिल चुके हैं। भारत में निर्मित विविध प्रकार के कलात्मक कपड़े को ग्रीक और रोमन सभ्यताओं तथा मध्यकाल में समूचे यूरोप में घाक थी। यही कारण था कि ईस्ट इण्डिया कम्पनी अपनी स्थापना से ही भारतीय वस्त्र के व्यापार में लग गई। कुछ वर्षों पश्चात् ब्रिटिश सरकार की भारतीय उद्योगों के प्रति शोहरतपूर्ण एवं सौतेली नीति अपनाये जाने के कारण सूती वस्त्र उद्योग का पतन प्रारम्भ हो गया। वस्तुतः इंगलैण्ड के लंकाशायर में सूती वस्त्र उद्योग क्षेत्र का विकास भारतीय उद्योग के ह्रास का प्रमुख कारण रहा है। ब्रिटिश पूंजी से निर्मित भारतीय रेल कम्पनियों बन्दरगाहों तथा प्रशासनिक साँठ-गाँठ द्वारा भारत का कपास काफी कम कीमत पर इंग्लैण्ड पहुंच जाता था तथा वहां से कपड़ा निर्मित होकर भारत के बाजारों में आकर बिकने लगा। इसके परिणामस्वरूप भारत के विशाल क्षेत्र में फैला सूती वस्त्र उद्योग चौपट हो गया और लाखों कुशल एवं अनुभवी श्रमिकों को वंशागत विरासत में मिली अजीविका से हाथ धोना पड़ा। भारत में अन्य उद्योगों का विकास न होने के कारण उन्हें अन्यत्र कार्य प्राप्त नहीं हो सका।

आधुनिक विकास (Modern Development)— भारत में सर्वप्रथम 1813 ई. में कलकत्ता के समीप सूती कपड़े का कारखाना स्थापित किया गया किन्तु कतिपय कारणों से यह सफल नहीं हो सका। भारत में सूती वस्त्र कारखानों का बम्बई में अधिक सफल विकास हुआ। 1854 में यहां प्रथम स्वदेशी कारखाना स्थापित हुआ। बम्बई बन्दरगाह से रूई का निर्यात होने के कारण बम्बई में स्थित वस्त्र कारखानों को रूई सुगमता से प्राप्त हो जाती थी। मशीनों तथा कोयले का आयात करना भी आसान था। नम समुद्री जलवायु होने से सूत भी नहीं टूटते थे। बम्बई में सूती वस्त्र कारखाने विकसित होने का एक अन्य प्रमुख कारण यहां इसका क्रमिक विकास भी था। बम्बई में सर्वप्रथम सूत कारखाने खेले गये जिससे व्रिटिश कपड़े के साथ प्रतिस्पर्धा जैसी किसी समस्या का उदय नहीं हुआ तथा ब्रिटिश सौतेली नीति का कुप्रभाव भी सहना नहीं पड़ा। 1905 तक कपडे के अनेक कारखानें भी स्थापित होने लगे। बम्बई भारत का एक बड़ा नगर होने के कारण यहां कपड़ा उत्पादित करने में खर्च अधिक करना पड़ता था। यहाँ रूई मँगानें तथा पुनः कपड़ा तैयार करके देश के आन्तरिक भागों में भेजने तथा बिहार एवं बंगाल से कोयला मंगाने आदि में काफी व्यय होता था। अतः देश के भागों में सूती वस्त्र कारखानों का विकास होना प्रारम्भ हुआ। विकास के इस क्रन में

सर्वप्रथम अहमदाबाद तथा कालान्तर में नागपुर, शोलापुर आदि नगरों में इस उद्योग का तेजी से विकास होने लगा। इसके अतिरिक्त उत्तर में कानपुर भी पंजाब तथा पश्चिमी उत्तर प्रदेश एवं मध्य प्रदेश के कपास क्षेत्रों तथा बिहार की कोयला खानों के निकट बसा होने के कारण सूती वस्त्रउत्पादक केन्द्र बन गया। इसके पश्चात् दिल्ली तथा अमृतसर भी सूती वस्त्र उत्पादन के प्रमुख केन्द्र बन गये। कलकत्ता में पूर्व में जूट उद्योग का अधिक विकास हुआ किन्तु 1905 के पश्चात् यहां भी सूती वस्त्र उद्योग का विकास प्रारम्भ हुआ। दक्षिण में मद्रास आदि में भी इस उद्योग का विकास हुआ।

राष्ट्रीय वस्त्र निगम
(National Textile Corporation)

राष्ट्रीय वस्त्र निगम की स्थापना अप्रेल, 1968 में की गई थी। इस निगम की स्थापना का मुख्य उद्देश्य सरकार द्वारा अपने हाथ में ली गयी बीमार सूती वस्त्र मिलें के प्रबन्ध को हाथ में लेकर उन्हें सुचारू रूप से संचालित करना है। सन् 1974 में इसे 103 सूती मिलों के प्रबन्ध का कार्य सौंपा गया। ये मिलें बिमार थीं तथा इनमें से अनेक मिलें बन्द पड़ी थी। अतः इनमें लगे हुए श्रमिकों को बेरोजगरी से बचाने के लिए इनका राष्ट्रीयकरण करके इनके प्रबन्ध का दायित्व इस निगम को सौंप दिया गया। बाद में समय-समय पर अन्य मिलों के प्रबन्ध को भी इसे सौंपा गया। इस समय इसके प्रबन्ध में एक सौ ग्यारह मिले हैं, जिनके पुनर्निर्माण तथा आधुनिकरण की दिशा में यंह निगम संलग्न है। इन मिलों में एक लाख व्यक्ति रोजगार से लगे हुए हैं। इनकी अधिकांश मशीनें तथा कल-पुजें पुराने एवं घिसे पिटे हैं जिनकी मरम्मत और प्रतिस्थापन एवं आधुनीकरण पर पर्याप्त व्यय इस निगम द्वारा किया जा रहा है। फलस्वरूप इस निगम को प्रति वर्ष घाटा सहन करना पड़ता है, किन्तु इनमें नियोजित श्रमिकों के हित में तथा राष्ट्र के व्यापक हित में यह निगम इन मिलों के सुधार के लिए प्रयत्नशील है।

छठी योजना के दौरान राष्ट्रीय वस्त्र निगम का कार्य निष्पादन अधिक सन्तोषजनक नहीं रहा। इस योजना के दौरान 14 अतिरिक्त मिलों काप्रबन्ध अपने हाथ में लेने के फलस्वरूप राष्ट्रीय वस्त्र निगम ने छठी योजना के दौरान आधुनिकरण तथा नवीनीकरण पर लगभग 236 करोड़ रूपये खर्च किये। राष्ट्रीय वस्त्र निगम के नियंत्रणाधीन 125 मिलों में से 103 मिलें राष्ट्रीयकृत हैं और शेष 22 मिलें इसकी व्यवस्था के अधीन हैं। 125 मिलों की कुल अधिष्ठापित क्षमता 41.4 लाख तकुआ और 60,315 करघा है। सातवी योजना (1985-90) के दौरान निगम को राष्ट्रीयकृत मिलों के आधुनिकीकरण के लिए 117 करोड़ रूपये के परिव्यय की व्यवस्था की गई है।

उद्योगों की वर्तमान समस्याएँ
(Problems Faced by the Industry)

भारत में सूती वस्त्र उद्योग के सामने इस समय अनेक प्रकार की समस्याएँ हैं। समय-समय पर इस सम्बन्ध में सरकार का ध्यान आकर्षित किया जाता रहा है, किन्तु समस्याओं के निराकरण के लिए अभी तक प्रभावोत्पादक कदम नहीं उठाये जा सके हैं। अनेक वूती वस्त्र मिलों कीदशा गिर चुकी है, जिनका प्रबन्ध सरकार द्वारा स्थापित टेक्स्टाइल कारपोरेशन को सम्भालना पड़ा है। अतः इन पर पूर्ण विचार करने की आवश्यकता है। इस उद्योग की प्रमुख समस्याएँ निम्न प्रकार हैं:

1. **कच्चे माल की कमी** (Lack of Raw Material)— द्वितीय विश्व युद्ध के समय एवं उसके बाद भी भारतीय वूती वस्त्र मिलों ने एक से अधिक पारियों में निरन्तर कार्य किया है। अधिकांश मिलों की मशीनें घिस चुकी हैं तथा उन्हें नयी मशीनों को लगाने के लिए भारी पूँजी की आवश्यकता है। उपकरणों एवं मशीनों की प्रतिस्थापना के लिए यह आवश्यक है कि देश में ही उत्तम किस्म की मशीनों का निर्माण किया जाय और वे स्थगित भुगतान के आधार पर कारखानों को दी जाएँ।

2. **घटते हुए निर्यात की समस्या** (Problem of Decreasing Export)— सन् 1959 के बद से सूती वस्त्रों का निर्यात घट रहा है। इसका प्रधान कारण देशों में इस उद्योग का विकास एवं भारतीय कपड़े का अधिक मूल्य था। आधुनिक मशीनों के प्रतिस्थापन एवं उत्पादन में कुशलता लाकर हमारी मिलों को कपड़े की लागत में कमी करनी चाहिए ताकि वे अन्तर्राष्ट्रीय बाजार में जापान एवं अन्य देशों के कपड़े से प्रतियोगिता कर सकें। यह हमारे सूती वस्त्र उद्योग के लिए एक चुनौती है जिसका भली प्रकार सामना करके ही हमारा उद्योग बढ़ सकता है।

3. **मिल एवं हाथकरघा क्षेत्रों में समन्वय** (Co-ordination between Mills & Handloom Sector)— हमारा सूती वस्त्र उद्योग कई क्षेत्रों में विभाजित है, जैसे मिल-क्षेत्र, शक्ति-चालित एवं हाथकरघा क्षेत्र आदि। खादी उद्योग को सरकार की ओर से कई सुविधाएँ प्राप्त हैं और वह मिल-क्षेत्र के मार्ग में कड़ी प्रतियोगिता उपस्थित कर रहा है। इन दोनों क्षेत्रों में उचित समन्वय की आवश्यकता है ताकि इस निरर्थक प्रतियोगिता का अन्त हो सके।

4. **विवेकीकरण की समस्या** (Problem of Rationalisation)— भारतीय सूती वस्त्र मिलों में अनेक कारखानें ऐसे हैं, जिनका प्रबन्ध कुशल हाथों में नहीं है। बहुत से कारखानों का आकार इतना छोटा है कि उसे आर्थिक आकार नहीं कहा जा सकता। श्रमिकों की नियुक्ति, उनके प्रशिक्षण एवं उनकी कार्य-कुशलता आदि के विषय में भी कोई वैज्ञानिक पद्धति नहीं अपनायी जाती। इन सबमें सुधार की आवश्यकता है ताकि अपव्यय को रोक कर उत्पादन में वृद्धि की जा सके। यह ठीक है कि विवेकीकरण (Rationalisation) को लागू करने से मजदूरों की छँटनी की समस्या उत्पन्न हो जाती और इसलिए इन्टक जैसी मजदूर संस्थाएँ भी इसका विरोध करती हैं किन्तु इसे इस प्रकार लागू किया जाना चाहिए कि छँटनी किये हुए श्रमिकों को अन्यत्र काम मिल सके।

5. **आवश्यक रासायनिक पदार्थों की कमी** (Lack of Essential Chemicals)— सूती वस्त्र उद्योग में कपड़ों की धुलाई, रंगीन एवं छपाई के लिए कई रासायनिक पदार्थों की आवश्यकता होती है, जैसे- गन्धक का तेजाब, ब्लीचिंग पाउडर, क्लोरीन, सोडा एश, अनेक प्रकार के रंग इत्यादि। इनकी देश में अभी तक कमी बनी हुई है। ऐसा प्रबन्ध किया जाना चाहिए ताकि सूती कारखानों को उचित मूल्य पर पर्याप्त मात्रा में आवश्यक रासायनिक पदार्थ उपलब्ध होते रहें।

6. **बढ़ते हुए व्ययों की समस्या** (Problem of Rising Expenditure)- कपास एवं रासायनिक पदार्थों का मूल्य निरन्तर बढ़ता रहा है। इसके साथ ही मजदूरों के वेतन में भी पर्याप्त वृद्धि हुई है। सूती वस्त्र उद्योग वेतन-मण्डल के सुझावों के अनुसार, इस उद्योग में लगे हुए श्रमिकों के वेतन में पर्याप्त वृद्धि की गयी।

7. किस्म का नियन्त्रण (Quality Control)— यह सही है कि द्वितीय विश्वयुद्ध के बाद मिलों द्वारा उत्पादित कपड़े की किस्म को नियंत्रित करने की दिशा में विशेष प्रयन्न नहीं किया गया है। कपड़े की किस्म का स्तर ऊँचा रखे जाने की आवश्यकता के विषय में दो राय नहीं हो सकती। विशेषकर निर्यात के लिए बनाये जाने वाले कपड़े की क्वलिटी उच्च कोटि की होनी चाहिए ताकि अन्तर्राष्ट्रीय बाजार में प्राप्त ख्याति को धक्का न लगे।

8. बढ़ता हुआ कर-भार (Rising Tax Burden)— फाइन तथा सुपर फाइन कपड़े के उत्पादन शुल्क (Excise Duty) की दर बहुत अधिक है। भारत सरकार को नीति मिल-क्षेत्र के उत्पादनों पर अधिक कर लगाने तथा विकेन्द्रित-क्षेत्र के उत्पादनों पर करों में राहत देने की रही है।

9. अन्य समस्याएँ— उपर्युक्त के अतिरिक्त इस उद्योग के मार्ग में अन्य बाधाएँ निम्न हैं— श्रम-समस्याएँ एवं हड़तालें, ऊंचे मूल्यों की समस्या, विघुत-पूर्ति में अन्यिमितता, उत्पादन की बढ़ती हुई लागतें तथा स्थापित क्षमताओं के पूर्ण उपयोग का अभाव एवं रूग्ण वूती वस्त्र मिलों (Silk Mils) के प्रबन्ध की समस्याएँ ।

उद्योग का भविष्य

(Future Prospects)

सूती वस्त्र उद्योग भारत का सबसे महत्वपूर्ण उद्योग है। भारत विश्व में संयुक्त राज्य अमरीका के बाद सबसे बड़ा वस्त्र-उत्पादक देश है। अन्तर्राष्ट्रीय बाजार में भी भारत एक बहुत बड़ा निर्यातक माना जाता है। वस्त्र आज के सभ्य समाज में भोजन के बाद दूसरी मूलभूत आवश्यकता की पूर्ती करते हैं। हम पंचवर्षीय योजना के अंतर्गत देशवासियों का जीवन-स्तर बढ़ाने का प्रयत्न कर रहे हैं; अतः यह निश्चित है कि हमें अपने देशवासियों के लिए प्रति व्यक्ति अधिक कपड़े की व्यवस्था करनी होगी। अतः अब समय आ गया है कि हम उद्योग के विकास एवं विस्तार के साथ-साथ उद्योग की विद्यमान इकाइयों की कार्यकुशलता में तेजी से नृद्धि करें ताकि वे अच्छी से अच्छी किस्म का कपड़ा कम से कम लागत मूल्य में उत्पादित कर सकें। इस समय भारत में प्रति व्यक्ति वस्त्रों की उपलब्धि केवल 13.7 मीटर वार्षिक है। यह प्रति व्यक्ति खपत विश्व के अन्य देशों की तुलना में बहुत कम है। सातवीं योजना के अन्तिम वर्ष 1989-90 में कपडे का प्रति व्यक्ति उपभोग 15.14 मीटर हो जाने का अनुमान लगाया गया है।

सातवीं पंचवर्षीय योजना में सूती वस्त्र उद्योग के आधुनिकीकरण, बिजली चलित करधों के लिए सेवा केन्द्रों के रख रखाव और अनुसंधान एवं विकास कार्यक्रमों के परिणामों के क्रियान्वयन पर विशेष जोर दिया जायेगा। सूती वस्त्र उद्योग सम्बन्धी अनुसंधान संघों के कार्यकलापों को मजबूत बनाया जायेगा। तथा उनके द्वारा बतलाये गये कार्य क्षेत्रों, जैसे देशी कपास की गुणवत्ता में सुधार, ऊर्जा और कच्ची सामग्री के संरक्षण आदि कार्यों को भी विशेष महत्व दिया जायेगा।

लोहा एवं इस्पात उद्योग

(Iron and Steel Industry)

लोहा एवं इस्पात उद्योग आधुनिक औद्योगिक व्यवस्था का आधार है। किसी देश में प्रत्येक उद्योग के लिए लोहे और इस्पात की आवश्यकता होती है। कृषि छोटे-बड़े उद्योग,

भवन निर्माण परिवहन सेवायें, बाँध, शक्ति, चिकित्सा आदि अनेक कार्य बिना इस्पात के प्रयोग के किये जाना असम्भव है। इसीलिए लोहा एवं इस्पात को आधुनिक सम्यता का आधार कहा जाता है। किसी भी देश की राजनीतिक सुरक्षा एवं उसका आर्थिक विकास पूर्णत: लोहे एवं इस्पात उद्योग के विकास पर निर्भर है।

भारत ही वह देश है जिसने विश्व के इतिहास में सर्वप्रथम लोहा एवं इस्पात का निर्माण किया। वास्वत में इस्पात का उत्पादन किसी भी देश के औद्योगिक विकास का आधार हे। प्रथम महायुद्ध की अवधि में इस उद्योग के उत्पादन में वृद्धि हुई। युद्ध की आवश्यकताओं की पूर्ति के लिए लोहे एवं इस्पात की माँग में पर्याप्त वृद्धि हुई। आधुनिक युग में लोहा एवं इस्पात के विास हेतु सर्वप्रथम प्रयास 1830 में मद्रास में किया गया जो सफल नंही हो सका। भारत का सर्वप्रथम इस्पात कराखाने, टाटा आयरन एण्ड स्टील कम्पनी की स्थापना सन् 1911 में निजी क्षेत्र के अन्तर्गत विहार के जमशेदपुर नाम स्थापन पर अमरीका के सहयोग से की गयी। इसके पश्चात् बंगाल के बर्नपुर नाम स्थान पर *इण्डियन आयरन एण्ड स्टील कम्पनी* की स्थापना की गई। स्वतन्त्रता तक केवल ये दो कारखाने ही भारत में उत्पादन कर रहे थे। इसके अतिरिक्त मैसूर (कर्नाटक) में भद्रावती नामक स्थान पर 'मैसूर आयरन एण्ड स्टील वर्क्स' के नाम से एक छोटा कारखाना भी कार्यशील था।

स्वतन्त्रा के पश्चात् देश में उपलब्ध कच्चे लोहे के भण्डारों को देखते हुए निश्चित ही इस्पात उद्योग के पर्याप्त विकास करने की सभावना थी। लगभग एक दशक पश्चात् तीन स्टील कारखानों की स्थापना राउरकेला, भिलाई तथा दुर्गापुर नाम स्थानों पर क्रमश: जर्मन, सोवियत रूस तथा ब्रिटेन के सहयोगसे की गयी। 1973 में सरकार ने स्टील अथोरिटी आफ इण्डिया लि. की स्थापना करके इन कारखानों का प्रबन्ध इसे सौंप दिया। वर्तमान में निजी क्षेत्र में टाटा आयरन एण्ड स्टील कम्पनी लिमिटेड तथा सार्वजनिक क्षेत्र में इण्डियन आयरन एण्ड स्टील कम्पनी राउरकेला, भिलाई तथा दुर्गापुर एवं बोकारो इस्पात कारखानें उत्पादन के क्षेत्र में स्थापित हैं। एक छोटा कारखाना कर्नाटक के भद्रावती नामक स्थान पर ''विश्वेश्वरैय्या आयरन एण्ड स्टील कं.'' के नाम से और है जिसकी उत्पादन क्षमता एक-डेढ़ लाख टन की ही है। यह कारखाना भी सार्वजनिक क्षेत्र में ही है।

इस्पात उद्योग की वर्तमान स्थिति
(Present Position of Steel Industry)

इस समय भारत में विशाल एकीकृत लौह एवं इस्पात कारखानों की संख्या छ: है। इसमें ऐ_एक कारखाना टाटा आयरन एण्ड स्टील कम्पनी लि. (TISCO) निजी क्षेत्र में है। शेष सभी पांच बड़े कारखाने सार्वजनिक क्षेत्र की एक विशाल कम्पनी स्टील अथारिटी आफ इण्डिया लि. (SAIL)के अधीन हैं। ये पाच कारखाने भिलाई, दुर्गापुर, राउरकेला, बोकारो तथा बर्नपुर के अस्पात संयन्त्र हैं। इनमें से प्रथम चार संयन्त्र सेल (SAIL) की उप-इकाइयां हैं जबं बर्नपुर का कारखाना इण्डियन आयरन एण्ड स्टील कम्पनी लि. (IISCO) के स्वामित्व में है जो स्यं सेल की एक सहायक कम्पनी है। इसके अतिरिक्त सार्वजनिक क्षेत्र में तीन छोटेकारखाने और हैं, जो मिश्रित इस्पात बनाते हैं। ये हैं— एलोय स्टल प्लाण्ट, दुर्गापुर, सलेम स्टील प्लाण्ड (तमिलनाडु) तथा विश्व्सेश्वैरय्या आयरन एण्ड स्टील लि., (VISL) कर्नाटन तिनकी उत्पादन क्षमता क्रमश: 1.0 लाख, 2.20 लाख तथा 1.20 लाख टन की है।

सेल की स्थापना 1973 में एक धारक कम्पनी (Holding Company) के रूप में हुई थी। सन् 1978 में इसका पुनर्निमाण करके इसे इस्पात के क्षेत्र में एक एकीकृत तथा धारक कम्पनी का रूप दे दिया गया। सार्वजनिक क्षेत्र के समस्त बड़े कारखानों की स्थापित क्षमता इस्पात के पण्डिों (Steel Ingots) की 95 लाख टन तथा विक्रेय इस्पात (Saleable Steel) की 73 लाख टन की है।

निजी क्षेत्र में टिस्को (TISCO) की स्थापित क्षमता 20 लाख टन इस्पात पिण्डों की तथा 15 लाख टन विक्रेय-इस्पात की हैं। यह एशिया का इस्पात बनाने का एक बडा कारखाना है जिसमें सलाखों, गर्डर, चादर, रेल के डिब्बे, रेल की पटरियाँ तथा कांटेदार तार बनाये जाते हैं।

टाटा आयरन एण्ड स्टील कम्पनी (टिस्को) जमशेदपुर में स्थित है। कच्चे माल तथा जल प्राप्ति की दृष्टि से इस कारखाने की स्थिति अत्यन्त महत्वपूर्ण है। महत्वपूर्ण कोयला उतपादक क्षेत्र रानीगंज तथ झरिया यहां से केवल 216 किमी ही दूर है। दक्षिणी पूर्वी रेल मार्ग पर स्थित होने के कारण इसे परिवहन की श्रेष्ठ सुविधाएँ उपलब्ध हैं।

उपयुर्क्त के अतिरिक्त देश मं अनेक छोटे-छोटे इस्पात के कारखाने निंजी क्षेत्र में हैं, किन्तु ये इस्पात की कतरन (Scrap) अथवा बड़े कारखानों से इस्पात-पिण्डों को लेकर उसे बिजली की भट्टियों (Electric Furnaces) में गलाकर नाना प्रकार की वस्तुओं के रूप में उनका फ्रेबीकेशन करते हैं।

इस्पात के नवीन कारखाने

विशाखापत्तनम में इस्पात का एक नया कारखाना सोवियत रूस की सहायता से बन रहा है जो सन् 1987 में बन कर पूरा हो जायेगा। इसकी प्रस्तावित क्षमता 30 लाख टन को निर्धारित की गयी है, तथा इस पर लगभग 2,950 करोड़ रूपयों की पूँजी व्यय की जायेगी।

दो अन्य इस्पात के कारखानों के बारे में निर्णय लिया गया है, और इन पर निर्माण कार्य हो रहा है। ये कारखाने उड़ीसा के पारादीप में तथा कर्नाटक के *विजयनगरम* में स्थापित किये जायेंगे।

भारत में लोहा-इस्पात उद्योग की समस्याएँ एवं समाधान के सुझाव

(Problems of Iron and Steel Industry and Suggestions for Remedy)

इस्पात का उत्पादन किसी भी देश के औद्योगिक विकास का आधार माना जाता है यह एक आधारभूत उद्योग है जिस पर अन्य सभी उद्योगों का विकास निर्भर करता है। किसी भी देश के लिए इस्पात उद्योग औद्योगीकरण की आधारशिला के रूप में होता है। स्वतन्त्रता के पश्चात् तथा विशेष रूप में नियोजन काल में, इस उद्योग का यद्यपि पर्याप्त विकास किया गया; किन्तु आज भी अन्य विकसित देशों की तुलना में भारत का इस्पात उत्पादन बहुत ही कम है। उत्पादन की इस प्रवृत्ति के लिए इस्पात उद्योग के विकास मार्ग में बाधाएँ उत्तरदायी हैं। इस्पांत उद्योग की प्रमुख समंस्याएँ निम्न प्रकार हैं:

1. **नवीन क्षमताओं का विकास** (Creation of New Capacities)— इस्पात उद्योग के समक्ष सबसे प्रमुख समस्या नवीन क्षमता के विकास तथा वर्तमान क्षमता के पूर्णतः उपयोग की हैं। द्वितीय पंचवर्षीय योजना में तीन नये कारखानों की स्थापना करके नवीन क्षमताओं का विकास देश में किया गया। तृतीय पंचवर्षीय योजना एवं उसके बाद के वर्षों में नवीन कारखानों की स्थापना न की जा सकी। चतुर्थ पंचवर्षीय योजना में बोकारो के कारखाने के प्रथम चरण को पूरा किया गया।

2. **निर्यात एवं आयात व्यापार** (Export Import Trade)— भारतीय अर्थ व्यवस्था में लोहा तथा इस्पात उद्योग को महत्वपूर्ण स्थान प्राप्त होने के बावजूद भी सन् 1971-72 के बाद इस्पात के आयोतों में निरन्तर वृद्धि हुई है जबकि इस्पात के निर्यातों में पर्याप्त वृद्धि नहीं की जा सकी है। इस्पात उद्योग एक आधारभूत उद्योग होने के कारण देश में उत्पादन मांग के अन्तर को भारी मात्रा में आयात करके पूरा किया जाता है।

इस समस्या के समाधान के लिए इस्पात उद्योग की निर्धारित क्षमता का पूरा उपयोग करने का प्रयास किया जाना चाहिए। इस्पात कारखानों को पर्याप्त मात्रा में कच्चा माल उपलब्ध करवाने का प्रयास करना चाहिए। श्रमिकों को भी आधारभूत उद्योग होने के नाते राष्ट्र निर्माण में अपना पूरा सहयोग देकर विदेशी मुद्रा की बचत में सहयोग देना चाहिए।

3. **उत्तम कोयले की समस्या** (Problem of Good Quality of Coal)— उत्तम किस्म के कायले की पूर्ति पर्याप्त मात्रा में होना इस उद्योग के सफल संचालन के लिए आवश्यक है। पिछले कुछ वर्षों में इस्पात कारखानों की कोयले की मांग तथा उसकी पूर्ति में काफी अन्तर रहा है। इस अन्तर ने इस्पात उत्पादन को बुरी तरह से प्रभावित किया है। कई बार तो ऐसी स्थिति का सामना इस उद्योग को करना पड़ा है; जबकि कोयले का स्टॉक कुछ दिनों का ही रह गया। कोयले की समस्या के कारण सार्वजनिक इस्पात के कारखानों को भारी नुकसान उठाना पड़ा।

इस्पात उद्योग की इस समस्या के समाधान के लिए कई स्थानों पर कोयले धाने के संयन्त्र (Coal Washeries) स्थापित किये गये। इनमें साधारण किस्म के कोयले की धुलाई करके उन्हें इस्पात उद्योग के उपयुक्त बनाये जाने के प्रयास किये जाते हैं। इस्पात उद्योग को भविष्य में इस बात के प्रयार करने चाहिए कि कोयला खानों पर उनका स्वयं का नियन्9ण हो, इससे कायले की उपयुत पूर्ति प्रणाली स्थापित की जा सकेगी। सन् 1981 में विदेशों से भी उत्तम किस्म के कोयले के आयात का निर्णय किया गया है। छठी योजना की अवधि में प्रतिवर्ष बीस से तीस लाख टन कोकिंग कोयले का आयात किया जाना था।

4. **परिवहन की समस्या** (Problem of Transport)— इस्पात उद्योग के लिए यातायात के उत्तम, शीघ्र एवं सस्ते साधनों का होना अत्यन्त आवश्यक है। उद्योग के लिए अनेक आवश्यक भारी पदार्थों का परिवहन कराखाना स्थल तक निरन्तर होता रहना चाहिए। ये सभी पदार्थ ऐसे हैं जो अतिभार खोने वाले पदार्थों (High Weight Losing Materials) की श्रेणी में आते हैं। हमारे इस्पात काखानों को जल परिवहन की सुविधाओं का लाभ प्राप्त नहीं है। परिवहन की कठिनाई कारखाना-स्थल (Plant-site) पर आवश्यक पदार्थों की अनवरत पूर्ति (Constant Supply Line) में व्यवधान उत्पन्न करती है। सन् 1972-73 के बाद भारत में ऐसी स्थिति आ चुकी है।

श्रम समस्याओं के समाधान के लिए यह आवश्यक है कि श्रमिकों तथा प्रबन्धकों के मध्य मधुर सम्बन्ध स्थापित करने के प्रयास किये जाएँ। वेतन नीति को मूल्य सूचकांक से जोड़कर श्रमिकों को किसी निश्चित अवधि के दौरान हड़ताल या धीरे कार्य करने की नीति नहीं अपनानी चाहिए। पहले से कार्य कर रही संयुक्त वेतन समझौता समिति (Joint Wage Netotiating Committee) के कार्य को अत्यन्त प्रभावशाली बनाये जाने के प्रयास किये जाने चाहिए।

5. पूंजी लागतों में वृद्धि (Increasein Capital Cost)— पिछले डेढ़ दशक में नवीन कारखानों को स्थापित करने के मार्ग में सबसे बड़ी समस्या पूँजीगत व्ययों की अधिकता रही है। परियोजना लागतें (Projects Costs) इतनी बढ़ चुकी हैं कि अब 3 मिलियन टन से कम के नये स्टील प्लाण्ट की स्थापना करना आर्थिक दृष्टि से लाभदायक नहीं रह गया है। एक स्टील प्लाण्ट की स्थापना योजना बनाने से लेकर उसके निर्माण कार्य को पूरा करने और उत्पादन प्रारम्भ करने की स्थिति तक लाने में आठ से दस वर्षों का समय लग जाता है। अत: परियोजना लागतों में वृद्धि के लिए विलम्बित निर्माण काल भी एक प्रमुख कारण रहा है।

इस्पात उद्योग की बढ़ती हुई पूँजी लागतों पर नियन्त्रण के लिए आवश्यक प्रयास करने चाहिए। परियोजना-प्रतिवेदन (Project Report) को तैयार करते समय वैकल्पिक लागतों का अध्ययन कर, कम तथा उत्तम लागतों का प्रयोग करना चाहिए। परियोजना-प्रतिवेदन में परियोजना लागतों के निर्धारणों में विदेशी विशेषज्ञों से परामर्श लेने के प्रयास करने चाहिए।

6. कच्चे माल के मूल्यों में वृद्धि (Increasein Price of Raw Material)— इस्पात उत्पादन में प्रयुक्त होने वाले कच्चे मालों के मूल्यों में तेजी से वृद्धि हो रही है जिससे इस्पात की प्रति टन उत्पादन लागत में निरन्तर वृद्धि हो रही है। इस्पात उत्पादन में प्रयुक्त कच्चे माल के मूल्यों में सन् 1981-82 की तुलना में 1985-86 में सर्वाधिक वृद्धि रांगा तथा जस्ता के मूल्य में हुई है। कच्चा लोहा, डोलोमाइट चूना पत्थर तथा कोयला आदि इस्पात उत्पादन में प्रयुक्त किये जाने वाले प्रमुख कच्चे मालों के मूल्य में भी वृद्धि महत्वपूर्ण है। यदि मूल्य वृद्धि का यह क्रय निरन्तर चलता रहा तो इस्पात के विक्रय मूल्य में भी वृद्धि होगी। अत: इस्पात उत्पादन में प्रयुक्त किये जाने वाले कच्चे माल की मूल्य वृद्धि पर नियन्त्रण रखा जाना चाहिए।

7. इस्पात की उत्पादन लागत में वृद्धि (Rise in Cost of Production of Steel)— इस्पात उत्पादन में प्रयुक्त किये जाने वाले कच्चे माल के मूल्य तथा अन्य खर्चों में वृद्धि के कारण इस्पात की उत्पादन लागत में निरन्तर वृद्धि हो रही है। फरवरी 1985 में इस्पात के मूल्यों में संशोधन किया गया जिसके पश्चात से अब तक इस्पात की उत्पादन लागत में 640 रूपये प्रति टन की वृद्धि हुई है।[1]

8. इस्पात के मूल्यों में वृद्धि (Rise in Price of Steel)— इस्पात के मूल्यों में विगत वर्षों के दौरान महत्वपूर्ण वृद्धि हुई है। इससे इस्पात की माँग में कमी तथा फलस्वरूप उत्पादन में कमी हुई है। इस्पात एक आधारभूत वस्तु है जिसके उत्पादन तथा मूल्य पर अनेक उद्योगों का विकास निर्भर करता है। अत: यदि इस्पात के मूल्यों में वृद्धि होगी तो उस पर

आश्रित उद्योगों के उत्पादों (Products) में भी वृद्धि होगी तथा परिणामतः सम्पूर्ण अर्थव्यवस्था में मूल्य वृद्धि की समस्या उत्पन्न हो जायेगी।

9. क्षमता के अपूर्ण उपयोग की समस्या (Problem of Low Capacity Utilisation)— क्षमता के अपूर्ण उपयोग की इस्पात कारखानों में प्रमुख समस्या है सार्वजनिक क्षेत्र के सभी इस्पात कारखानें अपनी निर्धारित क्षमता से काफी नीचे कार्य कर रहे हैं। शक्ति के साधनों एवं कच्चे माल की अपर्याप्त तथा गुणवत्ता, श्रम समस्याओं, आधुनिकीकरण के अभाव में प्रत्येक कारखाना अपनी निर्धारित क्षमता से कम उत्पादन कर रहे हैं जिससे प्रति टन इस्पात की लागत अधिक आती है। अतः क्षमता के पूर्ण प्रयोग किये जाने के हर सम्भव प्रयास किये जाकर लागत में कमी तथा उत्पादन में वृद्धि की जानी चाहिए।

10. मांग व उपलब्धता में अन्तर (Gap in Availability and Demand of Steel)— भारत में इस्पात की मांग की तुलना में उपलब्धता बहुत कम है। यह अन्तर निरन्तर बढ़ता जा रहा है 1983-84 में यह अन्तर 13.5 लाख टन था, जो 1985-86 में 9 लाख टन हो गया। ऐसा अनुमान लगाया गया है, कि 1986-87 में इस्पात की मांग तथा उपलब्धता में अन्तर 5.2 लाख टन रह जायेगा।

इस समस्या के समाधान के लिए इस्पात का उत्पादन बढ़ाया जाना चाहिए इस्पात के वितरण की नीति को विवेकपूर्ण बनाया जाना चाहिए।

11. प्रशिक्षित कर्मचारियों की समस्या (Problem of Trained Employees)— कर्मचारियों की वर्तमान कार्य-क्षमता में सुधार तथा उनके बौद्धिक विकास के लिए प्रशिक्षण की आवश्यकता होती है। प्रथम योजना के बाद सार्वजनिक क्षेत्र के तीन विशाल कारखानों के लिए आवश्यक इंजीनियर एवं अन्य श्रमिकों को अंशतः भारत में तथा अन्य देशों में प्रशिक्षण दिया गया। इस उद्योग ने पिछले वर्षों में पर्याप्त दक्षताओं का विकास करने में सफलता प्राप्त की है लेकिन इस्पात उद्योग के विकास तथा भारतीय अर्थ-व्यवस्था में उसके महत्व की तुलना में प्रशिक्षण सुविधाएँ कम ही रही हैं। राउरकेला, भिलाई, एवं दुर्गापुर, इन तीनों कारखानों में तकनीकी प्रशिक्षण संस्थानों (Technical Training Institute) की स्थापना की गयी है। इन सब प्रयासों के बावजूद भी इस्पात उद्योग के लिए अनुकूल प्रशिक्षण का अभाव हैं।

प्रशिक्षण सम्बन्धी समस्याओं के सामधान के लिए कार्मिक विभाग (Personnel Department) द्वारा प्रशिक्षण हेतु समन्वित नीति बनानी चाहिए। कर्मचारियों को एक निश्चित अवधि के पश्चात् प्रशिक्षण दिये जाने की उचित व्यवस्था होनी चाहिए। प्रशिक्षण प्राप्त कर्मचारियों को मौद्रिक लाभ प्रदान करने तथा पदोन्नति देने के प्रावधान होने चाहिए। इस्पात उद्योग को विकास व्यय में प्रशिक्षण के लिए उचित व्य करने का प्रावधान भी करना चाहिए।

12. प्रबन्धकीय समस्याएं (Managerial Problems)— हमारे इस्पात के कारखानों द्वारा सफलता के आशातीत स्तर तक न पहुंच पाने का एक प्रमुख कारण इनका दोषपूर्ण प्रबन्ध भी रहा है। प्रारम्भ में प्रबन्ध विज्ञान में पर्याप्त व्यक्तियों के अभाव में अनेक

ऐसे व्यक्तियों को इनकी प्रबन्ध व्यवस्था का दायित्व सौंपा गया; जिन्हें व्यावसायिक अथवा औद्योगिक प्रबन्ध के क्षेत्र का कोई अनुभव नहीं था। इसके अतिरिक्त सार्वजनिक इस्पात कारखानों में उच्च प्रबन्ध (Top Management) सदैव राजनीति से प्रभावित रहा है। प्रबन्धकीय समस्याओं ने सार्वजनिक क्षेत्र के इस्पात कारखानों की उत्पादन क्षमता तथा लाभदायकता दोनों को प्रभावित किया है।

चीनी उद्योग
(Sugar Industry)

भारत गन्ने का विश्व में सबसे बड़ा उत्पादक देश है। गन्ने से शक्कर बनाने की प्रक्रिया सर्वप्रथम भारत में ही ज्ञात की गयी थी। इसी महत्व के कारण भारत के संगठित उद्योग में चीनी उद्योग का महत्वपूर्ण स्थान है। यह एक उपभोक्ता उद्योग (Consumer Industry) है जिसके विकास एवं पिछड़ेपन का प्रभाव अन्य क्षेत्रों पर भी पड़ना स्वाभाविक है। चीनी उद्योग का महत्व भारत में केवल उपभोक्ता उद्योग होने के कारण ही नहीं वरन् देश के एक महत्वपूर्ण रोजगार प्रदान करने वाले उद्योग के कारण भी है। इसके अतिरिक्त इस उद्योग से उत्पन्न होने वाले उप-पदार्थों (By-Products) कई उन्य उद्योग भी आस-पास के क्षेत्रों में विकसित होने की प्रवृति रखते हैं। इस प्रकार चीनी उद्योग में औद्योगिक विकास को आगे बढ़ाने की भी क्षमता है।

भारत में चीनी के आधुनिक कारखानों की स्थापना सन् 1903 से प्रारम्भ हुई, किन्तु सन् 1930 तक अत्यन्त धीमी प्रगति रही और देश में केवल 30 चीनी मिलों की ही स्थापना की जा सकी। लेकिन 1932 में संरक्षण प्रात हो जाने के पश्चात् से भारत में चीनी मिलों की संख्या में वृद्धि होने लगी। अगस्त सन् 1939 में द्वितीय विश्वयुद्ध प्रारम्भ हो जाने के कारण चीनी की मांग में वृद्धि होने लगी तथा चीनी मिलों की हालत सुधरने लगी। स्वतन्त्रा के बाद सन् 1947 में महात्मा गांधी के आग्रह पर सरकार ने चीनी पर से नियन्त्रण हटा लिया, किन्तु इससे चीनी के मूल्यों में इतनी वृद्धि हो गयी कि सन् 1948 में पुनः नियन्त्रण लागू करना पड़ा। तब से लगाकर आज तक किसी न किसी रूप में चीनी पर नियन्त्रण लगातार रहा है तथ उत्पादन में वृद्धि की तुलना में माँग कम होने वाली वृद्धि अधिक रहने के कारण देश में प्रायः निरन्तर चीनी की समस्या बनी रही।

भारत में चीनी उद्योग की वर्तमान स्थिति
(Present Position of Sugqr Industry in India)

भारत में चीनी उद्योग की वर्तमान स्थिति को निम्न शीर्षकों के अन्तर्गत स्पष्ट किया जा सकता है।

1. **चीनी मिलों की संख्या** (Number of Sugar Mills)— भारत में वर्तमान में चीनी मिलों की संख्या 359 है इसमें 65 प्रतिशत मिलें उत्तर प्रदेश तथा बिहार राज्य में स्थित हैं। शेष चीनी मिलें महाराष्ट्र, आन्ध्र प्रदेश, तमिलनाडु तथ कर्नाटक में हैं।

2. **चीनी का उत्पादन** (Production of Sugar)— भारत में वर्तमान में चीनी का उत्पादन 75 लाख टन है। अनुमान है कि वर्ष 1986-87 में चीनी का उत्पादन 84 लाख टन तक पहुँच जायेगा।

3. चीनी का उपभोग (Consumption of Sugar)— भारत में चीनी की वर्तमान खपत 75 लाख टन है। अनुमान है कि 1989-90 तक देश में चीनी की खपत 98 लाख टन हो जायेगी।[2] भारत में चीनी का प्रति व्यक्ति उपभोग 10.5 कि. ग्रा. है।

4. चीनी का निर्यात (Export of Sugar)— वर्ष 1884-85 में भारत द्वारा 0.4 लाख टन चीनी का निर्यात किया गया जिसका मूल्य 21.7 करोड़ रूपये था।

चीनी उद्योग की प्रमुख समस्याएँ तथा सुझाव

(Main Problems of Sugar Industry & Suggestions)

1. राष्ट्रीयकरण की समस्या (Problems of Nationalisation)— चीनी उद्योग के राष्ट्रीयकरण के सम्बन्ध में भारत सरकार की नीति अभी तक स्पष्ट नहीं है। अतः इस उद्योग का भावी विकास एक तरह से रूक गया है। भारत के उद्योगपति न तो चीनी के नए कारखाने स्थापित करने को प्रोत्साहित होते हैं न ही विद्यमान कारखानों की क्षमता बढ़ाने में रूचि रखते हैं। पूर्व में सरकार ने अनेक चीनी मिलों का यकायक राष्ट्रीयकरण करके सभी को आश्चर्यचकित कर दिया। अतः यह उपयुक्त होगा कि वह उद्योग के राष्ट्रीयकरण के सम्बन्ध में जल्दबाजी में कोई निर्णय न करे तथा इस सम्बन्ध में अपनी नीति भी स्पष्ट करें।

2. उत्तम कोटि के गन्ने की समस्या (Lack of Good Quality Cane)— चीनी मिलों को गन्ने के लिए सरकार द्वारा निर्धारित मूल्य चुकाना पड़ता है, जबकि प्रायः गन्ने की किस्म अपेक्षित स्तर की नहीं होती है। गन्ने की लागत चीनी की कुल उत्पादन लागत की 70 प्रतिशत तक होती है। भारतीय गन्ने की प्रति हैक्टेयर उपज तो अधिक है ही; साथ ही गन्ने में शक्कर का प्रतिशत भी अधिक है।

3. कम उपज (Low Crop)— भारत में गन्ने की प्रति हेक्टेयर उपज अन्य देशों की तुलना में बहुत कम है। अतः प्रति टन चीनी उत्पादन की लागत में निरन्तर वृद्धि हो रही है। अतः यह आवश्यक है कि उत्तम खाद का प्रयोग, खेतों की विधि में सुधार, अच्छे बीजों का प्रयोग तथा सिंचाई सुविधाओं का विस्तार करके गन्ने की प्रति हेक्टेयर उपज को बढ़ाया जाय।

भारतीय चीनी मिलों की उत्पादन क्षमता में वृद्धि करने के लिए यह आवश्यक है कि उन्हें उपलब्ध होने वाला गन्ना अच्छी किस्म का हो। इस प्रकार का गन्ना प्राप्त करके ही चीनी मिलें कम लागत पर पर्याप्त मात्रा में उत्पादन कर सकेंगी । गन्ना उत्पादन करने वाले किसानों को कृषि के उन्नत तरीकों से अवगत तथा रासायनिक खादों के प्रयोग के लिए प्रोत्साहित करना चाहिए। गन्ने के मूलय-निर्धारण को उसकी किस्म से जोड़ना चाहिए।

4. उप-पदार्थों के प्रयोग की समस्या (Problem of Use of Bye-Products)— गन्ने को काम में लेने के पश्चात् कई उप-पदार्थ (Bye-Products) बच जाते हैं जिनका अन्य कामों में लाभदायक उपयोग करके मुख्य उत्पादन की लागतों में कमी की जा सकती है। इन उप पदार्थों में छिलका (Bagasse), शीरा (Molasses) एवं तंलछट (Press Mud) प्रमुख होते हैं जिनका अनेक प्रकार से उपयोग किया जा सकता है। चीनी मिलों के पास इस प्रार के कारखाने स्थापित हो जायँ तो चीनी उत्पादन की लागतों (Cost) में कमी लायी जा सकती है।

चीनी की उत्पादन लागत को कम करने के उद्देश्य से चीनी उद्योगों के आस-पास इस प्रकार के उप-पदार्थों का उपयोग कर लेने वाले उद्योगों की स्थापना के प्रयास जिछले वर्षों में किये गये हैं। भविष्य में सरकार को इन क्षेत्रों में ऐसे उद्योगों के विकास हेतु उचित वातावरण बनाने का प्रयास करना चाहिए। उचित तो यह होगा कि चीनी उद्योग के विकास की योजना तैयार करते समय ही इस उद्योग के उप-पदार्थों का प्रयोग करने वाले उद्योगों के विकास की योजना भी बना ली जाय।

5. **चीनी मिलों का अनार्थिक आकार** (Uneconomic Size of Sugar Mills)— भारत में अनेक मिलें आर्थिक आकार की नहीं हैं। छोटे आकार के कारण उत्पादन लागत अधिक बैठती है। पूँजीगत (Capital) एवं अन्य लागतों को बराबर करने के लिए यह आवश्यक है कि चीनी मिलों की दैनिक गन्ना पेरने की क्षमता कम से कम 1,250 टन की हो। दक्षिणी राज्यों में जो नये कारखाने स्थापित किये गये हैं उनमें आर्थिक आकार का ध्यान रखा गया है, किन्तु उत्तर भारत की अनेक चीनी मिलों का आकार छोटा है। ऐसी अने बीमार मिलों (Sick Mills) की भांति कार्य करती रही हैं।

चीनी मिलों की संख्या ही नहीं, बल्कि उनमें होने वाली उत्पादन की मात्रा महत्वपूर्ण होती हे। अतः भविष्य में चीनी के उत्पादन लक्ष्य निर्धारित करते समय बीमार मिलों को आर्थिक बनाने की समस्या पर भी विचार करना चाहिए। बीमार मिलों का यदि आवययक हो तो सरकार द्वारा राष्ट्रीयकरण (Nationalisation) कर लिया जाना चाहिए। यदि सम्भव हो तो इन अनार्थिक इकाइयों का स्वस्थ आर्थिक इकाइयों के साथ विलीनीकरण भी किया जा सकता है।

6. **मिलों का अवैज्ञानिक वितरण** (Non-Scientific Distribution of Sugar Mills)— भारत में चीनी मिलों का वितरण अत्यन्त ही अवैज्ञानिक है। अधिकांश चीनी मिलें उत्तर प्रदेश व बिहार राज्यों में स्थित हैं जिनका भौगोलिक वितरण ठीक नहीं है। कुछ मिलें तो गन्ना उत्पादक क्षेत्रों के इतनी निकट हैं कि जिन्हें गन्ना प्राप्त करने के लिए कठोर प्रतिस्पर्द्धा करनी पड़ती है जबकि शेष मिलें बहुत दूर स्थित होने के कारण गन्ना ले जाने में व्यय अधिक पड़ता है। इसके अतिरिक्त देश की अधिकांश चीनी मिलें उत्तरी भारत में स्थित हैं जबकि दक्षिणी भारत में चीनी उद्योग के लिए स्थिति अधिक अनुकूल है।

7. **आधुनीकरण की समस्या** (Problem of Modernisation)— उत्तर भारत की अनेक मिलों के संयन्त्र 50 वर्षों से भी अधिक पुराने हो चुके हैं; जिनके स्थान पर नये आधुनिक संयन्त्रों एवं उपकरणों को स्थापित करने की आवश्यकता है। इस समय भारत में लगभग पचास प्रतिशत चीनी मिलों के सयन्त्र 30 वर्ष या इससे अधिक पुराने हैं। सन् 1965 में नियुक्त चीनी जांच आयोग (Sugar Industry Commission) के अनुसार चीनी मिलों के आधुनीकरण के लिए 70 करोड़ रूपये की आवश्यकता क अनुमान लगाया गया था। तब से अब तक चीनी मिलों में प्रयुक्त होने वाली मशीनों की कीमतों में बहुत अधिक वृद्धि हो चुकी है। अत. अब इन मिलों के आधुनीकरण की समस्या काफी कठिन हो गयी है।

चीनी के महत्व को देखते हुए सरकार को चीनी मिलों के आधुनीकरण पर पर्याप्त ध्यान देना चाहिए। जैसा कि प्रारम्भ में स्पष्ट किया जा चुका है कि भारत में चीनी उत्पादन का इतिहास अति प्राचीन है। अतः चीनी मिलों में प्रयुक्त मशीनों द्वारा आधुनीकिकरण की मांग

उचित जान पड़ती है। भारत के आद्योगिक विकास बैंक (IDBI) एवं अन्य वित्तीय निगमों द्वारा पांच प्रमुख उद्योगों के आधुनीकिकरण के लिए उदार शर्तों पर वित्तीय सहायता देने की जो योजना बनायी गयी हे, उससे चीनी उद्योग को भ लाभ हो रहा है।

8. **छोटा आकार** (Small Size)— भारत में बड़े आकार की चीनी मिलों के अतिक्ति अनेक छोटे आकार की चीनी मिलें भी हैं इनकी उत्पादन क्षमता इतनी कम है कि जिसे उपयुक्त नहीं कहा जा सकता। अत: कोई योजना बनाकर इन मिलों का विस्तार किया जाना चाहिए। जिससे ये उत्पादन में रचनात्मक योगदान दे सकें।

9. **ऊंची उत्पादन लागतें एवं मूल्यों में वृद्धि** (Higher Production Costs and Increasing in Prices)— गन्ने के मूल्यों में वृद्धि, श्रमिकों के वेतनों, भत्तो, बोनस आदि में वृद्धि तथा सरकार द्वारा लगाये गये करों आदि में वृद्धि के कारण चीनी के मूलयों मे पर्याप्त वृद्धि हो चुकी है। चीनी पर उत्पादन करों की वृद्धि के कारण पिछले दस वर्षों में पर्याप्त वृद्धि हुई है। इसके अतिरिक्त राज्य सरकारों द्वारा भी अनेक उप-कर (Cess) इस उद्योग पर लगाये जा चुके हैं जो चीनी की उत्पादन लागतों एवं मूल्यों को बढ़ा देते हैं।

यदि चीनी मिलों द्वारा स्थापित क्षमताओं का पूरा उपयोग किया जाय तो उत्पादन लागतों में निश्चत रूप से कमी लायी जा सकती है। विश्व बाजार में चीनी के मूल्यों की तुलना में भारत में चीनी उत्पादन की लागतें अधिक हें। लागतों में कमी करने के लिए उत्पादन के मार्ग में आने वाले अवरोधों को दूर करना, उत्पादन प्रक्रिया में होने वाले उपव्यय को समाप्त करके उप-पदार्थों के पूर्ण उपयोग की प्रभावी योजना बनाना आवश्यक है।

10. **वितरण एवं वैधानिक नियन्त्रण** (Distribution and Legal Control)— चीनी के वितरण एवं मूल्यों पर सन् 1966 से आंशिक नियन्त्रण लागू रहा है। कुल उत्पादन का 65 प्रतिशत मिलों को सरकार को देना होता है जो सस्ते मूल्य की दुकानों द्वारा राशन कार्डों पर वितरित किया जाता है। राशन की चीनी एवं खुले बाजार में मिलने वाली चीनी के भावों में पर्याप्त अन्तर रहा है। चीनी के वितरण पर प्रभावशाली नियन्ण के अभाव में उपभोक्ता को चीनी का ऊँचा मूल्य देना पड़ रहा है।

सरकार द्वारा चीनी के वितरण पर नियन्त्रण स्थापित करने के लिए यह आवश्यक हे कि वधानिक नियन्त्रणों की मात्रा कम की जाय। पिछला अनुभव इस तथ्य का प्रमाण है कि चीनी के वितरण पर जितने अधिक वैधानिक नियन्त्रण लगाये गये हैं उतनी ही अधिक इसके वितरण में अनियमितताओं में वृद्धि हुई है। अत: भारत सरकार ने अपनी नीति में संशोधन करके जून 1981 में विदेशों से 2 लाख टन चीनी के आयात का निर्णय लिया, ताकि चीनी के ऊंचे मूल्यों को और अधिक बढ़ने से रोका जा सके। चीनी की प्रति व्यक्ति उपलब्धि सन् 1978-79 में 9.7 किलोग्राम थी जो घटकर 1979-80 में 8.0 किलोग्राम तथा 1984-85 में बढ़कर 10.5 किग्रा हो गयी। आर्थिक विकास एवं जीवन-यापन के स्तर में सुधार के साथ-साथ आने वाले वर्षों में चीनी की मांग में वृद्धि होना अवश्यम्भावी है। इसे पूरा करने के लिए एक व्यावहारिक नीति का प्रतिपादन करना आवश्यक है।

वर्तमान समय में लोक क्षेत्र का निजीकरण अत्यन्त बहुचर्चित विषय है। निजीकरण का अर्थ अनेक प्रकार से व्यक्त किया जाता है। संकुचित दृष्टि से निजीकरण का अभिप्राय

सार्वजनिक स्वामित्व के अन्तर्गत कार्यरत उद्योगों में निजी स्वामित्व के प्रवेश से लगाया जाता है। विस्तृत दृष्टि से निजी स्वामित्व के अतिरिक्त (अर्थात स्वामित्व के परिवर्तन किये बिना भी) सार्वजनिक उद्योगों में निजी प्रबन्ध एवं नियन्त्रण के प्रवेश से लगाया जाता है, निजीकरण की उपर्युक्त दोनों विचारधाराओं का अध्ययन करने के पश्चात यही अधिक उपयुक्त प्रतीत होता है कि निजीकरण को विस्तृत रूप में ही देखा जाना चाहिये। यह भी सम्भव है कि सार्वजनिक क्षेत्र से निजीक्षेत्र को सम्पत्ति के अधिकारो का हस्तान्तरण बिना विक्रय के ही हो जाये। तकनीकी दृष्टि से इसे अविनियम (Deregulation) कहा जा सकता है जिसका आशय यह है कि जो क्षेत्र अब तक सार्वजनिक क्षेत्र के लिए आरक्षित थे उनमें अब निजी क्षेत्र के प्रवेश की अनुमति दे दी जायेगी। अन्य स्पष्ट शब्दों में निजीकरण एक ऐसाी प्रक्रिया है जिसके अन्तर्गत एक नवीन औद्योगिक संस्कृति का विकास होता है- सार्वजनिक क्षेत्र से निजी क्षेत्र की तरफ कदम बढ़ाया जाना।

आर्थिक सुधारों के सन्दर्भ में निजीकरण का अर्थ है सार्वजनिक क्षेत्र के लिए सुरक्षित उद्योगों में से अधिक से अधिक उद्योगों को निजी क्षेत्र के लिए खोलना। इसके अंतर्गत वर्तमान सार्वजनिक क्षेत्र के उद्यमों को पूरी तरह या उसके एक हिस्से को निजी क्षेत्र को बेच दिया जाता है।

''निजीकरण वह सामान्य प्रक्रिया है जिसके द्वारा निजी क्षेत्र किसी सरकारी उद्यम का स्वामी बन जाता है अथवा उसका प्रबन्ध करता है।''

निजीकरण की आवश्यकता मुख्य रूप से सार्वजनिक क्षेत्र के अकुशल होने के कारण अनुभव की गई। भारत के सार्वजनिक क्षेत्र के अधिकतर उद्यम हानिवहन उठा रहे थे। इसका मुख्य कारण यह था कि सार्वज़निक क्षेत्र के प्रबन्धकों को निर्णय लेने की स्वतन्त्रता बहुत कम होती है। इस क्षेत्र के उद्यमों से संबंधित अधिकतर निर्णय मन्त्रियों द्वारा लिये जाते हैं जो निर्णय लेते समय अपने राजनीतिक हितों का अधिक ध्यान रखते हैं। इसके फलस्वरूप निर्णय लेने में अनावश्यक विलम्ब होता है, उत्पादन क्षमता का पूरा प्रयोग सम्भव नहीं होता है।, प्रबंधक पूरी जिम्मेदारी से कार्य नहीं करते इसलिए उत्पादकता कम हो जाती है। ये तत्व सार्वजनिक क्षेत्र को अकुशल बना रहे थे। निजीकरण के फलस्वरूप अर्थव्यवस्था की कुशलता में वृद्धि होगी, प्रतियोगिता बढ़ेगी उत्पादन की गुणवत्ता तथा विविधता में वृद्धि होगी। इसका उपभोगताओं को विशेष रूप से लाभ होगा।

निजीकरण के तर्क
(Rationale of Privatisation)

भारत में स्वतन्त्रता के शीघ्र पश्चात् तथा आर्थिक नियोजन के प्रारंभिक चरण में भारी उद्योगों के लिए काफी बड़ी मात्रा में निवेश की आवश्यकता अनुभव कि गयी। अत: आधारभुत तथा भारी उद्योगों स्थापना सार्वजनिक क्षेत्र में की गई। समाजवादी समाज की स्थापना के भी सर्वथा अनुकूल था। निजी क्षेत्र के पास भारी तथा आधारभूत उद्योगों के विकास हेतु विशेषज्ञता का भी नितान्त अभाव था। इसके अतिरिक्त तात्कालिन परिस्थितियों में निजी उद्यमों के पास विशाल वित्तीय साधन तथा धैर्य का भी नितान्त अभाव था। अर्थशास्त्रियों तथा राजनितीज्ञों द्वारा सार्वजनिक क्षेत्र के विस्तार तथा विकास के सम्बन्ध में एक स्वर में यह आवाज बुलन्द थी कि केवल सार्वजनिक क्षेत्र का विस्तार ही राष्ट्रिय

अर्थव्यवस्था का ऊँचाइयों तक ले जाने में सक्षम है। तब से अब तक भारत में निजी क्षेत्र ने एक लंबी यात्रा पूर्ण कर ली है और अब वह राष्ट्रीय अर्थव्यवस्था में काफी बड़ी भूमिका निभाने में सक्षम है। किन्तु विगत कुछ वर्षो में गिरती हुयी लाभदायकता, गुणवत्ता में गिरावट, रूगणता की प्रवृत्ति में वृद्धि के कारण सार्वजनिक उपक्रमों का जो नवीन स्वरूप उभर कर सामने आया है उससे इन उद्योगों के भविष्य के सम्बन्ध में संदेह व्यक्त करता है।

जो लोग निजीकरण के पक्ष में तर्क देते हैं, उनका कहना है कि भारत में सार्वजनकि क्षेत्र के ज्यादातर उद्यम घाटे में हैं, अकार्यकुशलता, जवाबदेही और स्वायत्तता की कमी से ग्रस्त हैं और वे काफी लम्बे समय से बीमार है। सार्वजनिक उद्यम, उनसे जो आशा की गई थी उन समस्याओं का समाधान प्रस्तुत नहीं कर सके हैं। इसकी बजाय, वे स्वयं ही समस्या बन गए हैं। इन सबके परिणामस्वरूप ही निजीकरण की माँग उठी है, यह माँग इस विश्वास पर आधारित है कि शायद निजीकरण सार्वजनिक क्षेत्र को उसकी सब समस्याओं से छुटकारा दिला सकेगा।

निजीकरण के उपाय

(Measures of Disinvestment)

विश्व के विभिन्न राष्ट्रों द्वारा अपनी राष्ट्रीय अर्थव्यवस्था अथवा राष्ट्रीय परिस्थितियों के अनुकूल निजीकरण के विभिन्न उपाय अपनाये जाते हैं। सार्वजनिक क्षेत्र के निजीकरण हेतु प्रमुखतः तीन उपाय अपनाये जाते हैं इनका संक्षिप्त विवरण निम्न प्रकार है :

(1) स्वामित्व सम्बन्धी उपायों के अन्तर्गत सार्वजनिक उपक्रमों के स्वामित्व का हस्तान्तरण , पूर्णतया या आंशिक रूप में किया जाकर निजीकरण की प्रक्रिया पूरी की जाती है। जितने अधिक सार्वजनिक क्षेत्र के उद्योगों का सवामित्व हस्तान्तरण किसी व्यक्ति, उद्यम या निगम क्षेत्र को किया जाता है उतनी ही अधिक मात्रा में निजीकरण होगा। स्वामित्व हस्तानान्तरण सम्बन्धी उपाय के निम्नलिखित रूप हो सकते हैं –

(i) पूर्ण अराष्ट्रीयकरण के अन्तर्गत किसी सार्वजनिक क्षेत्र के उद्यम का स्वामित्व निजी क्षेत्र को शत प्रतिशत हस्तानान्तरण हो जाता है।

(ii) साझा उपक्रम का आशय सार्वजनिक उपक्रम के स्वामित्व का निजी क्षेत्र को आंशिक रूप से हस्तनान्तरण है। यह आंशकि हस्तानान्तरण अभिसीमा 25 से 50 प्रतिशत या इससे भी अधिक हो सकती है। वस्तुतः इस सीमा का निर्धारण उद्यम के स्वरूप तथा राजकीय नीति पर निर्भर करता है।

(iii) परिसमापन सार्वजनिक उपक्रमों की परिसम्पत्तियों का किसी अन्य को विक्रय करने से है। सम्पत्ति प्राप्त करने वाला जो इन सम्पत्तियों को उसी उद्देश्य के लिए या अन्य किसी उद्देश्य के लिए प्रयोग करने हेतु स्वतन्त्र होत हैं। सामान्यतः सम्पत्तियों के प्रयोग का निर्णय क्रेता की प्राथमिकता पर निर्भर करता है।

(iv) प्रबन्ध क्रय सार्वजनिक उपक्रमों के निजीकरण का एक विशेष रूप है। इसके अन्तर्गत कर्मचारियों को सम्पत्तियों का विक्रय कर दिया जाता है। सम्पत्तियों को क्रय करने के लिये बैंकों इत्यादि से उचित ऋण प्रदान किये जाने की व्यवस्था रहती है। कर्मचारी

उपक्रम की सम्पत्तियों का क्रय करके उपक्रम का संचालन करते हैं। उपक्रम को चलाने के लिये कर्मचारी सहकारी समिति भी स्थापित कर सकते हैं। ऐसी स्थिति में कर्मचारी अपनी मजदूरी के अतिरिक्त स्वामित्व लाभांश में हिस्सेदारी के हकदार बन जाते हैं।

(2) संगठनात्मक उपायों के अन्तर्गत सार्वजनिक उपक्रमों के निजीकरण को प्रोत्साहित करने की दृष्टि से उन पर स्थापित राजकीय नियन्त्रण को शिथिल अथवा सीमित करने के लिये प्रयास किये जाते हैं। इन प्रयासों की क्रियान्विती निम्न रूपों में संभव हैं :

(i) नियन्त्रक कम्पनी के अन्तर्गत एक ऐसे प्रबन्धकीय ढाँचे का विकास किया जाता है जिसके अन्तर्गत सरकार सार्वजनिक उपक्रमों के प्रबन्ध में अपना नियन्त्रण हस्तक्षेप उच्च स्तर के निर्णयों तक सीमित कर देती है। इसके अतिरिक्त नियन्त्रण कम्पनी ढाँचे में कार्य कर रही कम्पनियों को बाजार शक्तियों की परिसीमा में निर्णय करने में पर्याप्त स्वायत्ता रहती है।

(ii) पट्टे पर देना के अन्तर्गत सार्वजनिक क्षेत्र के उपक्रम द्वारा उपक्रम का प्रबन्ध स्वयं के हाथों में ही सुरक्षित रखते हुए उसका कार्य संचालन किसी निजी बोली लगाने वाले को निश्चित समय के लिये हस्तान्तरित कर दिया जाता है। इसके अन्तर्गत कोई बोली लगाने वाला एक निश्चित अवधि के लिए उपक्रम का कार्य संचालक बन जाता है। परन्तु उसे समझोते को अन्तिम रूप देने से पूर्व राज्य सरकार को एक हलफनामा देना पड़ता है कि वह उपक्रम द्वारा जनित लाभ कि कितनी मात्रा को राज्य को हस्तान्तरित करेंगें। इसके अतिरिक्त बोलीकर्त्ता को उन उपायों के सम्बन्ध में भी राज्य को आश्वस्त करना होगा जिन्हें वे उपक्रम के कार्य संचालन हेतु अपनायेंगें। सरकार बोली लगाने वाले द्वारा यदि सरकारी प्रत्याक्षा को पूरा नहीं किया जाता अथवा समझौते का उल्लंघन किया जाता है तो बोली को समाप्त कर इसे किसी बूरारे बोलीकर्त्ता को देने का अधिकार होगा।

(iii) सार्वजनिक क्षेत्र के उपक्रमों को बाजार अनुशासन के अन्तर्गत लाने के लिये यह आवश्यक है कि इन उपक्रमों का पुनर्गठन किया जाये। सार्वजनिक क्षेत्र के उपक्रगों का पुनर्गठन दो प्रकार से किया जा सकता है:

(अ) वित्तीय पुनर्गठन के अन्तर्गत उपक्रम की संग्रहित हानि (Accumulated Losses) को समाप्त कर दिया जाता है और गूँजी संरचना को ऋण ईक्विटी अनुपात के साथ युक्ति संगत बना दिया जाता है।

(ब) सार्वजनिक उपक्रमों के बुनियादी पुनर्गठन हेतु उनकी वाणिज्यिक क्रियाओं को पुनः परिभाषित किया जाता है जो भविष्य में इस उद्यम द्वारा सम्पादित कि जायेगी। इसके अन्तगैत कुछ इकाइयों का पुनर्गठन किया जाने से छोड़ा भी जा सकता है।

(3) कार्यसंचालन सम्बन्धी उपायों की क्रियान्वीति का उद्देश्य सार्वजनिक क्षेत्र के उपक्रमों की कुशलता में वृद्धि करना है। यह उसी स्थिति में किया जाना सम्भव होता है जब सार्वजनिक उपक्रम का पूर्व में अराष्ट्रीयकरण न कर दिया गया हो। इसके अन्तर्गत निर्णय सम्बन्धी स्वायत्ता, कर्मचारियों के लिए प्रोत्साहन-जिसके अन्तर्गत उपक्रम की कुशलता और उत्पादकता में वृद्धि हो, कुछ इनपुट का उपक्रम में निर्माण करने की बजाय उन्हें बाजार से क्रय करना या उन्हें ठेका प्रणालि द्वारा प्राप्त करना लाभ कर हो, उचित निवेश कसौटियों को

विकसित करना, सार्वजनिक उपक्रमों की पूँजी बाजार से राशि गतिमान करने की स्वीकृति देना आदि सम्मिलित होते हैं। ये सभी उपाय सार्वजनिक उपक्रम पर सरकारी नियन्त्रण कम करने के उद्देश्य से अपनाये जाते हैं।

निजीकरण के उपर्युक्त वर्णित उपाय का प्रमुख उद्देश्य यह है कि यदि निजीकरण का अर्थ केवल मात्र स्वामित्व हस्तानान्तरण से है तो इस बात पर बल देना आवश्यक है कि सार्वजनिक क्षेत्र का प्रबन्धकिय नियन्त्रण निजी स्वामित्व को सौंप दिया जाये चाहे ऐसा व्यक्ति के रूप में अथवा सहकारी समिति के रूप में हों। निजीकरण सांकेतिक रूप में भी हो सकता है जिसके अन्तर्गत विनिवेश (Disinvestment) की प्रक्रिया को अपनाया जाता है।

विनिवेश/निजीकरण की आवश्यकता

(Need for Disinvestment/Privatisation)

विनिवेश/निजीकरण वर्तमान में विश्व आर्थिक परिदृश्य पर एक महत्वपूर्ण धटना है। विश्व के लगभग समस्त राष्ट्रों–विकसित तथा विकासशील, द्वारा विनिवेश/निजीकरण की नीति को सहर्ष अपनाने में अपनी आस्था व्यक्त की गयी है। विनिवशे/निजीकरण की आवश्यकता के पक्ष में निम्नलिखित तर्क प्रस्तुत किये जाते हैं:

1. निजीकरण के औचित्य के पक्ष में अत्यन्त बुनियादि तर्क यह प्रस्तुत किया जाता है कि निजी स्वामित्व संसाधनों के बेहतर उपयोग तथा उनके ओर अधिक दक्ष आबंटन की दिशा में सदैव अग्रणी रहा है। जब यह विस्तृत रूप से अनुभव किया जाने लगा कि राज्य आर्थिक व्यवस्था की बढ़ती हुई माँग को पूरा करने में अब सक्षम नहीं है तथा राज्य की अंशभागिता कम होनी अवश्यम्भावी थी जब विश्वभर में बाजार अर्थव्यवस्था अधिक मजबूत हुई है। अत: यह अवधारणा की राज्य स्वयं व्यापार करेगा तथा राज्य सरकार द्वारा नागरिकों के आर्थिक जीवन पर सीधा व पूर्ण नियन्त्रण बाजार व्यवस्था की तुलना में बेहतर होगा, धीरे धीरे प्राय लुप्त हो गयी।

2. सार्वभौमिक स्तर पर निजीकरण की नीतियों को अपनाने का दुसरा महत्वपूर्ण कारण उच्च करों का बोझ उठाने, घाटे/मुद्रास्फीति के वित्त पोषण की अनुपालना करने और मुद्रा बाजार तथा निजी उद्यमशीलता के विकास में विश्व के अनेक राष्ट्रों की सराकारों की असमर्थता रही है।

3. प्रोद्यागिकी तथा विश्व व्यापार संगठन की प्रतिबद्धताओं ने विश्व को एक सार्वभौमिक ग्राम (Global Village) में परिवर्तित कर दिया है। इस परिस्थिति में जब तक सार्वजनिक उद्योगों की तीव्र गति से पुनर्सरचना नहीं कर दी जाती तो उनका जीवित रहना संदिग्ध है। इन उपकरणों के स्वामित्व की प्रकृति के कारण सार्वजनिक उद्यमों की पुनर्सरचना तेज गति से नहीं की जा सकती। इस कारण भी निजीकरण के तर्क को बल मिला है। इसके अतिरिक्त विद्युत तथा दूरसंचार जैसे सार्वजनिक एकाधिकार पर नियन्त्रण रखने के लिए अब ऐसी प्रोद्योगिकीयाँ उपलब्ध है जहाँ उपभोगक्ताओं के हित विनियमन/प्रतिस्पर्धा द्वारा ही बेहतर संरक्षित हो सकते हैं। अत: यह तर्क अब अधिक युक्तिसंगत नहीं रह गया है कि उपभोक्ता के हितों का संरक्षण सुनिश्चित करने के लिए सार्वजनिक धन का निवेश आवश्यक है।

4. विनिवेश कार्यक्रम का उद्देश्य सार्वजनिक क्षेत्र के उद्यमों की दक्षता में सुधार लाने से लेकर सार्वभौमिक क्षेत्र में प्रतिस्पर्धा हेतु भारतीय अर्थव्यवस्था को और अधिक गुंजायमान (Bibrant) स्वस्थ्य तथा पर्याप्त रूप से सुसज्जित करने के लिए समाज में आमूलचुल परिवर्तन लाना आवश्यक है।

विनिवेश/निजीकरण के उद्देश्य

(Objectives of Disinvestment/Privatisation)

भारत में सार्वजनिक क्षेत्र के उद्यमों के निजीकरण के प्राथमिक उद्देश्य इस प्रकार है:

1. सरकार के लिए अब यह आवश्यक हो गया है कि वह "गैर सामरिक उद्यमों" (Non Strategic Enterprises) के नियत्रण, प्रबंधन और उनके संचालन से स्वयं को हटा ले।

2. गैर महत्वपूर्ण सार्वजनिक क्षेत्र के उद्यमों लगी सार्वजनिक संसाधनों की बड़ी धनराशि को उन क्षेत्रों में लगाने के लिये अवमुक्त करना जो समाज की प्राथमिकता में सर्वोपरी है। जैसे सार्वजनिक स्वास्थ्य, परिवार कल्याण, प्राथमिक शिक्षा तथा सामाजिक और आवश्यक आधारभूत संरचना।

3. अव्यहार्य और गैर महत्वपूर्ण सार्वजनिक क्षेत्र के उद्यमों को मात्र बनाये रखने हेतु दुर्लभ सार्वजनिक संसाधनों के उत्तरोत्तर वाह्य प्रवाह को रोकना सार्वजनिक ऋण के बोझ को कम करना जिसके एक बड़े भाग का प्रबन्ध सरकार द्वारा अब नहीं हो पा रहा है।

4. वाणिज्यक जोखिम जिस सार्वजनिक क्षेत्र में कर दाताओं का धन लगा हुआ है, को ऐसे निजी क्षेत्र गें हस्तान्तरित करना जिसके सम्बन्ध में निजी क्षेत्र आगे आने के लिए उत्सुक और उसके योग्य है। वस्तुत: सार्वजनिक क्षेत्र के उद्यमों में लगा धन जनसाधारण का पैसा है और सम्पूर्ण रूप से परिहार्य (Avoidable)तथा अनावश्यक जोखिम गें लगा हुआ है।

निजीकरण के लाभ

(Benefits of Privatisation)

निजीकरण से प्राप्त होने वाले सम्भावित लाभों का संक्षिप्त निवेचन निम्न प्रकार प्रस्तुत किया जा सकता है:

1. विनिवेश, निजीकृत कंपनियों को बाजार अनुशासन से अवगत कराएगा, जिसके परिणामस्वरूप वे और अधिक दक्ष बनने के लिए बाध्य होंगें, और वे अपने ही वित्तीय और आर्थिक बल पर जी सकेंगें। वे बाजार ताकतों का और तेजी से मुकाबला कर सकेंगे और अपनी वाणिज्यिक आवश्यकताओं की पूर्ति और अधिक व्यावसायिक तरीके से कर सकेंगे। विनिवेश से सरकारी क्षेत्र के उद्यमों को सरकारी नियंत्रण से भी छुटकारा मिलेगा और इससे निजीकृत कंपनियों के निगमित शासन की शुरूआत होगी।

2. विनिवेश के परिणामस्वरूप, निजीकृत कंपनियों के शेयरों की पेशकश छोटे निवेशकों और कर्मचारियों को करने के माध्यम से सम्पत्ति का व्यापक संभव हो पाएगा।

3. विनिवेश का पूँजी बाजार पर लाभकारी प्रभाव होगा; चलायमान स्टाक में वृद्धि से बाजार में और पकड़ अधिक और मजबूत होगी निवेशकों को बाहर निकलने के सरल विकल्प मिलेंगे, मूल्याकंन और कीमत निर्धारण के लिए अधिक विशुद्ध नियम स्थापित करने मे सहायता मिलेगी और निजीकृत कंपनियों द्वारा अपनी परियोजनाओं अथवा उनके भावी विस्तार के लिए निधियां जुटाने में सहायता मिलेगी।

4. पूर्व के सार्वजनिक क्षेत्रों को उपयुक्त निजी निवेशकों के लिए खोल देने से आर्थिक गतिविधि में वृद्धि होगी और मध्यम से दीर्घावधी तक अर्थव्यवस्था, रोजगार और कर–राजस्व पर कुल मिलाकर लाभकारी प्रभाव पड़ेगा।

5. दूर–संचार और पेट्रोलियम जैसे अनेक क्षेत्रों में, सार्वजनिक क्षेत्र का एकाधिकार समाप्त हो जाने से, अधिक विकल्पों और सस्ते और बहेतर गुणवत्ता वाले उत्पादों और सेवाओं के द्वारा उपभोक्ताओं को राहत मिलेगीजैसा कि पहले से ही होना आरम्भ हो गया है।

भारतीय अर्थव्यवस्था में निजीकरण के प्रयास

(Steps in Indian Economy Towards Privatisation)

भारत में अब इस विषय पर आम राय बनती जा रही है कि सरकार द्वारा वाणिज्यक उपकरणों का संचालन किया जाना किसी भी दृष्टि से न्यायसंगत नहीं है। दुर्लभ वित्तीय कोषों का अभाव, अकुशल तथा हानि वहन करने वाले लोक उद्योगों का संचालन, लोक उद्योगों के कर्मचारियों में उत्तरदायित्व तथा जवाबदेयता के सम्बन्ध में शिथिल प्रवृत्ति आदि कुछ महत्वपूर्ण कारण है जो भारतीय अर्थव्यवस्था में निजीकरण के पक्षधर है। विगत वर्षो में भारत सरकार द्वारा मिश्रित अर्थव्यवस्था से निजी अर्थव्यवस्था की तरफ बढ़ने हेतु अनेक महत्वपूर्ण प्रयास किये गये है। इस दिशा में किये गये महत्वपूर्ण प्रयास निम्न है:

1.औद्योगिक नीति प्रस्ताव 1956 में सम्पूर्ण औद्योगिक इकाईयों को तीन प्रमुख भागों में बाँटा गया तथा 17 उद्योगों को लोक क्षेत्र में विकसित किये जाने हेतु निर्णय किया गया। अब इस संख्या में कटौती क्ररके केवल चार उद्योगों को सार्वजनिक क्षेत्र के सुरक्षित रखा गया है। अर्थव्यवस्था के सभी क्षेत्रों में विनियोग करने के लिए निजी पूँजी को निमन्त्रित तथा आकर्षित किया गया है।

2. निजीकरण की नीति के अन्तर्गत यह व्यवस्था की गयी है कि सार्वजनिक क्षेत्र का महत्व केवल सुरक्षा तथा सामरिक महत्व के उद्योगों जैसे

(अ) आधारभूत वस्तुओं तथा सेवाएँ प्रदान करने वाले उद्योग

(ब) खनन संसाधनों के विदोहन के सार्थक प्रयास,

(स) तकनीकी विकास,

(द) निजी क्षेत्र द्वारा उपेक्षित क्षेत्रों तथा सुरक्षा एवं युद्ध नीतिक उद्योगों के संचालन तक सीमित रखा जायेगा।

3. लोक क्षेत्र के स्वामित्व पूँजी का विनिवेश (Disinvestment of Equity in Public Sector) – यह निर्णय किया गया है कि लोक उपक्रमों में सार्वजनिक स्वामित्व पूँजी

की मात्रा को घटाकर 26 प्रतिशत कर दिया जायेगा। विनिवेश सम्भवतः भारत तथा विश्व के अन्य राष्ट्रों द्वारा अपनाया गया विनिवेश का सर्वथा प्रचलित स्वरूप है। किन्तु भारत में विगत 10 वर्षों में विनिवेश का जो प्रति वर्ष लक्ष्य निर्धारित किया गया है, उसमें सफलता प्राप्त नहीं हुई है।

जिन लोक उद्योगों में सुधार के सभी प्रयास असफल हो गये हो तथा जिनके पुनर्जीवित होने की कोई संभावना नहीं है उन्हें बन्द कर दिया जायेगा। अभी हाल ही में मारूती उद्योग लिमिटेड, आई. पी. सी. एल, आई. टी. डी. सी., बी. एस. एन. एल. आदि लोक उपक्रमों निजीकरण की प्रक्रिया के अन्तर्गत लाया गया है। अन्य अनेक महत्वपूर्ण तथा बड़े आकार के लोक उपक्रमों, जैसे एयर इडिंया, इण्डियन एयरलाईन्स, एस. सी. आई., एच. सी. एल आदि में विनिवेश की योजनाओं को क्रियान्वित करना शेष है।

4. भारतीय अर्थव्यवस्था के सभी क्षेत्रों में निजी क्षेत्र को आमन्त्रित किया गया है। विद्युत तथा ईंधन, परिवहन, संचार तथा सुरक्षा आदि कतिपय महत्वपूर्ण क्षेत्र है जिनमें निजी क्षेत्र को महत्वपूर्ण भूमिका निभाने हेतु आमन्त्रित किया गया है।

5. नवीन नीति इस बात की पक्षधर है कि विभिन्न प्रकार के नियन्त्रण जैसे औद्योगिक लाइसेन्सिंग, कदम कदम पर सरकार से अनुमति प्राप्त करने का बन्धन तथा इन्स्पेक्टर राज की समाप्ति की जानी चाहिए। इस तथ्य को महत्व प्रदान कर, केवल कुछ अपवादों को छोड़कर, अनिवार्य औद्योगिक लाईसेन्सिंग को लगभग समाप्त कर दिया गया है। औद्योगिक प्रतिष्ठानों को अपने उत्पादन क्षमता के विस्तार तथा मांग अनुसूची के अनुसार समायोजित करने की सुविधा प्रदान की गयी है।

6. एकाधिकार व्यवहार तथा प्रतिबन्धात्मक गतिविधि अधिनियम में उल्लेखित तथा अनेक बड़े औद्योगिक प्रतिष्ठानों पर लागु लगभग सभी विनियोग नियन्त्रण समाप्त कर दिये गये है। अब कोई भी उपक्रम तथा व्यवसायिक प्रतिष्ठान अर्थव्यवस्था के किसी भी क्षेत्र में अपनी गतिविधियाँ प्रारम्भ करने हेतु स्वतन्त्र है।

7. यह निर्णय किया गया है कि बीमार औद्योगिक इकाइयों को आवश्यक कार्यवाही हेतु औद्योगिक तथा वित्तीय पुनः उद्धार बोर्ड को सुपूर्द किया जायेगा। ऐसी ईकाइयाँ जिनके सुधार की सम्भावना समाप्त हो चुकी है उन्हें बन्द कर दिया जायेगा।

8. लोक उपक्रमों को व्यवसायिक आधार पर संचालित कर उनके कार्यकुशलता तथा उत्पादकता में वृद्धि की जायेगी। इन उपक्रमों के कर्मचारियों को श्रेष्ठ परिणामों की उपलब्धि हेतु प्रोत्साहित किया जायेगा तथा कार्य संचालन में स्वायत्ता प्रदान की जायेगी।

निजीकरण की कठिनाइयाँ

(Dangers or Obstacles to Privatisation)

सार्वजनिक उपक्रमों के अनेक लाभ है। इस तथ्य से आज भी इन्कार नहीं किया जा सकता कि सार्वजनिक क्षेत्र के निजी क्षेत्र की अपक्षा अधिक आर्थिक सामाजिक लाभ हैं। भारत जैसे प्रजातांत्रिक समाज में निजीकरण के कई खतरे अथवा कठिनाइयाँ हैं। इनमें से कुछ प्रमुख इस प्रकार हैं :

(1) निजीकरण की प्रक्रिया की सबसे बड़ी कठिनाई यूनियन के माध्यम से श्रमिकों की ओर से होने वाले विरोध हैं। वे बड़े पैमाने पर छँटनी, अपनी पोजीशन खो जाना और काम के वातावरण में परिवर्तन जैसे बातों से आतंकित है।

(2) सरकार द्वारा विशुद्ध परिसंपत्तियों के किताबी मूल्य के आधार पर निर्णय लेकर कपटपूर्ण व्यवहार करने का भी खतरा है।

(3) यह संभव है कि निजीकरण द्वारा बड़े उद्योगों को लाभ पहुँचाने के लिए निगमीकरण को प्रोत्साहित किया जाए।

(4) निजीकरण प्रतियोगिता के बिना सार्वजनिक क्षेत्र के स्थान पर निजी क्षेत्र में अकार्यकुशल एकाधिकारी कंपनियों के रूप में ही परिवर्तित होकर रह जाएगा।

निजीकरण कार्यकुशलता औद्योगिक क्षेत्र की समस्याओं का एक मात्र उपाय नहीं है। उसके लिए तो समुचित आर्थिक वातावरण और कार्य-संस्कृति में आमूल चूक परिवर्तन होना भी आवश्यक है। भारत में, निजीकरण को अर्थव्यवस्था की आज की समस्त समस्याओं की रामबाण औषधि नहीं माना जा सकता। इसे तो पूर्व निर्धारित उद्देश्यों को प्राप्त करने के एक सर्वोत्तम संभव माध्यम के रूप में ही देखना होगा।

प्रश्न

1. निजीकरण से आप क्या समझते है। भारत में निजीकरण की आवश्यकता तथा उद्देश्य का संक्षेप में विवेचना कीजिये।

   What do you mean by privatisation. Discuss need and objectives of privatisation.

2. निजीकरण से आप क्या समझते है। निजीकरण के प्रमुख उपाय बतलाइये।

   What do you mean by privatisation. What are the main measures of privatisation.

3. निजीकरण की आवश्यकता स्पष्ट कीजिये। निजीकरण के अपनाये जाने के मार्ग में प्रमुख क्या समस्याएँ है।

   Discuss need of privatisation. What are the main problems in adoption of privatisation.

6

औद्योगिक नियमन व नियन्त्रण
(Industrial Regulation and Control)

राजकीय हस्तक्षेप
(State Intervention)

उद्योग मे राजकीय हस्तक्षेप का आशय उद्योगों के नियमन एवं नियन्त्रण से है। **टी. विल्सन** के अनुसार, "नियन्त्रण का आशय भौतिक नियन्त्रण से है और नियमन का आशय मोटे तौर पर निर्देशन देने से है। किन्तु आधुनिक युग गें दोनों शब्दों को प्राय: पर्यायवाची माना जाता है क्योंकि दोनों की कार्य विधि एवं उद्देश्य लगभग एक ही है।"

प्रारम्भ में राज्य का कार्य सुरक्षा ही माना जाता था व राज्य उद्योगों की कार्य प्रणाली में किसी प्रकार का हस्तक्षेप नहीं करता था। दूसरे शब्दों में प्रारम्भ में स्वतन्त्र व्यापार की नीति अपनाई जाती थी जिसमें उद्योगपतियों को उद्योग के चुनाव, स्थान के चुनाव व उद्योग सम्बन्धि सभी गतिविधियों में स्वतन्त्रता थी किन्तु बाद में इस व्यवस्था में दोष उत्पन्न होने लगे जिससे उद्योगों में राज्य का हस्तक्षेप बढ़ने लगा। उद्योगों में राजकीय हस्तक्षेप को प्रोत्साहित करने वाले कारण निम्न थे:—

1. द्वितीय महायुद्ध के पश्चात् प्रत्येक राष्ट्र ने उद्योग के क्षेत्र में अधिकाधिक आत्मनिर्भरता प्राप्त करने का लक्ष्य निर्धारित किया। यदि उद्योगों को स्वतन्त्र छोड़ दिया जाता तो यह लक्ष्य प्राप्त नहीं हो सकता था। अत: राज्यों ने उद्योगों में हस्तक्षेप करना प्रारम्भ किया।

2. पूंजीवादी अर्थव्यवस्था मे अनेक दोष जैसे असमानता, शोषण आदि पाये जाते है। इन दोषों को दूर करने के लिए उद्योगों में राजकीय हस्तक्षेप आवश्यक था।

3. आज का युग नियोजन का युग है। नियोजन के माध्यम से देश में प्रगति की दर में वृद्धि लाई जा सकती है। अत: प्रत्येक देश ने नियोजन अपनाया है। **टी. विल्सन** के

अनुसार, नियोजन व भौतिक नियन्त्रण एक दूसरे से इतने सम्बन्धित है कि उनको पृथक नहीं किया जा सकता।

4. अर्द्ध विकसित राष्ट्रो में संसाधनों का पूर्ण विदोहन करने के लिए उद्योगों का विकास आवश्यक है। देश में विकास के लिए यह आवश्यक है कि उद्योगों में प्रतिस्पर्धा दूर कर आवश्यक उद्योगों को संरक्षण प्रदान किया जाएं, जिसके लिए उद्योगों में राजकीय हस्तक्षेप आवश्यक था।

5. असन्तुलित विकास के दोषों को दूर करने के लिए देश में सन्तुलित विकास की नीति अपनाई जाती है। उद्योगों को स्वतन्त्र छोड़ देने पर उद्योगों को असन्तुलित विकास हो सकता है। अत: राजकीय हस्तक्षेप उचित समझा गया।

6. पूंजीवाद के दोषों के कारण अब समाजवादी समाज की प्रवृत्ति बढ़ रही है। समाजवादी समाज में उद्योगों में राजकीय हस्तक्षेप आवश्यक है।

7. प्रत्येक राष्ट्र का यह कर्त्तव्य है कि वह अपने देश के निवासियों को सामाजिक सुरक्षा प्रदान कर कल्याणकारी राज्य की स्थापना करे। राजकीय हस्तक्षेप से ही ऐसा सम्भव है।

उद्योगों में राजकीय हस्तक्षेप के उद्देश्य

(Objectives of State Internvention of Industries)

उद्योगों में राजकीय हस्तक्षेप निम्न कारणों से किया जाता है—

1. औद्योगिक विकास की गति तीव्र करने के लिए।
2. उद्योगो को व्यापार चक्रों के प्रभाव से बचाने के लिए।
3. देश के साधनों का अनुकूलतम प्रयोग करने के लिए।
4. देश में धन व सम्पत्ति की असमानता को दूर करने के लिए।
5. औद्योगिक शांति की स्थापना के लिए।
6. श्रमिकों के हितों की रक्षा के लिए।
7. आवश्यक उद्योगों के विकास के लिए।
8. सन्तुलित आर्थिक विकास के लिए।
9. समाजवादी समाज की स्थापना के लिए।
10. नियोजन की सफलता के लिए।

राज्य द्वारा उद्योगों के नियमन व नियन्त्रण की विधियाँ

(Methods of State Regulation and Control of Industries)

उद्योगों में राजकीय हस्तस्क्षेप निम्न विधियों से हो सकता है :—

1. वैधानिक नियन्त्रण : इस विधि के अन्तर्गत उद्योगों पर नियन्त्रण करने के लिए अधिनियम का निर्माण किया जाता है। अधिनियम के प्रावधानों का पालन करना सभी उद्योगों के लिए आवश्यक होता है। इनका पालन न करने पर दण्ड़ की व्यवस्था भी होती है। ये अधिनियम उद्योगों की स्थापना, आकार, पूँजी, स्थानीयकरण, न्यूनतम मजदूरी, कार्य की दशाएं, औद्योगिक विवाद व उनका निपटारा, श्रम कल्याण व सुरक्षा, मूल्य नियन्त्रण, वितरण नियन्त्रण, किस्म व उद्योगों के संचालन व संगठन आदि के सम्बन्ध में हो सकते हैं।

2. उद्योगों को संरक्षण : किसी उद्योग विशेष को प्रोत्साहन देने के लिए सरकार उन्हें प्रत्यक्ष सहायता भी प्रदान कर सकती है। साथ ही वह उद्योगों को सस्ता कच्चा माल दे सकती है व उनका तैयार माल क्रय कर सकती है।

3. आर्थिक साधनों पर नियन्त्रण : सरकार उद्योगों के क्षेत्र में नियोजन अपनाकर आर्थिक साधनों पर नियन्त्रण स्थापित कर सकती है। इससे साधनों का अनुकूलतम उपयोग सम्भव होगा।

4. सरकारी क्षेत्र में उद्योगों की स्थापना : यह उद्योगों में राजकीय हस्तक्षेप की महत्वपूर्ण विधि है। इसमें सरकार सार्वजनिक क्षेत्र में उद्योगों की स्थापना करती है। एकाधिकार की प्रवृत्ति को रोकने, उद्योग में अधिक पूंजी की आवश्यकता तथा लाभ की दर बहुत कम या बहुत अधिक होने पर सार्वजनिक सेवाओं व सुरक्षा उद्योगों को प्रायः सार्वजनिक क्षेत्र में स्थापित किया जाता है।

5. उद्योगों का राष्ट्रीयकरण : जब सरकार यह अनुभव करती है कि देश में उद्योग सरकार की नीति के अनुसार कार्य नहीं कर रहे है तो वह जनहित में उद्योगों का राष्ट्रीयकरण कर लेती है। सामान्यतः उद्योगों का राष्ट्रीयकरण अन्तिम उपाय के रूप में ही किया जाता है।

राजकीय नियमन व नियन्त्रण की आलोचना
(Criticism of State Control and Regulation)

यद्यपि उद्योगों का राजकीय नियमन व नियन्त्रण अनेक उद्देश्यों की पूर्ति के लिए किया जाता है। किन्तु फिर भी औद्योगिक क्षेत्र में नियन्त्रण को सदैव उचित नहीं माना जाता। इसके निम्न कारण है:

1. अनावश्यक विलम्ब : उद्योगों का नियमन व नियन्त्रण करने पर प्रत्येक कार्य के लिए सरकार की अनुमति लेनी आवश्यक होती है। लालफीताशाही के कारण इनमें अनावश्यक विलम्ब होता है। उद्योगों में अनेक कार्य ऐसे होते हैं जिनमे विलम्ब होना हानिकारक हो सकता है।

2. भ्रष्टाचार : राजकीय हस्तक्षेप से भ्रष्टाचार को बढ़ावा मिलता है। सरकारी अधिकारी रिश्वत लेकर उद्योगों का कार्य करते हैं। इससे समाज में भ्रष्टाचार बढ़ता है।

3. अवास्तविक नीतियाँ : सरकार द्वारा अनेक ऐसी नीतियां अपनाई जाती हैं जो अवास्तविक होती हैं। इससे औद्योगिक विकास के मार्ग में बाधाएं उपस्थित होती है। अतः देश में वस्तुओ की कमी होती है तथा मूल्य बढ़ते है। अनेक बार इससे वस्तुओं की कालाबाजारी बढ़ती है।

4. उद्योगों के विस्तार में बाधाएं : उद्योगों के नियमन व नियन्त्रण में सरकार बड़े उद्योगपतियों पर अनेक नियन्त्रण लगाती है व नए उद्योग स्थापित करने हेतु अनेक बार इनको लाइसेंस नहीं देती। इसमें उद्योगों के विस्तार में बाधा होती है क्योंकि जिसके पास साधन नहीं है उन्हें लाइसेंस के लिए आमन्त्रित किया जाता है व जिनके पास साधन है उन्हें लाइसेन्स नहीं दिया जाता। अत: उद्योगों के विकास एवं विस्तार में बाधा उपस्थित होती है।

5. नियोजित प्रशासनिक नियन्त्रण में कमी : प्राय: यह देखा गया है कि जिस उद्योग पर सरकार ने नियन्त्रण लगाए हैं उन्ही वस्तुओं की देश में कमी हो जाती है। इसके साथ ही उन्हीं की कालाबाजारी बढ़ती है। वास्तव में ये नियन्त्रण राजनैतिक उद्देश्यों की पूर्ति के लिए लगाए जाते हैं आर्थिक उद्देश्यों की पूर्ति के लिए नही।

उपरोक्त विवरण से स्पष्ट है कि अनेक उद्देश्यों की पूर्ति के लिए औद्योगिक क्षेत्र में राजकीय हस्तक्षेप किये जाते है किन्तु अनेक कारणों से ये उद्देश्य पूरे नहीं हो पाते। किन्तु इसका यह अर्थ नहीं है कि उद्योगों के संचालन में राजकीय हस्तक्षेप समाप्त कर देना चाहिए। आवश्यकता इस बात की है कि ऐसे उपाय किये जाने चाहिए जिससे राजकीय हस्तक्षेप के उद्देश्य पूरे हो सकें।

राजकिय हस्तक्षेप के प्रावधान
(Measures of State Intervention)

भारत में उद्योगों में राजकीय हस्तक्षेप के लिए 1948 में औद्योगिक नीति की घोषणा की गई इसके पश्चात् 1951 में औद्योगिक (विकास व नियमन) अधिनियम बनाया गया जो 8 मई 1951 से लागू हुआ। इस अधिनियम के प्रमुख उद्देश्य निम्न प्रकार थे:—

1. एकाधिकार को नियन्त्रित करना।
2. धन के केन्द्रीयकरण को रोकना।
3. औद्योगिक विकास का नियमन करना था योजनाओं के लक्ष्यों तथा प्राथमिकता के अनुसार साधनों को प्रभावित करना।
4. देश में सन्तुलित स्थानीय विकास के लिए निजी आद्योगिक उपक्रमों की स्थापना करके विनियोगों को इच्छित ढंग से प्राप्त करना।
5. बड़े उद्योगों की अनुचित प्रतिस्पर्धा से छोटे पैमाने के उद्योगों को बचाना।
6. अकुशल उद्योगों के प्रबन्ध को सरकार द्वारा अपने हाथों में लेना।
7. औद्योगिक योजना के सहायतार्थ विकास परिषदों की स्थापना करना।
8. आर्थिक इकाइयों की स्थापना करना और आधुनिक तकनीकी एवं विधियों को प्रोत्साहित करना।

अधिनियम का क्षेत्र (Scope of the Act) : इस अधिनियम की प्रथम अनुचूति में दिये गए प्रांवधानों को उद्योगों पर लागू किया गया। प्रारम्भ में केवल 37 उद्योगों पर लागू किया गया। समय—समय पर इनमें वृद्धि की गई। एक समय करीब 240 उद्योगों पर यह अधिनियम लागू रहा है।

अधिनियम के प्रमुख प्रावधान (Main Provisions of the Act) : अधिनियम के प्रावधानों को तीन भागों में बांटा जा सकता हैं—

(i) प्रतिबन्धात्मक प्रावधान

(ii) सुरक्षात्मक प्रावधान

(iii) रचनात्मक प्रावधान

(I) **प्रतिबन्धात्मक प्रावधान** (Restrictive Provisions) : ये वे प्रावधान है जिसका उद्देश्य देश में विनियोग को लाभप्रद तथा वांछित दिशाओं में प्रवाहित करना है। इसलिए उद्योगों पर आवश्यक प्रतिबन्ध लगाने पड़ते है। इस प्रकार के प्रावधान निम्न प्रकार के है:—

1. पूंजीकरण व लाइसेंस : अधिनियम की अनुसूची एक में वर्णित उद्योगों की नई इकाइयों की स्थापना अथवा पूर्व स्थापित इकाइयों के विस्तार या उनके द्वारा स्थायी सम्पत्तियां एक करोड़ से कम की हो उन्हें लाइसेन्स की आवश्यकता नहीं होगी वरन् उन्हें Director General of Technical Development के यहा पंजीकरण कराना होगा।

2. पंजीकरण अथवा लाइसेंस का खण्ड़न : निम्न परिस्थितियों में केन्द्रीय सरकार को पंजीकरण अथवा लाइसेन्स रद्ध करने या उनमें संशोधन करने का अधिकार है:

(i) उद्योगों को पंजीकरण से छूट मिलना।

(ii) मिथ्या वर्णन से पंजीकरण प्राप्त करना।

(iii) निश्चित अवधि में उद्योग की स्थापना न करना।

(iv) अन्य किसी कारण से पंजीकरण अप्रभावशाली होना।

3. अनुसूचित उद्योगों की जाँच : उद्योगों के नियमन के लिए सरकार को यह अधिकार है कि वह उद्योगों में उत्पादन कम होने, कीमत बढ़ने या किस्म घटने की आशंका हो तो वह उद्योग की जाँच कर सकती है तथा दोष पाने पर निम्न आदेश दे सकती है:—

(i) औद्योगिक इकाईयां उत्पादन बढ़ने का प्रयत्न करें

(ii) औद्योगिक इकाईयां उद्योग के विकास का प्रयत्न करें

(iii) वे ऐसा कार्य न करें जिससे उत्पादन में कमी आए।

(iv) वस्तु के मूल्य व वितरण पर नियन्त्रण।

(II) **सुरक्षात्मक प्रावधान** (Defencive Restrictions) : उद्योगो की स्थिति में सुधार लाने के लिए निम्न प्रावधान रखे हैं:—

1. सरकार द्वारा प्रत्यक्ष प्रबन्ध एवं नियन्त्रण : यदि सरकार को यह विश्वास हो कि किसी इकाई का प्रबन्ध असन्तोषजनक है अथवा उसके द्वारा सरकारी आदेशों की अवहेलना की जाती है या वह उपक्रम जनहित के विरूद्ध चलाया जा रहा है तो वह जांच के पश्चात् ही या विशेष परिस्थितियों में बिना जांच किए उसका प्रबन्ध 3 वर्ष के लिए अपने

हाथ में ले सकती है और संसद की अनुमति से 12 वर्ष तक ऐसे उपक्रम को अपने प्रबन्ध व नियन्त्रण में रोक सकती है।

2. उत्पादन की मात्रा, कीमत व वितरण पर नियन्त्रण : अधिनियम के अन्तर्गत सरकार को अनुसूचित उद्योगों द्वारा निर्मित माल की बीक्री एवं वितरण की समानता को प्राप्त एवं नियमन करने का पूर्ण अधिकार है। इस उद्देश्य की पूर्ति हेतु सरकार निम्न कार्य कर सकती है—

(i) वस्तु का मूल्य निर्धारण कर सकती है।

(ii) वितरण को नियमित कर सकती है।

(iii) वस्तु की बिक्री बन्द करने का आदेश दे सकती है।

(iv) सभी उत्पादकों को यह आदेश दे सकती है की अपना समस्त उत्पादन एक निश्चित संस्था या व्यक्ति को ही बेचें।

(v) वस्तु विशेष से संम्बन्धित व्यापारिक एवं वित्तीय व्यवहारों को नियन्त्रित कर सकती है।

सरकार के इन आदेशों के सम्बन्ध में न्यायालय में कोई कार्यवाही नहीं की जा सकती।

(III) **रचनात्मक प्रावधान** (Constructive Provision) **:** उद्योग श्रम व अन्य वर्गों के हितों में परस्पर सहयोग के लिए सरकार निम्न संगठन स्थापित कर सकती है:—

(i) **केन्द्रीय परामर्शदाता परिषद :** अधिनियम के अन्तर्गत एक केन्द्रीय परामर्शदाता परिषद की स्थापना कर सकती है। केन्द्रीय औद्योगिक विकास मन्त्री इसके अध्यक्ष है। इस में अधिकतम 40 सदस्य हो सकते है जिनकी सदस्यता में सरकार, सेवायोजक, कर्मचारी, उपभोक्ता, उत्पादक आदि वर्गों के सदस्य होते है। परिषद का कार्य सरकार को उद्योगों के नियमन व विकास के लिए सुझाव देना व अधिनियम को ठीक ढंग से क्रियान्वित करना है।

(ii) **औद्योगिक विकास परिषद :** प्रत्येक उद्योग के लिए औद्योगिक विकास परिषद स्थापित की जा सकती है। इन परिषदों में उद्योगपति, श्रमिक, उपभोक्ता तथा सरकार के प्रतिनिधि तथा उद्योग विशेष से सम्बन्धित तकनीकि कुशलता तथा सरकार के प्रतिनिधि तथा उद्योग विशेष से सम्बन्धित ज्ञान तकनीक कुशलता वाले व्यक्ति सदस्य होते है। इन परिषदों के कार्य उत्पादन की सीमा नियत करना, योजनाओं में सामन्जस्य रखना व उन्नति के लिए सुझाव देना, वितरण की उचित प्रणाली व्यवहार में लाना, कुशलता में वृद्धि, श्रमिकों के हितों की रक्षा, विकेन्द्रीकरण आदि है।

(iii) **औद्योगिक पेनल :** जिन उद्योगों का अभी पर्याप्त विकास नहीं हो पाया है। उनमें विकास परिषद के स्थान पर पैनल नियुक्त किए गए है। ये पैनल भी उद्योग की समस्याओं पर विचार करते हैं। घड़ी, बिजली एवं बेतार के उपकरण आदि के लिए पैनल बनाए गए हैं।

(iv) **पुर्ननिरिक्षण उप-समिति :** इस समिति का कार्य निगमित, अस्वीकृत, परिवर्तित, संशोधित तथा खण्डित लाइसेन्सों का समय—समय पर पुनर्वेक्षण करना तथा नए उपक्रमों की स्थापना विद्यमान उपक्रमों में महत्वपूर्ण विस्तार के लिए लाइसेंस देने के लिए सरकार को परामर्श देना है।

(v) **केन्द्रीय परामर्शदाता परिषद की स्थायी समिति :** यह समिति आवश्यकता पड़ने पर व्यक्तिगत उद्योग की स्थिति का मूल्यांकन करती है।

2. कर व्यवस्था : सरकार को सभी अनुसुचित उद्योगों पर कर लगाने का अधिकार प्राप्त है। कर के रूप में जो राशि एकत्रित होगी उसका उपयोग उसी उद्योग के लिए शोध तथा श्रमिकों के प्रशिक्षण आदि में प्रयुक्त किया जाएगा।

3. समंक संकलन : सरकार को अनुसूचित उद्योगों के सम्बन्ध में आवश्यक समंक मांगने का अधिकार है जिससे उनके बारे में पूरी जानकारी मिल सके।

अधिनियम का प्रभाव : अधिनियम लागू होने के समय भारत की औद्योगिक दशा बड़ी खराब थी। अतः यह अधिनियम इस दिशा में बहुत महत्वपूर्ण साबित हुआ। इससे असन्तुलित विकास व बड़े उद्योगों का अभाव दूर हुआ। आर्थिक सत्ता के केन्द्रीयकरण पर भी रोक लगी। लाइसेंस के कारण उन उद्योगों का विकास को प्राथमिकता दी गई जो अधिक आवश्यक थे। इससे निर्यात बढ़ाने व आयात कम करने वाले उद्योगों का विकास हुआ। अधिनियम के अन्तर्गत स्थापित परिषद ने भी औद्योगिक क्षेत्र में महत्वपूर्ण योगदान दिया है। समाजवादी समाज की स्थापना में इस अधिनियम ने योगदान दिया है।

अधिनियम की आलोचना : इस अधिनियम की निम्न आधारों पर आलोचना की जा सकती है—

1. व्यक्तिगत स्वतन्त्रता की समाप्ती : इस अधिनियम से औद्योगिक क्षेत्र में सरकार का नियन्त्रण बढ़ गया व व्यक्तिगत स्वतन्त्र समाप्त हो गई। किन्तु समाजवादी समाज में ऐसा आवश्यक है।

2. पूँजी प्राप्ति मे कठिनाई : उद्योगों में नियन्त्रण से पूंजी की प्राप्ति में कठिनाई होगी। अनेक नियन्त्रणें के कारण पूंजीपति उद्योग में पूंजी लगाने में हिचकिचाऐगें। किन्तु यह आलोचना सही नहीं है क्योंकि पूंजीपति लाभ को देश के उद्योगों में अवश्य लगाएंगे चाहे उद्योगों पर सरकार का नियन्त्रण ही क्यों न हो।

3. अवरूद्ध औद्योगिक विकास : कुछ आलोचकों का यह भी कहना है कि सरकार के नियन्त्रणों के कारण औद्योगिक विकास की गति कम होती है। किन्तु यह आलोचना सही नहीं है क्योंकि यह अधिनियम औद्योगिक विकास के मार्ग दर्शन का कार्य कर रहा है। पिछले वर्षों में हुए औद्योगिक विकास को देखने में ऐसा नहीं लगता कि औद्योगिक विकास की गति अवरूद्ध हुई है।

4. राजकीय पूंजीवाद को बढावा : अधिनियम में सरकार ने राजकीय उपक्रमों को अनेक छूटें दी है जिससे राजकीय पूंजीवाद को बढ़ावा मिलेगा। इसे समाजवादी समाज की दृष्टि से उचित नहीं कहा जा सकता।

5. एकाधिकार की संभावना : कुछ आलोचकों का यह विचार है कि इससे लाइसेन्स नीति के दुरूपयोग की संभावना है जिससे देश में एकाधिकार की स्थापना होने लगेगी। किन्तु वास्तव में यह दोष अधिनियम या नीति का नहीं वरन् उसके क्रियान्वयन का है।

6. अकुशलता एवं भ्रष्टाचार : सरकार के अनेक नियन्त्रणों के कारण उद्योगों में अकुशलता बढ़ी है। सरकार की अनेक कार्यों में अनुमति लेनी होती है जिसमें काफी देर लगती है। इसके कारण भ्रष्टाचार भी बढ़ा है। लाइसेंस के दुरूपयोग भी हुए है। लाइसेंस नीति में समय—समय पर किए गये सुधारों के बावजूद भी यह अधिनियम अधिक उपयोगी सिद्ध नहीं हुआ है।

उद्योगों को राजकीय सहायता

(State Assistance to Industries)

वह समय गुजर गया है जब सरकार व्यवसाय एवं औद्योगिक क्षेत्र में हस्तक्षेप नहीं करती थी। प्राचीन काल में प्रमुख अर्थशास्त्रियों की यही मान्यता रही थी कि सरकार को व्यवसाय में कम से कम हस्तक्षेप करना चाहिये। आज परिस्थितिया बदल चुकी हैं। देश का औद्योगिक तथा व्यावसायिक विकास करने के लिए सरकार को हस्तक्षेप करना आवश्यक होता है। **श्री एस. एस. खेरा** ने अपनी प्रसिद्ध पुस्तक Government in Business में यहां तक लिखा है कि "आज राज्य आर्थिक क्रिया का केवल निष्क्रिय दर्शक मात्र नहीं रह गया है, अपितु नागरिकों तथा उद्योगों के संरक्षक, नियन्त्रण और अभिभावक के रूप में एक सक्रिय भागीदार बन गया है।" विकासशील देशों में व्यावसायिक क्षेत्र में सरकारी हस्तक्षेप की आवश्यकता अधिक होती है। सरकार को उद्योग के नियोजन, पूंजी को व्यवस्था करने तथा आवश्यक तकनीकी सलाह देने का कार्य करना चाहिये।

उद्योगों में सरकारी सहायता के प्रारूप

(Forms of Government Assistance to Industries)

सरकार द्वारा उद्योगों को सहायता अग्रलिखित स्वरूपों में दी जा सकती है—

1. उद्योगों को संरक्षण देना : सरकार प्रशुल्क नीति के सहारे देश के उद्योगों को विदेशी प्रतिस्पर्धा से संरक्षण प्रदान कर सकती है। बाहर से आने वाले माल पर भारी कर लगाकर आयातों को प्रतिबन्धित कर सकती है। अनेक बार सरकार आयातों पर पूर्ण नियन्त्रण ही लगा देती है। इस प्रकार उद्योगों को संरक्षण प्रदान करने से देशी उद्योग अधिक सक्षम हो पाते हैं तथा उनका विकास संभव होता है।

2. वित्तीय सहायता : जब देश में उद्योगों का कम विकास होता है तो सरकार उद्योगों को अनेक प्रकार से वित्तीय सहायता प्रदान करके उनके विकास में योगदान देती है। उद्योगों को सरकारी सहायता कम दर पर पूंजी उपलब्ध करवा कर, अनुदान ऋणपत्रों तथा अंशों का अभिगोपन करके तथा खुले बाजार से लिये जाने वाले ऋणों की गारन्टी देकर प्रदान की जा सकती है।

3. उदार कर नीति अपनाना : सरकार अपनी कर नीति को उदार बनाकर भी उद्योगों को सहायता प्रदान कर सकती है। उदाहरणार्थ आयकर में छूट देना, बिक्री कर में छूट देना तथा सम्पदा कर में भी छूट दी जा सकती है। करों में छूट देने का आश्वासन सरकार द्वारा एक निश्चित समय के लिए दिया जाता है।

4. औद्योगिक बस्तियों का निर्माण करना : छोटे व्यावसायियों तथा उद्योगपतियों को प्रोत्साहित करने के उद्देश्य से सरकार अनेक स्थानों पर औद्योगिक बस्तियों का निर्माण करती है। इन औद्योगिक बस्तियों में भवन निर्माण तथा आवश्यक भूमि उपलब्ध कराने में तो सरकार सहायता करती ही है, साथ साथ पानी, बिजली, कच्चा माल तथा आर्थिक सहायता आदि की भी व्यवस्था सरकार द्वारा की जाती है।

5. उत्पादक परिषदों का गठन : उद्योगों को सहायता प्रदान करने के उद्देश्य से सरकार द्वारा उत्पादकता परिषदों का गठन किया जाता है। इन उत्पादकता परिषदों में सरकार के प्रतिनिधियों के साथ साथ उद्योगपतियों के भी प्रतिनिधि होते हैं। ये उत्पादकता परिषदें उत्पादन तकनीकी सुधार करने तथा उत्पादन प्रक्रिया में आने वाली कठिनाईयों को दूर करने का प्रयास करती है। इन उत्पादकता परिषदों द्वारा समय समय पर विचार गोष्ठियों का आयोजन करने के लिए वित्तीय सहायता भी प्रदान की जाती है।

6. तकनीकी एवं अनुसन्धान सुविधाएं : सरकार द्वारा उद्योगों के विकास हेतु तकनीकी तथा अनुसन्धान सुविधाएं प्रदान की जाती हैं। सरकार तकनीकी तथा अनुसंधान कार्यों के लिए उद्योगपतियों को आवश्यक वित्त प्रदान करती है। स्वतन्त्र रूप से अनुसन्धान संस्थाओं की स्थापना की जाती है। इसी प्रकार तकनीकी विदेशों से भी आयात करके व्यवसायियों को उपलब्ध करायी जाती है।

7. औद्योगिक नीति : सरकारी उद्योगों को प्रोत्साहित करने के लिए सरकार अपनी औद्योगिक नीति में परिवर्तन करती है। इस प्रकार औद्योगिक नीति में परिवर्तन करके सरकार यह स्पष्ट कर देती है कि आने वाले समय में सरकार उद्योगों को क्या तथा किस प्रकार सहायता प्रदान करेगी।

8. मशीनरी तथा कच्चा माल उपलब्ध कराना : सरकार उद्योगों को सहायता प्रदान करने के लिए विदेशों से आवश्यक मशीनरी तथा कच्चा माल भी आयात करके उपलब्ध करा सकती है। जो मशीनें देश में उपलब्ध नहीं होती हैं और उनको खरीदने के लिए व्यवसायियों के पास पर्याप्त पूंजी भी नहीं होती है तो सरकार उन व्यवसायियों को आसान किश्तों पर मशीनरी उपलब्ध कराती है।

9. सरकारी सहायता के अन्य प्रारूप : उपरोक्त प्रारूपों के अतिरिक्त सरकार अन्य कई प्रकार से उद्योगों को सहायता प्रदान कर सकती हैं—

(i) उद्योगों में काम करने वाले कर्मचारियों तथा प्रबन्धकों को प्रशिक्षण प्रदान करने की व्यवस्था करना।

(ii) विदेशी बाजारों में विपणन सुविधाओं का विकास करना।

(iii) आवश्यक मात्रा में विदेशी विनिमय उपलब्ध कराना।

(iv) मूल्य समर्थन तथा मूल्य नियन्त्रण की नीति को अपनाना।

(v) यातायात तथा सन्देशवाहन की सुविधाएं उपलब्ध कराना।

(vi) पूंजी निर्गमन को प्रोत्साहित करना।

(vii) औद्योगिक नियमों तथा लाइसेंस नीति को संशोधित करना।

भारत में उद्योगों को सहायता के लिए उठाये गये कदम
(Steps Taken for Government Assistance)

स्वतन्त्रता प्राप्ति के पश्चात् हमारा देश प्रमुख औद्योगिक क्षेत्रों में माना जाने लगा है। स्वतन्त्रता प्राप्ति के पश्चात् सरकार द्वारा उद्योगों की सहायता के लिए भरसक प्रयत्न किये गये हैं। सरकार द्वारा औद्योगिक नीति, लाइसेंस नीति तथा अन्य प्रकार की सरकारी नीतियों तथा अधिनियम में आवश्यक संशोधन किया गया है। पंचवर्षीय योजनाओं में उद्योग की सहायता के लिए निम्न कदम सरकार द्वारा उठाये गये हैं—

1. पिछड़े क्षेत्रों को विशेष अनुदान : सरकार द्वारा कुछ राज्यों तथा क्षेत्रों को औद्योगिक दृष्टि से पिछड़ा हुआ घोषित किया गया हैं। इन पिछड़े हुए क्षेत्रों में उद्योग स्थापित करने वाले व्यवसायियों को केन्दीय सरकार तथा राज्य द्वारा वित्तीय सहायता प्रदान की जाती है। राजस्थान, मध्य प्रदेश, उत्तर प्रदेश, बिहार, केरल, असम, मेघालय तथा नागालैंड आदि राज्यों को औद्योगिक दृष्टि से पिछड़े हुए प्रान्त माना गया है। केन्द्र सरकार इन राज्यों में उद्योग लगाने पर अनुदान के रूप में वित्त प्रदान करती है।

2. विशिष्ट वित्तीय संस्थाओं की स्थापना : हमारे देश में व्यापारिक बैंकों द्वारा उद्योगों को पर्याप्त मात्रा में जब वित्त उपलब्ध नहीं कराया जा सका तो सरकार ने सस्ती दरों पर उद्योगों को आवश्यक वित्त उपलब्ध कराने के लिए अनेक वित्तीय संस्थाओं की स्थापना की। औद्योगिक वित्त निगम, भारतीय राज्य वित्त निगम, औद्योगिक विकास बैंक, जीवन बीमा निगम आदि प्रमुख संस्थाएं सस्ती ब्याज दर पर मध्यकालीन तथा दीर्घकालीन ऋण प्रदान करती है तथा उद्योगों द्वारा खुले बाजार से लिये गये ऋणों की गारण्टी देना तथा अंशों व ऋण पत्रों का अभिगोपन करना आदि कार्य भी प्रदान करती हैं।

3. विद्युतीकरण योजनाएं : सरकार द्वारा उद्योगों को सहायता करने के उद्देश्य से अनेक विद्युतिकरण योजनाएं लागू की गई हैं। ग्रामीण विद्युतिकरण निगम की भी स्थापना की गयी है। इन विद्युतिकरण योजनाओं के अधीन उद्योगों को सस्ती दरों पर बिजली की पूर्ति की जाती है।

4. विकास मण्ड़लों की स्थापना : हमारे देश में उद्योगों को प्रोत्साहित करने के लिए सरकार द्वारा अनेक विकास मण्ड़लों का गठन भी किया गया है। ये विकास मण्डल सरकार को किसी क्षेत्र विशेष के उद्योगों के भावी विकास सम्भावनाओं तथा उद्योगों को पूरी योजनाएं प्रस्तुत करते हैं।

5. लघु उद्योगों को सरकारी सहायता : 1977 में देश में आये राजनैतिक परिवर्तन के पश्चात् लघु एवं कुटीर उद्योगों की स्थापना की गयी है जो जिला स्तर पर ही उद्योगों की समस्याओं का समाधान करेगा तथा पहले से स्थापित विभिन्न प्रकार के मण्डलों को

पुनः जीवन दान दिये जाने का प्रयास किया गया हैं। लघु व्यावसायियों को व्यापारिक बैंकों तथा लीड बैंकों द्वारा आसान शर्तों पर मध्यकालीन ऋण उपलब्ध कराये जाने की नयी योजनाएं लागू की गयी हैं।

6. विभिन्न समितियों का गठन : सरकार द्वारा पिछड़े क्षेत्रों में उद्योगों की सम्भावनाओं का पता लगाने तथा विकास कार्यों को गति प्रदान करने के लिए अनेक कमेटियों का गठन किया गया है। इन समितियों में **वाँचू समिति** तथा **पाण्डे पैनल** का नाम उल्लेखनीय है। इन समितियों का संक्षिप्त विवरण निम्न प्रकार हैं।

वांचू समिति : राष्ट्रीय विकास परिषद् द्वारा पिछड़े क्षेत्रों में उद्योगों को आकर्षित करने के लिए राजकोषीय नीति के बारे में सुझाव देने के लिए इस कमेटी का गठन किया गया था। समिति ने पिछड़े क्षेत्रों में उद्योगों को प्रोत्साहित करने के लिए राजकोषीय, वित्तीय प्रेरणाएं लागू तथा अन्य प्रेरणाएं देने का सुझाव दिया।

पाण्डे पैनल : योजना आयोग द्वारा 1968 में इस कार्यकारी दल का गठन किया गया था। इस पैनल द्वारा पिछड़े जिलों का चुनाव करके वहां यातायात एवं सन्देश वाहन के साधनों का विकास किया जाये तथा औद्योगिक विकास किया जाये।

लघु एवं ग्रामीण उद्योग विकास प्रयास

(Efforts for Small and Village Industrial Development)

देश के सुन्तुलित विकास के लिए सरकारी सहायता एवं प्रोत्साहन विशेष रूप से आवश्यक है। हमारे देश भारत में जिसकी 80% जनता गांवों में निवास करती है तथा जो पूर्णतः साक्षर भी नहीं हैं उनके उत्थान एवं विकास के लिए सरकारी सहायता के बिना विकास संभव नहीं है। भारत सरकार ने प्रारम्भ से ही लघु एवं ग्रामीण उद्योगों के उत्थान के लिए विशेष प्रयत्न किये हैं। मुख्य रूप से भारत सरकार द्वारा किये गये यह प्रयत्न निम्न प्रकार हैं—

(I) बोर्डों एवं निगमों की स्थापना

(Establishment of Boards and Corporations)

सरकार ने लघु उद्योगों को विकसित करने की दृष्टि से अनेक बोर्ड एवं निगमों की स्थापना की है जिसके संचालन से एक ओर जहां विभिन्न भारतीय लघु उद्योगों का विकास हुआ है वहीं दूसरी ओर ग्रामीण भारतीय नागरिकों को रोजगार मिला है। विस्तृत रूप से हम चंद बोर्डों एवं निगमों की चर्चा इस प्रकार कर सकते हैं—

(1) अखिल भारतीय कुटीर उद्योग बोर्ड : यह बोर्ड सन् 1948 में स्थापित किया गया और सन् 1950 में पुनर्गठित किया गया। इस बोर्ड के मुख्य कार्य इस प्रकार हैं—

(अ) लघु एवं कुटीर उद्योग के विकास तथा संगठन के सम्बन्ध में केन्द्रीय सरकार को सलाह देना,

(ब) इन उद्योगों से सम्बन्धित राज्य सरकारों की योजना की जांच करके आवश्यक सलाह देना तथा उनकी योजनाओं में समन्वय स्थापित करना,

(स) इन उद्योगों द्वारा निर्मित वस्तुओं के विपणन के सम्बन्ध में सुझाव देना,

(द) कुटीर एवं लघु उद्योगों तथा बड़े पैमाने के उद्योगों में समन्वय स्थापित करने के लिए सुझाव देना।

(2) केन्द्रीय सिल्क बोर्ड : इस बोर्ड की स्थापना रेशम उद्योग की देखभाल करने तथा रेशम के कीड़े पालने की व्यवस्था करने के लिए सन् 1949 में की गई।

(3) अखिल भारतीय दस्तकारी बोर्ड : दस्तकारी के उत्पादन तथा वितरण में आवश्यक सुधार लाने की दृष्टि से सन् 1952 में अखिल भारतीय दस्तकारी बोर्ड की स्थापना की गई। वर्तमान समय में यह बोर्ड देश मे 19 पायलेट केन्द्रों को संचालित कर रहा हैं जिनमें प्रशिक्षण, अन्वेषण, परीक्षण तथा उत्पादन के क्षेत्र में कार्य किया जाता है।

(4) अखिल भारतीय हाथकरघा बोर्ड : हाथकरघा उद्योग के विकास के लिए इस बोर्ड की स्थापना भी सन् 1952 में की गई। इस बोर्ड ने हाथकरघा उद्योग के विकास के लिए बुनकरों की सहकारी समितियां संगठित की है। बोर्ड द्वारा हाथकरघा उद्योग की वस्तुओं के प्रचार के लिए एक केन्द्रीय बाजार संगठन भी बनाया गया हैं।

(5) अखिल भारतीय खादी और ग्रामोद्योग बोर्ड : खादी तथा ग्रामीण उद्योग जैसे—दियासलाई, गुड, चावल, मधु—मक्खी पालन, साबुन इत्यादि के विकास के लिए सन् 1953 में अखिल भारतीय खादी और ग्रामोद्योग बोर्ड की स्थापना की गई। इसके पश्चात् राज्य में भी खादी ग्रामोद्योग मण्डल बनाये गये हैं।

(6) लघु उद्योग बोर्ड : अन्तर्राष्ट्रीय योजना विशेषज्ञ दल के सुझावों के आधार पर इस बोर्ड की स्थापना नवम्बर 1954 में की गई। यह बोर्ड लघु उद्योग के विकास के लिए योजनाएं बनाता है, और उन्हें क्रियान्वित करता है। बोर्ड द्वारा लघु उद्योगों को तकनीकी सहायता और अन्य सुविधाएं भी प्रदान की जाती है।

(7) नारियल जटा बोर्ड : नारियल जटा से निर्मित वस्तुओं के प्रचार एवं उन्नति के लिए सन् 1954 में नारियल जटा बोर्ड की स्थापना की गई।

(8) राष्ट्रीय लघु उद्योग निगम— इस निगम की स्थापना 4 फरवरी, सन् 1955 को संयुक्त पूंजी वाली कम्पनी के रूप में की गईं। इसका उद्देश्य लघु उद्योगों का विकास करना, आर्थिक सहायता प्रदान करना तथा संरक्षण एवं उद्योगों को अन्य प्रकार की सहायता प्रदान करना है।

(9) भारतीय दस्तकारी विकास निगम : व्यापारिक आधार पर दस्तकारी की वस्तुओं का उत्पादन करने, उत्पादित माल की बिक्री की व्यवस्था करने तथा उत्पादन के उन्नतशील और आधुनिक तरीके अपनाने के लिए इस निगम की स्थापना अप्रेल सन् 1958 में की गई।

(10) ग्रामीण उद्योग नियोजन समिति : केन्द्रीय सरकार ने विशिष्ट क्षेत्रों में ग्रामोद्योग के विकास के लिए एकीकृत एवं व्यापक कार्यक्रम बनाने के लिए अप्रेल 1962 में ग्रामीण उद्योग नियोजन समिति की स्थापना की गई। यह समिति चुने हुए बड़े -बड़े औद्योगिक नगरों के समीप के गांवों में ग्रामोद्योग के विकास हेतु कार्यक्रम बनाती है।

(II) वित्तीय सहायता

(Financial Assistance)

लघु उद्योग तथा कुटीर उद्योगों की पूंजी तथा अन्य आर्थिक सहायता प्रदान करने के क्षेत्र में भी सरकार ने महत्वपूर्ण भूमिका निभाई है। सरकार द्वारा जिन साधनों से लघु और कुटीर उद्योगों को वित्तीय सहायता प्रदान कराई गई हैं वे निम्न हैं—

1. स्टेट बैंक ऑफ इण्डिया द्वारा वित्तीय ऋण सुविधाएं प्रदान किया जाना,
2. रिजर्व बैंक द्वारा गारन्टी की योजना चालू करना,
3. राज्य वित्त निगमों द्वारा ऋण प्रदान करना,
4. राष्ट्रीय लघु उद्योग निगम द्वारा किराया क्रम पद्धति के आधार पर यन्त्रों के खरीदने की सुविधा प्रदान किया जाना,
5. सहकारी बैंकों और अनुसूचित बैंकों द्वारा ऋण की सुविधाएं प्रदान किया जाना, तथा
6. राज्य सरकारों द्वारा आर्थिक सहायता प्रदान करना।

बैंकों के राष्ट्रीयकरण के पश्चात् सार्वजनिक क्षेत्र की बैंकों ने लघु उद्योगों को साख प्रदान करने में उल्लेखनीय भूमिका निभाई हैं। अन्तर्राष्ट्रीय विकास संघ ने भी भारत के मध्यम और लघु स्तरीय उद्योगों द्वारा विदेशों से उपकरण इत्यादि के लिए डॉलर में ऋण स्वीकृत किया है।

(III) तकनीकी सहायता

(Technical Assistance)

सरकार द्वारा लघु और कुटीर उद्योगों को पर्याप्त तकनीकी सुविधाएं प्रदान की गई हैं। इसके लिए औद्योगिक विस्तार सेवा का आयोजन किया गया है। इसके अन्तर्गत लघु उद्योग शालाएं, प्रादेशिक शालाऐं और विस्तार एवं प्रशिक्षण केन्द्र स्थापित किए गए हैं। फोर्ड फाउण्डेशन की सहायता से भारतीय विशेषज्ञ दल को विदेशों में प्रशिक्षण के लिए भेजे जाते हैं तथा तकनीकी सलाह के लिए विदेशी विशेषज्ञ विदेशों से भारत में आमंत्रित किए जाते हैं।

'केन्द्रीय लघु उद्योग संगठन' द्वारा नियमित रूप मे विभिन्न प्रशिक्षण कार्यक्रमों का आयोजन किया जाता है। इस संगठन ने देश के लघु उद्योगों के विभिन्न औद्योगिक कार्यों के लिए प्रयोगशाला की सुविधाऐं देने का प्रबन्ध किया है। ये सुविधाऐं भारत में लघु उद्योग सेवा संस्थाओं और विस्तार केन्द्रों से सम्बन्धित वर्कशापों और प्रयोगशालाओं में दी जाती है। 'राष्ट्रीय लघु उद्योग निगम' ने भी अमेरिका, पश्चिम जर्मनी और जापान की सहायता से राजकोट, ओखला और हावडा में 'Prototype Development and Training Centre' स्थापित किये हैं।

(IV) औद्योगिक बस्तियां

(Industrial Bastis)

कुटीर तथा लघु उद्योगों के विकास के लिए देश के विभिन्न भागों में औद्योगिक बस्तियाँ स्थापित की गई हैं जो कि औद्योगिक विकेन्द्रीयकरण की दिशा में एक महत्वपूर्ण कदम है। औद्योगिक बस्ती से आशय एक ऐसी वृद्ध इकाई से है जिसका मुख्य उद्देश्य छोटी औद्योगिक इकाईयों की सामूहिक सुविधाऐं जैसे उत्तम स्थिति, विद्युत, जल, रेल्वे स्टेशन की समीपता इत्यादि सुविधाएँ प्रदान करना है। **श्री अलेक्जेण्डर** के अनुसार औद्योगिक बस्तियों के तीन मुख्य उद्देश्य हैं—

1. लघु उद्योगों की वित्त व्यवस्था करना,
2. उपर्युक्त स्थिति में कारखानों का निर्माण करना तथा
3. प्राविधिक एवं अन्य प्रकार की सहायता प्रदान करना।

भारत में प्रथम औद्योगिक बस्ती की स्थापना सन् 1955 में सौराष्ट्र के भक्ति नगर में हुई थी।

मार्च सन् 1977 तक 868 औद्योगिक बस्तियों का निर्माण कार्य पूरा हो चुका था और 602 बस्तियाँ कार्यशील थीं।

(V) अन्य विकास कार्य एवं सुविधाऐं

(Other Developmental Facilities)

1. विपणन सुविधाऐं : लघु एवं कुटीर उद्योगों द्वारा निर्मित वस्तुओं को विपणन सुविधाऐं प्रदान करने की दृष्टि से अप्रेल सन् 1949 में भारत सरकार ने केन्द्रीय उद्योगों द्वारा उत्पादित माल के विपणन में सहायता करता है। सन् 1955 की सर्वे कमेटी के सुझावों के आधार पर कुटीर एवं लघु उद्योगों द्वारा निर्मित माल के विक्रय के लिए देश के विभिन्न भागों में सहकारी विपणन समितियों एवं विपणन संघों को संगठित किया गया है।

2. लाइसेसिंग नीति में छूट : सरकार ने देश में लघु एवं कुटीर उद्योग की स्थापना को प्रोत्साहन देने की दृष्टि से लाइसेंसिंग नीति में भी अनेक छूटें प्रदान की है। फरवरी 1970 की लाइसेसिंग नीति के अनुसार कुछ वस्तुओं को पूर्णतः लघु उद्योग क्षेत्र के लिए सुरक्षित रखा गया है। इस प्रकार वर्तमान समय में ऐसी वस्तुओं की संख्या कुछ कम हो गई हैं।

3. सरकार द्वारा क्रय में प्राथमिकता : सरकार ने स्वयं भी अधिक मात्रा में लघु उद्योगों से उत्पादित वस्तुऐं क्रय करके उनके विकास में सहायता दी है। सरकार कुछ वस्तुओं को क्रय पूर्ण रूप से लघु उद्योगों से करती है। ऐसी सुरक्षित वस्तुओं की संख्या जो 1956 में 16 थीं, 1973 मे बढ़कर 192 हो गई।

4. करों में छूटें तथा अन्य रियायतें : सरकार ने करों में छूटों तथा अन्य रियायतों द्वारा उत्पादित अधिकांश वस्तुंओं पर या तो उत्पादन कर लगाया ही नहीं गया है और यदि लगाया गया भी है तो वह नाम मात्रा है।

5. प्रदर्शनियों का आयोजन : देश के कुटीर एवं लघु उद्योगों द्वारा उत्पादित वस्तुओं से जनता को अवगत कराने के लिए सरकार लघु प्रदर्शनियों के आयोजन में नई दिल्ली में किया गया हैं।

6. अनुसन्धान केन्द्र : हाथ करघा, रेशम, नारियल रेशा एवं हस्तकलाओं इत्यादि में शोध हेतु अनेक अनुसन्धान केन्द्रों की स्थापना की गई है।

7. ग्रामीण औद्योगिक परियोजनाऐं : यह योजना सन् 1962-63 में केन्द्रीय सरकार द्वारा प्रारम्भ की गई थी। इसका उद्देश्य ग्रामीण वातावारण में लाभदायक इकाईयों की स्थापना करने की तकनीक विकसित करना तथा विभिन्न क्षेत्रों में विकास स्तर में रहने वाली असमानताओं को कम करना है प्रारम्भ में यह योजना 45 क्षेत्रों में लागू की गई थी। प्रत्येक क्षेत्र में 3 लाख से लेकर 5 लाख तक के 5 विकास खण्ड शामिल किए गए थे। वर्तमान समय में भी गावों में अनेक ग्रामीण औद्योगिक परियोजनाए कार्य कर रही हैं जिसमें लगभग 200 प्रकार के लघु उद्योग चल रहे हैं।

8. औद्योगिक सहकारिताएं : सरकार लघु उद्योग क्षेत्र में सहकारी संगठन को भी प्रोत्साहन दे रही है। द्वितीय योजना के अन्त तक देश में अनेक औद्योगिक सहकारी समितियां थी। सन् 1966 में औद्योगिक सहकारिताओं के राष्ट्रीय संघ की स्थापना भी हुई है। इस संघ का उद्देश्य औद्योगिक सहकारी समितियों द्वारा उत्पादित माल के थोक व्यापार और निर्यात में सहायता देना है।

राज्य स्तरीय औद्योगिक विकास प्रयास
(State Level Efforts for Industrial Development)

राजस्थान जैसे औद्योगिक दृष्टि से पिछड़े हुए प्रान्त में उद्योगों की स्थापना के लिए कई सुविधाओं की घोषणा राज्य सरकार ने उद्योगपतियों को आकर्षित करने के लिए व राज्य का आर्थिक विकास करने के लिए की हैं जिसका प्रभाव पूर्ण प्रयोग हुआ हैं। राज्य सरकार ने उद्योगपतियों को रियायती दरों पर भूमि उपलब्भि, बिजली की दरों में छूट, विद्युत ड्यूटी में सस्ती दरों पर वित्त उपलब्धि, कम मात्रा में उपलब्धि होने वाले कच्चे माल की उचित मात्रा में उपलब्धि, यातायात सुविधाएँ, चुँगी कर से मुक्ति, बिक्री कर में रियायत आदि विभिन्न सुविधाएँ उपलब्ध करने की घोषणा अपनी नई औद्योगिक नीति में की हैं इस नीति को हम मुख्य शीर्षकों के अन्तर्गत इस प्रकार प्रस्तुत कर सकते हैं।

1. प्राथमिकता क्रम : नई औद्योगिक नीति में विभिन्न उद्योगों के लिए प्राथमिकता क्रम निम्न प्रकार से रखा गया है—

(i) खादी व ग्रामोद्योग, हाथ करघा एवं हस्तशिल्प।

(ii) **लघुतम उद्योग :** जिनमें मशीन व संयत्रों पर पूंजी विनियोजन एक लाख रूपये से ज्यादा न हो और जो 50 हजार से कम आबादी वाले स्थान में लगे हैं।

(iii) **लघु उद्योग :** जिनमें मशीन व संयत्रों पर पूंजी विनियोजन 10 लाख रुपये तक है अथवा सहायक उद्योग में विनियोजन 15 लाख रुपये तक है।

(iv) मध्यम एवं बड़े उद्योग।

2. क्षेत्रीय विकास : सरकार की क्षेत्रीय विकास सम्बन्धी नीति इस प्रकार से रहेगी—

(क) ग्रामीण तथा अर्द्धशहरी व शहरी क्षेत्रों में लगने वाले उद्योगों को इस योजना में प्राथमिकता दी जाएगी।

(ख) सार्वजनिक अथवा संयुक्त क्षेत्रों में लगने वाले उद्योग का स्थान चयन करते समय सभी क्षेत्रों के समुचित विकास को दृष्टिगत रखा जायेगा।

(ग) केन्द्र सरकार द्वारा जोधपुर, नागौर, अलवर, चूरू, झालावाड व उदयपुर जिलों में विनियोजन पर 15% अनुदान देने की योजना सन् 1970—71 से ही चालू है। शेष 20 जिलों में भी राज्य सरकार ने लघु उद्योगों के पूँजी विनियोजन पर 15% तक अनुदान देने की नीति अपनाई है। परन्तु यह अनुदान केवल गावों, कस्बों एवं 1 लाख से कम की आबादी वाले शहरों में ही उपलब्ध होगी।

3. राज्य के उपलब्ध संसाधनों पर आधारित उद्योग को लगाने के लिए प्रयत्न किए जायेंगे। इस दिशा में उद्योग लगाने की दृष्टि से संसाधनों का सर्वेक्षण कराया जाएगा ओर सम्भावित उद्योगों का पता लगाया जाएगा। संसाधनों पर आधारित उद्योगों के लिए विकास केन्द्र निर्धारित किए जाऐंगे जहाँ आधारभूत सुविधाएं तथा सामान्य सुविधाएँ आदि विकसित करने के अतिरिक्त निम्नांकित विशेष सुविधाऐं उपलब्ध करायी जायेगी।

(क) ऐसे स्थानों पर मध्यम श्रेणी के उद्योगों को राज्य सरकार द्वारा पूंजी विनियोजन पर 10 प्रतिशत अनुदान दिया जाएगा अगर वे उद्योग ऐसे केन्द्रों के लिए निर्धारित संसाधनों पर आधारित हैं।

(ख) राजस्थान वित्त निगम द्वारा ऐसे उद्योगों को दी जाने वाली आवश्यक वित्त में 5% कमी की जाएगी।

4. राज्य के विभिन्न क्षेत्रों में विभिन्न उद्योगों के लिए कुशल श्रमिक परम्परागत रूप से उपलब्ध है। उदाहरणार्थ जयपुर, सांगानेर व बाडमेर में रंगाई—छपाई, जयपुर, जोधपुर में बंधेज, नागौर में हाथ के औजार, बीगोद, डीग आदि में लुहारी उद्योग के कुशल दस्तकार व श्रमिक उपलब्ध हैं। ऐसे उद्योगों को और अधिक पनपाने की भी व्यवस्था के लिए प्रयत्न किये जायेंगे।

5. पूंजी प्रधान एवं श्रम प्रधान उद्योगों में प्राथमिकता श्रम प्रधान उद्योगों को दी जाएगी।

6. सार्वजनिक औद्योगिक क्षेत्र के सम्बन्ध में राज्य सरकार की नीति भारत सरकार के अनुरूप होगी। सार्वजनिक क्षेत्रों की कार्य प्रणाली में भी सुधार एवं कुशलता लाने हेतु निम्न कदम उठाए जायेंगे।

(क) एक प्रबन्ध समिति बनाइ जाएगी जिसमें औद्योगिक क्षेत्रों एवं अनुभव प्राप्त राज्य सरकार की सेवाओं के अधिकारी लिए जाऐंगे। राज्य सरकार के लिए जाने वाले अधिकारियों को कम से कम 5 वर्ष तक इस सर्विस में रखा जाएगा। सर्विस के लिए प्रशिक्षण का भी विशेष प्रयास किया जाएगा। इस

प्रकार की सर्विस में सरकारी एवं गैर सरकारी अनुभवों के मिश्रण से कुशल एवं योग्य सेवा स्थापित की जा सकेगी जिससे सार्वजनिक क्षेत्र की कार्य प्रणाली में सुधार आएगा।

(ख) राज्यों में एक ब्यूरों आफॅ पब्लिक एण्टरप्राइजेज स्थापित किया जा चुका है। जो राज्य की सार्वजनिक औद्योगिक क्षेत्र की समस्याओं, कार्य प्रणाली एवं प्रगति पर विचार करता है एवं आवश्यक नीति—निर्देश भी प्रसारित करता है।

(ग) जब तक कोई विशेष कारण नहीं हो साधारणतया विभागीय प्रणाली पर नए सार्वजनिक क्षेत्र में उद्योग नहीं लगाए जाएगें।

7. सम्पूर्ण देश की तरह ही राज्य मे भी रूग्ण औद्योगिक इकाइयों की समस्या है। सरकार भी इस समस्या के प्रति पूर्ण रूप से जागरूक है। उद्योगों के रूग्ण होने के कई कारण होते हैं, जैसे तकनीकी, आर्थिक और व्यवस्था सम्बन्धित (आर्थिक कारणों के अन्तर्गत कार्यशील पूंजी का न होना और विपणन की समस्या का आना शामिल है) इस सम्बन्ध में सरकार निम्न कदम उठा रही हैं।

(क) उस औद्योगिक इकाई का जिसका उत्पादन निर्धारित क्षमता से 20% कम हो गया हो, 3 वर्ष तक ऋण का मूल अथवा ब्याज नहीं चुकाया हो तथा जो घाटे में चल रही तो ऐसे उद्योंगें को रूग्ण इकाई समझा जाएगा।

(ख) उद्योग निदेशालय द्वारा उक्त परिभाषा के अनुसार रूग्ण इकाई का प्रमाण पत्र दिया जाएगा।

(ग) ऐसी इकाइयों का सर्वेक्षण किया जाएगा जिसमें रूग्ण इकाई होने के कारण पुनः स्थापित होने की सम्भावनाऐं और उसके लिए कार्यवाही जो आवश्यक है का अध्ययन किया जाएगा।

(घ) राजस्थान वित्त निगम द्वारा ऐसी इकाइयों को दिए गए ऋणों की वसूली की समयावधि आवश्यकतानुसार बढाना व निगमों द्वारा बैंकों से भी कार्यशील पूंजी उपलब्ध कराने के प्रयास करना।

(ङ) भारत सरकार की रूग्ण इकाइयों के सम्बन्ध में घोषित नीति से सन्दर्भ में बैंकों से कार्यशील पूंजी के ऋण की शर्तों में उदारता बरतवाने के प्रयास किए जा रहे हैं, जैसे—ब्याज दर में कमी, वसूली समय में वृद्धि, मार्जिन में कमी आदि।

(च) ऐसी इकाइयों को राजस्थान सलाहकार संस्थान परामर्श उपलब्ध कराएगा।

(छ) आधुनिकीकरण की आवश्यकता वाले उद्योगों को भी आवश्यक तकनीकी परामर्श उपलब्ध कराकर वित्तीय सहायता दी जाएगी।

(ज) रूग्ण इकाइयों से खरीदे गए माल का भुगतान राजकीय विभागों / निगमों / मण्डलों द्वारा एक माह के भीतर कर दिया जाएगा।

(झ) सरकारी विभाग द्वारा खरीद में ऐसी इकाईयों को प्राथमिकता प्रदान की जाएगी जबकि उनका उत्पाद की कीमत एवं गुणक में उत्पादन ठीक होगा।

8. सहायक उद्योग : इस सम्बन्ध में भारत सरकार ने सार्वजनिक क्षेत्र पर इसके विकास का दायित्व डाला है। राज्य में भारत सरकार के औद्योगिक प्रतिष्ठानों के साथ लगने वाले उद्योगों की योजना बनाली गई है और उसकी क्रियान्वित के सम्बन्ध में प्रयास किये जा रहे हैं। राज्य के सार्वजनिक क्षेत्र जैसे—टी.वी. फैक्ट्री, स्कूटर फैक्ट्री, राज्य पथ परिवहन निगम, राजस्थान राज्य विद्युत मण्डल इत्यादि के साथ लगने वाले उद्योगों के सम्बन्ध में भी सर्वेक्षण करवाया जाकर योजना बनाई जा रही है।

9. उद्योगों की स्थापना हेतु आवश्यक मानवीय व भौतिक संसाधनों का सर्वेक्षण आवश्यक है। कुछ उद्योग मांग पर भी सर्वेक्षण करवाया जाकर योजना बनाई जा रही है।

10. उद्यमियों को प्रशिक्षण : औद्योगिकरण की नींव को प्रशस्त करने हेतु नये उद्यमियों को प्रशिक्षित करना अत्यन्त आवश्यक है। सभी राज्य में प्रशिक्षण की कई योजनाऐं चल रही हैं। राज्य की औद्योगिक प्रशिक्षण संस्थाऐं व पोलीटेक्निक संस्थाएं लघु, उद्योग संस्थान, राजस्थान कृषि उद्योग निगम, राजस्थान लघु उद्योग निगम, राजस्थान खादी व ग्रामोद्योग मण्डल आदि विभिन्न संस्थाऐं भिन्न—भिन्न प्रशिक्षण योजनाऐं उपलब्ध करवा रहे हैं।

11. अन्तयोदय एवं उद्योग : राज्य के ग्रामीण क्षेत्रों में सबसे गरीब परिवारों के आर्थिक उत्थान के लिए अन्तयोदय कार्यक्रम चालू किया गया है। इसमें चयनित परिवारों में कारीगरों व दस्तकारों को विभाग, निगम व राजस्थान खादी व ग्रामोद्योग मण्डल, राजस्थान हाथकरघा परियोजना द्वारा प्राथमिता से सहायता उपलब्ध कराता है।

12. सुविधाऐं एवं सहायता : देश के अन्य राज्यों और विशेष रूप से औद्योगिक क्षेत्र में विशेष रूप से प्रगति करने वाले राज्यों की तरह राजस्थान में भी उद्योगों को दी जाने वाली सहायता एवं सुविधाओं को और अधिक आकर्षक बनाया जाएगा ताकि अधिकाधिक उद्योग राज्य में लग सकें।

13. सहायता एवं सुविधाओं का सरलीकरण एवं प्रशासनिक व्यवस्था में भी परिवर्तन किया गया है ताकि वे उद्यमियों को निश्चित समय में और सरलता से उपलब्ध हो जावें।

14. अनुसूचित जाति एवं जनजाति के लोगों को उद्योग लगाने के लिए विशेष सुविधाऐं प्रदान कि जाती है। जैसे लधुतम उद्योग लगाने पर 15% के स्थान पर 25% अनुदान दिया जाएगा और उनकी वित्त निगम द्वारा दिये जाने वाले ऋण में भी मार्जिन मनी को 5% रखा जाएगा।

उद्योगों के लिए आधारभूत सुविधाएं जैसे औद्योगिक भूमि, बिजली, पानी, यातायात आदि उपलब्ध कराना आवश्यक है। देश के जिन राज्यों ने आधारभूत सुविधाएं विकसित करने में पहल की वहां औद्योगिक विकास की गति भी काफी द्रुत रही। हालांकि इन सुविधाओं के विकास हेतु खर्च अधिक होता है और प्रत्यक्ष लाभ कम व विलम्ब से होता है। फिर भी जब तक ये सुविधाए उपलब्ध न हों, औद्योगिक विकास सम्भव नहीं होता हैं। अतः इनको विकसित करने के लिए विशेष प्रयास की आवश्यकता है— .

1. औद्योगिक भूमि व वर्तमान स्थिति : राजस्थान में औद्योगिक भूमि का 1969 तक उद्योग निदेशाालय द्वारा कराया जाता था। इसके अन्तर्गत 15 औद्योगिक क्षेत्र विकसित हुए। राजस्थान राज्य औद्योगिक एवं खनिज विकास निगम की स्थापना के पश्चात् नए औद्योगिक क्षेत्रों को विकसित करने का कार्य निगम को सौप दिया गया। निगम ने अब तक अनेक औद्योगिक क्षेत्र विकसित किये है। इस हेतु वर्तमान में राज्य सरकार निगम का निम्न सुविधाएं देती है— ·

(क) औद्योगिक क्षेत्र के लिए आवश्यक उपलब्ध राजकीय भूमि को निगम की 99 वर्ष की लीज पर केवल 1 रूपया प्रति एकड़ प्रतिवर्ष के किराये पर दी जाती है।

(ख) चूंकी निगम औद्योगिक क्षेत्रों में पानी, बिजली, सड़क इत्यादि की व्यवस्था करता है। अत: निगम को काफी आर्थिक भार एवं हानि उठानी पड़ती है। राज्य सरकार वर्तमान में निगम को औद्योगिक भूमि के विकास हेतु अनुदान देती है।

(ग) राज्य सरकार निगम अथवा उद्योग विशेष के लिए आवश्यक निजी भूमि की अवाप्ति भी करती है।

निगम विभिन्न क्षेत्रों में सस्ती दर पर उद्यमियों को भूमि उपलब्ध कराता है।

औद्योगिक भूमि के सम्बन्ध में राज्य सरकार निम्न कदम उठाना चाहती है।

(क) ग्रामीण क्षेत्रों में औद्योगिकरण को प्रोत्साहन देने के लिए निगम द्वारा ग्रामीण क्षेत्रों में लघुत्तर औद्योगिक क्षेत्र स्थापित किए जा रहे है। इसी वित्तीय वर्ष में ऐसे अनेक नये लघु औद्योगिक क्षेत्र ग्रामीण क्षेत्रों में स्थापित करने का कार्य हाथ में लिया गया है। माँग आने पर निगम द्वारा अनेक लघुत्तर औद्योगिक क्षेत्र स्थापित करने के प्रयास किए गये है।

(ख) ग्रामीण क्षेत्रों के स्थापित लघु औद्योगिक क्षेत्र के सम्बन्ध में राज्य सरकार निगम को 25% के स्थान पर 33.33% अनुदान उपलब्ध कराया जाता है।

(ग) यदि उपलब्ध सरकारी भूमि उपलब्ध न हो तो गाँवों में स्थापित गोचर भूमि में से औद्योगिक क्षेत्र की स्थापना हेतु आवश्यकता के अनुसार भूमि राजस्थान औद्योगिक एवं खनिज विकास निगम को दिए जाने के अधिकार जिलाधीश को प्रदान किये गये है। परन्तु ऐसा करने के पूर्व ग्राम पंचायतों से कम से कम 75% बहुमत से प्राप्त प्रस्ताव आवश्यक होगा।

(घ) कृषकों को अपनी भूमि पर उद्योग लगाने के लिए प्रोत्साहित करने हेतु एवं यह मानते हुए कि ग्रामोद्योग अथवा कृषि पैदावार पर आधारित उद्योग कृषि को ही एक सहायक व्यवसाय है कृषक अथवा अन्य व्यक्ति जिसने कृषक से जमीन खरीदी हो को यह अनुमति दी जाएगी कि वह अपनी भूमि के क्षेत्र का दो प्रतिशत हिस्सा अथवा 500 वर्गमीटर तक बिना किसी पूर्व स्वीकृति के उद्योग लगाने में काम में ले सकता है। किन्तु इसके लिए उसे परिवर्तन शुल्क राजस्व विभाग में जमा कराना होगा।

(ङ) चुंकि एकीकृत ग्राम विकास में उद्योगों का भी प्रमुख महत्व है। अत: ग्रामीण विकास से सम्बन्धित अन्य संस्थाएँ जैसे मण्डी कमेटियाँ भी औद्योगिक क्षेत्रों का विकास विशेष रूप से अपने मार्केट यार्ड के समीप करें ताकि कम खर्चे में यह काम हो सके। शहरों व कस्बों में इस कार्य हेतु स्थानीय नगरपालिकाओं, नगर सुधार न्यास / नोटीफाइड एरिया कमेटी को भी प्रोत्साहित किया जायेगा। स्वयंसेवी संस्थाएँ, सहकारी समीतियाँ अथवा ज्वाइन्ट स्टाक कम्पनिर्या भी नगर औद्योगिक क्षेत्र विकसित करना चाहें तो उन्हें भी भूमि उपलब्ध करायी जाएगी।

(च) इन सस्थाओं को भी राज्य सरकार वही अनुदान देगी जो निगमों को दिया जाता है। औद्योगिक क्षेत्र स्थापित करने के पूर्व इन संस्थाओं द्वारा जिला उद्योग सहकारी समितियाँ अथवा जिला उद्योग केन्द्रों की सहमति लेना आवश्यक है।

(छ) वर्तमान औद्योगिक भूमि पर केवल 5% भाग पर आवश्यक स्टाफ के लिए मकान बनाने की स्त्रीकृति मिलती हैं, इस सुविधा का विस्तार किया जाएगा।

2. बिजली की उपलब्धी : राज्य में नए उद्योग लगाने वालों को बिजली मिलने में किसी प्रकार की कठिनाई नहीं होगी।

बिजली की दरें : बिजली की दरों के सम्बन्ध में भी राजस्थान की स्थिति संतोषजनक है। कई अन्य राज्यों और विशेष रूप से आस—पास के राज्यों की तुलना में यह दरें समान अथवा कम हैं।

विद्युत सम्बन्धी सुविधाएँ : राजस्थान राज्य विद्युत मण्डल के टेरिफ एवं नियमों के अनुसार अनेक रियायते उद्योगों के लिए उपलब्ध हैं।

यद्यपि प्रारम्भ में इसकी राशि बोर्ड द्वारा ऋण के रूप में उपभोक्ताओं से ले ली जाती है तो बिजली के बिलों में समायोजित कर दी जाती है।

अन्य विद्युत रियायतें

(क) इलेक्ट्रो केमिकल एवं इलेक्ट्रों थर्मल उद्योगों को विद्युत कर से 7 वर्ष तक मुक्त रखा गया है।

(ख) उपर्युक्त उद्योगों के अलावा विनिर्माण, उत्पादन संसाधन या माल की मरम्मत आदि से सम्बन्धित उद्योगों में बिजली की खपत पर प्रति यूनिट बहुत ही कम शुल्क लगाया जाता है।

(3) विद्युत सम्बन्धी नए कदम

उद्योगों के लिए आवश्यक बिजली के सम्बन्ध में निम्न कदम उठायें जाऐंगें—

(क) जो वर्तमान सुविधाएं उपलब्ध है और जिनका समय को समाप्त होना है उन्हे 5 वर्ष के लिए और बढाया जाएगा पर यह विभिन्न संशोधनों के साथ बढाया जाएगा।

(ख) विद्युत कनेक्शन के लिए अनिर्णित प्रार्थना—पत्रों को निपटाने हेतु राजस्थान राज्य विद्युत मण्डल द्वारा एक अभियान चलाया जाएगा।

(ग) कृषि हेतु बिजली के कनेक्शन से उद्योग हेतु बिजली उपयोग में लाने पर विद्युत मण्डल सम्बन्धित उपकरणों के प्रयोग की अनुमति दे देगा व इसके लिए विशेष रियायती दर निश्चित करेगा।

3. यातायात : औद्योगिक क्षेत्रों में सड़कें राजस्थान राज्य औद्योगिक एवं खनिज विकास निगम अथवा उद्योग विभाग द्वारा बनाई जाती है। लघुतम औद्योगिक क्षेत्र, जो गांवों में स्थापित किए जा रहे हैं भी यथासम्भव सड़कों के पास ही स्थापित किये जा रहे हैं। श्रमिक की यातायात सम्बन्धी आने वाली कठिनाईयों को भी दूर करने का प्रयास किया जा रहा हैं।

4. ऋण सुविधाएँ केन्द्रीय वित्तीय संस्थानों व बैंकों के साथ—साथ राजस्थान वित्त निगम राजस्थान के उद्योग की वित्तीय आवश्यकताओं के प्रमुख स्त्रोत है। निगम राज्य के मध्यम श्रेणी के व लघु उद्योगों को ऋण उपलब्ध कराने में ही उपयोग की जा रही है। निगम एक औद्योगिक इकाई को 10 हजार रूपये से लेकर 30 लाख रूपये तक के ऋण स्वीकृत करता है। ब्याज की दर 9% से लेकर 13.5% तक ली जाती है।

(i) **राजस्थान वित्त निगम :** राजस्थान वित्त निगम के कार्य संचालन को प्रभावी बनाने के सम्बन्ध में निम्न कदम उठाये जा रहे हैं।

(क) लघुत्तम उद्योग को बैंक के ऋण देने का भी निगम ने अब निश्चय कर लिया है। यह ऋण अधिकतर मौके पर ही स्वीकृत कर दिए जायेंगे व इन ऋणों पर ब्याज बहुत कम दर से ली जाएगी। इस योजना के अन्तर्गत निगम ने प्रत्येक जिले में एक लाख रूपये की राशि का न्यूनतम निर्धारण किया है।

(ख) निगम ने अपनी कार्य प्रणाली को काफी सरल करने का निर्णय लिया है व ऋण स्वीकृत व वितरण का समय बद्ध निस्तारण करने का निश्चय किया है।

(ग) निगम की अभी अनेक शाखाएं राजस्थान के विभिन्न भागों में कार्यरत है। निगम अन्य प्रमुख औद्योगिक स्थानों में नई शाखाएं खालने का प्रयत्न करेगा जिससे कि ऋण वितरण स्थानीय रूप से हो सके।

(घ) जिन उद्योगों को वित्तिय संस्थानों द्वारा ऋण स्वीकृत हो चुका है, किन्तु ऋण वितरण में देरी होने की सम्भावना है, किन्तु इन्हें निगम हेतु ऋण प्रणाली पर धनराशी देने का विचार कर रहा है।

(ङ) निगम अनुचूचित जाती एवं जन जाती के उद्यमियों को लघु उद्योग लगाने हेतु मार्जिन पर ही ऋण उपलब्ध कराता है।

(च) लघु उद्योगों को ऋण उनके प्रोजेक्ट कोस्ट के आधार पर दिया जाता जैसाकि बड़े उद्योगों के सम्बन्ध में किया जाता है।

(छ) उद्यमी को एक वर्ष पूर्व तक उद्योग के लिए मकान बनाने के लिए राजस्थान वित्त निगम ऋण उपलब्ध करायेगा।

राजस्थान औद्योगिक व खनिज विकास निगम द्वारा ऋण— राजस्थान औद्योगिक एवं खनिज विकास निगम भी मध्यम श्रेणी के उद्योगों को भारतीय औद्योगिक एवं खनिज विकास निगम बैंक की योजना के अन्तर्गत ऋण देता है।

बैंकों से ऋण : उद्योगों को ऋण उपलब्ध कराने में बैंक भी महत्वपूर्ण योगदान देते है। विशेष रूप से कार्यकारी पूंजी के लिए ऋण बैंक ही उपलब्ध कराता है। भारत सरकार नीति के अनुसार बैंकों को ऋण वितरण में लघु उद्योगों को विशेष प्रमुखता प्रदान की जानी चाहिए। विशेषतया बैंकों ऋण वितरण में लघु उद्योगों को विशेष प्रमुखता प्रदान की जानी चाहिए।

बिक्री कर के बराबर ब्याज रहित ऋण : राजस्थान में भी कई अन्य राज्यों की तरफ बिक्री कर के बराबर ब्याज सहित ऋण स्थिर परिसम्पत्तियो के कुल मूल्य के 8% तक दिया जाता है। ये सुविधाएँ नई औद्योगिक इकाईयों को उपलब्ध है।

पूंजी विनियोग
(Capital Investment)

पूंजी विनियोजन हेतु राजस्थान में संस्थाएं नहीं है। केन्द्रीय संस्थाऐं जैसे जीवन बीमा निगम, युनिट ट्रस्ट आफॅ इण्डिया, भारतीय औद्योगिक विकास बैंक, भारतीय औद्योगिक वित्त निगम, इण्डस्ट्रियल, क्रेडिट एण्ड इन्वेस्टमेंट कार्पोरेशन आफॅ इण्डिया, इण्ड्स्ट्रियल रिकंस्ट्रक्शन कार्पोरेशन आफॅ इण्डिया आदि केन्द्रीय विनियोजन संस्थाओं द्वारा राज्य में बहुत ही कम विनियोजन किया गया है। देश में इनके कुल विनियोजन का राजस्थान में केवल 2.3% है। औद्योगिक दृष्टि से सम्पन्न राज्यों मं इनका विनियोजन काफी अधिक है। राजस्थान में भी इस दिशा में कदम उठाये जा रहे हैं।

7. विपणन सहायता (Marketing Assistance) : उद्योगों को सफलता पूर्वक चलाने का मुख्य आधार विपणन व्यवस्था है। राजस्थान स्वयं अपने में एक बड़ा विपणन क्षेत्र नहीं है अत: उद्यमियों की विपणन की काफी कठिनाई का सामना करना पड़ता है। इस सम्बन्ध में निम्न कदम उठाये जा रहे हैं।

(क) अन्य राज्य सरकारों की तरह राजस्थान सरकार भी खरीद (सरकारी) में लघु, लघुत्तम, ग्रामोद्योग, खादी हाथकरघा, हस्तशिल्प आदि उद्योगों को संरक्षण देने की नीति का कड़ाई से क्रियान्वयन किये जाने के प्रयास किये जा रहे है। ।

(ख) सरकारी खरीद के लिए अनेक वस्तुएं केवल राजस्थान में स्थापित लघु उद्योगों से ही लेने का प्रावधान है। इस सुविधा को और विस्तृत कर दिया गया है। इसमें 50 और नई वस्तुएं जोड़ दी गई है।

(ग) राज्य का लघु उद्योग निगम जयपुर में लघु उद्योगों के उत्पादनों के प्रदर्शन एवं विक्रय हेतु एक व्यापार केन्द्र एवं औद्योगिक म्यूजियम चला रहा है। यह निगम उद्योगों को इनके उत्पादकों को मूल्य उनकी प्राप्ति कर 90% अग्रिम तथा शेष 10% बिक्री राशि प्राप्त होने पर देता है। यह व्यापार केन्द्र 15% मूल्य अधिमान का भी पात्र है।

(घ) राजस्थान लघु उद्योग निगम द्वारा डी. जी. एण्ड. डी. रेलवे, पोस्ट आफिस, रक्षा प्रतिष्ठन आदि जो देश मे प्रमुख खरीददार है से खरीद सम्बन्धी सूचनाएं उद्यमियों को उपलब्ध कराने का प्रयास कर रहा है। इसी सन्दर्भ में राज्य सरकार के निवेदन पर डी. जी. एस. डी. ने अपना कार्यालय भी जयपुर में खोल लिया है। इसी तरह आयात निर्यात नियन्त्रण कार्यालय राजस्थान में खुलवाने का प्रयास किया जा रहा है।

8. उत्पादों की गुणता : वस्तुओं के विपणन में गुणता विशेष महत्व रखती है। इसके सुधार के लिए निम्न कदम उठाये गये है।

(क) उद्योगों को देय परीक्षण उपकरण अनुदान को बढ़ा दिया गया है। इससे उनमें उत्पादन के समय गुणता का ध्यान रखा जाये।

(ख) भारतीय मानक संस्थान का राजस्थान में कुछ माह पूर्व राष्ट्रीय कन्वैशन कराया गया था। इस संस्थान द्वारा भी राजस्थान में अपना कार्यालय स्थापित कर दिया गया हैं, जिससे अधिकाधिक उद्यमी मानक संस्थान की प्रमापीकरण सेवायें सुविधापूर्वक ले पायेंगे।

9. करो से मुक्ति : सरकार द्वारा उद्योगों को करों के सम्बन्ध अनेक प्रकार से मुक्ति प्रदान की गई है।

10. प्रशासनिक सहयोग : उद्यमियों को सरलता एवं शीघ्रता से सुविधाएं एवं सहायता उपलब्ध कराने हेतु अनेक प्रशासनिक कदम उठाये गये हैं।

11. जिला उद्योग केन्द्र की स्थापना : भारत सरकार की योजना के अन्तर्गत राज्य में जिला औद्योगिक केन्द्र स्थापित किए जा रहे हैं। इस योजना के अन्तर्गत प्रत्येक केन्द्र में एक जनरल मैनेजर एवं फंक्शनल मैनेजर व उनके साथ आवश्यक स्टाफ नियुक्त किया गया है। प्रत्येक जिलें में उद्योग प्रसार अधिकारी भी नियुक्त किये गये है जो जिला मुख्यालयों के अतिरिक्त स्थानों पर नियुक्त किये जायेंगे। इन केन्द्रों से विभिन्न निगमों, बैंकों और उद्योग विभाग के अधिकारी नियुक्त किए जायेंगे ताकि इन केन्द्रों से सम्बन्धित निगमों व उद्योग विभाग की कार्यवाही समन्वित तरीके से हो सके व उद्यमियों को एक ही स्थान पर सब सुविधायें मिल सकें। इसके लिए इन केन्द्रों के अधिकारियों को सम्बन्धित विभाग / निगम के अधिकार भी प्रदत्त किए जायेंगे। भारत सरकार की स्वीकृति के अनुसार राज्य के समस्त जिलों में ऐसे केन्द्र स्थापित किए जा चुके है।

12. अधिकारों का विकेन्द्रीकरण : विकेन्द्रीकृत औद्योगिक विकास के लिए यह आवश्यक है कि अधिकारों का भी विकेन्द्रीकरण किया जावे ताकि उद्यमियों को यथा सम्भव स्थानीय स्तर पर ही निर्णय उपलब्ध हो सके व सुविधायें और सहायता प्राप्त हो सके। इसके लिए निम्न कदम उठाये गये हैं—

(क) लघु उद्योगों के पंजीकरण के अधिकार विकास से भी आगे विकेन्द्रीकृत कर दिये गये हैं। एक जिले में प्रमुख औद्योगिक विकास केन्द्रों में उद्योग विभाग के अधिकारियों की नियुक्ति की जाएगी ओर जिला स्तरीय अधिकारी के पंजीकरण व अन्य अधिकार भी उन्हें दे दिए जायेंगे।

(ख) वित्त निगम अपने ब्रांच मैनेजर को ऋण की स्वीकृति के अधिकार प्रदान किये गये है।। इसी प्रकार राजस्थान राज्य औद्योगिक एवं खनिज विकास निगम एवं राजस्थान लघु उद्योग निगम अपने अधिकारियों को कुछ अधिकार अगर वे वहाँ पर है तो उन्हें प्रदत करेगा अन्यथा उद्योग विभाग के अधिकारियों को प्रदत्त करेगा।

पाण्डे दल
(Pandey Panel)

योजना आयेग ने 1968 में एक कार्यकारी दल की नियुक्ति की थी जिसे पाण्डे पैनल के नाम से जाना जाता है। इस दल का उद्देश्य उन वास्तविक कसौटियों का पता लगाना था जिनके आधार पर पिछड़े, क्षेत्रों को चिन्हित किया जा सके। इस दल ने 6 राज्यों आन्ध्र प्रदेश, बिहार, मध्य प्रदेश, उड़ीसा, राजस्थान तथा उत्तर प्रदेश को पिछड़े राज्य की श्रेणी में रखा है। राष्ट्रीय विकास परिषद् के पूर्व नियमानुसार असम, जम्मू एवं कश्मीर तथा नागालैण्ड को उनकी विशेष समस्याओं तथा पिछड़ेपन के कारण राज्यों को दी जाने वाली केन्द्रीय सहायता में से सर्वप्रथम आवश्यकता पूर्ति की जाएगी। अतएव पाण्डे दल द्वारा इन क्षेत्रों में औद्योगिक विकासार्थ विशेष प्रेरणाएं देने का समर्थन दिया गया था। मणिपुर व त्रिपुरा प्रत्येक में एक जिला होने से ये भी पिछड़े प्रदेशों की श्रेणी में रखे गए हैं।

इस दल ने पिछड़े क्षेत्रों के निर्धारण के लिए निम्न कसौटी अपनाने का सुझाव दिया है।

1. बड़े शहरों अथवा बड़ी परियोजनाओं से 50 मील अधिक दूर स्थित जिले।
2. जहाँ निवासियों की निर्धनता सूचक होगा वहां प्रति व्यक्ति औसत आय का राज्य की प्रति औसत आय 75% या उससे कम होना।
3. साधनों के उपभोग एवं रोजगार के अवसरों को देखते हुए जनसंख्या का घनत्व अधिक होना जिसके सूचक होंगे।

(i) द्वितियक एवं तृतियक आर्थिक क्रियाओं में लगी जनसंख्या का प्रतिशत राज्य के औसत प्रतिशत से 25% कम होना।

(ii) फैक्ट्री सेजगार का प्रतिशत कम होना।

(iii) आर्थिक एवं प्राकृतिक साधनों जैसे वन सम्पदा, खनिज आदि का विदोहन न हुआ हो या उचित मात्रा में न हुआ हो।

4. निकट भविष्य में पर्याप्त विद्युत शक्ति के उपलब्ध होने की सम्भावना।

5. यातायात एवं संचार सुविधाओं का होना या 1—2 वर्षों में उपलब्धि होने की सम्भावना।

इस दल के सुझावों पर सभी पिछड़े राज्यों में से 20—30 जिलों को चतुर्थ योजना काल में विकास हेतु चुना गया था। सरकार द्वारा इन क्षेत्रों में आर्थिक व सामाजिक संरचना जैसे यातायात सुविधाएं, मजदूरों के लिए आवास व्यवस्था, अस्पताल, बैंकिग सुविधाएं आदि के विकास पर विशेष ध्यान दिया जाना है। सार्वजनिक उपक्रमों की स्थापना व उद्योंगों को लाइसेंस देने की नीति में भी पिछड़े प्रदेशें को प्राथमिकता दी गई है तथा दी जायेगी ऐसी व्यवस्था की गई हैं।

अन्त में यह कहना उचित ही होगा कि सरकार द्वारा इतनी सुविधाओं और सहायता के उपरान्त भी हमारे देश का जो औद्योगिक विकास होना चाहिये, वह अभी नहीं हो पाया है। इस सम्बन्ध में मार्ग में जो बाधाएं हैं उनकों दूर किया जाना चाहिये, कमियों और सीमाओं का विश्लेषण होना चाहिये तथा इन सुविधाओं की व्यवस्था में सुधार होना चाहिये।

प्रश्न

1. उन परिस्थितियों की विवेचना कीजिए जिनके कारण आधुनिक युग में उद्योगों के नियमन एवं नियन्त्रण के क्षेत्र में राज्य की सक्रिय भूमिका को प्रोत्साहन मिला है।

   Discuss the circumstances which have promoted increased role of state in the regulation and control of industries in modern times.

2. राज्य द्वारा उद्योगों के नियमन एवं नियन्त्रण के क्या प्रमुख उद्धेश्य हैं? र कीजिए।

   What are the main objectives of Government regulation and control of industries? Explain critically.

3. उन विभिन्न तरीकों की विवेचना कीजिए जिनके द्वारा भारत सरकार देश के उद्योगों का नियमन एवं नियन्त्रण करती है।

   Discuss the various forms or methods through which the Government of India exercises regulation and control of industries in the country.

4. राज्य द्वारा उद्योगों के नियमन एवं नियन्त्रण में वैधानिक नियन्त्रणों का क्या महत्व हैं? विवेचना कीजिए तथा भारत के उद्योगों पर लागू किये गये प्रमुख वैधानिक नियन्त्रणों का मूल्यांकन कीजिए।

   What is the significance of legal controls in regulation and control of industries by the State? Discuss and evaluate the prominent legal controls on industries enforced in India.

5. ''पिछले कुछ वर्षों में यह अनुभव किया गया है कि राजकीय नियन्त्रणों एवं प्रतिबन्धों की अधिकता उद्योगों के विकास में साधक होने की बजाय बाधक सिद्ध होती हैं।'' नियन्त्रणों के विषय में भारत सरकार द्वारा अपनायी गयी उदारता की नीति के सन्दर्भ में इस कथन की समीक्षा कीजिये।

   "It has been realised in recent years that strict controls and restrictions prove detrimental (rather than helpful) to the development of industries." Critically examine this statement with reference to relaxation of controls as a state policy in India.'

□□□

7

मूल्य अर्थशास्त्र

Pricing Economics

प्रत्येक व्यावसायिक फर्म का उद्देश्य लाभ को अधिकतम करना होता है। फर्म को लाभ तभी प्राप्त होता है जब उसके द्वारा उत्पादित वस्तु का विक्रय मूल्य उसकी लागत से अधिक हो। विक्रय मूल्य पर ही वस्तु की मांग निर्भर करती है। क्योंकि मांग के नियम के अनुसार कम कीमत पर मांग अधिक व अधिक कीमत पर मांग कम होती है। अत: मूल्य का निर्धारण प्रबन्धकीय निर्णय में महत्वपूर्ण स्थान रखता है। साधारण शब्दों में मूल्य निर्धारण के निर्णय को ही मूल्य नीति कहा जा रहा है। मूल्य निर्धारण एक अत्यन्त ही जटिल कार्य है। मूल्यों पर कई तत्वों का प्रभाव पड़ता है। अत: मूल्य निर्धारण काफी सोच समझकर किये जाने वाला कार्य है। इसके लिए मूल्य पर प्रभाव डालने वाले तत्वों का भी विश्लेषण करना पड़ता है। **कनवर्स** के अनुसार 'एक निश्चित अवधि के लिए मूल्य सम्बन्धी निर्णयों को मूल्य नीति कहा जाता है।' किसी वस्तु का मूल्य क्या हो, मूल्य निर्धारण का आधार क्या हो, क्या मूल्य प्रतियोगी व्यापारियों द्वारा निर्धारित मूल्यों से कम हैं, मूल्य विभेद किया जाय अथवा नहीं, यदि मूल्य विभेद किया जाए तो उसका आधार क्या हो, मूल्य में परिवर्तन कब व किन परिस्थितियों में किया जाए, क्या मूल्य में कुछ कमीशन दिया जा सकता है, क्या मूल्य लागत से कम हो सकते हैं, मूल्य पर प्रभाव डालने वाले तत्वों का विश्लेषण आदि सभी मूल्य नीति का ही एक भाग है। मूल्य निर्धारण के लिए कोई फार्मूला निर्धारित नहीं है। इसके लिए ज्ञान, अनुभव, योग्यता, सतर्कता, सामयिकता आदि बातें आवश्यक है।

मूल्य नीति के उद्देश्य : वर्तमान युग में फर्म का विकास उसकी मूल्य नीति पर निर्भर करता है। किन्तु साधारणत: मूल्य नीति पर बहुत कम जोर दिया जाता है जबकि इसका प्रबन्धकीय निर्णयों में बहुत महत्व है। **ज्योलडीन** (Joel Dean) के अनुसार, श्रेष्ठ प्रबन्धकीय निर्णय उद्योगों की सुनिश्चित विज्ञापन नीति, उत्पादन नीति, ग्राहक नीति तथा वितरण माध्यम

नीति होती है। किन्तु मूल्य निर्धारण सम्बन्धी निर्णय अस्थाई निर्णयों के जोड़ तोड़ होते हैं। उनके अन्य प्रकार से श्रेष्ठ प्रबन्धित फर्मों में मूल्य नीति पर संकट के आधार पर विचार किया जाता है। फर्म में यह स्थिति गलत ही कही जाएगी। मूल्य नीति के निम्न उद्देश्य होते हैं:

1. लाभ के अधिकतम करना - प्रत्येक फर्म का सर्व प्रमुख उद्देश्य अधिकतम लाभ प्राप्त करना है। लाभ मूल्यों पर निर्भर करता है। मूल्य लागत से अधिक होने पर फर्म को अधिकतम लाभ प्राप्त होता है। अत: फर्म अपना उत्पादन एवं मूल्य उस बिन्दु पर निर्धारित करती है, जहां उसका लाभ अधिकतम हो।

आलोचकों का मत है कि फर्म का उद्देश्य लाभ कमाना ही नहीं होता। अल्पकाल में फर्म ग्राहकों को आकर्षित करने के लिए न लाभ न हानि के आधार पर भी कार्य कर सकती है। किन्तु यहाँ यह कहा जा सकता है कि न लाभ न हानि के आधार पर मूल्य निर्धारण में भी मूल्य नीति का अन्तिम उद्देश्य अधिकतम लाभ कमाना ही है। क्योंकि अल्पकाल में फर्म के उत्पादन कम मूल्य पर बेचने से ग्राहक आकर्षित होंगे व अन्त में जब वे फर्म के उत्पादन के अभ्यस्त हो जायेंगे तब फर्म मूल्य बढ़ाकर अधिकतम लाभ कमाएगी। उदाहरण के लिए चाय के प्रयोग को बढ़ाने के लिए प्रारम्भ में चाय कम्पनियों ने कम मूल्य पर यहां तक की मुफ्त भी चाय पिलाई। किन्तु जब उपभोक्ता चाय के आदतन हो गए तो चाय की कीमत बढ़ा दी गई।

इसी प्रकार कुछ आलोचकों का मत है कि साहसी केवल लाभ ही अर्जन नहीं करता वरन् मानसिक आय भी प्राप्त करता है। अत: वह लाभ के स्थान पर आराम को अधिक महत्व दे सकता है। किन्तु उदाहरण के लिए एक उत्पादक प्रतियोगिता की स्थिति में अधिकतम लाभ कमाने के स्थान पर आराम को कम कठिन परिश्रम द्वारा लाभ कमा कर भी सन्तुष्ट होता है। यह बात सही मानी जा सकती है किन्तु यह कहा जा सकता है कि अधिकतम कमाना ही मूल्य नीति का केवल मात्र उद्देश्य नहीं होता किन्तु यह मूल्य नीति अन्य अनेक उद्देश्यों में एक अवश्य है।

2. मूल्य स्थायित्व - मूल्य नीति का दूसरा उद्देश्य मूल्यों में स्थायित्व लाना हैं। मूल्यों में स्थायित्व रहने से जनता का फर्म में विश्वास जम जाता है व फर्म की ख्याति बढ़ती है। मूल्य स्थायित्व में भावी विक्रय पूर्वानुमान लगाये जा सकते हैं। मूल्य पर अनेक तत्व प्रभाव डालते हैं। इन तत्वों में समय-समय पर परिवर्तन होता रहता है। अत: मूल्य निर्धारण इस प्रकार किया जाए कि इन तत्वों में मामूली से परिवर्तन से मूल्यों में परिवर्तन न किया जाए। स्थिर मूल्यों पर उत्पादन, विक्रय उत्पादन के साधनों जैसे श्रम, पूंजी, कच्चा माल आदि की मांग, वित्त की मांग आदि के पूर्वानुमान आसानी से लगाए जा सकते हैं।

3. बाजार में स्थान प्राप्त कर अपने भाग को बनाए रखना - एक नए उत्पादक की मूल्य नीति का उद्देश्य बाजार में स्थान बनाना होता है। बाजार में किसी वस्तु के कई उत्पादक व उपभोक्ता दोनों विद्यमान हैं। अत: नए उत्पादक को उपभोक्ताओं के अपने उत्पादन की ओर आकर्षित करना होता है। इसमें विज्ञापन, प्रचार, वस्तु की किस्म आदि की मांग तो होती है, किन्तु साथ ही मूल्य नीति का भी महत्वपूर्ण योगदान होता है।

पुराने उत्पादकों के लिए बाजार में अपनी स्थिति बनाए रखना व उसे बढ़ाना मूल्य नीति का उद्देश्य होता है। बाजार में अपना भाग पूर्ववत रहने अथवा बढ़ते रहने से अनिश्चितता की स्थिति समाप्त हो जाती है।

4. प्रतिस्पर्धा का सफलतापूर्वक सामना करना – वर्तमान युग प्रतिस्पर्धा का युग है। इस युग में सभी फर्म अपने लाभ को अधिकतम करने के लिए आपस में प्रतिस्पर्धा करनी पड़ती है। अतः मूल्य नीति का उद्देश्य का एक महत्वपूर्ण उद्देश्य प्रतिस्पर्धा का सामना करना होता है। वस्तु के मूल्य इस प्रकार निर्धारित किए जाए कि फर्म द्वारा किया गया उत्पादन प्रतिस्पर्धियों के सामने टिक सकें। इसके अतिरिक्त समय, स्थान व परिस्थितियों के अनुसार फर्म के मूल्य प्रतिस्पर्धात्मक बाजार में उपयुक्त होने चाहिए।

5. सन्तोषजनक एवं स्थिर लाभ – प्रत्येक व्यावसायिक फर्म की स्थापना लाभार्जन के उद्देश्य से कि जाती है। फर्म का उद्देश्य लाभ को अधिकतम करना न हो तो कम से कम इसका उद्देश्य सन्तोषजनक एवं स्थिर लाभ प्राप्त करना तो होता ही है। पूंजी पर पूर्व निर्धारित लाभ अवश्य प्राप्त होने चाहिए। अत्यधिक लाभ कमाने पर श्रमिकों व उपभोक्ताओं में असन्तोष उत्पन्न होता है जबकि लाभ कम होने पर फर्म के विस्तार में बाधा उत्पन्न होती है। अतः मूल्य नीति का उद्देश्य सन्तोषजनक एवं स्थिर लाभ प्राप्त करना होता है।

6. लोचपूर्ण मूल्य नीति – मूल्यों पर अनेक तत्व प्रभाव डालते हैं। अतः इनमें परिवर्तन होने पर मूल्यों में भी परिवर्तन होने चाहिए। अतः मूल्य नीति का उद्देश्य इस प्रकार मूल्य निर्धारण करना है कि मूल्यों में समय, स्थान व परिस्थितियों के अनुसार परिवर्तन किये जा सकें।

7. देय क्षमता के अनुसार मूल्य निर्धारण – मूल्य नीति का उद्देश्य इस प्रकार मूल्य निर्धारण करना है कि प्रत्येक व्यक्ति या उपभोक्ता से उसकी देय क्षमता वालों से कम मूल्य व अधिक देय क्षमता वालों से अधिक मूल्य लिए जाने चाहिए। यदि कम देय क्षमता वालों से अधिक मूल्य लिए जाऐंगे तो वे वस्तु नहीं खरीदेगें। इसी प्रकार अधिक देय क्षमता वालों से कम मूल्य लेने पर उत्पादकों के लाभ भी कम होंगे। वस्तु विभेद के अन्तर्गत इस प्रकार का मूल्य विभेद सम्भव है।

8. फर्म का दीर्घकाल हित – मूल्य नीति का उद्देश्य वर्तमान समय में ही फर्म का लाभान्वित करना नहीं है, वरन् फर्म के दीर्घकालीन हित की रक्षा करना भी है। फर्म की मूल्य नीति का फर्म के उद्देश्य समाविष्ट होते हैं। फर्म की मूल्य नीति इस प्रकार की हो कि प्रतिस्पर्धा का सामना कर सके। किन्तु पतिस्पर्धा नए उत्पादक के बाजार में प्रवेश करने से बढ़े नहीं।

9. सरकार नीति के अनुरूप – मूल्य नीति का उद्देश्य सरकारी नीति के अनुरूप कार्य करता है। सरकार जब मुद्रा प्रसार पर नियन्त्रण की दृष्टि से अथवा संकटकाल में अधिकतम मूल्य निर्धारित करती है तो फर्म को भी उसी आधार पर अपनी मूल्य नीति अपनानी चाहिए अन्यथा सरकार उस फर्म के विरूद्ध कार्यवाही कर सकती है।

10. नैतिक उद्देश्य – वर्तमान युग में फर्म की मूल्य नीति के कुछ नैतिक उद्देश्य भी हैं। मधुर श्रम सम्बन्ध, श्रम कल्याण, मधुर सार्वजनिक सम्बन्ध, जन कल्याण, राष्ट्रीय

उद्देश्यों की पूर्ति आदि भी मूल्य नीति के अप्रत्यक्ष उद्देश्य हैं। उदाहरण के लिए मूल्य इस प्रकार निर्धारित किए जाते हैं कि श्रमिक को उचित मजदूरी भी दी जा सके व श्रम कल्याण के कार्य भी किए जा सकें। इन नैतिक उद्देश्यों की पूर्ति फर्म का महत्वपूर्ण कर्त्तव्य है।

मूल्य नीति को प्रभावित करने वाले तत्व

मूल्य नीति पर अनेक तत्वों का प्रभाव पड़ता है। इन तत्वों को दो भागों में बाँटा जा सकता है, आन्तरिक तत्व व बाह्य तत्व –

(अ) आन्तरिक तत्व – मूल्य नीति पर प्रभाव डालने वाले आन्तरिक तत्व निम्प्रकार हैं–

(1) व्यवसाय के उद्देश्य – व्यवसाय का उद्देश्य मूल्य निर्धारण पर प्रभाव डालने वाला महत्वपूर्ण तत्व हैं। मूल्य नीति पर व्यवसाय के निम्न उद्देश्यों का प्रभाव पड़ता है–

1. पूँजी पर पूर्व निर्धारित दर पर प्रत्याय,
2. लाभ को अधिकतम करना,
3. फर्म का दीर्घकालीन लाभ,
4. प्रतिस्पर्धा का सामना करना,
5. उद्योग की बाजार में मांग बढ़ाना, तथा
6. मूल्य स्थिरता

(2) लागत – लागत भी मूल्य निर्धारण में महत्वपूर्ण योग देता है। मूल्य एवं लागत का अन्तर लाभ अथवा हानि होती हैं। मूल्य की तुलना में आगम जितना अधिक होगा लाभ उतना ही अधिक होगा। लागत बढ़ने पर मूल्य बढ़ाना होता है व लागत कम होने पर मूल्य कम करना होता है।

उत्पादन लागत को दो भागों में बाँटा जा सकता है – स्थिर लागत व परिवर्तनशील लागत। परिवर्तनशील लागत का मूल्य निर्धारण में अधिक हाथ होता है। अल्पकाल में फर्म उस मूल्य पर भी विक्रय कर सकती है जिस पर परिवर्तनशील लागत पूरी हो जाए क्योंकि अल्पकाल में उत्पादन बन्द करने पर परिवर्तनशील लागत पूरी हो जाए क्योंकि अल्पकाल में उत्पादन बन्द करने पर भी स्थिर लागतों को बराबर व्यय करना पड़ेगा। किन्तु दीर्घकाल में फर्म के स्थिर व परिवर्तनशील लागत के बराबर मूल्य प्राप्त होना ही चाहिए अन्यथा उसे उत्पादन कार्य बन्द करना पड़ेगा। हानि सह कर फर्म दीर्घकाल में कार्य नहीं कर सकती।

कई बार लागत बढ़ने पर भी मूल्य बढ़ाना उचित नहीं होता क्योंकि मांग की दशा इस प्रकार की होती है कि मूल्य बढ़ाना उचित नहीं होता क्योंकि उपभोक्ता अधिक मूल्य नहीं दे सकता। कुछ परिस्थितियों में लागतों में परिवर्तन न होने पर भी मांग बढ़ने पर मूल्य बढ़ाना सम्भव होता है।

कई बार लागत तो बढ़ जाती है किन्तु मूल्य बढ़ाना सम्भव नहीं होता। ऐसे समय में या तो लाभ कम करने होते हैं अथवा वस्तु की किस्म, आकार, डिजाइने आदि में परिवर्तन

करके लागत उतनी कम की जाती है जिससे लाभ भी बना रहे व मूल्य भी न बढ़े ऐसी दशाओं में कई बार लागत बढ़ने पर वस्तु की किस्म गिरा दी जाती है अथवा लागत घटने पर किस्म में सुधार लाया जाता है।

कभी-कभी उद्योग में अनेक वस्तुओं का एक साथ उत्पादन होता है अथवा उद्योग संयुक्त वस्तुओं का उत्पादन करता है। ऐसी दशा में प्रत्येक उत्पादन की लागत अलग-अलग मालूम करना सम्भव नहीं होता। अत: प्रबन्धकों को यह देखना चाहिए कि प्रत्येक वस्तु की अनुमानित लागतों (Overheads) का विभिन्न आधारों पर बँटवारा कर अलग अलग वस्तु की उत्पादन लागत मालूम की जाती है।

यदि फर्म को उसके उत्पादकों के लिए कोई विशेष आदेश प्राप्त हो तो उसे उस दशा में स्वीकार कर लेना चाहिए जबकि कीमत परिवर्तनशील लागतों से अधिक हो।

3. वस्तु की प्रकृति - वस्तु की प्रकृति का भी मूल्य निर्धारण पर प्रभाव पड़ता है। नाशवान वस्तुओं के मूल्य कम ही रखे जाने चाहिए जिससे माल खराब होने से पूर्व ही बिके जाए व स्टॉक बाकी न रहे अन्यथा स्टॉक के खराब होने पर हानि होगी। अनावश्यक वस्तुओं के बारे में इस प्रकार की समस्या उत्पन्न नहीं होती।

इसी प्रकार ऐसी वस्तुओं, ज़िनकी स्थानापन्न वस्तुएँ उपलब्ध होती है का मूल्य निर्धारण करते समय स्थानापन्न वस्तुओं के मूल्य भी ध्यान में रखने चाहिए।

4. पूर्ति की लोच - पूर्ति की लोच भी मूल्य को प्रभावित करती है। फ़र्म की पूर्ति लोचदार होने पर फर्म वस्तु का मूल्य अधिक रख सकती है। इसके विपरीत पूर्ति लोचदार न होने अथवा कम लोचदार होने पर मूल्य कम होते हैं।

5. फर्म का दीर्घकालीन हित - फर्म के मूल्य निर्धारण करते समय अपने दीर्घकालीन हित को ध्यान में रखना पड़ता है। प्रारम्भ में वस्तु का मूल्य कम रखना दीर्घकालीन दृष्टि से हितकर है क्योंकि इसमें फर्म के उत्पादों की मांग बढ़ेगी व बाजार में उसकी स्थिति सुदृढ़ होगी इससे नए प्रतियोगी भी बाजार में प्रवेश नहीं करेंगे। इसके बाद में फर्म की वस्तु की मांग बाजार में सुदृढ़ हो जाने पर उसके मूल्य बढ़ाये जा सकते हैं।

(ब) बाह्य तत्व - आन्तरिक तत्वों के अतिरिक्त कुछ बाह्य तत्वों का भी मूल्य नीति पर अधिक प्रभाव पड़ता है। वास्तव में बाह्य तथ्यों का मूल्य नीति पर अधिक प्रभाव पड़ता है। दूसरी प्रमुख बात यह है कि इन तत्वों पर फर्म का कोई नियन्त्रण नहीं होता। निम्न बाह्य तत्वों का फर्म की मूल्य नीति पर प्रभाव पड़ता है-

(1) फर्म की स्थिति - जो फर्म बाजार में प्रसिद्ध नहीं होती वह प्राय: अपनी वस्तु के मूल्य कम निर्धारित करती है। इसके विपरीत जो फर्म बाजार में प्रसिद्ध हो जाती है वे अपनी वस्तुओं के मूल्य प्राय ऊँचे रखती हैं। बाटा के जूते अथवा गोदरेज की वस्तुओं के मूल्य उसकी स्थिति के कारण ही इतने ऊँचे हैं। अन्यथ उनके द्वारा उत्पादित किस्म की अन्य फर्मों द्वारा उत्पादित वस्तुएँ कम कीमत पर उपलब्ध हो जाती है।

(2) प्रतिस्पर्धा - बाजार में प्रतिस्पर्धा किस प्रकार की है व कितनी है, इस बात का भी फर्म की मूल्य नीति पर प्रभाव पड़ता है। जब बाजार में पूर्ण प्रतिस्पर्धा होती है तो मूल्य का निर्धारण उद्योग की मांग व पूर्ति के अनुसार निर्धारित होता है व उद्योग का मूल्य ही

फर्म को स्वीकार करना पड़ता है। फर्म मूल्य पर प्रभाव नहीं डाल सकती है। वह बाजार में प्रचलित मूल्य पर अपनी लागतों के अनुसार उत्पादन करती है। ऐसा करने से उन्हें सामान्य लाभ ही प्राप्त होता है।

एकाधिकारी एवं अपूर्ण प्रतियोगिता की स्थिति में फर्म मूल्य को प्रभावित कर सकती है। किन्तु ऐसे समय उन्हें बड़े विवेक से काम लेना पड़ता है। अपूर्ण प्रतियोगिता में मूल्य प्रतियोगियों की कीमतों के आस-पास निर्धारित करने होते हैं।

(3) फर्म की वस्तु की मांग की लोच – वस्तु की माँग लोच का मूल्य नीति पर अत्यधिक प्रभाव पड़ता है। अधिक लोचदार वस्तु के मूल्य कम व कम लोचदार वाली वस्तु के मूल्य अधिक रखे जाते हैं। यदि माँग की लोच को ध्यान में रखे बिना मूल्य अधिक कर दिए जाए तो इस बात की सम्भावना हो सकती है कि मूल्य बढ़ने से मांग इतनी कम हो जाए क्रि फर्म का लाभ बढ़ने के स्थान पर उसे हानि हो जाए। इसी प्रकार कीमत कम करने पर मांग की लोच के प्रभाव के कारण लाभ बढ़ भी सकता है।

(4) उपभोक्ता की मनोवृत्ति – वस्तु के मूल्य में परिवर्तन की उपभोक्ता पर विभिन्न प्रतिक्रियाएं होती हैं। मूल्यों में परिवर्तन करते समय उपभोक्ताओं के मनोविज्ञान का विशेष ध्यान रखना चाहिए। उदाहरण के लिए एक सीमा के पश्चात् उपभोक्ता वस्तु को महंगा मानने लगते हैं व उसकी मांग कम कर देते हैं। इसी प्रकार एक सीमा से मूल्य कम होने पर उसे उपभोक्ता घटिया वस्तु मानते हैं व मांग कम करते हैं। अतः मूल्य इन दोनों सीमाओं के बीच ही रखे जाने चाहिए। ऐसी दशा में मूल्य कम करने के स्थान पर उसकी किस्म में सुधार किया जाना चाहिए। कई बार वस्तु के पैकिंग, डिजाइन आदि के अन्तर द्वारा भी विक्रेता अपनी वस्तु को अच्छी किस्म की दर्शाने का प्रयत्न करते है। विज्ञापन से भी उपभोक्ता पर बड़ा प्रभाव पड़ता है। अतः विज्ञापित वस्तु की मांग अधिक होती है। ऐसी दशा में विज्ञापित वस्तु के मूल्य गैर या कम विज्ञापित वस्तुओं की तुलना में अधिक होते हैं। इसी प्रकार विज्ञापन में छपे अथवा विज्ञापन में रेड़ियों अथवा टी.वी. पर बताए गए मूल्यों पर उपभोक्ता अधिक विश्वास करने लगते हैं।

(5) उपभोक्ताओं की क्रय शक्ति एवं वर्ग – उपभोक्ताओं की आय अथवा क्रय शक्ति का भी मूल्यनीति पर प्रभाव पड़ता है। आय बढ़ने पर उपभोक्ता अच्छी किस्म की वस्तुएँ क्रय करना पसन्द करते है। इसी प्रकार उपभोक्ताओं की आय बढ़ने पर मांग में भी वृद्धि हो जाती है। इसके विपरीत आय कम होने पर घटिया किस्म की वस्तुओं की मांग बढ़ती है। कुल मांग में कमी भी होती है यदि वस्तु धनी वर्ग के लिए है तो मूल्य अधिक भी लिये जा सकते हैं।

(6) बाजार की दशाएँ – बाजार की दशाएँ भी मूल्य नीति को प्रभावित करती है। यदि बाजार में तेजी है तो बाजार में सभी वस्तुओं के मूल्य बढ़ते हैं। अतः फर्म भी अपनी वस्तु का मूल्य बढ़ा सकती है। इसके विपरीत यदि बाजार में मन्दी है तो बाजार में मूल्य घटने की प्रवृत्ति होगी व फर्म को भी अपनी वस्तु के मूल्यों में कमी करनी होगी।

(7) सरकारी की मूल्य नीति – फर्म को अपनी मूल्य नीति सरकार की नीति के अनुरूप बनाना आवश्यक है। यदि सरकार किसी फर्म द्वारा उत्पादित वस्तु के अधिकतम

मूल्य निर्धारित करती है तो फर्म को भी उसी मूल्य पर वस्तु बेचनी चाहिए। इसी प्रकार यदि सरकार बढ़ते मूल्यों के प्रति कठोर नीति अपना रही है तो फर्म के मूल्य कम रखने चाहिए अन्यथा सरकार उस पर दण्ड लगा सकती है। सरकारी नियन्त्रण न होने पर मूल्य अधिक भी रखे जा सकते हैं।

(8) सामाजिक व नैतिक तत्व – फर्म के सामाजिक व नैतिक दायित्व भी मूल्य नीति को प्रभावित करते हैं। फर्म द्वारा मूल्य अधिक बढ़ाने पर फर्म के प्रति जनविरोध बढ़ सकता है। श्रमिक अधिक मजदूरी की मांग कर हड़ताल कर सकते हैं, सरकार फर्म के राष्ट्रीयकरण का विचार कर सकती अथवा फर्म पर मूल्य नियन्त्रण भी लागू कर सकती है, अथवा सहकारी उपभोक्ता भण्डारों को प्रोत्साहन मिल सकता है। अतः सामाजिक व नैतिक तत्व भी मूल्य नीति को प्रभावित करते हैं।

(9) अन्य तत्व – निम्न अन्य तत्व भी मूल्य नीति को प्रभावित करते हैं–

(i) **बड़े सौदों में मूल्य की छूट** – यदि फर्म की वस्तु कोई उपभोक्ता अधिक मात्रा में क्रय करता है तो उसे मूल्य में कुछ छुट दी जा सकती है। उदाहरण के लिए, उत्पादक थोक व्यापारियों को कम मूल्य पर माल बेचते हैं।

(ii) **नई वस्तु के कम मूल्य** – नई वस्तु के प्रारम्भ में मूल्य कम रखे जाने चाहिए जिससे वह वस्तु बाजार में जम जाए।

(iii) **कटौतियाँ** – अपनी वस्तु की बिक्री बढ़ाने के लिए कई प्रकार की कटौतियाँ ग्राहकों को दि जा सकती है। उदाहरण के लिए त्यौहारों अथवा विशेष अवसरों पर कटौतियाँ, जैसे पंखों, फ्रिज पर सर्दी में कटौती अथवा दीवाली या नव वर्ष पर कटौती आदि। किन्तु कटौती का अर्थ उपभोक्ता किस्म में गिरावट न समझे। अतः विज्ञापन द्वारा उपभोक्ताओं को यह विश्वास दिलाना चाहिए कि वस्तु की किसम पूर्ववत है।

(iv) **विक्रय व्यवस्था** – विक्रय व्यवस्था जटिल होने पर विक्रय व्यय अधिक होते हैं। अतः मूल्य अधिक होते हैं। इसके विपरीत विक्रय व्यवस्था सरल होने पर विक्रय व्यय कम होता है, अतः मूल्य भी कम निर्धारित किए जा सकते हैं।

इस प्रकार फर्म की मूल्य नीति पर अनेक आन्तरिक व बाह्य तत्वों का प्रभाव पड़ता है। फर्म को इन तत्वों का विश्लेषण करके ही मूल्य निर्धारण करना चाहिए।

मूल्य निर्धारण विधियाँ

किसी भी फर्म द्वारा मूल्य निर्धारण की अनेक विधियां है। फर्म के उद्देश्यों के अनुसार ही मूल्य निर्धारण की विधि का प्रयोग किया जाता है। जिससे फर्म के उद्देश्य को पूरा करने में सहायता मिल सके। साधारणतः मूल्य निर्धारण की निम्न विधियों का प्रयोग किया जाता है।

(1) पूर्ण लागत मूल्य – इस विधि के अनुसार मूल्य निर्धारण इस प्रकार किया जाता है कि इसमें उत्पादन तथा वितरण की सभी लागतें पूरी प्राप्त हो सकें। इस विधि में कच्चे माल, मजदूरी एवं अन्य उत्पादन व्यय, वितरण व्यय आदि का योग कर उसमें निश्चित दर से लाभ जोड़ दिया जाता है। इसमें कुल उत्पादन का भाग देने से प्रति इकाई मूल्य ज्ञात कर लिया जाता है। इस सन्दर्भ में व्यय सम्बन्धित आंकड़े लागत लेखों से ज्ञात किये जाते हैं।

प्रतियोगिता एवं जोखिम के अनुसार लाभ की जोड़ी जोने वाली दर एक उद्योग की विभिन्न फर्मों में व एक ही फर्म की विभिन्न फर्मों की विभिन्न वस्तुओं के लिए अलग-अलग होती हैं फिर भी लाभ की यह दर प्रायः स्थिर ही रखी जाती है। मूल्य सूचियों का प्रकाशन भी इसी आधार पर किया जाता है। इसी प्रणाली में निश्चित दर पर लाभ प्राप्त करने का प्रचलन बन जाता है।

इस विधि में लागत को दो भागों में बांटा जाता है। स्थायी लागतें एवं परिवर्तनशील लागतें। वैसे तो इस सिद्धान्त के अनुसार कुल लागत में लाभ जोड़ने पर निश्चित मूल्य पर यदि वस्तु बाजार में नहीं बेची जा सकती तो उसका उत्पादन बन्द कर देना चाहिए किन्तु फिर भी अल्पकाल में फर्म के मूल्य की न्यूनतम सीमा औसत परिवर्तनशील लागत के बराबर होती है। अन्यथा फर्म उत्पादन बन्द कर देती है। किन्तु दीर्घकाल में स्थिर व परिवर्तनशील लागत के अतिरिक्त लाभ भी प्राप्त होना चाहिए अन्यथा फर्म उत्पादन बन्द करने को बाध्य हो जाएगी।

किवी वस्तु के प्रति इकाई परिवर्तनशील लागत की गणना आसानी से हो सकती है किन्तु प्रति इकाई स्थिर लागत की गणना कठिन है। विशेष रूप से जब एक फर्म कई प्रकार की वस्तुओं का उत्पादन करती है तो प्रति इकाई स्थिर व्यय की गणना करना कठिन हो जाता है। अतः लागत के बँटवारे की किसी विधि के अनुसार उपयुक्त एवं स्थिर व्यय सभी उत्पादनों में बांटने चाहिए।

गुण

पूर्ण लागत मूल्य विधि के गुण निम्न प्रकार है–

(i) **सरलता** – यह विधि सबसे सरल विधि है। इस विधि के अन्तर्गत सभी प्रकार के व्ययों को जोड़ कर कुल लागत निकाली जा सकती है तथा उसमें निश्चित दर में लाभ जोड़ कर कुल विक्रय मूल्य में कुल इकाइयों का भाग देकर प्रति इकाई विक्रय मूल्य निकाला जा सकता है।

(ii) **मूल्यों का औचित्य** – इस विधि में विक्रय मूल्य के औचित्य को आसानी से समझा जा सकता। इससे सरकार अथवा उपभोक्ता इन मूल्यों में सन्तुष्ट रहते है। यह इस विधि का प्रमुख गुण है।

(iii) **विशिष्ट आदेशों का मूल्य निर्धारण** – कभी कभी किसी विशिष्ट आदेश द्वारा मूल्य निर्धारण कठिन होता है। ऐसी दशा में इस विधि से उसके मूल्य का निर्धारण किया जा सकता है।

(iv) **सभी अवधियों में उपयुक्त** – मूल्य निर्धारण की यह विधि अल्पकाल व दीर्घकाल सभी अवधियों के लिए उपयुक्त रहती है।

(v) **जनोपयोगी सेवाओं में महत्व** – जनोपयोगी सेवाओं में मूल्य इसी विधि द्वारा निर्धारित किए जाते हैं।

(vi) **न्यायपूर्ण** – यह विधि न्याय की दृष्टि से उपयुक्त मानी जाती है। क्योंकि विक्रेता केवल उचित दर पर ही लाभ जोड़कर मूल्य निर्धारित करता है।

(vii) **पूर्व निश्चित लाभ दोष** – इस विधि से विक्रेता को पूर्व निश्चित लाभ मिल जाता है। पूर्ण निश्चित लाभ न मिलने पर वह वस्तु के आकार किस्म आदि में परिवर्तन कर पूर्व निश्चित लाभ कमा सकता है।

दोष

पूर्ण लागत मूल्य पद्धति के निम्न दोष है–

(i) **मांग की उपेक्षा** – यह इस सिद्धान्त का प्रमुख दोष है कि यह मूल्य को प्रभावित करने वाले सबसे महत्वपूर्ण तत्व मांग की उपेक्षा कर उस पर कोई विचार नहीं करता है। कई बार माँग अधिक होने पर उपभोक्ता फर्म द्वारा निर्धारित मूल्य से अधिक देने को भी तैयार हो जाते हैं। ऐसी दशा में फर्म को अधिक लाभ हो सकता है। जिससे फर्म वंचित रहती है। यदि वह इस पद्धति को अपनाती है।

(ii) **फर्म के उद्देश्यों में विभिन्नता** – फर्म के अनेक प्रकार के उद्देश्य होते है। इसका एक मात्र उद्देश्य लाभ कमाना नहीं है। अतः इस नीति के साथ फर्म के सभी उद्देश्य पूरे नहीं कर सकते।

(iii) **लागत ज्ञात करना कठिन** – वस्तु के उत्पादन की सही-सही लागत ज्ञात करना एक कठिन कार्य है। यह कार्य उस समय और भी कठिन हो जाता है जब फर्म एक साथ अनेक वस्तुओं का उत्पादन कर रही हो।

(iv) **अन्याय पूर्ण** – यह विधि अन्याय पूर्ण है। यदि फर्म की अकुशलता के कारण फर्म की लागते अधिक है तो भी उसका भाग उपभोक्ता को ही वहन करना पड़ता है।

(v) **तेजी मन्दी के समय अनुपयुक्त** – यह विधि व्यापार चक्र की तेजी व मन्दी की अवस्थाओं में अनुपयुक्त रहती है। तेजी काल में इसमें लाभ कम होता है जबकि मन्दी काल में फर्म द्वारा निर्धारित मूल्यों पर विक्रय कठिन होता है।

(vi) **उत्पादन लागत में अस्थिरता** – उत्पादन लागत उत्पादन के आकार के अनुसार अलग-अलग होती है। अतः यदि एक उद्योग की सभी फर्मे इस विधि को अपना लें तो एक ही वस्तु के मूल्य अलग-अलग होंगे। इसी प्रकार विभिन्न कारणों से उत्पादन लागत में भी परिवर्तन होते रहते हैं। अतः मूल्यों में अस्थिरता ही रहेगी यदि इस विधि को अपनाया जाए।

(vii) **अव्यावहारिक** – यह विधि अव्यावहारिक कही जा सकती है। इसका कारण यह है कि इस विधि के अन्तर्गत कुल लागत व लाभ के बराबर ही

मूल्य निर्धारित किया जाता है। अल्पकाल में यदि परिवर्तनशील लागतों में अधिक मूल्य प्राप्त होता है तो उसे फर्म स्वीकार नहीं करेगी। जबकि व्यावहारिक रूप से यह मूल्य फर्म के लिए लाभदायक है अन्यथा फर्म को बन्द करना पड़ेगा।

2. प्रचलित दर के अनुसार मूल्य निर्धारण – इस विधि के अन्तर्गत फर्म अपने उत्पादनों का मूल्य अन्य प्रतियेगेगी फर्मों के मूल्यों को ध्यान में रखते हुए प्रचलित दर पर निर्धारित करती है। पूर्ण प्रतियोगिता में तो सभी फर्मों का मूल्य एकसा ही होता है। अल्पाधिकार में भी सभी फर्म गठबन्धन कर एक सा मूल्य रखकर भी लाभ कमा सकती है। मूल्य नेतृत्व की दशा में अन्य फर्म नेतृत्व करने वाली फर्म द्वारा निर्धारित मूल्य ही रख सकती है। यदि फर्म चाहे तो अपनी वस्तु का मूल्य अन्य फर्मों द्वारा निर्धारित मूल्य के बराबर रख सकती है अपनी वस्तु अन्य फर्मों की तुलना में आकार, डिजाइन, वजन अन्य फर्म द्वारा निर्धारित में मूल्य अलग भी रख सकती है किन्तु यह मूल्य भी अन्य फर्मों द्वारा निर्धारित मूल्य के आस-पास ही होगा।

गुण

प्रचलित दर के अनुसार मूल्य निर्धारण पद्धति के निम्न गुण है:

(i) **मितव्ययिता** – इस प्रकार मूल्य निर्धारण से लागत लेखों के रखने पर किया जाने वाला व्यय कम हो जाता है। अतः यह विधि मितव्ययितापूर्ण है।

(ii) **मूल्य प्रतिस्पर्धा नहीं** – सभी फर्मों द्वारा जाँच करके मूल्य निर्धारित किए जाते हैं तो उनमें मूल्य प्रतिस्पर्धा नहीं होती। अतः मूल्य प्रतिस्पर्धा के दुष्परिणामों से मुक्ति मिल जाती है।

(iii) **अधिक लाभ** – मूल्य नेतृत्व की दशा में फर्म नेतृत्व करने वाली फर्म के मूल्य का अनुगमन कर अधिक लाभ कमा सकती है।

(iv) **मांग पर प्रभाव नहीं पड़ता** – कई बार बाजार की दशा इस प्रकार की होती है कि व्यक्तिगत फर्म द्वारा मूल्य परिवर्तन करने पर मांग पर कोई प्रभाव नहीं पड़ता। ऐसी दशा में प्रचलित दर पर वस्तु का मूल्य निर्धारण उपयुक्त रहता है।

(v) **अधिक व्यावहारिक** – इस विधि से मूल्य निर्धारण करना अधिक व्यावहारिक है क्योंकि प्रतियोगी फर्मों द्वारा निर्धारित मूल्य निर्धारण अधिक सुरक्षित व उचित रहता है। जिन उत्पादनों की लागत की गणना कठिन होती है वहां यह विधि और भी उपयुक्त रहती है।

दोष

प्रचलित दर के अनुसार मूल्य निर्धारण विधि के निम्न दोष है–

(i) **हानि का भय** – इस विधि में मूल्य निर्धारण में लागत तत्व की उपेक्षा की जाती है। अतः फर्म को हानि होने का भय बना रहता है।

(ii) **उद्देश्यों के अनुरूप** – फर्म के मूल्य निर्धारण करते समय अपने उद्देश्यों को ध्यान में रखना चाहिए। किन्तु इस विधि में मूल्य निर्धारण उद्देश्यों के अनुरूप नहीं हो पाता।

(iii) **फर्म का स्वयं का महत्व नहीं** – इस विधि में फर्म मूल्य नीति में स्वयं अपने महत्व को भुला देती है क्योंकि इस विधि के अनुसार मूल्य निर्धारण न होकर मूल्य स्वीकारक हो जाती है।

(iv) **अस्पष्ट** – यह विधि अस्पष्ट है। इससे यह पता नहीं चलता कि किस स्थिति में फर्म को प्रचलित दर के अनुसार मूल्य निर्धारण करना चाहिए और कब नहीं।

(v) **परम्परागत मूल्य** – परम्परागत मूल्य का तात्पर्य किसी वस्तु के एक लम्बे समय से चले आ रहे स्थायी मूल्य से है। जब कोई वस्तु बाजार में बहुत समय तक एक ही मूल्य पर बिकती रहती है तो ग्राहक उसी मूल्य को स्वीकार करने के आदि हो जाते हैं। अतः फर्म इसी परम्परागत मूल्य को स्वीकार कर लेती है व इसी पर अपने उत्पादनों को बेचते हैं।

इस विधि में भी लागत तत्व की उपेक्षा की जाती है। फर्म परम्परागत मूल्य पर ही वस्तु को बेचती है व लागत परिवर्तन का मूल्य पर कोई प्रभाव नहीं पड़ता। लागत में परिवर्तन होने पर वस्तु की किस्म, वजन, आकार, डिजाइन, पैंकिग आदि में परिवर्तन कर दिया जाता है। लागत में बहुत अधिक परिवर्तन होने पर ही मूल्यों में परिवर्तन किए जाते हैं।

कई बार जब फर्में परम्परागत मूल्य को अपनाती है तो उसी मूल्य को बनाये रखने के लिए वस्तु का मॉंडल बदल देती है। लागत बढ़ने पर कम लागत वाला अर्थात् घटिया मॉंडल उत्पादित करने लगती है। इसी प्रकार लागत कम होने पर अधिक अच्छी किस्म का मॉंडल उत्पादित करने लगती है। इसी प्रकार फर्मे परम्परागत मूल्य को बनाए रखने का प्रयत्न करती है। लागत कम होने पर मूल्य नहीं घटाया जाता क्योंकि कम मूल्य होने पर उपभोक्ता उस वस्तु को घटिया समझने लगते है। इसी प्रकार फर्म मूल्य घटाना प्रारम्भ होने के डर से मूल्य घटाना उपयुक्त नहीं समझती।

3. सीमान्त लागत मूल्य अथवा सीमान्त मूल्य पद्धति – इस विधि के अनुसार फर्म अपनी वस्तु के मूल्य का निर्धारण सीमान्त लागत के बराबर करती है। सीमान्त लागत का तात्पर्य वस्तु की एक अतिरिक्त इकाई को उत्पादन करने में वहन हुई लागत से है। स्थायी लागत तो स्थिर रहती है। अतः उत्पादन में एक इकाई की वृद्धि करने से केवल परिवर्तनशील लागत में ही वृद्धि होती है। अतः सीमान्त लागत मूल्य में परिवर्तनशील लागतों पर भय ध्यान रखा जाता है।

मूल्य निर्धारण सिद्धान्त के अनुसार फर्म को अधिकतम लाभ उसी बिन्दु पर होता है जहां उसकी सीमान्त लागत व सीमान्त आगम बराबर हो। अतः इस विधि द्वारा मूल्य निर्धारण का उद्देश्य अधिकतम लाभ प्राप्त करना है।

गुण

सीमान्त लागत मूल्य अथवा सीमान्त मूल्य पद्धति के निम्न गुण है:

(i) इस विधि को अपनाने पर फर्म के उत्पादनों के मूल्य सामान्यत: कभी भी अप्रतियोगी नहीं होते हैं। जब तक कि सीमान्त लागत ऊंची न हो ऐसा नहीं हो सकता।

(ii) इस विधि को अपनाने पर लाभ अधिकतम होता है। सीमान्त लागत व सीमानत आगम बराबर होने पर फर्म का लाभ अधिक होता है।

(iii) इस नीति को अपनाने पर अधिक उत्पादन होता है। अत: प्रति इकाई लागत कम आती है।

(iv) आक्रमक मूल्य नीति अपनाने में यह विधि उपयुक्त रहती है क्योंकि उत्पादन अधिक होने पर आन्तरिक व बाह्य बचतें प्राप्त होंगी। अत: सीमान्त लागत कम होती जाएगी व फर्म अपने मूल्य का निर्धारण कर बाजार पर अधिकार स्थापित कर सकेगी।

(v) अल्पकाल में लागत पर नियन्त्रण करने में यह विधि उपयुक्त रहती है।

(vi) वस्तु की पूर्ति के विशेष आदेशों के बारे में निर्णय लेने में यह विधि उपयुक्त रहती है।

दोष

सीमान्त लागत मूल्य अथवा सीमान्त मूल्य पद्धति विधि के निम्न दोष है–

(i) यह सिद्धान्त इस मान्यत पर आधारित है कि फर्म का उद्देश्य लाभ को अधिकतम करना होता है किन्तु व्यवहार में अनेक फर्म अधिकतम लाभ का उद्देश्य ही सामने नहीं रखती वरन् विक्रय अधिकतम करना अथवा बाजार में फर्म की मांग को बढ़ाना भी उनके उद्देश्य होते हैं।

(ii) यह सिद्धान्त इस मान्यता पर भी आधारित है कि फर्म में उत्पादन क्षमता नियम लागू होता है। किन्तु व्यवहार में उत्पादन क्षमता ही नहीं वरन् उत्पादन वृद्धि व उत्पादन ह्रास नियम भी लागू होता है। उत्पादन वृद्धि नियम लागू होते समय सीमान्त लागत घटती है व उत्पादन ह्रास नियम लागू होते समय सीमान्त लागत कम होती है। अत: कभी कभी प्रारम्भि इकाइयों पर हानि भी उठानी पड़ सकती है।

(iii) सामान्यत: सीमान्त लागत ज्ञात करना कठिन होता है। सीमान्त लागत ज्ञात करना उस समय तो असम्भव ही होता है। जब फर्म कई वस्तुओं का एक साथ उत्पादन कर रही हो अथवा फर्म के उत्पादन का पैमाना बहुत बड़ा हो अथवा बहुत बड़ी वस्तु का उत्पादन हो रहा है।

(iv) मन्दीकाल में सीमान्त लागत कम होने पर मूल्य घटाने में गलाकाट प्रतिस्पर्धा के दुष्प्रभावों का सामना करना पड़ता है।

(v) यह विधि अपनाने पर कई बार फर्म को अधिक लाभ के अवसर खोने पड़ते हैं। सीमान्त लागत के बराबर ही मूल्य मिलने पर फर्म उत्पादन क्षमता का पूरा प्रयोग कर लेती है। अतः कीमतें अधिक होने पर उत्पादन क्षमता उपलब्ध न होने पर लाभ का अवसर खोना पड़ता है।

(vi) यह सिद्धान्त अनिश्चितता की धारणा पर विचार नहीं करता। इस सिद्धान्त में यह मान लिया गया है कि फर्म को अपनी वस्तु की मांग व लागत पूंजी आदि का पूर्ण ज्ञान है। जबकि वास्तव में ऐसा नहीं होता।

5. सम विच्छेद मूल्य नीति – इस विधि के अन्तर्गत मूल्य निर्धारण इस प्रकार किया जाता है कि फर्म की कुल लागत व कुल आगम बराबर हो अर्थात् फर्म को न लाभ हो और न हानि। लागत में स्थिर व परिवर्तनशील दोनों लागतें शामिल कर ली जाती है। यह पद्धति तीव्र प्रतिस्पर्धा अथवा मन्दी काल में अधिक उपयुक्त रहती है। जनोपयोगी उपक्रम प्रायः इसी विधि को अपनाकर मूल्य निर्धारण करते हैं। कई बार सामान्य लाभ भी लागत में सम्मिलित कर लिए जाते हैं। अतः फर्म को इस विधि को अपनाने पर भी सामान्य लाभ तो मिल ही जाते हैं। किन्तु इस विधि को अपनाने पर मूल्यों में बहुत अस्थिरता रहती है।

6. मूल्य निर्धारण में आवश्यक कदम – मूल्य निर्धारण करना एक जटिल कार्य है। अतः इसके लिए एक निश्चित प्रक्रिया अपनानी चाहिए तथा व्यवसाय के उद्देश्यों को भी ध्यान में रखना चाहिए। सामान्य मूल्य निर्धारण में निम्न कदम उठाये जाते हैं–

(i) **वस्तु की मांग का पूर्वानुमान** – मूल्य निर्धारण की प्रक्रिया में सबसे पहला व महत्वपूर्ण कदम माँग का पूर्वानुमान लगाना है। पूर्वानुमान लगाने में मांग की लोच पर भी ध्यान रखना चाहिए क्योंकि मांग लोचदार होने पर फर्म को अपने उत्पादन का मूल्य कम रखना होगा व माँग कम लोचदार होने पर मूल्य ऊंचा रखना होगा। साथ ही यह भी ध्यान रखना चाहिए कि कहीं ऐसा न हो कि मूल्य नीचा रखने पर उपभोक्ता वस्तु की घटिया किस्म समझे। पूर्वानुमान लगाने के लिए फर्म के विभिन्न मूल्यों पर वस्तु की मांग का पूर्वानुमान लगाना चाहिए। इन मूल्यों पर फर्म को यह भी देखना चाहिए कि क्या फर्म इन मूल्यों पर उत्पादन क्षमता का पूर्ण उपयोग कर सकेगी अथवा नहीं।

(ii) **वस्तु बाजार में प्रतिस्पर्धा का अनुमान** – वस्तु की मांग का पूर्वानुमान लगाने के बाद मूल्य निर्धारण की प्रक्रिया में दूसरा कदम वस्तु की वर्तमान व भावी प्रतियोगिता का भी अनुमान लगाना चाहिए। प्रतिस्पर्धा का अनुमान इस दृष्टिकोण से आवश्यक है कि यदि प्रतिस्पर्धा कम है तो फर्म मूल्य कुछ अधिक भी रख सकती है जबकि प्रतिस्पर्धा अधिक होने पर मूल्य कम ही रखने पड़ेगे। मूल्य अधिक रखने में यह भी ध्यान रखना होगा कि अधिक मूल्यों से आकर्षित होकर नई फर्में भी बाजार में प्रवेश कर सकती है तथा प्रतिस्पर्धा में वृद्धि हो सकती हैं।

(iii) **बाजार में फर्म के भाग निर्धारित करना** – प्रतिस्पर्धा के अनुमान के पश्चात् मूल्य निर्धारण में तीसरा कदम बाजार में फर्म के भाग का निर्धारण करना है।

इस कदम में यह निर्धारित करने का प्रयत्न किया जाता है कि बाजार में वस्तु की कुल कितनी मात्रा बिक सकती है तथा उसमें से फर्म का भाग कितना होगा। फर्म का भाग निर्धारित करते समय फर्म की उत्पादन क्षमता को भी ध्यान में रखना चाहिए।

(iv) **मूल्य निर्धारण की तकनीक का चुनाव** – मूल्य निर्धारण की कई विधियां व तकनीक हैं। फर्म को इनमें से किसी एक का चुनाव करना होता है। इसके लिए फर्म को यह ध्यान में रखना होगा कि वस्तु अपने जीवन चक्र के कौन से चरण में है। यदि वस्तु नई है। तो मलाई उतारने की नीति अपनाई जा सकती है। इसके विपरीत बाजार पर अधिकार करने के लिए बन्धन मूल्य अथवा प्रतियोगी मूल्य में से किसी तकनीक को अपनाया जा सकता है।

(v) **फर्म की विपणन नीति का विश्लेषण** – फर्म की विपणन नी' विश्लेषण भी मूल्य निर्धारण प्रक्रिया का एक अंग है। फर्म का उत्पादन कैसा व किस प्रकार का है। वितरण के लिए क्या माध्यम होंगे, वितरण के सम्बन्ध में फर्म की क्या नीतियां हैं। विपणन व्यवस्था किस प्रकार की है व विपणन पर क्या व्यय होगा। इन सब का विश्लेषण भी मूल्य निर्धारण के लिए आवश्यक है।

(vi) **मूल्य निर्धारण** – उपर्युक्त वर्णित कदम उठाने के पश्चात् फर्म का अन्तिम कदम मूल्य निर्धारण करना है। फर्म को ऐसा मूल्य निर्धारण करना चाहिए जिससे फर्म की सभी प्रकार की लागतें निकल जाएं व फर्म अधिकतम लाभ प्राप्त कर सके। साथ ही मूल्यों के बारे में उपभोक्ता, मध्यस्थ व सरकार को भी सन्तोष हो अन्यथा उपभोक्ता वस्तु का बहिष्कार कर सकते हैं अथवा सरकार मूल्य नियन्त्रण कर सकती है।

मूल्य निर्धारण की सामान्य समस्यायें

मूल्य निर्धारण की सामान्य समस्याएं मूल्य पर प्रभाव डालने वाले तत्वों का विश्लेशण है। इनका वर्णन इस अध्याय में मूल्य नीति को प्रभावित करने वाले तत्वों के वर्णन में किया जा चुका है।

मूल्य निर्धारण की विशिष्ट समस्यायें

मूल्य निर्धारण में सामान्य समस्याओं के अतिरिक्त कुछ विशिष्ट समस्यायें भी होती है। मूल्य निर्धारण का काम समय निर्धारण की विशिष्ट समस्याएँ कहलाती है। मूल्य निर्धारण की विशिष्ट समस्याएँ निम्न प्रकार है–

(1) वस्तु के जीवन चक्र के दौरान मूल्य निर्धारण – किसी वस्तु के जीवन चक्र का तात्पर्य उसके बाजार में प्रवेश करने से उसका बाजार समाप्त होने तक के समय से है। जब कोई वस्तु बाजार में आती है तो प्रारम्भ में उसमें कुछ विशिष्टता रहती है किन्तु जैसे जैसे समय बीतता जाता है। अन्य नई वस्तुएँ बाजार में आती जाती है। व पुरानी वस्तु बाजार में समाप्त हो जाती है। इन सभी परिस्थितियों में मूल्य निर्धारण अलग-अलग विधि से होता है।

अतः पहले वस्तु के जीवन चक्र का समाप्त होना आवश्यक है। वस्तु का जीवन चक्र पांच भागों में बाँटा जा सकता है–

(अ) परिचय – प्रारम्भ में वस्तु की जानकारी ग्राहक को नहीं होती किन्तु जब वस्तु आविष्कार के पश्चात् बाजार में आती है तो ग्राहक उससे परिचित होने लगते हैं अर्थात् जब वस्तु बाजार में पहली बार विक्रय के लिए प्रस्तुत की जाती है तो यह परिचय की अवस्था में होती है। प्रारम्भ में वस्तु को लोकप्रिय बनाने के लिये प्रोत्साहन लागतें लगानी होती है। जिससे ग्राहकों में वस्तु के प्रति रूचि उत्पन्न हो सकें क्योंकि प्रारम्भ में वस्तु के प्रति ग्राहकों की रूचि न होने के कारण उसकी बिक्री कम होती है व फर्म को हानि उठानी पड़ सकती है।

(ब) वृद्धि – वस्तु के प्रकार व प्रोत्साहन लागतों के कारण वस्तु का प्रचार बढ़ता है। ग्राहकों को वस्तुओं की उपयोगिता मालूम पड़ने लगती है व वे उसकी अधिक माँग करने लगते हैं। इससे वस्तु की माँग बढ़ जाती है व फर्म हानि की अवस्था पार कर लाभ की स्थिति में पहुँच जाती है। इस अवस्था में फर्म के लाभ भी तेजी से बढ़ते हैं।

(स) परिपक्वता – वृद्धि की अवस्था में वस्तु की जो माँग है तेजी से बढ़ी थी वह इस अवस्था में पहुँचकर रूक जाती है। वृद्धि की एक निश्चित सीमा होती है व इसके बाद वस्तु की मांग में वृद्धि उल्टी दर से होती है। वस्तु के दूसरे प्रतियोगी बाजार में आने लगते हैं तथा अपने नए उत्पादन बाजार में रखकर पुरानी वस्तु से प्रतिस्पर्द्धा करने लगते है। इस अवस्था में फर्म के लाभ कम होने लगते हैं। वस्तु की बिक्री अपनी चरम सीमा पर पहुँच जाती है।

(द) परिपूर्णता – परिपूर्णता की अवस्था में वस्तु की बिक्री में कोई वृद्धि नहीं होती। अब वस्तु की कोई नई मांग नहीं होती। केवल प्रतिस्थापन मांग के कारण बिक्री अपने पूर्व स्तर पर बनी रहती है। प्रतिस्पर्द्धा बढ़ जाती है। फर्म के लाभ कम होकर सामान्य लाभ ही रह जाते हैं।

(य) अवनति – वस्तु के जीवन चक्र की यह अन्तिम अवस्था है। इस अवस्था में बाजार के नये उत्पादन आने लगते हैं। अतः पुरानी वस्तु की माँग कम होने लगती है व नई वस्तु बाजार में अधिक बिकने लगती है। फर्म को पुरानी वस्तु की मांगे कम होने से अपना उत्पादन कम करना पड़ता है तथा फर्म के लाभ भी कम होने लगते हैं।

यद्यपि वस्तु के जीवन चक्र को उपरोक्त पांच चरणों में बांटा जाता है किन्तु कई बार वस्तु का जीवन चक्र छोटा हो जाता है। इसके लिए निम्न कारण होते हैं–

(i) आविष्कार का अनुसन्धान लगातार चलते रहते है व नई-नई वस्तुएं बाजार में आती रहती हैं।

(ii) सभी प्रतिस्पर्द्धी फर्मे एक ही दिशा में प्रयत्नशील रहती हैं।

(iii) प्रतियोगियों में किसी नए विचार की ओर आकर्षित होने की प्रवृत्ति रहती है।

(iv) वस्तु में अवनति का चरण तभी आता है जब नई वस्तु पुरानी के मुकाबले बहुत अच्छी हो व नई तकनीक पर आधारित हो।

(v) नई वस्तु को खोज के पश्चात् भी पुरानी वस्तु का जीवन चक्र समाप्त नहीं होता क्योंकि वस्तु के नए उपयोग खोज निकाले जाते हैं। वस्तु के नए ग्राहक भी बज जाते हैं। इसी प्रकार पुरानी वस्तुओं में ही कुछ नवीनताएँ या अतिरिक्त विशेषतायें जोड़ दी जाती है। ऐसा होने पर वस्तु का नया जीवन चक्र प्रारम्भ हो जाता हैं।

वस्तु के जीवन चक्र की विभिन्न अवस्थायें - मूल्य निर्धारण

वस्तु के जीवन चक्र की अलग-अलग अवस्थाओं में मूल्य निर्धारण अलग-अलग प्रकार से होता है। परिचय अवस्था में जो वस्तु में विशिष्टता होती है वह बाद में धीरे-धीरे समाप्त हो जाती है। नए-नए उत्पादन बाजार में आने से वस्तु के जीवन चक्र में मूल्य नीति में परिवर्तन करना आवश्यक हो जाता है। इस दृष्टिकोण से किसी भी वस्तु के जीवन चक्र में मूल्य निर्धारण को दो भागों में बाँटा जा सकता है। नई वस्तु का मूल्य निर्धारण व परिपक्व वस्तु का मूल्य निर्धारण।

(1) नई वस्तु का मूल्य निर्धारण - किसी भी नई वस्तु की बाजार में लाना, उसकी मांग उत्पन्न करना व उसका मूल्य निर्धारण एक जटिल कार्य है। जब वस्तु नई होती है तो बाजार में उसकी माँग नहीं होती। उसकी मांग व बाजार का अनुमान लगाना एक कठिन कार्य होता है। वस्तु की उत्पादन लागत के आँकड़े भी पूर्ण रूप से उपलब्ध नहीं होते व वितरण लागतों का अनुमान लगाना भी असम्भव होता है। नई वस्तु की मांग की लोच के बारे में भी पूर्ण ज्ञान नहीं हो पाता। अतः नई वस्तु के मूल्य निर्धारण में भी अल्पकाल में परिवर्तनशील लागतें पूरी होनी चाहिये व दीर्घकाल में स्थिर व परिवर्तनशील सभी लागतें निकल जानी चाहिये।

नई वस्तु के मूल्य निर्धारण में निम्न बातों का ध्यान रखना चाहियें-

(1) विभिन्न मूल्यों पर वस्तु की मांग का अनुमान लगाना।

(2) वस्तु के प्रतिस्पर्धात्मक मूल्य ज्ञात करना।

(3) वस्तु के सम्भावित स्थानापन्नों के मूल्य व उनकी प्रतिस्थापन लोच।

(4) वस्तु के बाजार में प्रवर्तन व वितरण माध्यमों का चुनाव करना।

(5) प्रोत्साहन योजनाओं का विश्लेषण।

(6) वितरण लागतों का अनुमान।

(7) विभिन्न बाजारों में विक्रय लक्ष्य व उत्पादन लक्ष्य का प्रयोग।

इन समस्याओं के समाधान के लिए कुछ नमूने की परीक्षणात्मक जांच की जाती है। इस विधि में विभिन्न क्षेत्रों में अलग-अलग मूल्यों पर वस्तुएँ बेची जाती है। जिससे विभिन्न मूल्यों पर वस्तु की माँग, मांग की लोच, प्रतियोगिता की सम्भावना, प्रतिस्थापन्न वस्तुओं की लोच, सम्भावित लाभ अथवा हानि का अनुमान लगाया जा सकता है। इस विधि में मूल्य नीति

के लिए प्रारम्भिक जानकारी मिल जाती है तथा कोई कमी मालूम पड़ने पर उसे सुधारा जा सकता है। नमूने की जांच के परिणामों से सन्तुष्ट होने पर माल को बाजार में बेचा जाता है।

नई वस्तु के बाजार में प्रवेश करते समय परिचय की अवस्था में मूल्य निर्धारण की निम्न तीन पद्धतियां प्रचलित हैं – प्रारम्भिक उच्चतम मूल्य, बन्धन मूल्य तथा नेता अनुसरण नीति।

1. प्रारम्भिक उच्चतम मूल्य नीति – इस विधि में उत्पादक जब बाजार में नई वस्तु लाता है तो उसका मूल्य काफी ऊंचा रख लेता है। इसमें यदि नए प्रतियोगियों का बाजार में आने का डर भी हो तो उनके बाजार में प्रवेश करने से पूर्व ही वह उत्पादक बहुत लाभ कमा लेता है। जब बाजार में प्रतियोगी फर्म प्रवेश कर जाती है तो उसमें भी अपना मूल्य कम कर देती है।

इस विधि में प्रारम्भ में मूल्य अधिक होने व प्रतियोगिता के अभाव में लाभ की दर अधिक होती है किन्तु बाद में प्रतियोगियों के आने पर मूल्य तेजी से कम होने लगते हैं व उत्पादक को केवल सामान्य लाभ ही मिलते हैं–

उपयुक्तता

यह विधि निम्न दशाओं में उपयुक्त मानी जाती हैं–

1. वस्तु के आविष्कार अथवा विकास पर भारी व्यय हुआ हो व वस्तु के स्थायी रूप में स्वीकृति मिलने की आशा न हो।
2. निकट भविष्य में नई फर्मों के बाजार में प्रवेश करने में प्रतिस्पर्धा होने का भय हो।
3. यदि फर्म अपने विनियोग को शीघ्र ही प्राप्त करना चाहती हो।
4. यदि वस्तु का जीवन काल छोटा हो तो प्रारम्भ से ही मूल्य ऊंचा कर अधिकतम लाभ प्राप्त कर लिया जाय।
5. यदि वस्तु की मांग की लोच ज्ञात करना कठिन हो।
6. यदि वस्तु प्रतिष्ठा मूलक अथवा विलासिता की वस्तु हो।
7. प्रारम्भ में मूल्य उच्च रखने पर प्रतियोगी फर्मों के बाजार में प्रवेश करना ही उचित न जान पड़े।
8. वस्तु के निर्माण में उच्च कोटि की कुशलता की आवश्यकता हो व प्रतियोगी फर्मों के लिए शीघ्र ही प्रतियोगी वस्तु का निर्माण करना सम्भव न हो।

लाभ

उच्च प्रारम्भिक मूल्य विधि के निम्न लाभ है–

1. प्रारम्भ में वस्तु का मूल्य ऊंचा रखा जाए व बाद में उसे कम किया जाए तो बाद में और कम कर उस वस्तु की मांग बढ़ाई जा सकती है किन्तु प्रारम्भ में मूल्य कम कर बाद में उसे बढ़ाना सम्भव नहीं होगा।

2. प्रारम्भ से मूल्य अधिक रखने से फर्म अपने विनियोग वसूल कर सकती है।
3. प्रतिस्पर्धा शुरू होने से पूर्व ही फर्म अपने विनियोग वसूल कर सकती है।
4. यह नीति मौके का लाभ उठाने वाली नीति है।

2. बन्धन की मूल्य नीति - इस नीति के अनुसार नई वस्तु का मूल्य प्रारम्भ में नीचा रखा जाता है। इससे उसकी मांग बढ़ती है व बड़े पैमाने की उत्पत्ति के लाभ प्राप्त होते है। कम कीमत के कारण ग्राहक वस्तु खरीदने की ओर आकर्षित होते है तथा वस्तु आसानी से बाजार में जम जाती है। कम कीमत के कारण प्रतियोगी भी हतोत्साहित होते हैं व बाजार में भावी प्रतियोगियों पर रोक लग जाती है।

उपयुक्तता

यह विधि निम्न दशाओं में अधिक उपयुक्त रहती है-

1. वस्तु की मांग अधिक लोचदार हो।
2. वस्तु मांग की कम मात्रा में होती है।
3. मूल्य कम रखने पर मांग इतनी बढ़ जाए कि उत्पत्ति वृद्धि नियम लागू हो व लागत कम हो जाए।
4. मूल्य नीचे रहने पर सरकार के हस्तक्षेप की सम्भाबना कम करनी हो।
5. प्रतिस्पर्धियों के बाजार में प्रवेश पर रोक लगानी हो।
6. सम्पूर्ण बाजार पर फर्म का आधिपत्य जमाना हो।
7. वस्तु के लिए आविष्कार व अनुसन्धान में अधिक व्यय न हुआ हो।
8. वस्तु की मांग दीर्घकाल तक बनी रहने की सम्भावना हो।
9. वस्तु का मूल्य कम होने पर भी उसके बारे में उपभोक्ताओं के यह विचार न हो कि वस्तु घटिया है।

लाभ

इस विधि के प्रयोग के निम्न तरीके है-

1. मूल्य कम होने के कारण मांग बढ़ती है। अत: प्रति इकाई लाभ कम होने पर भी फर्म को कुल लाभ अधिक मिलता है।
2. कम मूल्य होने पर बाजार में प्रतियोगी आकर्षित नहीं होते अत: प्रतिस्पर्धा असम्भव है।
3. मूल्य कम होने पर सरकार के हस्तक्षेप की सम्भावना नहीं रहती।
4. मांग बढ़ने पर उत्पादन भी बढ़ता है। अत: बड़े पैमाने पर उत्पादन के लाभ प्राप्त होते हैं।

3. प्रतिद्वन्द्वियों के मूल्य अनुकरण नीति - नई वस्तुओं का जब बाजार में बहुत फर्मे उत्पादन करने लगती है तो इस विधि के प्रयोग में लाभ हो सकता है। इस विधि में फर्मे अपनी वस्तु व मूल्य बाजार से अन्य फर्मों द्वारा निर्धारित मूल्य के अनुरूप ही रखती है।

उपभोक्ताओं को अपनी ओर आकर्षित करने के लिये विज्ञापन व प्रोत्साहन योजनाओं का सहारा लिया जाता है। अथवा पैंकिंग डिजाइन आदि के अन्तर रख कर वस्तु को अधिक प्रचलित करने का प्रयत्न किया जाता है।

यह पद्धति वैसे तो बड़ी आसान व सरल है किन्तु इसमें निम्न दोष है-

1. इसमें फर्म को सामान्य लाभ ही प्राप्त होता है।
2. प्रचलित मूल्य पर नई वस्तु की तुलना में यदि फर्म की उत्पादन लागत अधिक है तो फर्म को हानि होगी।
3. बाजार में प्रचलित मूल्य की तुलना में यदि फर्म की उत्पादन लागत अधिक है तो फर्म को हानि होगी।
4. उत्पादन विधियों में स्थिरता आ जाए अर्थात उत्पादन विधि काफी पुरानी पड़ गई हो।
5. फर्म के अतिरिक्त अन्य उत्पादकों की वस्तुओं की डिजाइन, गुण व पैंकिग आदि की दृष्टि से अधिक मन्दी हो।
6. परिपक्वता की स्थिति में फर्म को अपनी मूल्य नीति में परिवर्तन कर अधिपतन की स्थिति आने से रोकनी चाहिये। इसके लिए वस्तु के मूल्य कम किए जाए, विज्ञापन बढ़ाया जाए, प्रोत्साहन योजनाओं द्वारा उपभोक्ताओं को आकर्षित किया जाए, वस्तु की किस्म, डिजाइन पैंकिंग आदि में परिवर्तन किया जाए व मूल्य में विभिन्न प्रकार की कटौतियां की जाए।

4. स्थायी विशिष्टता वाली वस्तुओं की मूल्य नीति – कुछ वस्तुएँ ऐसी होती है जिनकी विशिष्टता एक लम्बे समय तक चलती है। ऐसी वस्तु 10–12 वर्षों तक बनी रहती है व इनका कोई स्थानापन्न नहीं होता। ऐसी वस्तु का उत्पादन इस अवधि में एकाधिकारी की स्थिति में होता है। अतः वह एकाधिकारी के समान ही मूल्य निर्धारण कर सकता है।

सामान्य जीवन में इस प्रकार की वस्तु मिलना कठिन है क्योंकि किसी भी वस्तु की विशिष्टता स्थायी नहीं होती। हां कुछ समय तक वस्तु की विशिष्टता रह सकती है।

5. निर्यात वस्तुओं का मूल्य निर्धारण – कुछ वस्तुएँ न केवल देश के बाजार में ही बेची जाती है वरन् अन्तर्राष्ट्रीय बाजार में भी बेची जाती हैं। अन्तर्राष्ट्रीय बाजार में मूल्य निर्धारण भी एक महत्वपूर्ण किन्तु जटिल कार्य है। अन्तर्राष्ट्रीय बाजार में माल बेचने के लिए मूल्य का ही नहीं वरन् गैर मूल्य तत्वों जैसे भारी मात्रा में पूर्ति, माल की आश्वस्त सुपुर्दगी, साख सुविधाएँ, विक्रय उपरान्त सेवा, दांवों का शीघ्र निपटारा आदि का भी प्रभाव पड़ता है।

अन्तर्राष्ट्रीय निर्यात बाजार में ऋण निर्धारण में इस बात का ध्यान रखना चाहिए कि वस्तु की माँग की लोच कैसी है अगर वस्तु की मांग बेलोचदार है तो उसके मूल्य अपेक्षाकृत ऊंचे रखे जा सकते हैं। मांग लोचदार होने पर मूल्य कम रखे जाने चाहिए।

जब वस्तु के लिए देश एकाधिकारी स्थिति में हो तो वस्तु की कीमतें अधिक हो सकती है यदि एक से अधिक देश उस वस्तु के उत्पादक है व उस वस्तु की मांग बेलोचदार है तो वे आपस में मिलकर एकाधिकार की स्थिति प्राप्त कर सकते है। मांग की लोच व अन्य बातों को ध्यान में रखते हुए मूल्य विभेद भी किया जा सकता है। देश से वस्तु के मूल्यों में निर्यात की लागत मिलाकर निर्यात की वस्तु का मूल्य निकाला जा सकता है।

किन्तु वास्तव में व्यवहार में निर्यात वस्तुओं का मूल्य इस आधार पर निश्चित किया जाता है कि उपभोक्ता उस वस्तु के लिए क्या भुगतान कर सकते हैं। खनिज तेल की कीमतें एकाधिकारी स्थिति व बेलोच मांग के कारण ही अधिक है। कभी-कभी विदेशी बाजारों में प्रवेश के लिए राशिपातन का लागत से भी कम मूल्य पर माल बेचा जाता है। राजनैतिक उद्देश्यों में भी कभी कभी कम कीमत पर माल बेचा जाता है। सरकार की निर्यात सम्बन्धी नीति के अन्तर्गत विदेशी मुद्रा प्राप्त करने के लिए निर्यात कम कीमत पर किया जाता है व इससे होने वाली हानि सरकार वहन करती है।

6. फुटकर विक्रेता द्वारा मूल्य निर्धारण - फुटकर व्यापारी जिस मूल्य पर थोक व्यापारी अथवा निर्माता से वस्तु प्राप्त करते है उसमें कुछ प्रतिशत लाभ जोड़कर वस्तु का मूल्य निर्धारण करते है। उत्पादन लागत का मूल्य से कोई सम्बन्ध नहीं होता। कभी-कभी फुटकर व्यापारी बहुत सी वस्तुएँ बेचते हैं। अतः वे किसी एक वस्तु को कम कीमत पर बेच कर ग्राहक को आकर्षित कर लेते है व अन्य वस्तुएँ अधिक कीमत पर बेच देते हैं क्योंकि उन्हें वस्तु के गुण मूल्य आदि के बारे में ज्ञान नहीं होता। अतः फुटकर व्यापारी अब मूल्य इतना लेते हैं जिसे उपभोक्ता देने को तैयार हो जाएं किन्तु वे प्रायः थोक व्यापार या उत्पादक द्वारा दिए गए माल में कुछ प्रतिशत लाभ जोड़कर मूल्य निर्धारण करते है। यदि माल शीघ्र बिकने वाला हो तो उसे कम लाभ पर बेचा जाता है। यदि वस्तु को संग्रह करने में अधिक व्यय होता हो तो वे अधिक मूल्य लेते हैं।

विक्रय उपरान्त सेवा, उधार बिक्री अथवा, गृह सुपुर्दगी आदि की दशा में फुटकर व्यापारी अधिक मूल्य लेते हैं किन्तु जब उत्पादक स्वयं फुटकर मूल्य निर्धारित दरें अथवा सरकार या व्यापारी स्वयं फुटकर मूल्य निर्धारित करें तो उन्हें उसी निश्चित मूल्य पर माल बेचना होता है। बहुत अधिक प्रतियोगिता होने पर फुटकर व्यापारी को बाजार मूल्य पर ही माल बेचना पड़ता है।

मूल्य निर्धारण के लिए आवश्यक सूचनाएँ - मूल्य निर्धारण फर्म में एक महत्वपूर्ण कार्य है। अतः इस पर सही निर्णय उचित ढंग से लिए जाने चाहिए। मूल्य नीति पर सही निर्णय तब ही लिए जा सकते है जब उसमें सम्बन्धित सभी सूचनाएं उपलब्ध हों। मूल्य नीति के लिए निम्न सूचनाओं की आवश्यकता होती है-

(1) **वस्तु सम्बन्धी सूचना :** वस्तु के सम्बन्ध में निम्न सूचनाएं मूल्य निर्धारण के लिए आवश्यक है-

1. वस्तु की स्थिर, परिवर्तनशील व कुल उत्पादन लागत।
2. वस्तु पर लगे हुए कर जैसे उत्पाद कर, बिक्री कर चुंगी आदि।

3. विक्रय उपरान्त दी जाने वाली सेवाओं की लागत।
4. वस्तु की प्रकृति के अनुसार भण्डारण की लागत।
5. वस्तु के उत्पादन में खराब माल का प्रतिशत।
6. सरकार द्वारा वस्तु का मूल्य नियन्त्रण सम्बन्धी नियम।
7. वस्तु की पैंकिंग डिजाइन आदि सम्बन्धि आवश्याताएँ।

(2) फर्म की आन्तरिक सूचनाएँ - फर्म के सम्बन्ध में निम्न सूचनाएँ आवश्यक है-

1. फर्म की उत्पादन क्षमता तथा इससे प्रयुक्त एवं अप्रयुक्त क्षमता को भाग।
2. बाजार की कुल मांग में फर्म का भाग एवं इस भाग का क्षेत्रानुसार विभाजन।

(3) बाजार सम्बन्धी सूचनाएँ - मूल्य निर्धारण के लिए बाजार सम्बन्धी निम्न सूचनाएँ उपलब्ध होना आवश्यक है-

1. प्रतियोगी फर्मों की कीमतें।
2. स्थानापन्न वस्तुओं के मूल्य।
3. मुख्य मुख्य प्रतियोगी व उनकी मूल्य नीति, यदि उनके बारे में सूचना मिल सके।
4. उपभोक्ताओं की मांग की लोच।
5. भुगतान की विधि।
6. विक्रय की प्रचलित नीतियाँ एवं शर्तें।
7. वस्तु विभिन्न आग्र के प्रति ग्राहकों का सुझाव।
8. बाजार की प्रवृत्ति एवं दशाएँ।
9. उपयोग का स्वरूप।
10. वितरण के माध्यम एवं वितरण लागत।
11. विक्रय प्रोत्साहन की विभिन्न विधियाँ व उनकी लागतों की सूचना।
12. उत्पादन सम्बन्धी सूचनाएँ।

प्रश्न

1. मूल्य नीति से क्या अभिप्राय है? इसके उद्देश्यों का वर्णन करते हुए मूल्य नीति को प्रभावित करने वाले तत्व बताइये।

   What do you mean by price policy? Discuss its objectives and point out factors affecting price policy.

2. मूल्य निर्धारण के लिए प्रयुक्त विभिन्न विधियों का आलोचनात्मक वर्णन कीजिए। मूल्य निर्धारण के लिए क्या कदम उठाने चाहिए?

   Critically examine various price policy. What steps should be taken for price determination.

3. मूल्य निर्धारण की सामान्य एवं विशिष्ट समस्याओं का विवेचन कीजिये। मूल्य निर्धारण के लिए कौन-कौन सी सूचनाएँ उपलब्ध होना आवश्यक है?

   Discuss general and specific problems of price determination. What informations are required for price determination.

□□□

8

वितरण अर्थशास्त्र
(Distribution Economics)

किसी भी वस्तु का उत्पादन करने के लिए प्रमुखत: चार साधनों अर्थात भूमि, श्रम, पूँजी तथा उद्यम की आवश्यकता होती है। इन साधनों के संयुक्त प्रयासों के परिणामस्वरूप जो उत्पादन सम्भव होता है उसे इन साधनों के आनुपातिक योगदान में ही वितरित कर दिया जाता है। उदाहरण के लिए इस प्रक्रिया में भू-स्वामी को अंश मिलता है उसे लगान (Rent), श्रमिक को जो अंश मिलता है उसे मजदूरी (Wages), पूँजीपति को जो अंश मिलता है उसे ब्याज (Interest) और उद्यमी को जो अंश मिलता है उसे लाभ (Profit) कहा जाता है।

वितरण का अर्थ
(Meaning of Distribution)

अर्थशास्त्र में वितरण का अभिप्राय एक निश्चित समय में सम्भव हुए उत्पादन को, उत्पादन के साधनों में आनुपातिक वितरण से होता है । वितरण के अन्तर्गत इस बात का अध्ययन किया जाता है कि राष्ट्रिय आय का वितरण उत्पादन में प्रयुक्त हुए विभिन्न साधनो में में कैसे बाँटी जाती है, अर्थात विभिन्न साधनों के पुरूस्कार कैसे निर्धारित होते है। सरल शब्दों में इसका अभिप्राय यह है कि लगान, मजदूरी , ब्याज तथा लाभ कैसे निर्धारित होता है। इसे साधन कीमत निर्धारण भी कहा जाता है।

वितरण के सिद्धान्त
(Theory of Distribution)

वितरण अथवा साधन कीमत निर्धारण के दो मुख्य सिद्धान्त है:

वितरण के सीमान्त उत्पादकता सिद्धान्त का सर्वप्रथम प्रतिपादन *प्रो. विकस्टीड़, वालरस* तथा *जे. बी. क्लार्क* द्वारा किया गया। लेकिन इस सिद्धान्त को वर्तमान स्वरुप में

लोकप्रिय बनाने का श्रेय प्रो. हिक्स एवं श्रीमती जाँन राँबिन्सन को है। यह साधन कीमत निर्धारण का सबसे प्राचिन तथा महत्वपूर्ण सिद्धान्त है। इस सिद्धान्त को कोलम्बिया विश्वविद्यालय के अर्थशास्त्री जे. क्लार्क के द्वारा प्रतिपादित किया गया । *क्लार्क* के शब्दों में, "समाज की आय का वितरण एक प्राकृतिक नियम द्वारा नियन्त्रित होता है, यदि इस नियम को बिना किसी बाधा के काम करने दिया जाए तो वह उत्पादन के प्रत्येक साधन को धन की उतनी ही मात्रा देगा जितना की वह उत्पादन करता है।" अन्य शब्दों में इस सिद्धान्त के अनुसार, "साधन बाजार में पूर्ण प्रतियोगिता तथा पूर्ण रोजगार की स्थिति में उत्पादन के प्रत्येक साधन का मूल्य उसकी सीमांत उत्पादकता के बराबर होता है।"

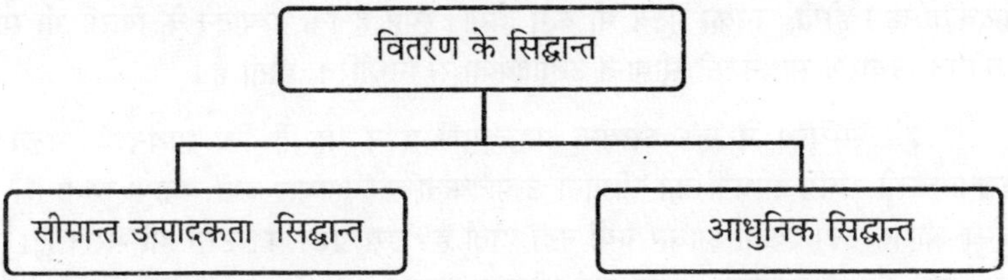

सीमान्त उत्पादकता का अर्थ (Meaning of Marginal Productivity)- उत्पादन कार्य में उत्पत्ति के विभिन्न साधनों को स्थिर रखकर किसी परिवर्तनशील साधन की एक अतिरिक्त इकाई के प्रयोग से कुल उत्पादन में जो वृद्धि होती है, उसे उस साधन की सीमान्त उत्पादकता कहते हैं।

श्रीमती जॉन राँबिन्सन के अनुसार, "यदि अन्य साधनों का मूल्य स्थिर रहता है तो सीमान्त उत्पादकता कुल उत्पादन के मूल्य में हुई वृद्धि है, जो कि एक अतिरिक्त मनुष्य को काम पर लगाने से प्राप्त होती है।"

सिद्धान्त की व्याख्या
(Explanation of Law)

जिस प्रकार वस्तु बाजार में वस्तु की कीमत वस्तु की सीमान्त उपयोगिता अथवा सीमान्त लागत द्वारा निर्धारित होती है। उसी प्रकार साधन बाजार में उत्पादन के साधन (भूमि, श्रम, पूँजी आदि) की कीमत उनकी सीमांत उत्पादकता के बराबर होती है। उत्पादन के साधनों की माँग उत्पादक द्वारा की जाती है। उत्पादक का उद्देश्य अधिकतम लाभ कमाना होता है। एक उत्पादक किसी भी साधन को अधिक से अधिक पुरस्कार साधन की उत्पादकता के बराबर ही दे सकता है, इससे अधिक नही। अर्थात् प्रत्येक साधन का पुरस्कार उसकी सीमांत उत्पादकता के बराबर होता है।

उदाहरणार्थ, मान लीजिये इस्पात उद्योग में 50 इकाई भूमि 100 श्रमिक, 10 इकाई पूँजी तथा 5 इकाई साहस की प्रयोग की जाती है जिससे 10,000 रु. मूल्य के इस्पात का उत्पादन होता है। अब यदि किसी एक साधन (श्रम) की सीमान्त उत्पादकता मालूम करनी है तो पूर्व प्रयुक्त भूमि, पूँजी और साहस की इकाइयों को यथास्थिर रखते हुए श्रम की मात्रा बढ़ाकर 101 कर दी जाये और इससे यदि 10,050 रु. मूल्य के इस्पात का उत्पादन होता है

तो श्रम की एक अतिरिक्त इकाई 101 के उपयोग के कारण कुल मूल्य में 10,050 - 10,000 = 50 रू. की वृद्धि होती है। यही श्रम की सीमान्त उत्पादकता होगी। इसी प्रकार उत्पत्ति के अन्य साधनों की सीमान्त उत्पादकता को भी ज्ञात किया जा सकता है।

उत्पत्ति के साधनों का मूल्य उसकी सीमान्त उत्पत्ति पर क्यों निर्भर करता है? वितरण में यह एक महत्त्वपूर्ण प्रश्न है। इसका कारण यह है कि वस्तु की माँग प्रत्यक्ष रूप से उसकी उपयोगिता के कारण की जाती है। जबकि साधन की माँग व्युत्पन्न माँग होती है, अर्थात् साधनों की माँग उनकी सीमान्त उत्पादकता पर निर्भर करती है। अत: जिन साधनों की उत्पादकता कम होगी, उनका मूल्य भी कम होगा। स्पष्ट है कि उत्पादन के किसी भी साधन की कीमत निर्धारण साधन की सीमान्त उत्पादकता से निर्धारित होती है।

इस सम्बन्ध में एक अत्यन्त महत्त्वपूर्ण प्रश्न यह है कि साधन के मूल्य की विवेचना करते समय साधनों की सीमान्त उत्पादकता को आधार क्यों बनाया जाता है? इस सम्बन्ध औसत उत्पादकता आधार क्यों नहीं होता है? इस प्रश्न का उत्तर भी सरल है। जिस प्रकार, फर्म अपनी सीमान्त आगम एवं सीमान्त लागत को बराबर करके अधिकतम लाभ कमाती है, ठीक उसी प्रकार एक फर्म साधन की सीमान्त उत्पादकता एवं उसकी सीमान्त आगम को बराबर करके उत्पादन को अधिकतम सम्भव बना देती है और इस प्रकार अधिकतम लाभ कमाने में समर्थ हो जाती है। यह विशेष रूप से ध्यान रखने योग्य बात है कि उत्पादक जो मूल्य एक साधन को प्रदान करता है, वह उत्पादक की दृष्टि से साधन की लागत है। इसलिए साधन की सीमान्त लागत तथा साधन का सीमान्त आगम एक ही बात है। उपर्युक्त विवेचन से यह भलि-भाँति स्पष्ट है कि साधनों को जो पुरस्कार मिलता है वह उनकी सीमान्त उत्पादकता के बराबर होता है।

सीमान्त उत्पादकता के प्रकार
(Types of Marginal Productivity)

सीमान्त उत्पादकता को विभिन्न प्रकार से व्यक्त किया जा सकता है। सीमान्त उत्पादकता को प्रमुखत: तीन तरह से व्यक्त किया जा सकता है-

1. सीमान्त भौतिक उत्पादकता (Marginal Physical Productivity)- अन्य साधनों के स्थिर रहने पर जब किसी साधन की अतिरिक्त इकाई के प्रयोग करने से कुल भौतिक उत्पादन में जो वृद्धि होती है, उसी को सीमान्त भौतिक उत्पादकता कहा जाता है।

2. सीमान्त मूल्य उत्पादकता (Marginal Price Productivity)- यदि भौतिक उत्दपाकदता को बाजार कीमत के साथ गुणा कर दिया जाय, तो सीमान्त कीमत उत्पादकता का मूल्य प्राप्त हो जाता है।

3. सीमान्त आगम उत्पादकता (Marginal Revenue Productivity)- अन्य साधनों की मात्रा को स्थिर रखते हुए परिवर्तनशील साधन कीं एक अतिरिक्त इकाई के प्रयोग से कुल आगम में जो वृद्धि होती है उसे उस साधन की सीमान्त आगम उत्पादकता कहते हैं।

सिद्धान्त की मान्यताएँ
(Assumptions)

वितरण का सीमान्त उत्पादकता सिद्धान्त का क्रियान्वित होना कतिपय मान्यताओं पर आधारित है। वितरण की सीमान्त उत्पादकता सिद्धान्त निम्न मान्यताओं पर आधारित है-

1. इकाइयों में एकरूपता होना (Uniformity in Units Used)- उत्पादन के साधनों की समस्त इकाइयाँ एक समान होनी चाहिए। अर्थात उत्पादन के साधनों के आकार तथा गुण में किसी प्रकार का अन्तर नहीं होना चाहिए।

2. पूर्ण प्रतियोगिता होना (Existance of Perfect Competition)- व्यावसायिक इकाइयों तथा उत्पादन के साधनों में पूर्ण प्रतियोगिता होना आवश्यक है।

3. सीमान्त उत्पादकता की सही माप (Right Measurement of Marginal Productivity)- प्रत्येक साधन की सीमान्त उत्पादकता की सही माप होना आवश्यक है तभी उसका उचित पारिश्रमिक निर्धारित किया जा सकेगा।

4. पूर्ण रोजगार होना (Condition of Full Employment)- समाज में पूर्ण रोजगार की स्थिति विद्यमान रहनी चाहिए। इसका अभिप्राय यह है कि उत्पत्ति के समस्त साधन कार्य पर लगे हुए होने चाहिये।

5. उत्पत्ति ह्रास नियम क्रियाशील होना (Applicability of Law of Diminishing Return)- यह सिद्धान्त तभी लागू होगा जबकि उत्पत्ति ह्रास नियम लागू हो।

6. प्रयोग की मात्रा में परिवर्तन सम्भव होना (Possibility of Changes in Uses of Proportion)- प्रत्येक साधन के प्रयोग की मात्रा में परिवर्तन सम्भव होना चाहिये। अर्थात् साधन की सीमान्त उत्पादकता ज्ञात करने हेतु उस साधन की इकाइयों में वृद्धि या कमी करना सम्भव होना चाहिये।

7. साधनों में पूर्ण गतिशीलता होना (Absolute Mobility is Use of Factors of Production)- उत्पादन के समस्त साधनों के विभिन्न प्रयोगों तथा स्थानों में पूर्णतः गतिशीलता होनी आवश्यक है।

8. प्रतिस्थापन सम्भव होना (Substitution is Possible)- यह आवश्यक है कि विभिन्न साधनों का एक दूसरे के लिए प्रतिस्थापन सम्भन हो।

सिद्धान्त की आलोचनाएँ
(Criticism)

अर्थशास्त्र में वितरण का सीमान्त उत्पादकता सिद्धान्त को एक महत्त्वपूर्ण विचारधारा के रूप में मान्यता प्राप्त है किन्तु इस सिद्धान्त की आधुनिक अर्थशास्त्रियों ने अपने तर्को द्वारा आलोचना की हैं वितरण के सीमान्त उत्पादकता सिद्धान्त की प्रमुख आलाचनाएं निम्न वर्णित है -

1. समस्त इकाइयों में एकरूपता असम्भव (Uniformity in all the Factors of Production is not Possible)- व्यवहार में उत्पादन के साधनों की समस्त इकाइयों में

एकरूपता का पाया जाना असम्भव है। उदाहरण के लिए सभी प्रकार की भूमि के टुकड़ो की उत्पादकता समान नहीं होती तथा सभी श्रमिक समान रूप से कार्य कुशल नहीं होते है।

2. पूर्ण प्रतियोगिता कल्पना है (Perfect Competition is Myth)- व्यावहारिक जीवन में पूर्ण प्रतियोगिता कहीं नहीं पायी जाती है। इसके स्थान पर अपूर्ण प्रतियोगिता पाई जाती है। यह मान्यता भी अवास्तविक हैं।

3. पूर्ण रोजगार अकल्पनीय (Full Employment Possible)- वास्तविकता में अर्थ-व्यवस्था में पूर्ण रोजगार की स्थिति विद्यमान नहीं होती है। अर्थव्यवस्था में कुछ न कुछ बेरोजगारी तो सदैव विद्यमान रहती है।

4. साधन पूर्णत: गतिशील नहीं (Factors are not Complete Moveable)- उत्पादन के साधन पूर्णत: गतिशील नहीं होते हैं, क्योंकि वास्तविक जीवन में साधनों के गतिशीलता में कई बाधाएँ आती है। अत: सभी स्थानों और सभी कार्यो में साधन की कीमत एक सी नहीं होती, बल्कि भिन्न भिन्न होती है।

5. सीमान्त उत्पादकता की माप कठिन (Measurement of Marginal Productivity not Possible)- यह सिद्धान्त इस मान्यता पर आधारित है कि प्रत्येक साधन की सीमान्त उत्पादकता को मापा जा सकता है, किन्तु यह विचार काल्पनिक है। बड़े तथा अविभाज्य साधनों के सम्बन्ध में सीमान्त विश्लेषण विधि के द्वारा सीमान्त उत्पादकता की माप अत्यन्त कठिन है।

6. साहसी की सीमान्त उत्पादकता की माप असम्भव (Measurement of Marginal of Productivity Entrepreneur is not Possible)- साहसी की सीमान्त उत्पादकता की माप असम्भव है। क्योंकि एक फर्म के लिए एक ही साहसी होने के कारण इसकी मात्रा में परिवर्तन नहीं हो सकता।

7. कभी कभी साधनों के अनुपात अपरिवर्तनीय (Sometime change in Proportion of Factor of Production not Possible)- कभी कभी तकनीकी कारणों से साधनों के अनुपात में परिवर्तन नहीं किया जा सकता। ऐंसी स्थिति में साधन की सीमान्त उत्पादकता ज्ञात करना कठिन होगा।

8. एक पक्षीय सिद्धान्त (One Sided Principle)- यह सिद्धान्त केवल माँग पक्ष पर ही बल देता है, पूर्ति पक्ष पर नहीं। जबकि वास्तव में किसी साधन का पुरस्कार उसकी माँग एवं पूर्ति दोनों ही बातों के आधार पर निर्धारित होनी चाहिए।

9. दीर्घकाल सिद्धान्त (Long time Principle)- यह सिद्धान्त अल्पकाल में साधन के पुरस्कार निर्धारित करने की विधि पर प्रकाश नहीं डालता, अत : यह सिद्धान्त अपूर्ण हैं।

10. असमानता का समर्थन (Support to Non-Uniformity)- यह सिद्धान्त इस बात का समर्थन करता है कि धनवान इसलिये धनी है कि वह अधिक उत्पादन करता है और निर्धन इसलिये गरीब है क्योंकि वह कम उत्पादन करता है, यह तर्क धन के वितरण की असमानता को बढ़ाने वाला है।

वितरण का आधुनिक सिद्धान्त
(Modern Theory of Distribution)

वितरण का उपर्युक्त वर्णित सीमान्त उत्पादकता सिद्धान्त एक पक्षीय हैं। इसकी इस आधार पर आलोचना की जाती है कि यह सिद्धान्त साधनों के माँग पक्ष पर तो जोर देता है, परन्तु पूर्ति पक्ष की पूर्णतः अवहेलना करता है। आधुनिक अर्थशास्त्रियों का मत है कि जिस प्रकार किसी वस्तु का मूल्य उसकी माँग एवं पूर्ति दोनों के साम्य द्वारा निर्धारित होता है, उसी प्रकार उत्पत्ति के साधनों का पुरस्कार भी उनकी माँग एवं पूर्ति की शक्तियों द्वारा ही उस बिन्दु पर निर्धारित होता है, जहाँ दोनों शक्तियाँ साम्य की अवस्था में होती है। इस प्रकार आधुनिक अर्थशास्त्रियों ने वस्तु के मूल्य निर्धारण के सामान्य सिद्धान्त को पुरस्कार निर्धारित करने के लिए प्रयुक्त किया है।

अतः साधन कीमत निर्धारण वास्तव में वस्तु मूल्य निर्धारण का एक विस्तार मात्र है। वितरण का आधुनिक सिद्धान्त एक सामान्य सिद्धान्त है। अर्थात इसके द्वारा उत्पत्ति के सभी साधनों के पुरस्कार निर्धारित किये जा सकते हैं, जैसे भूमि का लगान, श्रमिकों की मजदूरी, पूँजी का ब्याज तथा साहसी का लाभ आदि सभी इसके द्वारा निर्धारित किये जा सकते है।

मान्यताएँ
(Assumptions)

वितरण के परम्परावादि सिद्धान्त के समान ही वितरण का आधुनिक सिद्धान्त भी कतिपय मान्यताओं पर आधारित है। वितरण के आधुनिक सिद्धान्त की प्रमुख मान्यताएँ निम्नानुसार है–

1. साधन बाजार तथा वस्तु बाजार दोनों में पूर्ण प्रतियोगिता की स्थिति विद्यमान है।
2. उत्पादन प्रक्रिया में प्रयुक्त साधन की सभी इकाइयाँ एक समान हैं।
3. उत्पादन के साधन पूर्णतया गतिशील है।
4. साधनों की समस्त इकाइयाँ पूर्णतः विभाज्य हैं।
5. विभिन्न साधन परस्पर स्थानापन्न हैं।
6. उत्पादन की प्रक्रिया में उत्पत्ति ह्रास नियम क्रियाशील है।

नियम की व्याख्या (Explanation of Law)– वितरण के आधुनिक सिद्धान्त के अनुसार साधन की कीमत या पुरस्कार उसकी माँग एवं पूर्ति द्वारा उस बिन्दु पर निर्धारित होता है, जहाँ पर ये दोनों बराबर होते हैं। साधन की माँग एवं पूर्ति की विस्तृत व्याख्या निम्नानुसार है–

साधनों की माँग
(Demand of Factor)

उत्पादन के किसी साधन की माँग उत्पादक द्वारा की जाती है। जिस प्रकार वस्तु की माँग उपभोक्ताओं के लिए उसकी उपयोगिता पर निर्भर करती है, ठीक उसी प्रकार उत्पादक द्वारा किसी साधन की माँग इस बात पर निर्भर करती है, कि वह साधन उसके लिए

कितना उपयोगी है। उत्पादक किसी साधन का मूल्य उसकी सीमान्त उत्पादकता के बराबर ही देता है। यदि साधन को दिया जाने वाला मूल्य उसकी सीमान्त उत्पादकता से कम होता है तो उत्पादक को उस साधन की उत्तरोत्तर इकाइयों के प्रयोग से लाभ होगा, परन्तु उत्पादक उस साधन की अतिरिक्त इकाइयों का प्रयोग उस सीमा तक करता जायेगा, जहाँ पर साधन को दिया जाने वाला मूल्य उसकी सीमान्त उत्पादकता के बराबर न हो जाये। यह उत्पादक की वह सीमा है, जहाँ तक कि वह साधन की माँग कर सकता है। इस प्रकार, कोई भी उत्पादक किसी साधन को उसकी सीमान्त उत्पादकता के मूल्य से अधिक पारिश्रमिक प्रदान नहीं करेगा। इस प्रकार सीमान्त उत्पादकता साधन के मूल्य की उच्चतम सीमा है। किसी साधन की माँग अनेक बातों पर निर्भर करती है, जैसे -

(i) साधन की माँग उसके द्वारा उत्पन्न की जाने वाली वस्तु की माँग पर निर्भर करती है। यदि उत्पन्न की गई वस्तु की माँग अधिक होगी तो साधन की माँग भी अधिक होगी इसके विपरीत दशा में कम।

(ii) यदि साधन की सीमान्त उत्पादकता में वृद्धि की जा सकती है तो उसकी माँग एवं मूल्य बढ़ेगा।

(iii) उत्पादन के अन्य साधनों का मूल्य भी साधन विशेष की माँग को प्रभावित करता है, जैसे मशीनों का मूल्य बढ़ने पर श्रम की माँग भी बढ़ जायेगी।

साधनों की पूर्ति
(Supply of Factor)

साधन की पूर्ति साधन के स्वामी द्वारा की जाती है। जिस प्रकार किसी वस्तु की पूर्ति उसकी उत्पादन लागत पर निर्भर करती है, उसी प्रकार उत्पादन के किसी साधन की पूर्ति उसकी अवसर लागत पर निर्भर करती है। साधन की अवसर लागत से तात्पर्य यह है कि साधन को वर्तमान व्यवसाय से इतना पुरस्कार अवश्य प्राप्त हो जाय जितना उसे सर्वश्रेष्ठ वैकल्पिक प्रयोग से प्राप्त हो सकता है। ऐसा न होने पर साधन वर्तमान व्यवसाय कोत्याग देगा। साधन की पूर्ति को अनेक तत्व प्रभावित करते हैं, जैसे-श्रमिक की पूर्ति को श्रम का आधार, जनसंख्या की संरचना, श्रम की कुशलता, शिक्षा, प्रशिक्षण लागत, आवागमन लागत, आराम के घण्टे, काम में वरीयता आदि । इस सम्बन्ध में प्रतिष्ठित विद्वानों का विचार है कि मजदूरी बढ़ने पर श्रम की पूर्ति प्रारम्भ में तो बढ़ती है, किन्तु एक बिन्दु के बाद कम होने लगती है, क्योंकि मजदूरी की दर एक स्तर तक बढ़ने के बाद श्रमिक काम की तुलना में आराम अधिक पसन्द करता है, इससे पूर्ति वक्र पीछे की ओर मुड़ने लगता है।

माँग और पूर्ति में साम्य (Equilibrium in Demand and Supply)- जिस प्रकार किसी वस्तु की कीमत, माँग और पूर्ति की शक्तियों से निर्धारित होती है, उसी प्रकार प्रत्येक साधन का पुरस्कार भी उसकी माँग और पूर्ति की शक्तियों से निर्धारित होता है।

रेखाचित्र में OX आधार रेखा पर साधन की माँग व पूर्ति की मात्रा तथा OY लम्ब रेखा पर सीमान्त त्याग को दर्शाया गया है। DD रेखा साधन की माँग तथा SS रेखा उसकी पूर्ति रेखा है। दोनों रेखाएँ एक दूसरे को P बिन्दु पर काटती है। इस तरह PN प्रति इकाई साधन का मूल्य या पारिश्रमिक है तथा P बिन्दु पर साधन की माँग एवं पूर्ति दोनों

बराबर है। किसी भी साधन की कीमत इस बिन्दु से न तो अधिक हो सकती है और न ही कम। मान लीजिए, यदि कीमत में R से R_1 वृद्धि हो जाती है तो साधन की माँग ON से बढ़कर ON_1 हो जायेगी तथा पूर्ति ON से बढ़कर ON_2 हो जायेगी। पूर्ति की इस अधिकता के कारण कीमत में कमी होगी तथा कीमत पुनः साम्य बिन्दु OP हो जाती है। इसके विपरीत यदि कीमत कम होकर OR_2 हो जाती है, तो इस कीमत पर पूर्ति ON से घटकर ON_2 हो जायेगी । इस प्रकार माँग की अधिकता से कीमत में वृद्धि होगी तथा पुनः साधन की माँग एवं पूर्ति P बिन्दु पर सन्तुलित हो जायेगी।

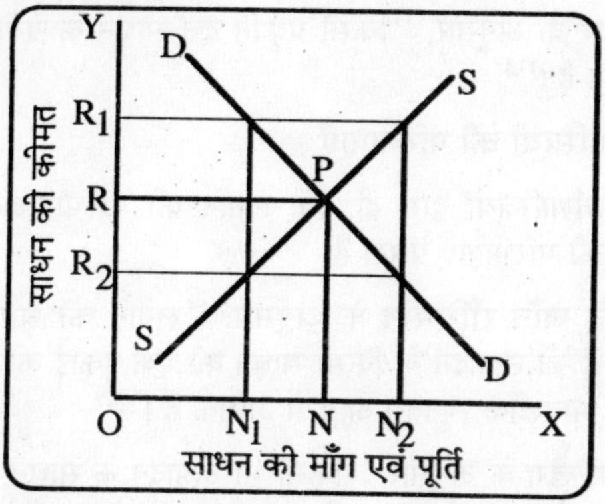

उपर्युक्त विवेचन से यह स्पष्ट है कि साधन की कीमत अर्थात मजदूरी साधन की माँग व पूर्ति के सन्तुलन बिन्दु पर निर्धारित होती है। साधन की पूर्ति स्थिर रहने पर माँग के बढ़ने पर कीमत बढ़ती है तथा माँग के कम हो जाने पर कीमत कम हो जाती है। साधन माँग पर सीमान्त आय उत्पादकता का प्रभाव पड़ता है। इसके विपरीत साधन की माँग के स्थिर रहने पर साधारणतया पूर्ति के बढ़ने पर साधनो की कीमत कम होती है तथा पूर्ति के कम हो जाने पर कीमत बढ़ जाती है। साधनों की पूर्ति पर उनकी अवसर लागत पर प्रभाव पड़ता है।

लगान से आशय
(Concept)

साधारण की भाषा में लगान शब्द का तात्पर्य उस भुगतान से है, जो किसी खेत, मकान, खान या अन्य मशीन के प्रयोग के बदले में इन वस्तुओं के स्वामियों को दिया जाता है। परन्तु अर्थशास्त्र में लगान शब्द का अलग अर्थ में प्रयोग किया जाता है। अर्थशास्त्र में लगान से तात्पर्य इस प्रकार से है– ''राष्ट्रीय आय का वह भाग जोकि भूमि के प्रयोग के बदले भूस्वामियों को दिया जाता है, उसे लगान कहते हैं'' लगान की परिभाषाओं को अध्ययन की सुविधा की दृष्टि से दो भागों में बाँटा जा सकता है–

(अ) प्रतिष्ठित अर्थशास्त्रियों की परिभाषाएँ

प्रतिष्ठित अर्थशास्त्रियों के अन्तर्गत मुख्य रूप से मार्शल, रिकार्डो] कार्वर तथा सीनियर को सम्मिलित किया जाता है–

(1) रिकार्डो के अनुसार, ''लगान भूमि की उपज का वह भाग है, जो भूमि के स्वामी को भूमि की मौलिक तथा अविनाशी शक्तियों के प्रयोग के बदले में दिया जाता है।''[1]

(2) मार्शल के अनुसार, ''भूमि तथा अन्य प्रकृतिदत्त निःशुल्क उपहारों (जैसे खान, जल प्रपात या मछली के जलाशय आदि) के स्वामित्व के कारण प्राप्त आय को लगान कहते है।''[2]

(3) कार्वर के अनुसार, ''भूमि के प्रयोग के बदले में दिये जाने वाले मूल्य को लगान माना है।''[3]

(4) सीनियर के अनुसार, ''किसी प्रकृति दत्त साधन के प्रयोग से प्राप्त की गई अतिरिक्त उपज ही लगान है।''[4]

(ब) आधुनिक अर्थशास्त्रियों की परिभाषाएँ

आधुनिक अर्थशास्त्रियों द्वारा दी गयी लगान की परिभाषाओं में श्रीमती जॉन रॉबिन्सन तथा बोल्डिंग की परिभाषाएँ प्रमुख है-

(1) श्रीमति जॉन रॉबिन्सन के अनुसार, ''लगान की धारणा का तत्त्व उस आधिक्य की धारणा से है जो उत्पादन के किसी साधन की एक इकाई को उस उत्पादन कार्य में बनाये रखने के लिए आवश्यक न्यूनतम आय से अधिक है।''[5]

(2) प्रो. बोल्डिंग के अनुसार, ''किसी भी उत्पादन के साधन की एक ईकाई को उसे वर्तमान कार्य में बनाये रखने के लिए जो न्यूनतम रकम देना आवश्यक होता है तथा उससे जो भी अधिक भुगतान किया जाता है, लगान कहलाता है।''''[6]

लगान को प्रभावित करने वाले तत्व

(Factors)

लगान को प्रभावित करने वाले प्रमुख तत्व निम्न हैं-

---

1 "Rent is that portion of the produce of the earth which is paid to landlord for the use of the original and indestructible powers of the soil." - *Ricardo*.

2 "The income derived from the ownership of land and other free-gifts of nature is called rent." - *Marshall*

3 "Rent is the price paid for the use of land." - *Carver*

4 "Rent is the surplus arising from the use of an appropriated natural agent." - *W.N.Senior.*

5 "The essence of the conception of the rent is the conception of a surplus earned by a particular part of a factor of production over and above the minimum earning necessary to induce it to do its work." - *Mrs. Joan Robinson*.

6 "Economic rent may be defined as any payment to a unit of any factor of production which is in excess of the minimum amount necessary to keep that factor in its present occupation." - *Boulding*

(1) जनसंख्या की वृद्धि के साथ खाद्य पदार्थों की माँग भी बढ़ती है जिसकी पूर्ति के लिए कम उर्वरा शक्ति वाली भूमि पर खेती होने लगेगी। इसके फलस्वरूप लगान में वृद्धि हो जायेगी। इस प्रकार गहरी खेती की दशा में भी लगान बढ़ जायेगा क्योंकि क्रमागत उत्पत्ति ह्रास नियम लागू होने से कम अच्छी और अच्छी भूमि का अन्तर बढ़ने लगता है।

(2) देश मे यातायात के साधनों का विकास होने से खाद्यान्न की मांग में वृद्धि होने लगती है। औद्योगिकरण को प्रोत्साहन मिलता है। कारखानें खुलने से कच्ची सामग्री (गन्ना, कपास) आदि की माँग बढ़ती है। इस प्रकार किसी भी देश में जितने अधिक यातायात के साधन उन्नत होते हैं, भूमि की मांग में वृद्धि होती है। भूमि की माँग भी बढ़ने से सीमान्त भूमि पर भी खेती होने लगती है तथा लगान में वृद्धि होती है।

(3) किसी भी देश में यातायात के साधनों का विकास होने से उस देश की वस्तुएँ अन्य देशों में निर्यात होने लगती हैं। यदि कोई देश अन्य देशों में कृषि पदार्थों का अधिक मात्रा में निर्यात करता है, तो उस देश में कृषि भूमि की माँग बढ़ती है। कृषि भूमि की माँग बढ़ने से बेकार पड़ी भूमि पर भी कृषि होने लगती है। इस प्रकार ऐसी भूमि पर उत्पादन होता है तो देश की सीमान्त भूमि अधिसीमान्त भूमि होकर लगान देने लगती है। इस प्रकार किसी भी देश का निर्यात बढ़ने पर उस देश में लगान में भी वृद्धि होने लगती है।

(4) जब देश में अन्य देशों से वस्तुएँ अधिक मात्रा में आयात होने लगती हैं तो देश में वस्तुओं की पूर्ति बढ़ जाती है तथा देश की भूमि पर उत्पादन कम होता है। परिणामस्वरूप सीमान्त भूमि पर उत्पादन बन्द कर दिया जाता है। अधिसीमान्त भूमि सीमान्त भूमि होकर लगान देना बन्द कर देती है। इस प्रकार हम कह सकते है कि किसी भी देश में जब कृषि पदार्थों का आयात बढ़ने लगता है तो देश में लगान भी घटने लगता है।

(5) जिस किसी देश में कृषि के नवीन तथा वैज्ञानिक तरीकों का प्रयोग किया जाता है तथा अच्छे बीज, रासायनिक खाद, सिंचांई, उन्नत मशीनें तथा औजार आदि काम में लाये जाते हैं, तो कृषि उत्पादन में पर्याप्त वृद्धि होती है, देश में खाद्यान्न की पूर्ति अधिक बढ़ जाने से भूमि माँग कृषि कार्य के लिए कम हो जाती है। इसके परिणामस्वरूप सीमान्त भूमि पर उत्पादन कार्य बन्द हो जाता है तथा अधिसीमान्त भूमि सीमांत भूमि बन जाती है। अधिसीमान्त भूमि के सीमान्त भूमि बन जाने पर इस भूमि को अब लगान नहीं देना पड़ता है। अब इस स्थिति में अधिसीमान्त भूमि तथा सीमान्त भूमि के उत्पादन का स्तर कम हो जाता है तथा लगान भी घट जाता है। कृषि में उन्नति का प्रभाव तभी सम्भव होगा, जब सभी प्रकार की भूमि पर उन्नत ढंग से कृषि की जाये।

(6) आर्थिक विकास के परिणामस्वरूप औद्योगिक विकास होता है। औद्योगिक विकास होने से कच्चे माल की माँग बढ़ती है तथा भूमि की भी माँग बढ़ती है। इसी प्रकार औद्योगिक विकास या आर्थिक विकास के परिणामस्वरूप देश में स्कूल, सड़क, कारखाने, मकान, पार्क आदि के लिए भी भूमि की माँग बढ़ती है। कुल मिलाकर आर्थिक विकास के परिणामस्वरूप भूमि की माँग बहुत बढ़ जाती है तथा कृषि भूमि का लगान भी बढ़ जाता है।

(7) आर्थिक विकास की तरह ही सांस्कृतिक विकास में भी भूमि की माँग बढ़ती है। भूमि माँग की तुलना में कम है, अतः भूमि की माँग बढ़ने से भूमि का लगान भी बढ़ता

है। अब इस बात का अध्ययन किया जायेगा कि सांस्कृतिक विकास के परिणामस्वरूप लगान में किस प्रकार वृद्धि होती है? सांस्कृतिक विकास के परिणामस्वरूप जीवन-स्तर उन्नत होता है। उन्नत जीवन -स्तर में अच्छा भोजन, अच्छा मकान तथा आमोद प्रमोद के स्थानों की अधिक आवश्यकता होती है। उक्त आवश्यकताओं की पूर्ति करने हेतु भूमि की माँग बढ़ती है। भूमि की माँग बढ़ने से भूमि का लगान भी बढ़ता है।

आर्थिक या वास्तविक लगान
(True rent or Economic Rent)

"आर्थिक लगान कुल लगान का वह भाग है जो केवल भूमि के प्रयोग के लिए भुगतान किया जाता है।" इसमें अन्य तत्व शामिल नहीं होते हैं। **प्रो. रिकाडो** के अनुसार, "आर्थिक लगान अधि सीमान्त भूमियों की उपज के अन्तर का माप है।"

यह सर्वविदित तथ्य है कि सभी प्रकार की भूमि उपजाऊपन तथा स्थिति के दृष्टिकोण से समान नहीं होती है। भूमि का एक टुकड़ा दूसरे टुकड़े की अपेक्षा अधिक उपजाऊ या अधिक अच्छी स्थिति वाला हो सकता है। अत: अधिक उर्वरा व अधिक अच्छी जगह पर स्थित भूमि के टुकड़े की उपज कम उपजाऊ व कम अच्छी जगह पर स्थिति भूमि के टुकड़े की उपज की तुलना में अधिक होती है। चूँकि अधिक उर्वरा अधिक उत्तम स्थिति की भूमि पर उपज अपेक्षाकृत अधिक होती है, इसलिए उत्पादन लागत कम हो जाती है। इसके फलस्वरूप कुछ अतिरिक्त उपज बची रहती है। इसी बचत को आर्थिक लगान कहते हैं। इसके विपरीत "कम उर्वरा तथा कम अच्छी भूति पर प्राप्त उपज में से उत्पादन व्यय घटाने पर कुछ नहीं बचता। इसी प्रकार की भूमि को लगान रहित या सीमान्त भूमि कहते हैं।" क्योंकि इस भूमि पर कोई बचत प्राप्त न होने के कारण लगान का प्रश्न नहीं उठता। परन्तु प्रथम प्रकार की भूमि को, जिस पर लगान उत्पन्न होता है, अधिसीमान्त भूमि कहा जाता है। अत: अधिसीमान्त तथा सीमान्त भूमि की उपज में अन्तर की बचत को ही आर्थिक लगान अथ्वा वास्तविक लगान कहते हैं।

प्रो. मार्शल के अनुसार, "किसी व्यक्ति को भूमि या अन्य कोई प्रकृति दत्त पदार्थों के स्वामित्व के कारण जो आमदनी प्राप्त होती है उसे आर्थिक लगान कहते हैं।"

चूँकि आर्थिक लगान सीमान्त भूमि से अधिक उर्वरता वाली भूमि के स्वामी को अथवा अधिक अच्छी स्थिति वाली भूमि के स्वामी को प्राप्त होता है, इसलिए यह एक प्रकार का सापेक्षिक लाभ है। इसी तथ्य को प्रो. कार्वर ने निम्न शब्दों द्वारा स्पष्ट किया है-"भूमि के किसी टूकड़े का लगान एक निश्चित श्रम तथा पूँजी द्वारा उस भूमि पर जो उपज उत्पन्न होगी और जो उपज सबसे घटिया भूमि पर प्राप्त की जा सकती है उनके अन्तर के बराबर होता है।"

ठेका लगान या संविदा लगान
(Contract Rent)

वह राशि जो एक कृषक किसी भूमि पर खेती के बदले या अन्य कोई व्यक्ति किसी भूमि के उपयोग के बदले भूस्वामी को समय समय पर देने का अनुबन्ध करता है उसे ठेका लगान कहते हैं। अन्य शब्दों में, ठेका लगान की मात्रा भू-स्वामी और भूमि प्रयोक्ता के बीच हुए अनुबन्ध द्वारा तय होती है।

यह आवश्यक नहीं है कि ठेके का लगान आर्थिक लगान के बराबर ही हो बल्कि वह आर्थिक लगान से कम या अधिक भी हो सकता है। मान लीजिए, किसी देश में पर्याप्त मात्रा में भूमि उपलब्ध है, किन्तु कृषकों में भूमि के लिए माँग कम है अथवा उनमें प्रतियोगिता का अभाव है, ऐसी स्थिति में ठेका लगान 'आर्थिक लगान' से कम होगा। इसके विपरीत , यदि भूमि की कमी है, वैकल्पिक कार्यों के अभाव में कृषक भूमि पर पूर्णतया निर्भर है और इस प्रकार भूमि के लिए उनकी माँग बेलोचदार है तो ऐसी स्थिति में भूमि स्वामी कृषकों को ठेके का लगान 'आर्थिक लगान' की अपेक्षा अधिक निर्धारित करने में समर्थ होगा। अन्य शब्दों में, भू-स्वामी एकाधिकारी की भांति भूमि का अधिक मूल्य प्राप्त कर कृषकों का शोषण करने में सफल हो जायेगा। इस स्थिति को अर्थशास्त्र में 'लगाल खोरी' अथवा अत्यधिक लगान कहते है।

इसके विपरित यदि किसी देश में भू-स्वामी और कृषकों में पूर्ण व स्वतन्त्र प्रतियोगिता विद्यमान है और भूमि की पूर्ति इसकी माँग के बराबर है तो ठेका या प्रसंविदा लगान आर्थिक लगान के बराबर होता है। अतः स्पष्ट है कि ठेका या प्रसंविदा लगान भूमि की माँग और पूर्ति की सापेक्षिक शक्तियों द्वारा निर्धारित होता है तथा यह आर्थिक लगान के बराबर कम या अधिक हो सकता है।

आभास लगान
(Quasi Rent)

'आभास लगान' का विचार प्रो. मार्शल ने प्रस्तुत किया है। उन्होंने रिकार्डों की भांति यह माना है कि लगान केवल भूमि को प्राप्त होता है, अर्थात् लगान का सम्बन्ध भूमि से होता है और भूमि का विशेष गुण है सीमितता (Scarcity) । भूमि की पूर्ति इसकी माँग और मूल्य में वृद्धि होने पर भी सदैव (चाहे अल्पकाल हो या दीर्घकाल) स्थिर रहती है। किन्तु मार्शल के अनुसार कुछ पूँजीगत वस्तुएँ भी अल्पकाल में सीमित हो सकती है, अर्थात् सीमितता के गुण को प्राप्त कर सकती है। दीर्घकाल में उनकी पूर्ति को पूरी तरह पर माँग के अनुसार समायोजित किया अर्थात् घटाया या बढ़ाया जा सकता है। अतः पूँजीगत वस्तुएँ अल्पकाल में भूमि की तरह कुछ अतिरिक्त या आधिक्य आय प्राप्त कर लेती है। ये अल्पकालीन आयें लगान की भांति है। इनके लिए प्रो. मार्शल ने 'आभास लगान' शब्द का प्रयोग किया है, क्योंकि ये पूर्णतया 'लगान' नहीं कही जा सकती, क्योंकि वे दीर्घकाल में समाप्त हो जाती है अर्थात् केवल अल्पकाल में ही प्राप्त होती है।

मार्शल के अनुसार, "मशीन एवं मानव द्वारा निर्मित उत्पत्ति के अन्य साधनों से जो आय प्राप्त होती है उसे ही आभास लगान कहते हैं।'

मजदूरी, ब्याज तथा लाभ में लगान तत्व
(Rent Element in Wages, Interest and Profit)

आधुनिक अर्थशास्त्रियों के हाथ में लगान सिद्धान्त एक सामान्य सिद्धान्त बन जाता है। दूसरे शब्दों में, लगान केवल भूमि को ही प्राप्त नहीं होता बल्कि उत्पत्ति के अन्य साधन भी लगान अर्जित कर सकते है। एक साधन को वर्तमान प्रयोग में बनाये रखने के लिए एक न्यूनतम भुगतान देना होगा जिसे आधुनिक अर्थशास्त्री साधन का न्यूनतम पूर्ति मूल्य या उसकी

अवसर लागत कहते है। इस न्यूनतम पूर्ति मूल्य या अवसर लागत के ऊपर आधिक्य लगान होता है और इस दृष्टि से प्रत्येक साधन की आय में लगान तत्व को ज्ञात किया जा सकता है।

1. मजदूरी में लगान तत्व

किसी देश (जैसा अमेरिका) में श्रमिकों की अपेक्षाकृत कमी, मजदूरों को उस दर से पर्याप्त ऊँची दर देती है जिस पर कि श्रमिक अब भी कार्य करने को तत्पर होंगे; दूसरे शब्दों में श्रमिकों को उनके न्यूनतम पूर्ति मूल्य अर्थात् अवसर लागत से अधिक प्राप्त होता है और उनकी मजदूरी में यह आधिक्य ही लगान है। इसका कारण है कि श्रमिक की पूर्ति बेलोचदार है अथवा श्रमिकों की पूर्ति पूर्णतया लोचदार नहीं है।

प्रबन्ध सम्बन्धी श्रम या उच्च कोटि के कुशल श्रमिकों के वेतन या मजदूरी में भी लगान तत्व होता है। एक कुशल मैनेजर को वर्तमान व्यवसाय में 10,000 रू. प्रति माह मिलते है जबकि किसी दूसरे व्यवसाय में उसको 8,000 रू. प्राप्त हो सकते है, इस वर्तमान व्यवसाय से उसे अपनी अवसर लागत के ऊपर 2,000 रू. अधिक प्राप्त होते है। और यह आधिक्य उसके वर्तमान वेतन 10,000 रू. में लगान तत्व है। इसी प्रकार एक कुशल हॉकी के खिलाड़ी को हॉकी खेलने से 6,000 रू. प्रति माह प्राप्त होते है जबकि किसी दूसरे कार्य में उसको केवल 1,000 रू. मिल सकते है। अतः 2,000 रू. का आधिक्य उस खिलाड़ी की मजदूरी में लगान तत्व है। अतः *सेम्यूलसन* के शब्दों में, ''अत्यधिक कुशल व्यक्तियों की ऊँचि आयों में से अधिकांश को शुद्ध आर्थिक लगान कहा जाता है।''

2. ब्याज में लगान तत्व

बचतकर्त्ता जो कि अपनी बचतों को प्रत्यक्ष रूप से या बैंकिंग प्रणाली द्वारा अप्रत्यक्ष रूप से दूसरे को उधार देते है वे एक ब्याज की दर प्राप्त करते है जो किअधिकांशतः रूप से बचतों की कमी की सूचक होती है। ब्याज का वह आधिक्य, जोकि उस ब्याज दर से अधिक है जिस पर एक बचतकर्त्ता अपनी बचतों को उधार देने के लिए ठीक तत्पर होता है, वास्तव में आर्थिक लगान है। यह इस कारण उत्पन्न होता है क्यों कि बचतों की पूर्ति ब्याज दर के उत्तर में अपेक्षाकृत बेलोचदार होती है।

सरल शब्दों में, एक न्यूनतम ब्याज दर (माना 4 प्रतिशत) पर एक बचतकर्ता अपनी बचत को उधार देने को तत्पर है, परन्तु बाजार में उसे इस न्यूनतम ब्याज दर से अधिक ब्याज दर (माना 5 प्रतिशत) प्राप्त होती है तो ब्याज दर का आधिक्य (अर्थात् 1 प्रतिशत) लगान तत्व होगा।

3. लाभ में लगान तत्व

कुछ साहसियों की संगठन तथा सौदा करने की योग्यता अन्य साहसियों से बहुत अधिक होती है और परिणामस्वरूप ये अधिक योग्य साहसी, अन्य साहसियों की तुलना में, 'अधिक अतिरिक्त लाभ' प्राप्त करते हैं जोकि लगान कहा जा सकता है। कभी कभी इसे 'योग्यता का लगान' भी कहा जाता है।

मजदूरी से आशय
(Concept)

आय प्राप्त करने के उद्धेश्य से किये गये शारीरीक तथा मानसिक अथवा दोनों प्रकार के कार्यो को श्रम कहते है। इस प्रकार से श्रम के बदले में श्रमिक को जो धन प्राप्त होता है, मजदूरी कहलताी है। यद्यपि, वह मजदूरी कार्य के अनुसार, समय के अनुसार मुद्रा में या वस्तुओं में भी हो सकती है, परन्तु अर्थशास्त्र में मजदूरी का तात्पर्य साधारणतया मौद्रिक मजदूरी से ही होता है। मजदूरी प्रति घंटा, प्रतिदिन, प्रति सप्ताह, प्रतिमाह तथा वार्षिक भी दी जा सकती है। कभी-कभी कार्य के अनुरूप ठेका देकर भी मजदूरों को मजदूरी दी जाती है।

बाजार में श्रमिक की मजदूरी को कई नामों से जाना जाता है जैसे मजदूरी, वेतन, तनख्वाह, कमीशन, फीस आदि। ये सब श्रमिकों को श्रम हेतु दिये जाते हैं। मजदूरी तथा वेतन में भी अन्तर देखा गया है । पढे लिखे बाबू को कार्यो के बदले दिए जाने वाले पारिश्रमिक को वेतन कहते है तथा कारखाने में कार्य करने वाले के मजदूरों को मिलने वाले पारिश्रमिक को मजदूरी कहना अधिक पसन्द करते हैं। परन्तु दोनों प्रकार के श्रम में भेद करना व्यर्थ है। श्रम किसी भी प्रकार का हो वह तो एक ही श्रेणी में आता है। श्रम शारीरीक हो या मानसिक, कुशल हो या अकुशल, उत्पादक हो या अनुत्पादक अपने श्रम के बदले में जो धन पाता है, अर्थशास्त्र में उसे मजदूरी ही कहा जाता है। डॉक्टर, वकील, जज, शिक्षक, प्रोफेसन आदि जैसे स्वतंत्र रूप से कार्य करने वाले व्यक्ति या मालिक की इच्छा अनुसार कार्य करने वाले सभी श्रमिक 'श्रमिक जाति' में ही आते हैं तथा अपने परिश्रम के बदले में मजदूरी पाते है।

(अ) संकुचित दृष्टिकोण

मजदूरी की संकुचित दृष्टिकोण से दी गयी परिभाषाओं के लेखकों में *प्रो. बेन्हम* तथा **प्रो. जीड** का नाम सर्वोपरि है।

प्रो. बेन्हम के अनुसार, "मजदूरी मुद्रा के रूप में दिया गया ऐसा भुगतान है जो एक स्वामी अपने सेवक को अनुबन्ध के अनुसार उसकी सेवाओं के बदले में देता है।"

प्रो. जीड के अनुसार, "एक श्रमिक को अपने श्रम के बदले में जो धन प्राप्त होता है, उसे मजदूरी कहते है।"

(ब) व्यापक दृष्टिकोण

मजदूरी की व्यापक दृष्टिकोण से दी गयी परिभाषाएँ निम्नानुसार है-

प्रो. सेलिगमेन के अनुसार, "श्रम को वेतन मजदूरी है।"

प्रो. मार्शल के अनुसार, "श्रम की सेवा के लिए दिया गया मूल्य ही मजदूरी है।"

प्रो. स्ट्रेटोफ के अनुसार, "मजदूरी उस श्रम का प्रतिफल है जो कि उपयोगिता का सृजन करता है।"

(स) उचित परिभाषा

"शारीरीक तथा मानसिक कार्य करने वाले सभी प्रकार के मनुष्यों को अपने श्रम के बदले में राष्ट्रीय आय का जो भाग मुद्रा में या वस्तुओं में मिलता है, वही मजदूरी है।"

मजदूरी समय के आधार पर या कार्य के आधार पर एक मुश्त या किश्तों में भी दी जा सकती है।

नकद मजदूरी
(Cash Wages)

जब किसी श्रमिक को उसके श्रम के बदले में मुद्रा के रूप में पारिश्रमिक दिया जाता है तो उसे नकद (मौद्रिक या नाममात्र) मजदूरी कहा जाता है।

प्रो. बेन्हम के अनुसार, "नकद मजदूरी मुद्रा की वह राशि है जो सेवायोजक द्वारा एक समझौते के अन्तर्गत श्रमिक को उसकी सेवा के बदले में जी जाती है।"

सैलिगमेन के अनुसार, "नकद या मौद्रिक मजदूरी द्रव्य के रूप में दी गई मजदूरी है।"

टरनर के अनुसार, " नकद मजदूरी वेतन के रूप में उस मूल्य की ओर संकेत करती है जो मजदूरी कमाने वाला प्राप्त करता है।"

उचित परिभाषा "नकद भूमि वह मजदूरी है जो कि श्रमिक को उसके श्रम के लिए द्रव्य के रूप में दी जाती है।"

एक मजदूर नकद मजदूरी को इसलिए स्वीकार करता है क्योंकि वह उसके माध्यम से अपनी विभिन्न आवश्यकताओं की पूर्ति कर सकता है। अत: मजदूर नकद मजदूरी को स्वीकारते समय यह अनुमान लगाता है कि क्या वह उसके माध्यम से अपनी आवश्यकताओं की पूर्ति कर पाएगा। आजकल अधिकाश: शारीरीक व मानसिक श्रम करने वाले मनुष्यों को मासिक नकद मजदूरी ही प्रदान की जाती है। उदाहरण के लिए आपके अध्यापक को प्रतिमाह 5,000 रूपये प्राप्त होते है, यह 5,000 रुपये आपके अध्यापक की नक्द मजदूरी है।

असल (वास्तविक) मजदूरी
(Real Wages)

असल मजदूरी की विभिन्न अर्थशास्त्रियों द्वारा दी गई विभिन्न परिभाषाओं का अध्ययन करने के पश्चात् ही हम उसे भली प्रकार समझ सकते है-

सैलिगमैन के अनुसार, "वांस्वविक मजदूरी में वे वास्तविक वस्तुएँ सम्मिलित होती है जिन्हें नकद मजदूरी क्रय कर सकती है।"

मार्शल के अनुसार, "वास्तविक मजदूरी में केव्ल उन सुविधाओं तथा आवश्यक वस्तुओं को ही शामिल नहीं किया जाता है जो कि सेवाायोजकों के द्वारा प्रत्यक्ष रूप से श्रम के बदले में दी जाती है, बल्कि उन लाभों को भी शामिल किया जाता है, जो व्यवसाय विशेष से सम्बन्धित होते है और जिसके लिए उसे कोई विशेष व्यय नहीं करना होता है।"

एडम स्मिथ के अनुसार, ''वास्तविक मजदूरी वह कही जा सकती है कि जो आवश्यक आवश्यकताओं तथा आराम की मात्रा का निर्माण करती है तथा जो श्रम के बदले में दी जाती है।''

सरल परिभाषा ''एक मजदूर को नकद मुद्रा के रूप में प्राप्त होने वाली मजदूरी के साथ साथ वे समस्त अतिरिक्त सूविधाएँ जो कि उसे प्राप्त होती है, के योग को ही असल मजदूरी कहा जाता है।

सूत्र - असल मजदूरी = नकद मजदूरी + अन्य सुविधाएँ (घर + कार+चिकित्सा + स्कूल आदि)

असल मजदूरी उन सुविधाओं, लाभों तथा अधिकारों को सूचित करती है जिनहें कोई श्रमिक नकद मजदूरी द्वारा प्राप्त होता है। नकद मजदूरी से किसी श्रमिक के जीवन स्तर या उपभोग स्तर का ठीक ठीक ज्ञान नहीं करता है। श्रमिक के जीवन स्तर का ठीक ठाक पता वास्तविक मजदूरी से ही चलता है। अब हम उक्त कथनों को स्पष्ट करने का प्रयास करेंगे। जयपुर के जे. के. वस्त्र उद्योग में रामलाल एक क्लर्क का कार्य करता है। उसे प्रतिमाह 1500 रू. वेतन (मजदूरी) प्राप्त होती है। ये 1500 रूपये उसकी नकद मजदूरी है। गोपाल को नकद मजदूरी के साथ ही कई प्रकार की अन्य सुविधाएँ भी प्राप्त होती है, जैसे- मुफ्त रहने का मकान, नि:शुल्क स्वास्थ्य सुविधाएँ, बच्चों के लिए नि: शुल्क शिक्षा सुविधा, सस्ता अनाज, कपड़ा, भविष्य निधि की सुविधा आदि। बाद वाली सभी सुविधाएँ तथा 1500 रू. नकद मजदूरी की क्रय शक्ति मिलकर उसकी वास्तविक मजदूरी बनती है। उद्योग के इस कर्मचारी की आर्थिक स्थिति जानने में तथा जीवन स्तर समझने में नकद मजदूरी की अपेक्षा वास्तविक (असल) मजदूरी का विशेष महत्व है।

स्मरण रहे मजदूर को किसी कार्य का आकर्षण उसकी नकद मजदूरी से नहीं, वरन् उसकी वास्तविक मजदूरी से होता है।

असल मजदूरी को प्रभावित करने वाले तत्व
(Factor)

असल (वास्तविक) मजदूरी को निर्धारित करने वाले प्रमुख तत्व निम्नानुसार है-

(1) मुद्रा की क्रय शक्ति - मुद्रा की एक इकाई जितनी वस्तुओं तथा सेवाओं की मात्रा क्रय करती है, वही मुद्रा की क्रय शक्ति है। यदि 5 रूपया 1 किलोगोम गेहुँ क्रय करता है। तो मुद्रा की क्रय शक्ति 200 ग्राम गेंहुँ है। इस प्रकार मुद्रा की क्रय शक्ति वस्तुओं के मूल्य पर निर्भर करती है। वस्तुओं के मूल्य बढ़ने पर मुद्रा की क्रय शक्ति घटती है तथा वस्तुओं के मूल्य कम होने पर मुद्रा की क्रय शक्ति बढ़ती है।

(2) सहायक कार्य - किसी श्रमिक की वास्तविक मजदूरी का पता लगाते. समय यह जानना भी आवश्यक है कि उसे नकद मजदूरी के साथ साथ अन्य क्या लाभ मिल रहे है। प्राध्यापक का पुस्तकें लिखना, ट्यूशन करना, बोर्ड या विश्वविद्यालय की उत्तर पुस्तिकाएँ जाँचना, डॉक्टर के लिए प्रायेवट प्रेक्टिस करना, टाइपिस्ट का घर पर टाईप करना आदि सहायक कार्य है। ये सभी प्रकार की सुविधाएँ वास्तविक मजदूरी में वृद्धि करती है।

(3) अतिरिक्त सुविधाएँ – अनेक व्यवसायों में श्रमिकों को नकद मजदूरी के अलावा अन्य सुविधाएँ जैसे– मुफ्त आवास, चिकित्सा, वेतन सहित अवकाश, मुफ्त यात्रा आदि दी जाती है। ऐसा होने पर श्रमिकों की वास्तविक मजदूरी अधिक होगी।

(4) कार्य की प्रकृति – कार्य कई प्रकार के होते है। कुछ कार्य खतरनाक प्रकृति के होते हैं तो कुछ कार्य आरामदायक कुछ कार्य तथा गन्दे होते है तो कुछ अच्छे। रेल ड्राइवर का कार्य तथा हवाई जहाज के पायलट का कार्य कठिन कार्य है। इसी प्रकार फर्राश, चमार आदि के कार्य गंदे है। जहाँ कार्य गन्दे , खतरनाक तथा कष्टप्रद होते है, वहाँ वास्तविक मजदूरी कम होती है। यदि कार्य रूचिकर तथा सुखदायक है तो इस प्रकार के कार्य करने में वास्तविक मजदूरी अधिक होती है।

(5) कार्य सीखने का समय तथा व्यय– डॉक्टर तथा इंजीनियर का कार्य सीखने में विशेष समय लगता है तथा खर्च भी अधिक होता है। जबकि प्रोफेसर तथा जज का कार्य सीखने (पढने) में डॉक्टर तथा इंजीनियर की अपेक्षा थोड़ा कम समय लगता है। ऐसे कार्य में वास्तविक मजदूरी उन कार्यो की अपेक्षा कम होती है जिन्हें सीखने में अधिक समय तथा अधिक धन खर्च होता है। एक डॉक्टर की अपेक्षा कॉलेज के प्रोफेसर की वास्तविक मजदूरी अधिक होगी क्योंकि प्रोफेसर की अपेक्षा डॉक्टर को अधिक धन तथा अधिक समय खर्च करना पड़ता है।

(6) भविष्य में उन्नति की आशा – जिन जिन व्यवसायों में श्रमिक के लिये उन्नति के अवसर अधिक होते है, वहाँ वास्तविक मजदूरी अधिक होती है, जबकि अन्य व्यावसायों में जहाँ उन्नति अवसर कम है, वास्तविक मजदूरी कम होती है।

उदाहरण – सुभाष शासकीय महाविद्यालय में प्रोफेसर नियुक्त होता है तथा गोपाल प्रोयवेट महाविद्यालय में प्रोफेसर का कार्य करता है। दोनों के वेतन समान है। फिर भी सुभाष के लिए उन्नति के अवसर अधिक है, वह अपने सेवाकाल में शिक्षा निदेशक के पद तक पहुँच सकता है। जबकि गोपाल अधिक से अधिक तथा भाग्य साथ दे तो उस कॉलेज के प्राचार्य के पद तक ही पहुँच सकता है।

इस प्रकार गोपाल की अपेक्षा सुभाष के लिए उन्नति के अवसर अधिक है, अतः उसकी वास्तविक मजदूरी भी अधिक है।

(7) कार्य का स्थायित्व – यदि कार्य स्थायी प्रकार का है तथा वर्षभर कार्य निरन्तर चालू रहने की स्थिति में है तो वहाँ वास्तविक मजदूरी अधिक होती है। इसके विपरीत यदि कार्य वर्ष में कुछ ही माह चालू रहता है तो वहाँ वास्तविक मजदूरी कम होती है।

उदाहरण – राम सूती वस्त्र उद्योग में कार्य करता है तथा गोपाल चीनी उद्योग में चूंकि सूती वस्त्र उद्योग वर्षभर संचालित रहता है तथा चीनी उद्योग वर्ष में 6 माह । इस स्थिति में राम की वास्तविक मजदूरी गोपाल की अपेक्षा अधिक होगी। चाहे दोनों का वेतन समान हो।

(8) परिवार के अन्य सदस्यों को कार्य मिलने की सुविधा – कुछ विशेष प्रकार के कार्य ऐसे होते है, जहाँ श्रमिक की स्त्री तथा बच्चे को भी कार्य मिल जाता है। कृषि कार्य, राहत कार्य, मजदूरी (मकान बनाने का कार्य) आदि ऐसे है जहाँ श्रमिक तथा उसका परिवार सरलता से कार्य कर सकता है। अतः इस प्रकार के व्यवसाय में कार्यरत श्रमिकों की वास्तविक मजदूरी अधिक होती है।

(9) आराम का समय तथा अवकाश – कुछ कार्य ऐसे होते है जहाँ कार्य कम तथा आराम एवं अवकाश अधिक मिलता है। इस प्रकार के व्यवसाय में लगे भाग्यशाली लोगों की वास्तविक मजदूरी अधिक होती है। अध्यापन कार्य करने वाले शिक्षकों को आराम तथा अवकाश अधिक मिलता है। अतः क्लर्क, डॉक्टर, वकील, मंत्री आदि की अपेक्षा अध्यापकों की वास्तविक मजदूरी अधिक होती है।

(10) सामाजिक सम्मान – डॉक्टर, प्रोफ़ेसर, अध्यापक, जज, वकील, मंत्री आदि कार्य समाज में अधिक प्रतिष्ठा रखता है। अतः इन व्यवसायों में कार्यरत लोगों की वास्तविक मजदूरी अधिक होती है। इसके विपरीत जिन कार्यो में सामाजिक प्रतिष्ठा कम है , जैसे – मेहतर, जमादार, कसाई , नाली साफ करने वाला, आदि व्यक्तियों की वास्तविक मजदूरी प्रायः कम होती है।

''वास्तव में कोई भी कार्य अच्छा या बुरा नहीं होता। कार्य, कार्य है अतः समाज में सभी कार्यो को सम्मान महत्त्व मिलना चाहिए।

(11) व्यवसाय के व्यय – कुछ व्यवसाय ऐसे है कि उनमें कार्य करने वालों को अपने व्यवसाय को ठीक से चलाने के लिए कुछ व्यय करने होते है। जैसे –वकील के लिए कानून की पुस्तकें रखना, डाक्टर के लिए औजार रखना आदि। अतः व्यवसाय के व्यय घटाकर उस व्यवसाय की वास्तविक मजदूरी ज्ञात करनी चाहिए।

(12) मैद्रिक मजदूरी की मात्रा – अन्य बातों के सामान्य रहने पर श्रमिक की मौद्रीक मजदूरी जितनी अधिक होगी, उसकी वास्तविक मजदूरी भी उतनी ही अधिक होगी।

(13) अतिरिक्त आय के बिना अतिरिक्त कार्य – यदि किसी श्रमिक को नियत समय के अतिरिक्त अधिक काम मुफ्त करना पड़ता है तो उसकी वास्तविक मजदूरी कम होगी। चपरासियों को नियम अवधि का वेतन मिलता है, जबकि उन्हें कई बार ऑफिस में कई घण्टों तक रूकना पड़ता है। इसके अतिरिक्त समय का उन्हें कोई पारिश्रमिक नहीं मिलता, अतः उनकी वास्तविक मजदूरी कम होती है।

(14) कार्य की दशाएँ – किसी श्रमिक की वास्तविक मजदूरी ज्ञात करते समय यह देखना आवश्यक है कि उसकी कार्य की दशाएँ कैसी है? यदि किसी व्यवसाय में कार्य के घण्टे कम, मालिक का सद्व्यवहार, कारखाने का वातावरण स्वस्थ तथा खतरनाक मशीनों से सुरक्षा है, तो ऐसे व्यवसायों में कार्यरत श्रमिकों की नकद मजदूरी कम होने पर भी उसकी वास्तविक मजदूरी अधिक होगी।

(15) सामान्य मूल्य स्तर – वास्तविक मजदूरी देश के सामान्य मूल्य स्तर पर भी निर्भर करती है। जब देश में मुद्रा प्रसार होता है तो मूल्यों के बढ़ने से वास्तविक मजदूरी कम हो जाती है। यदि देश में मुद्रा संकुचन हो तो वस्तुओं का मूल्य गिरने से वास्तविक मजदूरी बढ़ जाती है।

नकद मजदूरी व असल मजदूरी में अन्तर

अन्तर का आधार	नकद मजदूरी	असल मजदूरी
1. क्षेत्र	नकद मजदूरी का क्षेत्र संकुचित होता है।	असल मजदूरी का क्षेत्र विस्तृत होता है। नकद मजदूरी असल मजदूरी में शामिल होती है।
2. पारिश्रमिक	नकद मजदूरी के अन्तर्गत श्रमिक को उनका पारिश्रमिक नकद प्राप्त होता है।	असल मजदूरी के अन्तर्गत श्रमिक को उनका पारिश्रमिक नकद तो मिलता ही है साथ ही उसे सेवाएँ व सुविधाएँ भी प्राप्त होती है, जैसे – मुफ्त मकान, कार आदि।
3. अवधि	नकद मजदूरी एक निश्चित समय पर ही प्राप्त होती है।	असल मजदूरी के लिए समय का कोई प्रतिबन्ध नहीं रहता है।
4. आर्थिक स्थिति का ज्ञान	नकद मजदूरी से मजदूरी की सही आर्थिक स्थिति ज्ञात नहीं हो सकता है।	असल मजदूरी से मजदूर की सही आर्थिक स्थिति ज्ञात की जा सकती है।
5. मजदूरी दर में तुलना	दो अलग–अलग स्थानों पर नकद मजदूरी की दरें अलग अलग हो सकती है किन्तु जहाँ तक क्रय शक्ति ज्ञान न हो मजदूरी की दर की तुलना करना कठिन है।	असल मजदूरी का निर्धारण क्रय शक्ति के आधार पर ही होता है अत: असल मजदूरी के माध्यम से मजदूरी की दरों में तुलना आसानी से की जा सकती है।
6. प्रभाव	नकद मजदूरी केवल मुद्रा से प्रभावित होती है।	असल मजदूरी मुद्रा, मुद्रा की क्रय शक्ति तथा अन्य सुविधाओं से भी प्रभावित होती है।
7. मूल्यांकन	नकद मजदूरी से श्रम का मूल्यांकन नहीं किया जा सकता है, क्योंकि कई बार नकद मजदूरी अधिक होते हुए भी असल मजदूरी से कम हो सकती है, क्योंकि प्राप्त सुविधाओं के मूल्यों का योग अधिक हो सकता है।	असल मजदूरी से श्रम का मूल्यांकन किया जा सकता है। क्योंकि इसमें श्रमिक को प्राप्त नकद मजदूरी के साथ उसे प्राप्त अन्य सुविधाओं को भी जोड़ा जाता है तथा इनका योग ही श्रम का पारिश्रमिक होता है।

ब्याज
(Interest)

उत्पादक (अथवा ऋणी) उत्पन्न हुई सम्पत्ति का कुछ भाग पूँजीपति को उसकी पूँजी के उपयोग के बदले में देता है, क्योंकि पूँजीपति को पूँजी बचाने में कुछ त्याग करना पड़ता है। इस सम्बन्ध में **हैनरी क्ले** का यह कथन सर्वथा उपयुक्त है कि "पूँजी के उपयोग पर ब्याज इसलिए दिया जाता है कि पूँजी उत्पादक है और इसका स्वामी इसकी सहायता से अधिक उत्पत्ति प्राप्त कर सकता है और इस उत्पत्ति में से ब्याज दिया जाता है।"[1] ब्याज के सम्बन्ध में निम्नलिखित बातों का उल्लेख करना आवश्यक है—

1. प्रतिशत रूप में व्यक्त (Expressed in the Form of Percentage)—ब्याज सदैव ऋण ली गई रकम के प्रतिशत के रूप में व्यक्त किया जाता है और प्रायः सन्दर्भ-समय एक वर्ष होता है। ब्याज को प्रतिशत के रूप में व्यक्त किये जाने का लाभ यह है कि विभिन्न ब्याज दरों में तुलना करना सरल हो जाता है।

2. ब्याज की सीमा (Limit of Interest)—व्यापारी लोग मौद्रिक पूँजी इसलिए प्राप्त करते हैं, क्योंकि इससे वे पूँजीगत वस्तुएँ प्राप्त कर सकते हैं। ये पूँजीगत वस्तुएँ उत्पादन में सहयोग देती हैं। अतः मौद्रिक पूँजी प्राप्त करना अन्ततः पूँजीगत वस्तुएँ उत्पादन में सहयोग देती हैं। अतः मौद्रिक पूँजी प्राप्त करना अन्ततः पूँजीगत वस्तुएँ प्राप्त करने के बराबर है। इन्हीं पूँजीगत वस्तुओं की सीमान्त आय उत्पादकता ही ब्याज दर की ऊपरी सीमा निश्चित करती है।

3. विभिन्न दरें (Different Rates)—व्यवहार में अनेक ब्याज दरें पायी जाती हैं। बैंकों से ऋण लेने पर ब्याज दर कुछ होती हैं तो किसी व्यक्ति से उधार लेने पर कुछ और कम हो जाती हैं। बैंक भी विभिन्न श्रेणी के ऋणियों से विभिन्न ब्याज दरें लेता है।

ब्याज की परिभाषा
(Definitions of Interest)

विभिन्न अर्थशास्त्रियों ने 'ब्याज' की परिभाषा भिन्न-भिन्न प्रकार से प्रस्तुत की है। इनमें से कुछ परिभाषायें निम्न प्रकार हैं—

कार्वर के अनुसार, "ब्याज वह है जो पूँजी के स्वामी को प्राप्त होता है।"[2]

मार्शल के अनुसार, "ब्याज किसी बाजार में पूँजी के प्रयोग का मूल्य है।"[3]

जे. एम. किन्स के अनुसार, "ब्याज एक निश्चित अवधि के लिए तरलता के परित्याग का पुरस्कार है।"[4]

---

1. "Henry Clay has said, "Interest is paid on the use of capital because the capital is productive enables its owner to produce more than he could without it and, it is paid out of his additional product."
2. "Interest may be defined as the income which goes to the owner capital." —*Carver*
3. "Interest is the value of capital used in a market." —*Marshall*
4. Interest is a reward for parting with liquidity for specific period." —*J. M. Keynes*

ब्याज की उपर्युक्त वर्णित परिभाषाओं के निष्कर्ष स्वरूप यह कहा जा सकता है कि "पूँजी की सेवा तथा उत्पादन शक्ति के उपयोग के बदले में, उधार लेने वाला जो धन पूँजीपति को उसके आत्म-त्याग व संयम के बदले में देता है, उसी को अर्थशास्त्र में ब्याज कहते हैं।"[5]

कुल ब्याज एवं शुद्ध ब्याज

(Gross Interest and Pure Interest)

ब्याज दरों की सम्पूर्ण संरचना की व्याख्या करने में जिन कठिनाइयों का सामना करना पड़ता है, उनसे समाधान के उद्देश्य से अर्थशास्त्री कुल ब्याज (Gross Interest) तथा शुद्ध ब्याज (Net Interest or Pure Interest) में अन्तर करते हैं और केवल शुद्ध ब्याज की व्याख्या करते हैं।

कुल ब्याज (Gross Interest)—कुल ब्याज के अन्तर्गत मौद्रिक पूँजी के प्रयोग के बदले किए जाने वाले भुगतान के अतिरिक्त निम्नलिखित तत्त्व भी सम्मिलित होते हैं—

(i) **जोखिम का भुगतान** (Payment of Risk)—ऋण के अदायगी के सम्बन्ध में जोखिम का तत्त्व विद्यमान रहता है। इसलिए ऋणदाता इस जोखिम की पूर्ति करने के लिए भी कुछ वसूल करता है।

(ii) **प्रशासनिक व्यय** (Administrative Expenses)—ऋण देने में ऋणदाता को कुछ प्रशासनिक व्यय भी करना होता है जैसे हिसाब-किताब रखना, वसूली का प्रबन्ध करना आदि। अतः इस खर्च को भी वह ऋणी से प्राप्त करता है।

शुद्ध ब्याज (Gross Interest)—कुल ब्याज के रूप में प्राप्त भुगतान में से यदि जोखिम का भुगतान तथा प्रशासनिक व्यय निकाल दिया जाय तो जो शेष बचता है, वह शुद्ध ब्याज कहा जाता है। यह ब्याज शुद्ध रूप से मौद्रिक पूँजी का एक अवधि में प्रयोग करने के बदले में दिया जाता है। स्पष्ट है कि शुद्ध ब्याज में जोखिम आदि तत्वों का समावेश नहीं होता।

लाभ

(Profit)

उत्पादन के कार्य में मानव एक महत्वपूर्ण भूमिका निभाता है। जिस प्रकार भूस्वामि को लगान, श्रमिक को मजदूरी व पूंजीपति को ब्याज मिलता है उसी प्रकार मानव अथवा उद्यमी का पारिश्रमिक उसका लाभ होता है। उत्पादन के अन्य साधनों का पुरस्कार तो निश्चित एवं पूर्व निर्धारित होता है किन्तु मानव अथवा उद्यमी को मिलने वाला लाभ अनिश्चित होता है। मानव अथवा उद्यमी को मिलने वाला लाभ धनात्मक व ऋणात्मक दोनों हो सकता है।

---

5. Interest may be defined as the payment made by the borrower of capital, by virtue of its productivity, as reward for his abstinence. Mill has defined Interest as "Interest is the remuneration" for more abstinence.

इस प्रकार साधारण शब्दों में यह कहा जा सकता है कि लाभ राष्ट्रीय आय का वह भाग है जो मानव अथवा उद्यमी को उत्पादन के साधन के रूप में उसके कार्यों के प्रतिफल अथवा पुरस्कार स्वरूप प्राप्त होता है।

मार्शल के अनुसार "लाभ प्रबन्ध की कमाई है।"

नाइट के अनुसार, "लाभ अनिश्चितताओं के वहन करने का पुरस्कार है।"

दांते के शब्दों में, "लाभ जोखिम उठाने का पुरस्कार है।"

लेफ्टविच के मतानुसार, "आर्थिक लाभ फर्म द्वारा व्यय की गई समस्त लागतों के ऊपर कुल प्राप्तियों का शुद्ध अवशेष या आधिक्य है।"

वाकट के शब्दों में, "लाभ मानव अथवा उद्यमी की योग्यता का लगान है।"

शुम्पीटर के मतानुसार, "लाभ नव प्रवर्तनों का प्रतिफल है।"

हेनरी ग्रेशन ने सभी परिभाषाओं के मतों का समन्वय करते हुए लाभ की निम्न परिभाषा दी है –

"लाभ को नवप्रवर्तन का पुरस्कार, जोखिम तथा अनिश्चितताओं के उठाने का प्रतिफल अथवा बाजार में अपूर्णताओं के परिणाम के रूप में समझा जा सकता है। स्पष्ट है कि कोई भी एक दशा तीनों दशाओं का कोई भी मिश्रण आर्थिक लाभ को उत्पनन कर,सकता है।"

कार्ल मार्क्स ने जो मजदूरों को अधिक मजदूरी देने के पक्ष में थे। अतः उन्होंने लाभ को वैध डाका (Razalima Robbary) कहा है।

इस प्रकार लाभ की परिभाषा सभी अर्थशास्त्रियों द्वारा अलग-अलग की गई है। नाइट ने तो कहा भी है कि सम्भवतः आर्थिक विश्लेषण में लाभ के अतिरिक्त कोई ऐसा शब्द नहीं है जिसे इतने विभिन्न अर्थों में प्रयोग किया गया है। किन्तु फिर भी निष्कर्ष के रूप में कहा जा सकता है कि लाभ उद्यमी को मिलने वाला पूरा फल हे।

लाभ की प्रकृति एवं विशेषताएँ

विभिन्न अर्थशास्त्रियों द्वारा दी गई लाभ की विभिन्न परिभाषाओं के आधार पर लाभ की निम्न विशेषताएँ कहीं जा सकती हैं –

1. लाभ एक अवशेष आय – लाभ उत्पादन को प्राप्त होने वाले आगम का अवशेष भाग है। उत्पादन के विभिन्न साधनों को चुकाने के बाद जो शेष भाग बचता है वही लाभ है। यही शेष भाग उद्यमी को मिलता है।

2. लाभ अनिश्चित एवं अनिर्धारिणीय होता है – उद्यमी जो उत्पादन के विभिन्न साधन जुटाता है वे पूर्व निर्धारित होते है किन्तु उद्यमी को मिलन वाला लाभ अनिश्चित व अनिर्धारणीय होता है। दूसरे शब्दों में लाभ में अनिश्चितता का तत्व सर्वाधिक होता है।

3. लाभ ऋणात्मक भी हो सकता है – उत्पादन के अन्य साधनों जैसे भूमि, आय, पूँजी, प्रबन्ध आदि को मिलने वाला पारिश्रमिक सदैव धनात्मक होता है। वहाँ उद्यमी

को मिलने वाला पारिश्रमिक ऋणात्मक भी हो सकता है। जब उद्यमी को लाभ होता है तब इसे धनात्मक लाभ व हानि होने पर इसे ऋणात्मक लाभ कहा जाता है।

4. जोखिम व लाभ में प्रत्यक्ष सम्बन्ध है – किसी भी व्यवसाय की जोखिम व लाभ में प्रत्यक्ष सम्बन्ध है। उद्यमी जितनी अधिक जोखिम उठाता है उसे उतना ही अधिक लाभ होता है जिस व्यवसाय में जोखिम कम होती है, उसमें लाभ भी कम होता है।

5. लाभ में भारी उतार चढ़ाव हो सकते है – उत्पादन के अन्य साधनों के पारिश्रमिक प्राय: स्थिर रहते है अथवा इनमें यदि उतार चढ़ाव होते भी है तो बहुत कम, किन्तु लाभ में भारी उतार चढ़ाव होते है। तेजी के समय लाभ बहुत बढ़ते हैं किन्तु मन्दी काल में लाभ में कमी होती है। मन्दी काल में उद्यमी को हानि भी उठानी पड़ सकती है।

लाभ सम्बन्धी विभिन्न अवधारणाएँ

लाभ के विभिन्न अर्थों के अनुसार लाभ सम्बन्धी विभिन्न अवधारणाएं हैं। प्रतिस्पर्धा, प्रकृति, गणना आदि के आधार पर लाभ के विभिन्न रूप होते हैं। सामान्य रूप से लाभ के सम्बन्ध में निम्न अवधारणाएं हैं –

1. प्रतिस्पर्धात्मक लाभ एवं एकाधिकारी लाभ

प्रतिस्पर्धात्मक लाभ – इसका तात्पर्य उस लाभ से हैं जो व्यवसायी को पूर्ण प्रतियोगिता में प्राप्त होता है। पूर्ण प्रतियोगिता से सभी फर्मो को प्रतिस्पर्धात्मक लाभ होता है। अत: सभी उद्यमियों के लाभों में समानता की प्रवृत्ति होती है। यदि किसी क्षेत्र में लाभ अधिक होता है तो नया उद्यमी कम लाभ वाला क्षेत्र छोड़कर उसमें प्रवेश करता है अथवा किसी क्षेत्र में यदि कम लाभ हो रहा है तो कुछ उद्यमी उस क्षेत्र को छोड़ जाते हैं। परिणामस्वरूप सभी क्षेत्रों में लाभ बराबर हो जाते हैं। प्रतिस्पर्धात्मक लाभ सामान्य लाभ होते है।

एकाधिकारी लाभ का तात्पर्य एकाधिकारी विक्रेता को मिलने वाले लाभ से है। पूर्ण प्रतियोगिता से तो आदमी को सामान्य लाभ ही मिलता है किन्तु एकाधिकारी को अतिरिक्त लाभ भी मिलता है क्योंकि उसका सुविधा पूर्ण नियन्त्रण होता है।

2. सामान्य एवं असामान्य लाभ

सामान्य लाभ – पूर्ण प्रतियोगिता में प्रतिनिधि अथवा अनुकूलतम फर्म को मिलने वाला लाभ सामान्य लाभ कहलाता है। सामान्य लाभ की अवस्था में मूल्य, सीमान्त लागत, सीमान्त आगम, औसत लागत व औसत आगम सभी बराबर होते हैं। सामान्य लाभ को लागत का ही अंग माना जाता है। जोन रोबिन्स के अनुसार, ''सामान्य लाभ लाभ का वह स्तर है जिस पर व्यवसाय में नयी फर्मों के प्रवेश करने की तथा पुरानी फर्मों के उद्योग से बहिर्गमन की प्रवृत्ति नहीं होती। यह लाभ का वह न्यूनतम स्तर है जो किसी भी उद्यमी को उद्योग से उत्पादन करने के लिए बनाये रखने के लिए केवल पर्याप्त है।''

दीर्घकाल में पूर्ण प्रतियोगिता से सामान्य लाभ ही प्राप्त होते है।

असामान्य लाभ – सामान्य लाभ से अधिक प्राप्त होने वाले लाभ को असामान्य लाभ कहा जाता है। सामान्य लाभ को लागत का ही भाग माना जाता है किन्तु असामान्य लाभ लागत से अलग होता है व व्यापार चक्रों की अवस्था के अनुसार घट बढ़ सकता है। सामान्य लाभ सदैव धनात्मक होता है, किन्तु असामान्य लाभ ऋणात्मक भी हो सकता है।

अन्तर – सामान्य व असामान्य लाभ में निम्न अन्तर हैं –

(अ) सामान्य लाभ ज्ञात जोखिम का पुरस्कार है वहीं असाामन्य लाभ अज्ञात जोखिम का पुरस्कार है।

(ब) सामान्य लाभ लागत का ही एक भाग माना जाता है। असामान्य लाभ लागत से अलग माना जाता है।

(स) सामान्य लाभ सदैव धनात्मक होता है। असामान्य लाभ ऋणात्मक भी हो सकता है।

(द) सामान्य लाभ में स्थिरता की प्रवृत्ति होती है किन्तु असामान्य लाभ तेजी मन्दी के अनुसार बदलता रहता है।

3. सकल लाभ (Gross Profit) **तथा शुद्ध लाभ** (Net Profit)

सकल लाभ से तात्पर्य विक्रय मूल्य में से कुल स्पष्ट लागतें अथवा प्रत्यक्ष लागतें घटाने के बाद बचे हुए अवशेष से है। स्पष्ट लागतों में कच्चे माल की लागत, लगान, वेतन एवं मजदूरी, ब्याज व घिसावट, बीमा व्यय आदि सम्मिलित किए जाते हैं। वित्तीय लेखांकन के अनुसार विक्रय मूल्य में से प्रत्यक्ष लागतें घटाने के पश्चात् बचे हुए अवशेष को सकल लाभ कहा जाता है। प्रत्यक्ष लागतों में कच्चा माल व प्रत्यक्ष लाभ व अन्य प्रत्यक्ष व्ययों को ही सम्मिलित किया जाता है।

शुद्ध लाभ या आर्थिक लाभ कुल आगम में से व्यक्त व अव्यक्त सभी लागतों को घटाने के बाद बचा हुआ अवशेष है। शुद्ध लाभ से तात्पर्य कुल लाभ के उस अंश से लिया जाता है जो उद्यमी को उत्पादन प्रक्रिया में जोखिम उठाने, अनिश्चितता वहन करने व नव प्रवर्तन के प्राणाचार के रूप में होता है। टामस के अनुसार शुद्ध लाभ केवल उद्यमी को जोखिम उठाने का पुरस्कार है। उद्यमी का यह कार्य ऐसा है जो केवल वही कर सकता है।

वित्तीय सकल लाभ की भांति शुद्ध लाभ का अर्थ भी वित्तीय लेखांकन के अनुसार अलग है। वित्तीय लेखांकन के अनुसार शुद्ध लाभ का तात्पर्य कुल आगम में से प्रत्यक्ष व अप्रत्यक्ष लागतें घटाने के बाद बचे हुए अवशेष से हैं।

प्रबन्धकीय निर्णयों के लिए आर्थिक लाभ की धारणा अधिक उपयुक्त है।

4. सम्भावित लाभ व आकस्मिक लाभ

सम्भावित लाभ का तात्पर्य उस लाभ से है जिसकी पहले से ही आशा की गई है। यह सामान्य लाभ होता है।

आकस्मिक लाभ का तात्पर्य अचानक मिलने वाले लाभ से है जिसकी पहले से ही कोई सम्भावना नहीं होती। यह लाभ फर्म के नियन्त्रण से बाहर की शक्तियों से संयोग वश ही मिलता है। युद्ध तेजी, वस्तु के नए प्रयोग आदि के कारण मूल्य अचानक बढ़ने पर उत्पादन को आकस्मिक लाभ मिल जाता है।

5. लाभ की अर्थशास्त्रिय व लेखाशास्त्रिय धारणा

लाभ की अर्थशास्त्र व लेखाशास्त्र के दृष्टिकोण से भी अलग अलग धारणा है।

लाभ की अर्थशास्त्रिय धारणा के अनुसार लाभ वह अवशेष आय है जो कुल आगम में से कुल लागतें घटाने के बाद बचती है। उद्यमी को यही लाभ प्राप्त होता है। इसके बारे में विभिन्न अर्थशास्त्रियों द्वारा अलग अलग विचार प्रकट किए गए हैं। वाकर ने लाभ को उद्यमियों की योग्यता का लगान कहा है। शुम्पीटर ने लाभ को नव प्रवर्तनों का पुरस्कार माना। क्लार्क ने लाभ को प्रावैगिक अर्थव्यवस्था में परिवर्तनों का परिणाम माना है। नाइट ने इसे अनिश्चितताओं को वहन करने का पुरस्कार माना है। मार्शल के अनुसार लाभ प्रबन्ध की कमाई है। कार्ल मार्क्स ने इसे वैध डाका माना है।

विभिन्न अर्थशास्त्रियों द्वारा प्रस्तुत की गई विभिन्न परिभाषाओं के बावजूद भी सभी अर्थशास्त्री इस बात से सहमत है कि उद्यमियों को उत्पादन के साधन के रूप में प्राप्त होने वाला पुरस्कार ही लाभ है।

आर्थिक दृष्टिकोण से लाभ की गणना करने के लिए कुल आगम में से व्यक्त व अव्यक्त सभी लागतें निकाल देनी चाहिए । शेष बचा भाग ही लाभ होता है। आर्थिक दृष्टिकोण से लाभ की गणना निम्न सूत्र से की जा सकती है –

सकल लाभ = कुल आगम – व्यक्त लागतें

शुद्ध लाभ अथवा आर्थिक लाभ = सकल लाभ – अव्यक्त लागतें

अथवा शुद्ध लाभ = कुल आगम – (व्यक्त लागतें अव्यक्त लागतें)

लाभ की लेखाशास्त्रिय धारणा के अनुसार लाभ की गणना की विधि अर्थशास्त्रिय धारणा से कुल अलग है। लेखा पुस्तकों में केवल मौद्रिक रूप से भुगतान की गई लागतों व घिसावट का ही समावेश किया जाता है और कल्पित व अव्यक्त लागतों पर ध्यान नहीं दिया जाता। लाभ की लेखाशास्त्रिय धारणा के अनुसार विक्रय मूल्य में से प्रत्यक्ष व अप्रत्यक्ष लागत घटाने पर लाभ शेष रहता है। गणितीय सूत्र के रूप में इसे निम्न प्रकार प्रकट किया जा सकता हैं –

सकल लाभ = कुल आगम – प्रत्यक्ष लागतें

शुद्ध लाभ = सकल लाभ – अप्रत्यक्ष लागतें

अथवा शुद्ध लाभ = कुल आगम – (प्रत्यक्ष लागतें + अप्रत्यक्ष लागतें)

यहां प्रत्यक्ष लागतों से तात्पर्य कच्चे माल की लागत, प्रत्यक्ष श्रम व अन्य प्रत्यक्ष व्ययों से है। अप्रत्यक्ष लागतों से तात्पर्य अप्रत्यक्ष श्रम व अन्य अप्रत्यक्ष उत्पादन व्यय एवं प्रबन्धकीय व्यय, विज्ञापन, घिसावट व सम्भावित हानियों एवं दायित्वों के लिए प्रावधान से है। कुल आगम कुल प्रत्यक्ष व अप्रत्यक्ष व्यय से अधिक होने पर लाभ व कम होने पर हानि होती है।

लाभ की लेखाशास्त्रिय धारणा के अनुसार अव्यक्त या अन्तर्निहित लागतों को लाभ की गणना के लिए सम्मिलित नहीं किया जाता । इस प्रकार यदि उद्यमी स्वयं का भवन व पूंजी फर्म में लगाता है तो उसकी राशि लेखाशास्त्र में लाभ की गणना के लिए लागत में नहीं जोड़ी जाती। इसी प्रकार यदि फर्म का स्वामी स्वयं फर्म में कोई काम करता है तो उसका पारिश्रमिक भी लाभ की गणना के लिए कुल आगम में से नहीं घटाया जाता। लाभ की अर्थशास्त्रिय धारणा में इन्हें भी लागत में जोड़ा जाता है।

राष्ट्रीय आय विश्लेषण
(National Income Analysis)

राष्ट्रीय आय की अवधारणा एक ऐसी अवधारणा है जिस पर प्राचीन समय से ही विचार होता रहा है। अतः सभी अर्थशास्त्रियों ने विभिन्न समय पर इसकी उजागर परिभाषाएं प्रस्तुत की हैं। इनमें से कुछ प्रमुख अर्थशास्त्रियों की परिभाषाएं निम्न प्रकार हैं –

मार्शल की परिभाषा

मार्शल के अनुसार, ''किसी देश का स्तर एक पूंजी देश के प्राकृतिक साधनों पर क्रियाशील होकर प्रतिवर्ष भौतिक एवं अभौतिक वस्तुओं और सभी प्रकार की सेवाओं का एक निश्चित विशुद्ध योग उत्पन्न करते हैं। **यह किसी देश की वास्तविक विशुद्ध वार्षिक आय,** आगम या राष्ट्रीय लाभाँश है।

उपरोक्त परिभाषा से स्पष्ट है कि मार्शल ने राष्ट्रीय के लिए राष्ट्रीय लाभाँश शब्द का प्रयोग किया है यह वर्ष भर का कुल उत्पादन है। इस परिभाषा के स्पष्टीकरण में मार्शल ने निम्न बातें और बताई हैं :

1. राष्ट्रीय आय की गणना वर्ष के आधार पर की जाती है।
2. कुल उत्पादन में से ह्रास व मशीनों की टूटफूट घटा दी जाती है।
3. विदेशी मांगों से प्राप्त आय इसमें जोड़ दी जानी चाहिए।
4. व्यक्ति को परिवार व मित्रों को बिना मूल्य दी गई सेवाएं इसमें सम्मिलित नहीं की जानी चाहिए।

आलोचनाएं – मार्शल की परिभाषा की निम्न आलोचना की जाती है :

1. वर्तमान समय में अनेक वस्तुओं का उत्पादन किया जाता है। इन उत्पादनों का सांख्यिकीय योग करना कठिन है।
2. अनेक वस्तुएं बाजार में विनिमय के लिए नहीं आती। इनका मूल्य न जोड़ने पर राष्ट्रीय आय की सही गणना नहीं होती।
3. इसमें गणना का दोहरीकरण होने की सम्भावना रहती है। एक तैयार माल अन्य उद्योग का कच्चा माल होता है। अतः इसे दो बार जोड़ा जा सकता है।

उक्त आलोचनाओं के बाद भी कहा जा सकता है कि मार्शल की राष्ट्रीय आय की धारणा सरल व स्पष्ट है।

पीगू की परिभाषा

पीगू के शब्दों में, "राष्ट्रीय लाभांश किसी समुदाय की वास्तविक आय होती है जिसमें विदेशों से प्राप्त आय भी सम्मिलित है, का वह भाग है जिसे मुद्रा के रूप में मापा जा सकता है।"

इस प्रकार पीगू के अनुसार राष्ट्रीय आय में उन्हीं वस्तुओं को सम्मिलित किया जा सकता है जिसका मूल्य मुद्रा में मापा जा सकता है।

आलोचनाएँ – पीगू की परिभाषा, की निम्न आलोचना की जाती है:

1. यह परिभाषा केवल मौद्रिक अर्थ-व्यवस्थाओं में लागू होती है।
2. पीगू की विचार-धारा संकुचित है क्योंकि उन्होंने केवल मुद्रा में मापी जाने वाली वस्तुओं को ही सम्मिलित किया है।

फिशर की परिभाषा

फिशर की परिभाषा उपरोक्त दोनों परिभाषा मार्शल व पीगू से भिन्न है। फिशर के अनुसार, "राष्ट्रीय आय में केवल वे सेवाएँ जो अन्तिम उपभोक्ताओं के उपभोग के लिए प्राप्त होती हैं, चाहे वे भौतिक वातावरण से प्राप्त हुए हो अथवा मानवीय वातावरण से को शामिल किया जाता है।"

फिशर की परिभाषा के अनुसार उत्पादन को राष्ट्रीय आय मान कर उपभोग को माना गया है। अतः राष्ट्रीय आय एक वर्ष का उपभोग है।

आलोचनाएँ – फिशर की परिभाषा की निम्न आलोचना की जाती है :

1. इस परिभाषा के अनुसार राष्ट्रीय आय की गणना कठिन है क्योंकि एक वर्ष में उपभोग में आने वाली वस्तुओं की सूची तैयार करना कठिन है।
2. टिकाऊ वस्तुओं के जीवन काल का सही अनुमान लगाना कठिन होता है अतः यह अनुमान लगाना कठिन होता है कि एक वर्ष की राष्ट्रीय आय में उत्पन्न कितना भाग शामिल किया जाए।
3. टिकाऊ वस्तु का हस्तांतरण भी हो सकता है। अतः उसका मूल्य ज्ञात करना कठिन होता है।
4. इस विधि से राष्ट्रीय आय की गणना करने में अपव्यय अधिक है।

साइमन कुजनेट्स की परिभाषा

साइमन कुजनेट्स के अनुसार, "देश की उत्पादन व्यवस्था से वर्ष भर में प्रवाहित होकर अन्तिम उपभोक्ताओं के हाथों में पहुंचने वाली वस्तुओं तथा सेवाओं अथवा देश की पूंजीगत वस्तुओं में कुल वृद्धि को राष्ट्रीय आय कहते हैं।"

भारत की राष्ट्रीय आय समिति के अनुसार, "राष्ट्रीय आय का अनुमान एक निश्चित समय में वस्तुओं और सेवाओं की बगैर दोहरी गणना किए हुए आय है।"

इन परिभाषाओ में वर्ष में वस्तुओं व सेवाओं के उत्पादन को शामिल किया गया है। इन सभी परिभाषाओं के आधार पर राष्ट्रीय आय के बारे में निम्न महत्वपूर्ण बातें प्रतीत होती हैं:

1. राष्ट्रीय आय का सम्बन्ध किसी राष्ट्र से होता है।
2. राष्ट्रीय आय की गणना में उन सब वस्तुओं व सेवाओं को सम्मिलित किया जाता है जिनका विनिमय मूल्य होता है।
3. राष्ट्रीय आय की गणना में प्रत्येक वस्तु व सेवा का मूल्य एक बार ही शामिल किया जाता है।
4. राष्ट्रीय आय निरन्तर चालू रहने वाली धारणा है किन्तु गणना की दृष्टि से यह प्राय: एक वर्ष की निश्चित अवधि के लिए मापी जाती है।

1. कुशल राष्ट्रीय उत्पादन - राष्ट्रीय आय की गणना मुद्रा में की जाती है। चालू मूल्यों या राष्ट्रीय आय की गणना कर उसके सूचकांक बनाये जाते हैं। राष्ट्रीय आय की गणना करते समय अन्तिम उपभोक्ता वस्तुओं व सेवाओं का मूल्य लिया जाता है अर्थात उत्पादनों की दोहरी गणना से बचा जाता है। हस्तांतरण भुगतानों को इसमें शामिल नहीं किया जाता। इसी प्रकार पूंजीगत सम्पत्तियों के बाजार मूल्य में परिवर्तन के कारण हुये लाभ व हानियों को भी राष्ट्रीय आय में सम्मिलित नहीं किया जाता। अवैध क्रियाओं से प्राप्त आय को भी इसमें शामिल नहीं किया जाता।

राष्ट्रीय आय की गणना का महत्व

राष्ट्रीय आय की गणना का महत्व निम्न प्रकार स्पष्ट किया जा सकता है:

1. आर्थिक नियोजन में सहायक : वर्तमान समय में सभी देशों में नियोजित अर्थ-व्यवस्था अपनाई गई हैं। योजनाओं के निर्माण व मूल्यांकन में राष्ट्रीय आय का बहुत महत्व होता है। योजना में विनियोग व उत्पादन के लक्ष्य राष्ट्रीय आय के आधार पर ही निर्धरित किये जाते है। नियोजन की सफलता का मूल्यांकन भी राष्ट्रीय आय द्वारा किया जा सकता हैं।

2. विकास अर्थशास्त्र के लिये आवश्यक सामग्री - राष्ट्रीय आय का अनुमान विकास अर्थशास्त्र के लिए आवश्यक सामग्री प्रदान करता है। आर्थिक विकास का तात्पर्य प्रति व्यक्ति राष्ट्रीय आय में लम्बी अवधि तक वृद्धि होने से है। अत: विकास का अध्ययन राष्ट्रीय आय का अध्ययन ही है। राष्ट्रीय आय के अनुमान के आधार पर विकास सिद्धान्तों का प्रतिपादन किया गया है।

3. अन्तर्राष्ट्रीय तुलना में सहायक - विभिन्न देशों की राष्ट्रीय आय मापकों से उनके आर्थिक विकास की तुलना की जा सकती है। जहाँ प्रति व्यक्ति आय कम होती है वहां के निवासियों का जीवन स्तर नीचा व अधिक आय के स्थान पर निवासियों का जीवन स्तर ऊंचा होता है। राष्ट्रीय आय में वृद्धि की दरों की तुलना कर विभिन्न देशों के विकास की तुलना की जाती है।

4. अर्थव्यवस्था के विभिन्न समयों के विकास के अध्ययन में सहायक - विभिन्न समय की राष्ट्रीय आय की तुलना कर उन समयों के विकास की तुलना की जा सकती है। विभिन्न समयों में प्रति व्यक्ति आय की प्रवृत्ति भी राष्ट्रीय आय के अध्ययन से मालूम की जा सकती है। यदि राष्ट्रीय आय की तुलना में जनसंख्या अधिक तेजी से बढ़ती है तो प्रति व्यक्ति आय कम हो जाती है। इससे सामाजिक कल्याण में कमी आती है।

5. अर्थव्यवस्था के विभिन्न क्षेत्रों के विकास के अध्ययन में सहायक - विभिन्न क्षेत्रों से प्राप्त आय व उसमें वृद्धि की दर से उनके विकास की तुलना की जा सकती है। देश की अर्थव्यवस्था को अनेक क्षेत्रों में बांटा जा सकता है। जैसे कृषि, उद्योग, परिवहन आदि। इन क्षेत्रों का राष्ट्रीय आय में योगदान पता लगा कर विकास की दर ज्ञात की जा सकती है। इससे उस क्षेत्र का विकास करने के लिए अधिक प्रयत्न किये जा सकते हैं जिसमें विकास की दर कम है।

6. व्यापार चक्रों के विश्लेषण में सहायक - राष्ट्रीय आय की जानकारी से व्यापार चक्रों का विश्लेषण कर उनके बुरे प्रभावों को रोकने में भी सहायता मिलती है। मन्दी की स्थिति में विनियोग वृद्धि कर उसके बुरे प्रभावों से बचा जा सकता है। इसी प्रकार राष्ट्रीय आय के उत्पादन के पूर्ण रोजगार बिन्दु तक पहुँचने पर उचित राजकोषीय नीति द्वारा सन्तुलन बनाये रखा जा सकता है।

7. राजकोषीय नीति के निर्धारण में सहायक - देश में कर भार को राष्ट्रीय आय के प्रतिशत के रूप में व्यय किया जा सकता है। यदि देश में करो से प्राप्त आय कर वहन करने योग्य प्रतिशत में कम है तो और भी कर लगाये जा सकते है। करों के वास्तविक भार का अध्ययन भी राष्ट्रीय आय में परिवर्तनों के आधार पर किया जा सकता है। इस प्रकार राष्ट्रीय आय के अनुमान राजकोषीय नीति के निर्धारण में सहायक होते है।

8. भविष्य का अनुमान - राष्ट्रीय आय के भूतकाल के समकों के आधार पर भविष्य के अनुमान भी लगाये जा सकते हैं। यदि पिछले कुछ वर्षों में राष्ट्रीय आय में वृद्धि हो रही है तो यह अनुमान किया जा सकता है कि भविष्य में भी इसमें वृद्धि होगी।

9. राष्ट्रीय आय व सामाजिक कल्याण - प्रायः राष्ट्रीय आय व सामाजिक कल्याण का सम्बन्ध रहता है। देश के जीवन स्तर को प्रति व्यक्ति आय की तुलना कर देश के निवासियों का सामाजिक कल्याण मापा जा सकता है।

राष्ट्रीय आय की गणना

राष्ट्रीय आय की गणना की प्रमुख विधियां निम्न प्रकार है :

1. उत्पादन संगणना विधि - राष्ट्रीय आय की गणना की उत्पादन संगणना विधि के अनुसार देश की एक वर्ष की अवधि में उत्पन्न पर्याप्त वस्तुओं के मूल्य का योग कर दिया जाता है व इसमें स्थायी सम्पत्तियों के मूल्य ह्रास व अप्रचलन व्यय को घटा दिया जाता है। शुद्ध राष्ट्रीय उत्पादन की साधन लागत पर परिवर्तित कर दिया जाता है। शुद्ध राष्ट्रीय उत्पादन के निम्न समायोजन कर साधन क्षमता पर परिवर्तित कर दिया जाता है।

(अ) अप्रत्यक्ष करों को घटा दिया जाता है।

(ब) सार्वजनिक उद्योगों के लाभ को घटाया जाता है।

(स) व्यापारिक हस्तान्तरण भुगतानों को घटाया जाता है।

(द) सरकारी सहायता अथवा अनुदान को जोड़ा जाता है।

इस विधि द्वारा राष्ट्रीय आय की गणना का सूत्र निम्न प्रकार होगा –

राष्ट्रीय आय = शुद्ध राष्ट्रीय उत्पादन + सरकारी अनुदान – अप्रत्यक्ष कर + सरकारी उद्योगों का आधिक्य + व्यापारिक हस्तान्तरण भुगतान।

राष्ट्रीय आय गणना की यह विधि वहीं उपयोग में लायी जा सकती हैं जहां वर्ष के कुल उत्पादन की संगणना की उचित व्यवस्था हो।

कठिनाइयां – सैद्धान्तिक दृष्टि से यह विधि बड़ी सरल लगती है किन्तु इसमें निम्न कठिनाइयां अनुभव की जाती है :

(अ) इस विधि में उत्पादन की दोहरी गणना की सम्भावना रहती है।

(ब) उत्पादन का मूल्यांकंन करना कठिन है।

2. आय संगणना विधि – इस विधि द्वारा राष्ट्रीय आय की गणना करते समय देश के सभी निवासियों की आय का योग कर लिया जाता है। देश के सभी निवासियों की आय का योग ही राष्ट्रीय आय होती हैं। इस विधि में राष्ट्रीय आय की गणना में निम्न बातें महत्वपूर्ण हैं–

1. उन वस्तुओं व सेवाओं को राष्ट्रीय आय में सम्मिलित नहीं किया जाता जिनके लिए कोई मौद्रिक भुगतान नहीं किया जाता है। उदाहरण के लिए, गृहिणियों की सेवायें।
2. यदि उत्पादक स्वयं के साधनों का उत्पादन में प्रयोग करता है तो उसके पारिश्रमिक को राष्ट्रीय आय में जोड़ा जायेगा।
3. अवितरित लाभ अथवा सुरक्षित कोष में हस्तान्तरित राशि को भी राष्ट्रीय आय में शामिल की जानी चाहिए।
4. हस्तान्तरण भुगतानों को राष्ट्रीय आय में परिवर्तित नहीं किया जाता।

कठिनाइयां – इस विधि राष्ट्रीय आय की गणना में निम्न कठिनाईयां हैं –

(अ) आय कर के डर से प्रायः जनता आय के सम्बन्ध में सही सूचना नहीं देती।

(ब) पिछड़े देशों में आय सम्बन्धी सूचना विश्वसनीय नहीं होती हैं।

(स) अनेक व्यक्ति आय के सम्बन्ध में हिसाब किताब नहीं रखते।

(द) स्वनियोजित उद्योगों व व्यवसायों की आय ज्ञात करने में कठिनाईयां आती है।

(य) अनेक सेवाओं का आय के रूप में मूल्यांकंन कठिन हैं।

(र) व्यावसायिक लाभ का वह भाग जो वितरित न करके कोष में रख लिया गया हो, राष्ट्रीय आय में सम्मिलित होने से छूट जाता है।

इस विधि के अनुसार राष्ट्रीय आय की गणना का निम्न सूत्र का प्रयोग होगा –

राष्ट्रीय आय = लगान + शुद्ध ब्याज + मजदूरी (वेतन व अन्य भुगतानों सहित) + कर पूर्व निगमों की आय + कर पूर्व निगमों के अतिरिक्त अन्य संगठनों की आय।

3. व्यय संगणना विधि – इस विधि के अनुसार देश के समस्त व्यय का योग राष्ट्रीय आय होती है। इस विधि में कुल राष्ट्रीय आय देश के निवासियों द्वारा कुल उपभोग व कुल बचत का योग होता है। इस विधि में राष्ट्रीय आय को निम्न सूत्र से ज्ञात किया जाता है–

राष्ट्रीय आय = कुल व्यय + कुल बचत

राष्ट्रीय आय गणना की यह विधि अधिक उपयुक्त नहीं मानी जाती क्योंकि उपभोक्ता का व्यय व बचत ज्ञात करना कठिन है।

कठिनाईयां – इस विधि से आय की संगणना में निम्न कठिनाईयां है :

(अ) व्यय की कई छोटी छोटी मदें होती हैं। अतः सम्पूर्ण जनसंख्या का उपभोग व्यय जानना कठिन है।

(ब) बचत व विनियोग का ब्यौरा प्राप्त करना भी कठिन होता है।

(स) अविकसित देशों में व्यय की सूचना प्राप्त करना प्रायः असम्भव होता है।

राष्ट्रीय आय की गणना में कठिनाईयां

राष्ट्रीय आय की गणना का देश में बहुत महत्व होता है किन्तु इसकी गणना में कुछ कठिनाईयां आती है। विशेषतः विकासशील देशों में ये कठिनाईयां अधिक होती है। राष्ट्रीय आय की गणना में निम्न कठिनाईयां उपस्थित होती हैं –

1. पारिभाषिक कठिनाईयां – राष्ट्रीय आय व उसके तत्वों की परिभाषा एक समस्या होती है। आय, बचत, व्यय, उद्योग राष्ट्रीय आय आदि का अलग अलग अर्थ लगाया जाता है।

2. मापने की रीति एवं दृष्टिकोण – राष्ट्रीय आय को मापने की कई विधियां है। इन सभी के कुछ गुण व कुछ कठिनाईयां हैं। अतः यह निर्णय करना कठिन है कि किस विधि को अपनाया जाय। किसी भी विधि का निर्णय आर्थिक, राजनीतिक व सामाजिक परिस्थितियों पर निर्भर करता है।

3. सही हिसाब किताब का रिकार्ड – विकासशील देशों में अनेक छोटे–छोटे संगठन भी होते हैं। इनकी आय कम होती है। इसी प्रकार कई व्यक्ति अपने घरों में भी उत्पादन कार्य करते हैं? ये व्यक्ति सभी आय का सही हिसाब–किताब नहीं रखते हैं। यह लोग अपनी अज्ञानता वश अथवा अन्य कारणों से आय का हिसाब नहीं रखते। अतः इस क्षेत्र के उत्पादन अथवा आय की सही सूचना उपलब्ध नहीं होती।

4. विस्तृत अमौद्रिक क्षेत्र – देश में राष्ट्रीय आय में उन्हीं वस्तुओं व सेवाओं को सम्मिलित किया जाता है जिनका विनिमय होता है। किन्तु प्रत्येक देश में विशेषत: विकासशील देशों में उत्पादन का बहुत अधिक भाग ऐसा भी होता है जिनका विनिमय नहीं होता। किसान अपने उत्पादन को बेचने से पहले अपने उपयोग के लिए कुछ भाग रख लेते हैं। इस प्रकार राष्ट्रीय आय की गणना सही नहीं होती। यदि इस उत्पादन को सम्मिलित नहीं किया जाय तो राष्ट्रीय आय की गणना कम होगी। इन्हें सम्मिलित करने के लिए इनके मूल्य का सही अनुमान नहीं लगाया जा सकता है।

5. आर्थिक क्रियाओं के पूर्ण वर्गीकरण का अभाव – उत्पादन के साधनों को क्रियाओं को उद्योगानुसार विभिन्न वर्गों में छांटना कठिन होता है। अत: राष्ट्रीय आय की गणना कठिन होती है। उदाहरण के लिए किसान अपने खाली समय में उद्योगों में भी काम करता है। अत: उसकी आय वास्तव मं कृषि व उद्योग दोनों से है। किन्तु इसमें से कितनी कृषि व कितनी उद्योग से है, इसका वर्गीकरण कठिन होता है। यदि एक व्यक्ति एक वर्ष में अनेक व्यवसायों में काम करता है तो राष्ट्रीय आय की गणना और भी कठिन हो जाती है।

6. विश्वसनीय समंकों के संग्रहण का अभाव – राष्ट्रीय आय की सही गणना के लिए राष्ट्रीय आय के सही समंकों की उपलब्धता आवश्यक है। किन्तु प्राय: यह देखा जाता है कि देश में विश्वसनीय समंक उपलब्ध नहीं होते । ग्रामीण क्षेत्रों में समंक पटवारी अथवा ग्राम सेवकों द्वारा एकत्र किये जाते हैं जो इस कार्य के लिए प्रशिक्षित नहीं होते। अत: वे अपनी इच्छानुसार समंक एकत्रित करते हैं जो प्राय: शुद्ध नहीं होते हैं।

7. सेवाओं के मूल्य की जानकारी में कठिनाईयां – राष्ट्रीय आय में सेवाओं के मूल्य को भी शामिल किया जाता है किन्तु सेवाओं के मूल्य की जानकारी प्राप्त करने में कई कठिनाईयां आती है। डॉक्टर, पुलिस, सेना, किसान आदि की सेवाओं का मूल्य किस प्रकार ज्ञात किया जाय यह कठिन कार्य है। अत: साधारणत: इन सेवाओं पर किया गया व्यय ही राष्ट्रीय आय में सम्मिलित कर लिया जाता है जो सही नहीं है।

8. दोहरी गणना की कठिनाई – राष्ट्रीय आय की गणना में दोहरी गणना की भी सम्भावना रहती है। कई उद्योगों का तैयार माल अन्य उद्योगों का कच्चा माल होता है अत: ऐसे उत्पादनों में दोहरी गणना की सम्भावना अधिक रहती है। उदाहरण के लिए कपास से कपड़ा बनाने में कपास का उत्पादन भी राष्ट्रीय आय में शामिल कर लिया जाय व कपड़े का उत्पादन भी। दोहरी गणना के कारण राष्ट्रीय आय वास्तविक आय से बहुत अधिक बढ़ जाती है।

9. गणना की अशुद्धियां – राष्ट्रीय आय की गणना व उसकी तुलना में भी कई प्रकार की अशुद्धियां आ जाती है। राष्ट्रीय आय की गणना चालू मूल्यों पर की जाती है। अन्य वर्षों से इसकी तुलना करने के लिए इसे स्थिर मूल्यों पर परिवर्तित करना होता है। इसके लिए सूचकांकों का निर्माण किया जाता है। सूचकांकों के भी कई दोष है जिनके कारण राष्ट्रीय आय की गणना में कई अशुद्धियां हो जाती है। इसी प्रकार विभिन्न विधियों द्वारा राष्ट्रीय आय के समंक भी अलग अलग प्राप्त होते हैं।

राष्ट्रीय आय की गणना के दोषों को दूर करने के सुझाव

राष्ट्रीय आय की गणना से उपरोक्त वर्नित कठिनाइयों को निम्न प्रकार दूर किया जा सकता है :

1. कृषि क्षेत्र की सही सूचना एकत्र करवाने के लिए कृषि क्षेत्र के विस्तृत सर्वेक्षण किये जाने चाहिए।
2. लघु व वृहद् उद्योगों का अलग अलग सर्वेक्षण किया जाय।
3. आय सम्बन्धित सूचना विभिन्न विभागों व आय कर विभाग से ली जाय।
4. व्यापार सम्बन्धित सूचनाएँ बिक्रीकर विभाग से ली जाय।
5. आय कर विभाग की आय कर देने वालों को, साथ साथ कर न देने वालों से सम्बन्धित सूचना भी एकत्र करनी चाहिए।
6. यातायात सम्बन्धित समंक परिवहन मन्त्रालय व राजस्व परिवहन नियमों से लिए जाय।
7. भवन निर्माण के समंक नगरपालिका एवं पंचायत से लिए जाय।
8. समंकों को तुलनात्मक बनाने के लिए प्रत्येक व्यवसाय में व्यय करने वालों के वेतन, लाभ, ब्याज आदि के अलग अलग समंक एकत्रित किए जाय।
9. सभी विभागों व सरकारी, अर्द्ध सरकारी संगठनों व व्यापारिक व औद्योगिक प्रतिष्ठानों को अपने प्राप्ति विवरण प्रकाशित करने चाहिए।
10. राष्ट्रीय आय गणना के शोध संस्थानों को मान्यता दी जानी चाहिए।
11. राष्ट्रीय आय गणना के लिए अलग से संगठन होना चाहिए।

आर्थिक कल्याण
(Economic Welfare)

कल्याण एक बहुत ही व्यापक धारणा है जिसमें आर्थिक, सामाजिक, नैतिक, राजनैतिक सभी प्रकार के कल्याण सम्मिलित किये जाते हैं। आर्थिक कल्याण कुल कल्याण का ही एक भाग है।

पीगू के अनुसार, ''आर्थिक कल्याण मुद्रा कल्याण का वह भाग है जिसे प्रत्यक्ष या अप्रत्यक्ष रूप से मुद्रा रूपी मापदण्ड में सम्मिलित किया जा सकता है।''

इस प्रकार पीगू के अनुसार आर्थिक कल्याण मुद्रा से मापा जाने वाला कल्याण है। कल्याण में सन्तुष्टि व असन्तुष्टि दोनों ही शामिल होती है। जिन सन्तुष्टियों या असन्तुष्टियों को मुद्रा से मापा जा सकता है उसे आर्थिक कल्याण कहा जाता है। जिस कल्याण को मुद्रा से नहीं मापा जा सकता उसे गैर आर्थिक कल्याण कहा जाता है किन्तु इन दोनों में अन्तर करना कठिन है क्योंकि कभी-कभी आर्थिक कल्याण गैर आर्थिक कल्याण को प्रभावित करते हैं। आय में वृद्धि के कारण यदि अधिक समय तक कार्य या खराब दशा में कार्य हैं तो गैर

आर्थिक कल्याण कम हो जाएगा अथवा आय की वृद्धि में शराब पी ली जाए तो आर्थिक कल्याण बढ़ते हुए भी गैर आर्थिक कल्याण कार्य हो जाएगा। अतः पीगू का कहना है कि "आर्थिक व गैर आर्थिक कल्याण दोनों एक दूसरे को प्रभावित करते हैं तथा दोनों पारस्परिक रूप में एक दूसरे पर निर्भर है।

राष्ट्रीय आय व आर्थिक कल्याण दोनों में भी पारस्परिक सम्बन्ध हैं। राष्ट्रीय आय में होने वाले परिवर्तन आर्थिक कल्याण को प्रभावित करते हैं। राष्ट्रीय आय के आकार व वितरण तथा उसके व्यय करने का ढंग आर्थिक कल्याण को प्रभावित करते हैं। राष्ट्रीय आय में परिवर्तन का आर्थिक कल्याण पर निम्न प्रभाव पड़ता है।

1. राष्ट्रीय आय के आकार में परिवर्तन का आर्थिक कल्याण पर प्रभाव - राष्ट्रीय आय के आकार में परिवर्तन होने पर आर्थिक कल्याण में भी उसी दिशा में परिवर्तन होते हैं। राष्ट्रीय आय में वृद्धि होने से आर्थिक कल्याण बढ़ता है। इसी प्रकार राष्ट्रीय आय में कमी होने से आर्थिक कल्याण कम होता है। राष्ट्रीय आय बढ़ने से देश में रोजगार, उत्पादन व आय बढ़ती है। आय बढ़ने से जनता का जीवन-स्तर ऊँचा होता है जिससे आर्थिक कल्याण भी बढ़ता है। राष्ट्रीय आय में कमी होने से देश में रोजगार व आय में कमी होती है। जीवन स्तर नीचे गिरता है, अतः आर्थिक कल्याण में भी कमी होती है। इस प्रकार राष्ट्रीय आय व आर्थिक कल्याण में प्रत्यक्ष सम्बन्ध होता है।

अपवाद - कभी-कभी राष्ट्रीय आय के आकार व आर्थिक कल्याण में प्रत्यक्ष सम्बन्ध देखने को नहीं मिलता। ये परिस्थिति निम्न प्रकार होती हैं -

1. राष्ट्रीय आय में वृद्धि होने, किन्तु निर्धनों को मिलने वाली आय में कमी होने पर - जब राष्ट्रीय आय में वृद्धि हो किन्तु गरीबों को मिलने वाली मात्रायें कम हो जाए तो कुछ आर्थिक कल्याण कम हो जाता है। इसका कारण यह है कि धनी व्यक्तियों की आय बढ़ने पर भी उनके आर्थिक कल्याण में धीमी गति में वृद्धि होगी किन्तु गरीबों की आय घटने से उनके आर्थिक कल्याण में तेजी से कमी होगी।

2. राष्ट्रीय आय में वृद्धि का ढंग - राष्ट्रीय आय वृद्धि यदि काम के घण्टे बढ़ाकर, खराब दशाओं में काम कर अथवा स्त्रियों, बच्चों के शोषण से होती है तो इसमें आर्थिक कल्याण में कमी होगी क्योंकि आय बढ़ने में प्राप्त सन्तोष किए गये त्याग की तुलना में कम होता है। अतः अच्छे कार्यों में आय-वृद्धि से आर्थिक कल्याण बढ़ता है किन्तु खराब उपायों से आय बढ़ने पर आर्थिक कल्याण घटता है।

3. आय में वृद्धि से रूचियों में परिवर्तन - यदि आय में वृद्धि से उपभोक्ता की रूचियों में परिवर्तन हो जाए तथा वे खराब वस्तुओं का सेवन करने लगे तो आय बढ़ने पर भी आर्थिक कल्याण कम हो जाता है। उदाहरण के लिए आय बढ़ने पर यदि शराब व अन्य मादक पदार्थों का उपभोग करें तो आर्थिक कल्याण कम होगा।

4. जनसंख्या वृद्धि आय की तुलना से अधिक हो - यदि राष्ट्रीय आय की वृद्धि की तुलना में जनसंख्या वृद्धि की दर अधिक हो तो राष्ट्रीय आय बढ़ने पर भी आर्थिक कल्याण कम होता है। इसका कारण यह है कि आय की तुलना में जनसंख्या में अधिक वृद्धि होने पर प्रतिव्यक्ति आय कम हो जाती है। अतः जनता के जीवन स्तर में गिरावट आती है व आर्थिक कल्याण कम होता है।

5. सामान्य जनता के गैर उपयोगी वस्तुओं के उत्पादन में वृद्धि – यदि आय बढ़ने के फलस्वरूप साधारण जनता के गैर तरीके से उपयोगी वस्तुओं का उत्पादन बढ़े तो आय बढ़ने पर आर्थिक कल्याण बढ़ने के स्थान पर घट जाता है। उदाहरण के लिए साधारण जनता के काम में आने वाले कपड़े के उत्पादन के स्थान पर यदि सैनिक सामान का उत्पादन बढ़ा दिया जाए तो आर्थिक कल्याण में कमी होगी।

राष्ट्रीय आय के वितरण में परिवर्तन का आर्थिक कल्याण पर प्रभाव – यदि राष्ट्रीय आय का एक वर्ग से हस्तान्तरण अन्य वर्ग को कर दिया जाय तो इसे राष्ट्रीय आय के वितरण में परिवर्तन कहा जायेगा। यह परिवर्तन निम्न प्रकार के हो सकते हैं :

(अ) धन वर्ग से निर्धन वर्ग को आय का हस्तान्तरण – यदि धनी वर्ग की आय निर्धन वर्ग को हस्तान्तरित हो जाती है तो आर्थिक कल्याण में वृद्धि होती है। आय के वितरण में इस प्रकार का परिवर्तन होने से आय की समानता कम होती है। आय के परिवर्तन से आर्थिक कल्याण में वृद्धि निम्न कारण से होती है:

1. धनिकों की आय कम होने से उनके आर्थिक कल्याण में जो कमी होती है वह गरीबों की आय बढ़ने से उन्हें आय आर्थिक कल्याण की तुलना में कम होती है।

2. सभी धनिकों की आय में कुछ कमी करने पर उनकी स्थिति पहले जैसी ही रहेगी। अत: उनके कल्याण में कोई कमी नहीं आयेगी किन्तु इस आय को निर्धनों को देने पर उनके आर्थिक कल्याण में वृद्धि होगी।

3. समाज में आर्थिक कल्याण इस बात पर निर्भर नहीं करता कि कुल आय कितनी है वरन् यह राष्ट्रीय आय के उपभोग पर निर्भर करता है जिसका वास्तव में उपभोग किया जाता है। धनी व्यक्तियों के पास आय का बहुत सा भाग बेकार पड़ा रहता है। अत: उस भाग को निर्धनों को देने में आर्थिक कल्याण बढ़ता है।

उपरोक्त वर्णित तर्कों के आधार पर यह कहा जा सकता है कि आय का हस्तांतरण यदि धनी वर्ग से निर्धन वर्ग को हो तो आर्थिक कल्याण में वृद्धि होती है।

आलोचना – कुछ व्यक्ति इस मत से सहमत नहीं है कि धनिकों से आय लेकर निर्धनों को देने में आर्थिक कल्याण बढ़ता है। उनके मत में ऐसी स्थिति से आर्थिक कल्याण घट जात है। अपने मत के पक्ष में विशेषज्ञ निम्न तर्क देते है –

1. प्राय: यह देखा जाता है कि गरीब आय बढ़ने पर शराब, जुआ आदि दुर्व्यसनों पर व्यय करते है। इससे आर्थिक कल्याण नहीं बड़ता। यहां तक कि वे आय बढ़ने से पहले जो आय अच्छे कामों पर व्यय करते थे उसे अब गलत कामों में व्यय करने लगते है। इससे आर्थिक कल्याण पहले से कम हो जाता है।
2. निर्धन वर्ग की आय बढ़ने पर जनसंख्या में वृद्धि होती है। अत: प्रति व्यक्ति आय कम हो जाती है। अत: आर्थिक कल्याण या तो पहले जितना ही रहता है अथवा कम हो जाता है।

3. निर्धन व्यक्ति शिक्षित न होने के कारण आय को उचित ढंग से नहीं खर्च कर पाते। अत: आर्थिक कल्याण में वृद्धि नहीं होती।

4. निर्धन व्यक्ति की आय बढ़ने से कमजोर व अपंग बच्चों के जीने की आशंका बढ़ जाती है। इससे भावी नस्ल पर बुरा प्रभाव पड़ता है। इससे दीर्घकालीन कल्याण में कमी होती है।

(ब) निर्धन वर्ग से धनी वर्ग को आय का हस्तान्तरण - निर्धन वर्ग से यदि आय का हस्तान्तरण धनी वर्ग को होता है तो आर्थिक कल्याण में कमी आती है। इस प्रकार के हस्तान्तरण से आर्थिक विषमताएँ बढ़ती है। निर्धन वर्ग अपनी आवश्यकताएं पूरी नहीं कर पाता। निर्धन वर्ग की आय में कमी के परिणामस्वरूप आर्थिक कल्याण में जो कमी होती है उसकी तुलना में धनिकों का आर्थिक कल्याण आय बढ़ने पर भी नहीं बढ़ पाता।

इस प्रकार राष्ट्रीय आय व आर्थिक कल्याण में घनिष्ठ सम्बन्ध है। आर्थिक कल्याण में वृद्धि के लिए राष्ट्रीय आय में वृद्धि की जानी चाहिये तथा आय को धनिकों से निर्धन वर्ग में हस्तान्तरण कर आर्थिक विषमता कम करनी चाहिए।

सामाजिक लेखांकन विधियाँ

[Social Accounting Techniques]

सामाजिक लेखांकन का अर्थ (Meaning of Social Accounting)—वस्तुत: आर्थिक लेखांकन (Economic Accounting) ही सामाजिक लेखांकन (Social Accounting) है। इसे राष्ट्रीय आय लेखांकन (National Income Accounting) तथा कहीं-कहीं राजनीतिक गणित (Political Arithmatic) भी कहा जाता है। यद्यपि आय सम्बन्धी आँकड़ों के अध्ययन के आधार पर किसी देश की अर्थव्यवस्था के सम्बन्ध में जानकारी तो प्राप्त की जा सकती है, किन्तु इसे पर्याप्त जानकारी नहीं माना जा सकता है। इस प्रयोजन हेतु यह समझना भी आवश्यक है कि अर्थव्यवस्था में विभिन्न सम्बन्धित आँकड़ों को किस प्रकार संगठित तथा प्रस्तुत किया गया है, जिससे उनका आर्थिक विश्लेषण में प्रयोग किया जा सके।

सामाजिक लेखांकन विधि आर्थिक विश्लेषण की एक ऐसी विधि है, जिसके अन्तर्गत राष्ट्रीय आय से सम्बन्धित विभिन्न लेखों को पृथक्-पृथक् वर्गों में विभाजित कर विभिन्न वर्गों के योग का सामूहीकरण कर राष्ट्रीय आय की गणना की जाती है।

परिभाषा

(Definitions)

सामाजिक लेखांकन की विचारधारा को अर्थशास्त्रियों द्वारा निम्न प्रकार परिभाषित किया गया है—

ऐडी तथा **पीकौक** (Edey and Peacock) के अनुसार, ''सामाजिक लेखांकन मानव तथा मानवीय संस्थाओं की क्रियाओं के सांख्यिकीय वर्गीकरण से इस प्रकार सम्बन्धित है कि वह सम्पूर्ण अर्थव्यवस्था के संचालन को समझने में सहायक होता है। 'सामाजिक लेखांकन' लेखांकन के अन्तर्गत अध्ययन का क्षेत्र आर्थिक क्रिया में केवल सांख्यिकीय

वर्गीकरण को ही शामिल नहीं करता बल्कि अर्थव्यवस्था के संचालन के विश्लेषण के लिए एकत्रित जानकारी के प्रयोग को भी शामिल करता है।"[6]

जे.के. मेहता के शब्दों में, "सामाजिक लेखांकन का तात्पर्य विवरणात्मक अर्थशास्त्र के उस भाग से है, जिसका सम्बन्ध राष्ट्रीय आय के उत्पादन व वितरण से होता है।"[7]

उपर्युक्त परिभाषाओं के आधार पर अध्ययन के क्षेत्र को सामाजिक लेखांकन पद द्वारा सारांशित किया जा सकता है, जो कि न केवल आर्थिक गतिविधियों का वर्गीकरण वरन् उन सूचनाओं के प्रयोग को भी सुगम बनाती है जो आर्थिक प्रणाली के संचालन हेतु किये जाने वाले अनुसंधान हेतु संग्रहीत की गई है।

किसी समाज अथवा अर्थव्यवस्था की सम्पूर्ण आर्थिक इकाइयों के धन तथा आय के योग से उस समाज अथवा अर्थव्यवस्था के कुल धन तथा कुल आय का निर्माण होता है। सामाजिक लेखों की प्राप्ति के लिए व्यक्तिगत लेखों का योग किया जाता है।[8]

सामाजिक लेखांकन की सामान्यतः प्रचलित परिभाषाओं के अध्ययन के पश्चात् यह मत व्यक्त किया जा सकता है कि सामाजिक लेखांकन किसी अर्थव्यवस्था के विभिन्न अंगों यथा उपभोग, उत्पादन, विनियोग, विनिमय, वितरण आदि के आँकड़ों के अध्ययन तक ही सीमित नहीं है वरन् उनके आपसी सम्बन्धों का बोध कराकर विश्लेषण का एक सुदृढ़ ढाँचा प्रस्तुत करने में पूर्णतः सक्षम है।

सामाजिक लेखांकन विधि की विचारधारा को भली-भाँति समझने से पूर्व यह समझना आवश्यक है कि—

(1) सामाजिक लेखांकन का अध्ययन कर सम्पूर्ण अर्थव्यवस्था तथा उसके विभिन्न अंगों का पारस्परिक अध्ययन सम्भव है तथा

(2) सामाजिक लेखांकन का उद्देश्य आँकड़ों तथा तथ्यों को इस प्रकार से प्रस्तुत करना है, जिससे विभिन्न मदों के आपसी सम्बन्धों की जानकारी का सहज ही अनुमान लगाया जा सके।

अन्य शब्दों में, सामाजिक लेखांकन समस्त अर्थव्यवस्था के विभिन्न क्षेत्रों की आर्थिक गतिविधियों को सांख्यिकीय रूप में प्रस्तुत करने की विधि है, जो इन आर्थिक

---

6. "Social accounting is concerned with the statistical classification of the activities of human beings and human institutitons in ways, which help us to understand the operation of the economy as a whole. The fields of studies summed up by the words 'social accounting' embraces, however, not only the classification of economic activity, but also the application of the information thus assembled to the investigation of the operation of the economic system."
—*Edey and Peacock*
7. "Social accounting refers to that part of descriptive economics, which relates to the production and distribution of National Income."—*J. K. Mehta* .
8. "The process of adding up individual sets of accounts gives a set of social accounts."

गतिविधियों के आपसी सम्बन्ध तथां उनके विश्लेषण का ढाँचा प्रस्तुत करती है। सामाजिक लेखांकन कां सर्वप्रमुख गुण यह है कि यह अर्थव्यवस्था में विरोधाभासों को समझने तथा इसके विभिन्न क्षेत्रों की एक-दूसरे पर निर्भरता की सीमा बतलाने में सहायता प्रदान करता है। सारांश रूप में, यह अर्थव्यवस्था का संकेतक है तथा किसी अर्थव्यवस्था की कार्य-प्रणाली को समझने में सहायक है। आर्थिक गतिविधियों के प्रमुख संगटक —व्यवसाय तथा फर्म क्षेत्र, घरेलू क्षेत्र, सकल बचत तथा विनियोजन क्षेत्र, सरकारी लेन-देन क्षेत्र तथा शेष विश्व के साथ लेन-देन क्षेत्र हैं। ये क्षेत्र सामाजिक लेखांकन प्रस्तुतीकरण के संगटक हैं। यदि किसी अर्थव्यवस्था में इन पाँच गतिविधियों से सम्बन्धित आवकातथा जावकों को लेखांकन के रूप में प्रयुक्त किया जाय तो यह अर्थव्यवस्था के आधारभूत ढाँचे का प्रतिनिधित्व करने वाले बहाब को सटिक जाल क्रम को दर्शाती हैं।

इन बहावों को सामाजिक लेखांकन के विभिन्न संगटको (Components) के रूप में निम्न प्रकार वर्गीकृत किया जा सकता है—

(1) व्यावसायिक क्षेत्र
(Business Sector);

(2) घरेलू क्षेत्र
(Household Sector);

(3) सरकारी क्षेत्र
(Government Sector);

(4) सकल बचत तथा विनियोजन लेखा
(Gross Saving and Investment Accounts);

(5) विदेशी लेखा (शेष विश्व)।

(1) व्यावसायिक क्षेत्र (Business Sector)—व्यवसाय क्षेत्र का सम्बन्ध प्रमुखत: उत्पादन क्षेत्र से होता है। इसके अन्तर्गत समस्त उत्पादन गतिविधियों को सम्मिलित किया जाता है अर्थात् उत्पादन, व्यापार आदि। इसके अन्तर्गत निजी तथा लोक कम्पनी, स्वामित्व फर्म तथा साझेदारी, राज्य-नियन्त्रित व्यापार तथा व्यावसायिक प्रतिष्ठानों को सम्मिलित किया जाता है। चूँकि समस्त उत्पादक गतिविधियों को व्यावसायिक क्षेत्र के अन्तर्गत सम्मिलित किया जाता है, अत: कोषों का बहाव इस क्षेत्र से अन्य क्षेत्रों की तरफ होता है।

(2) घरेलू क्षेत्र (Household Sector)—घरेलू क्षेत्र व्यक्तिगत उपभोग क्षेत्र की आय तथा व्यय के लेखे-जोखे को बतलाता है। घरेलू क्षेत्र के अन्तर्गत समस्त उपभोक्ताओं तथा गैर-लाभकारी संस्थाओं जैसे—क्लब, संगठन तथा समितियों को सम्मिलित किया जाता है।

(3) सरकारी क्षेत्र (Government Sector)—सरकारी क्षेत्र का सम्बन्ध सरकारी लेखों में अन्तर्वाह (inflow) तथा बहिर्गमन (outflow) से होता है। सरकारी क्षेत्र में देश में विद्यमान समस्त सार्वजनिक, केन्द्रीय, राज्यीय तथा क्षेत्रीय निकायों को सम्मिलित किया जाता है।

(4) सकल बचत तथा विनियोग लेखा (Gross Savings and Investment Accounts) —यह लेखा इस तथ्य को दर्शाता है कि बचत स्वदेशी तथा विदेशी विनियोजन का योग होती है। बचत का विनियोजन स्थायी पूँजी तथा देश की इन्वेन्ट्री तथा अथवा अन्तराष्ट्रीय सम्पत्तियों में किया जाता है।

(5) विदेशी खाते (शेष विश्व के साथ) (Foreign Accounts - Rest of the World) —विदेशी खाते किसी राष्ट्र के विश्व के अन्य समस्त राष्ट्रों के साथ व्यवहार को दर्शाते हैं। इस खाते में वस्तुओं तथा सेवाओं का अन्तर्राष्ट्रीय आवागमन तथा चालू खाते में अन्तर्राष्ट्रीय भुगतान शेष के हस्तान्तरण भुगतान को दर्शाया जाता है।

उपर्युक्त वर्णित पाँच लेखा प्रणालियाँ किसी अर्थव्यवस्था में प्रवाह को (उत्पादन) क्षेत्र, घरेलू (उपभोग) क्षेत्र, सरकारी लेन-देन क्षेत्र, सकल बचत एवं विनियोग (पूँजी संचयन) लेखा, विदेशी व्यापार तथा भुगतान (शेष विश्व के देशों के साथ) लेखा के रूप में दर्शाती है। इन पर आधारित लेखे क्रियात्मक लेखे (Functional Accounts) कहलाते हैं, क्योंकि ये स्वयं की क्रियाओं के आधार पर वर्गीकृत किये जाते हैं।

सामाजिक लेखांकन की प्रस्तुती
(Presentation of Social Accounts)

सामाजिक लेखांकन मैट्रिक्स प्रवाह द्वारा सामाजिक लेखांकन की प्रस्तुती दोहरी लेखा प्रणाली के आधार पर ठीक निजी लेखांकन के समान ही कि जाती है। सामाजिक लेखांकन सारणी को सामाजिक लेखांकन मैट्रिक्स कहते हैं। सामाजिक लेखांकन हेतु व्यवहार मैट्रिक्स प्रयुक्त किये जाते है जिसमें प्रत्येक पंक्ती में अन्य क्षेत्रों को किया जाने वाला भुगतान तथा प्रत्येक स्तम्भ में अन्य क्षेत्रों से प्राप्त प्राप्तियों को दर्शाते हैं। प्रत्येक प्रविष्टि को सम्बन्धित पंक्ति तथा स्तम्भ में दिखाया जाता हैं। सामाजिक लेखांकन के सन्तुलन के लिए यह आवश्यक है कि पंक्ति का योग उसके तदअनुरूप स्तम्भ योग के बराबर होना चाहिए ।

सामाजिक लेखांकन के संघटक
(Components of Social Accounting)

सामाजिक लेखांकन की अवधारणा का प्रयोग कर किसी अर्थव्यवस्था की सम्पूर्ण जानकारी का अध्ययन करने के लिए यह आवश्यक है कि इसके संघटकों का अध्ययन किया जाय। प्रमुखत: सामाजिक लेखांकन के निम्नलिखित संघटक है:

1. सकल घरेलू उत्पाद
   (Gross Domestic Product)
2. शुद्ध घरेलू उत्पाद
   (Net Domestic Product)
3. विशुद्ध राष्ट्रीय उत्पाद
   (Net National Product)
4. राष्ट्रीय आय
   (National Income)

5. वैयक्तिक आय
   (Personal Income)
6. उपभोग्य अथवा व्यय योग्य व्यक्तिगत आय
   (Disposable Personal Income) ।

नोट : उपरोक्त सभी का विस्तृत वर्णन राष्ट्रीय आय के अध्याय में किया जा चुका है।

7. बाजार मूल्य के अनुसार शुद्ध घरेलू उत्पादन
   (Net Domestic Product at Market Price)
8. साधन लागत पर शुद्ध घरेलू उत्पाद
   (Net Domestic Product at Factor Cost)

सामाजिक लेखांकन का महत्व
(Significance of Social Accounting)

किसी अर्थव्यवस्था के लिए सामाजिक लेखांकन प्रणाली का महत्व व्यावसायिक संस्थान के लिए लेखाप्रणाली के महत्व से कम नहीं हैं । जिस प्रकार किसी मनुष्य की नाड़ी देखकर उसके स्वास्थ्य के सम्बन्ध में जानकारी प्राप्त कि जा सकती हैं ठीक उसी प्रकार सामाजिक लेखांकन प्रणाली अर्थव्यवस्था के बैरोमीटर की भूमिका का निर्वाह करती हैं। सामाजिक लेखांकन के महत्व को निम्न प्रकार स्पष्ट किया जा सकता हैं ।

(1) **उत्पादन स्तर का मापक** (Measurement of Production Standard) – अर्थव्यवस्था के विभिन्न उत्पादन क्षेत्रों का सामाजिक लेखांकन प्रणाली से महत्वपूर्ण सम्बन्ध होता हैं । सामाजिक लेखांकन किसी अर्थव्यवस्था में उत्पादन कार्यो के स्तर को दर्शाता हैं ।

(2) **अर्थव्यवस्था का ढाँचा समझने में सहायक** (Helps to understand structure of Economy)– सामाजिक लेखांकन अर्थव्यवस्था रूपी शरीर का ढाँचा समझने मे सहायता प्रदान करता हैं। इससे किसी देश की राष्ट्रीय आय के सम्बन्ध में ही नहीं वरन् उत्पादन तथा उपभोग के आकार, करारोपण, बचत के स्तर तथा अर्थव्यवस्था की विदेशी व्यापार पर आश्रितता के सम्बन्ध में भी समुचित जानकारी प्राप्त कि जा सकती हैं ।

(3) **आर्थिक क्रियाओं का विभाजन एवं सारांश** (Classifying and Summarising of Economic Activities)– किसी राष्ट्र की अर्थव्यवस्था में क्रय एवं विक्रय भुगतान एवं आय की प्राप्ति आयात तथा निर्यात, करों के भुगतान सम्बन्धि असंख्य आर्थिक गतिविधियाँ समाविष्ठ होती हैं । सामाजिक लेखांकन प्रणाली का सर्वप्रमुख लाभ यह है कि इसकी सहायता से इन विभिन्न व्यवहारों का सारांश तथा वर्गीकृत समूहों यथा राष्ट्रीय आय, राष्ट्रीय व्यय, बचत, विनियोजन, उपभोग व्यय, उत्पादन व्यय, सरकारी खर्च, विदेशी आमद तथा भुगतान आदि के निर्णय में सहायता प्राप्त होती हैं।

(4) **पारस्परिक आत्मनिर्भरता की जानकारी** (Knowledge of Inter-dependence) – सामाजिक लेखांकन से अर्थव्यवस्था के विभिन्न क्षेत्रों के मध्य परस्पर आत्म निर्भरता की जानकारी की जा सकती हैं। इस सम्बन्ध में राष्ट्रीय लेखांकन के मेट्रिक्स विशेष सहायक सिद्ध होते हैं ।

(5) **अन्तर्राष्ट्रीय महत्व** (International Importance) - सामाजिक लेखांकन अन्तर्राष्ट्रीय महत्व की दृष्टि से भी अत्यन्त महत्वपूर्ण है। विभिन्न राष्ट्रों के सामाजिक लेखांकन का तुलनात्मक अध्ययन राष्ट्रो को विकसित, अल्पविकसित तथा कम विकसित वर्गीकरण में सहायता प्रदान करता है। यह सामाजिक लेखांकन ही हैं जिसे आधार बनाकर संयुक्त राष्ट्र संगठन (United Nations Organisation) की विभिन्न ऐजेन्सियां विश्व के गरीब देशों के लिए सहायता की व्यवस्था करती हैं।

(6) **अर्थव्यवस्था की दीर्घकालीन नीति समझने में सहायक** (Helpful in knowing long-term action of economy)- सामाजिक लेखांकन का अध्ययन किसी देश की प्रगति के सम्बन्ध में अपनायी गयी दीर्घकालीन नीति को समझने में सहायता प्रदान करता हैं। अर्थव्यवस्था की भावी प्रवृत्ति का अनुमान लगाकर राष्ट्रीय आय में होने वाली वृद्धि का सहज ही अनुमान लगाया जा सकता हैं। इससे भविष्य में उत्पादन तथा रोजगार में होने वाली वृद्धि की सम्भावनाओं को परखा जा सकता हैं।

(7) **आर्थिक नियोजन में सहायक** (Helpful in Economic Planning) - आर्थिक नीति एवं नियोजन से सम्बन्धित अनेक प्रश्नों के उत्तर प्राप्त करने में राष्ट्रीय लेखांकन प्रणाली महत्वपूर्ण यन्त्र के रूप में कार्य करती हैं। अनेक महत्वपूर्ण प्रश्नो, क्या घटित हो चुका है? क्या हो रहा है? क्या होना चाहिए आदि में नियोजन किस प्रकार सहायक सिद्ध होगा, इसका अनुमान सामाजिक लेखांकन प्रणाली के आधार पर लगाया जा सकता हैं।

(8) **बजट नीति निर्धारण में सहायक** (Helpful in Formulatin in budgetary Policy)- सामाजिक लेखांकन किसी राष्ट्र की बजट नीति के निर्माण में सहायता प्रदान करता हैं । बजट नीति के अध्ययन से राष्ट्र के नागरिकों की कर देय क्षमता का पता लगाया जा सकता है। सामाजिक लेखांकन प्रणाली के आधार पर उन्नत राष्ट्रों द्वारा सार्वजनिक राजस्व के बजट को सामायोजित करना सामान्य प्रवृत्ति हो गयी है।

(9) **व्यापार चक्रों का विश्लेषण** (Analysis of Trade Cycles)- अर्थव्यवस्था में तेजी मंदी के दौर घटित होना सामान्य बात है। सामाजिक लेखांकन से प्राप्त जानकारी तथा समंकों के आधार अर्थव्यवस्था में स्थिरता के साथ विकास के लक्ष्य को प्राप्त करना सम्भव होता है। आर्थिक स्थिरता प्राप्ति करने के उद्वेश्य से विनियोग वृद्धि हेतु, मुद्रा स्फीतिक दबाबों को कम करने के प्रयास किये जाते हैं।

(10) **प्रतिरक्षा के साथ विकास** (Development with Defence)- प्रतिरक्षा के अभाव में आर्थिक विकास का कतई महत्व नहीं हैं। सामाजिक लेखांकन यह बतलाने में भी सहायक होता हैं कि सैनिक सुरक्षा व्यय तथा आर्थिक विकास पर व्यय में किस प्रकार सामंजस्य स्थापित किया जाय? निःसंदेह राष्ट्र की सुरक्षा तथा गरिमा हेतु असंख्य व्यय सम्भव हैं।

(11). **सार्वजनिक क्षेत्र के योगदान की जानकारी** (Knowledge of Contribution of Public Sector) - राष्ट्र के निर्माण में सार्वजनिक क्षेत्र तथा निजी क्षेत्र के तुलनात्मक योगदान को सामाजिक लेखांकन की जानकारी से पता लगाया जा सकता है।

सामाजिक लेखांकन तैयारी में कठिनाइयाँ
(Difficulties in Preperation of Social Accounting)

सामाजिक लेखांकन को तैयार करने में कतिपय कठिनाइयों का सामना करना पड़ता है जिनका विवरण निम्न प्रकार है:

1. आरोपण (Imputation) – सामाजिक लेखांकन की तैयारी में सभी आय तथा भुगतान को मुद्रा के रूप में मापा जाता है। किन्तु बहुत सी ऐसी वस्तुएँ तथा सेवाएँ होती हैं जिनको मुद्रा के रूप में व्यक्त नहीं किया जा सकता हैं। इस प्रकार की सेवा के उदाहरणों में गृहणी द्वारा अपने घर की सेवा, व्यक्ति द्वारा किये जाने वाले शोकिया कार्य, एक अध्यापक द्वारा अपने स्वयं के बच्चों को पढ़ाने के कार्य को सम्मिलित किया जाता है।

2. दोहरी गणना (Double Counting) – सामाजिक लेखांकन में सर्वप्रमुख समस्या दोहरी गणना सम्बन्धित उत्पन्न होती है। यह समस्या प्रमुखतः अन्तिम तथा मध्यवर्ति वस्तुओं में अन्तर पता नहीं लग पाने के कारण उत्पन्न होती है। उदाहरण के लिए सरकार नवनिर्मित भवन का क्रय अर्थव्यवस्था का उपभोग उत्पादन माना जाता हैं। इसके विपरित यदि इसी भवन को फर्म द्वारा क्रय किया जाय तो इसे वर्ष के दौरान सकल विनियोग माना जाता है। इस प्रकार एक ही वस्तु को सामाजिक लेखांकन में दो भिन्न अर्थों यथा उपभोग तथा विनियोग, के रूप में दर्शाया जाता है। इस प्रकार की समस्या सामाजिक लेखांकन की तैयारी में उत्पन्न होती हैं।

3. सार्वजनिक सेवायें (Public Services) - सामाजिक लेखांकन में एक अन्य समस्या सार्वजनिक सेवाओं की उपयुक्त संख्या का अनुमान लगाने सम्बन्धि उत्पन्न होती है। ये सेवायें अध्यापक, पुलिस, सिपाही, डाक्टर आदि द्वारा प्रदान कि जाती है। इसी प्रकार से किसी बहुउद्देशीय नदी परियोजना के योगदान को भी सामाजिक लेखांकन के अन्तर्गत सम्मिलित नहीं किया जा सकता क्योंकि इसके विभिन्न लाभों का मोद्रिक रूप में व्यक्त नहीं किये जाने के कारण समस्या उत्पन्न होती है।

प्रश्न

1. वितरण के आधुनिक सिद्धान्त की व्याख्या कीजिए।

   Explain the 'Modern Theory of Distribution'.

2. वितरण के माँग एवं पूर्ति सिद्धान्त की व्याख्या कीजिये।

   Explain the 'Demand and Supply Theory' of distribution.

3. ''वितरण का सिद्धान्त मुख्यतया मूल्य का ही सिद्धान्त है।'' विवेचन तथा परीक्षण कीजिए कि मूल्य सिद्धान्त का माँग और पूर्ति विश्लेषण वितरण के सिद्धान्त में भी कहाँ तक लागू होने योग्य है?

   "The theory of distribution is essentially a theory of value." Discuss and examine how for the demand and supply analysis of the theory of value is applicable to the theory of distribution also.

4. वितरण के सीमान्त उत्पादकता सिद्धान्त पर एक निबन्ध लिखिये।
Write an essay on marginal productivity theory of distribution.

5. वितरण के सीमान्त उत्पादकता सिद्धान्त की आलोचनात्मक व्याख्या कीजिए।
Critically examine the marginal productivity theory of distrbution.

6. राष्ट्रीय आय की परिभाषा दीजिए व इसका महत्त्व बताइए।

Define National Income. What is its importance.

7. राष्ट्रीय आय की माप किस प्रकार की जाती है? इसके मांप में क्या कठिनाइयाँ है? इन्हे दूर करने के सुझाव दीजिए।

How National Income is measured. What are the main problem faced in measurement of national income? How these problem can be removed.

8. आर्थिक कल्याण से आप क्या समझते है ? राष्ट्रीय आय की मात्रा व वितरण में परिवर्तन का आर्थिक कल्याण पर किस प्रकार प्रभाव पड़ता है?

What do you mean by Economic Welfare? How Economic Welfare is affected by distribution of National Income.

9. सामाजिक लेखांकन की परिभाषा दीजिए । सामाजिक लेखांकन मॉडल की प्रमुख विशेषताएँ बतलाइये।

Define Social Accounting. Explain various characteristics of social accounting model.

10 सामाजिक लेखांकन के आवश्यक तत्व बतलाइये। सामाजिक लेखांकन राष्ट्रीय आय के प्रवाह में किस प्रकार उपयोगी है ?

What are the elements of social accounting. How social accounting effect to flow of National Income ?

11. आर्थिक विश्लेषण में सामाजिक लेखांकन का महत्व स्पष्ट कीजिए।

Discuss importance of social accounting in economic analysis.

□□□

9

औद्योगिक सम्बन्ध
(Industrial Relation)

भारत में औद्योगिक विकास की गति मंथर रही है। आजादी के तुरन्त बाद देश के पुन:निर्माण एवं अतीत के गौरव को पुनः प्राप्त करने के लिए तत्कालीन सरकार ने कुछ महत्वपूर्ण संकल्प लिये जिनमें से औद्योगिक विकास भी एक है। इस संकल्प को वास्तविक स्वरूप प्रदान करने के लिये 1948 में प्रथम औद्योगिक नीति की घोषणा की गयी। सन् 1956 तथा 1973 में नई औद्योगिक नीतियों की घोषणा हुई। इसी क्रम में अभी हाल ही में औद्योगिक नीति 1991 की घोषणा की गई। भारतवर्ष में सभी राजनीतिक दलों द्वारा गठित सरकारों ने समाजवादी समाज की स्थापना के लिए तत्परता दिखाई है। समाजवादी समाज की स्थापना के लिए औद्योगिक प्रजातन्त्र की स्थापना करना अतिआवश्यक है। सेवानियोजक एवं कार्मिकों के मध्य मधुर औद्योगिक सम्बन्धों की स्थापना करने से ही औद्योगिक प्रजातन्त्र का मार्ग प्रशस्त होता है। पिछले तीन दशकों से हमारे देश में निरन्तर इस विचारधारा को भरपूर समर्थन मिला है किन्तु औद्योगिक प्रजातन्त्र की स्थापना में हम कितने सफल हो पाये है। यह बात किसी से छिपी हुई नहीं है आज औद्योगिक सम्बन्धों की विचारधारा का महत्व बढ़ रहा है। जो राष्ट्र श्रम प्रबन्ध के सम्बन्धों की अत्यधिक महत्व देते है वे ही प्रगति के मार्ग पर निर्बाध गति से अग्रसर हुये है।

औद्योगिक सम्बन्धों को समझने के लिये हम विभिन्न विद्वानों द्वारा दी गयी परिभाषाओं का अध्ययन करेंगे । कतिपय परिभाषाएँ निम्नांकित हैं –

1. एनसाइक्लोपिड़िया ब्रिटेनिका (12 वां खण्ड) "औद्योगिक सम्बन्ध शब्द का प्रयोग उन सभी व्यक्तियों के सम्बन्धों को अभिव्यक्त करने के लिये किया जाता है जो वस्तुओं के उत्पादन, वितरण तथा सेवा कार्यो में संलग्न है, यह उस विधि को भी सम्मिलित

करता है जिसके द्वारा इन क्रियाओं की आय सेवानियोजकों और कर्मचारियों या विभिन्न श्रेणी के कर्मचारियों के मध्य विभक्त की जाती है तथा कार्य को जारी रखने की दशाओं का निर्धारण किया जाता है।''

2. बैथल, एटवाटर एवं अन्य के अनुसार ''औद्योगिक सम्बन्ध प्रबन्ध का वह भाग है जो उपक्रम की मानव शक्तियों से सम्बन्धित है, चाहे यह यन्त्र, कुशल श्रमिक, अथवा प्रबन्ध हो।''

3. एफ. इ. एल. ब्रेच के अनुसार, ''औद्योगिक सम्बन्ध सेविवर्गीय प्रबन्ध लगभग पर्यायवाची शब्द हैं, केवल इसके साथ कि औद्योगिक सम्बन्ध अच्छे सम्बन्ध को प्रोत्साहित करने के लिए निर्धारित अधिशासी नीतियों व क्रियाओं की अपेक्षा कर्मचारी सम्बन्धों पर अधिक बल देता है।''

4. जूसियस के अनुसार, ''औद्योगिक सम्बन्धों का प्रयोग कर्मचारियों, सेवानियोजकों और सरकार के मध्य अनेकों बहुपार्श्ववर्ती सम्बन्धों के सम्बन्ध में किया जाता है।''

5. अन्तर्राष्ट्रीय श्रम संगठन के अनुसार, ''औद्योगिक सम्बन्ध या तो राष्ट्र और सेवानियोजकों तथा श्रम संगठनों के मध्य सम्बन्ध है या व्यावसायिक संगठनों के मध्य सम्बन्ध है।

श्रम व पूँजी के बीच जो सम्बन्ध होता है उसे औद्योगिक सम्बन्धों का नाम दिया जाता है। कार्मिक शाखा के सम्बन्धों को जो नाम दिया जाता है उसके लिये अनेक शब्दों का प्रचलन है। कुछ विद्वानों के अनुसार सेविवर्गीय प्रबन्ध, औद्योगिक सम्बन्ध आदि एक दूसरे के पर्याय है। इस क्षेत्र के प्रमुख विद्वान डेल योडर ने औद्योगिक सम्बन्धों को अति व्यापक माना है तथा इसको दो भागों में विभक्त किया है, नामत: सेविवर्गीय प्रशासन तथा श्रम सम्बन्ध। उनके मतानुसार सेविवर्गीय प्रबन्ध के अन्तर्गत श्रमिकों तथा सेवानियोजकों के मध्य जो सम्बन्ध है उनका अध्ययन किया जाता है तथा श्रम सम्बन्धों के अन्तर्गत श्रमिक प्रबन्ध के सम्बन्धों के सम्बन्ध में सामूहिक विचार विमर्श, सौदेबाजी तथा अन्य बातें जो श्रम प्रबन्ध के सम्बधों को सोहाद्रपूर्ण करने के लिए हो आदि को सम्मिलित किया जाता है।

कुछ विद्वानों ने सेविवर्गीय प्रबन्ध तथा औद्योगिक सम्बन्धों को अलग अलग माना है जबकि डेल एस. बीच ने औद्योगिक सम्बन्धों को सेविवर्गीय प्रबन्ध से अधिक व्यापक माना है। औद्योगिक सम्बन्ध, सेविवर्गीय प्रबन्ध, श्रम सम्बन्ध तीनों का तुलनात्मक विश्लेषण भी डेलयोडर ने ही प्रस्तुत किया है –

सेविवर्गीय प्रबन्ध का आशय वैयक्तिक आधार पर कर्मचारियों से व्यवहार सम्बन्धी प्रबन्धकीय समस्याओं एवं उनके समाधान से है।

श्रम सम्बन्ध में प्रबन्ध, श्रम संघ सम्बन्धों की समस्याएं सम्मिलित होती है। इसके अन्तर्गत प्रबन्धक द्वारा कर्मचारी समूह के साथ समझौते करना तथा उसका क्रियान्वयन करना भी सम्मिलित होता है।

औद्योगिक सम्बन्ध : इसमें वैयक्तिक तथा सामूहिक दोनों प्रकार के सम्बन्धों का नेतृत्व तथा श्रम सम्बन्ध एवं सेविवर्गीय प्रबन्ध दोनों सम्मिलित हैं।

औद्योगिक सम्बन्धों के उद्देश्य
(Objectives)

औद्योगिक सम्बन्ध समूचे उद्योग में कार्यरत व्यक्तियों के मध्य सम्बन्ध हैं। इसका मुख्य उद्देश्य तो सेवानियोजकों तथा श्रमिकों के मध्य सोहाद्रपूर्ण सम्बन्धों की रचना करके औद्योगिक शक्ति कायम करने का प्रयास करना है। औद्योगिक सम्बन्धों के प्रमुख उद्देश्य निम्नांकित हैं –

1. श्रम तथा प्रबन्ध दोनों के हितों की रक्षा करना।

2. दोनों की पारस्परिक भावनाओं को अच्छी प्रकार से अभिव्यक्त करने तथा समझने का अवसर प्रदान करना।.

3. एक दूसरे के प्रति आदर-सम्मान की भावना उत्पन्न करना।

4. औद्योगिक विवादों को टालना।

5. भ्रातृत्व तथा सहानुभूति का वातावरण तैयार करना।

6. सेवानियोजकों तथा श्रमिक के मध्य मधुर सम्बन्धों की स्थापना करना।

7. अधिकतम रोजगार के अवसर प्रदान करना।

8. श्रम आवर्त तथा अनुपस्थिति की दर को कम करना।

9. हड़ताल, तालाबन्दी, घेराव आदि को कम करना।

10. श्रमिकों को उचित मजदूरी, उचित काम के घंटे, अनुषंगिक लाभ दिलाना।

11. सामाजिक लाभ की दृष्टि से अकुशल इकाइयों के लिए राजकीय नियंत्रण की व्यवस्था करना।

12. औद्योगिक प्रजातन्त्र की स्थापना करना।

संक्षेप में औद्योगिक उत्पादन बढ़ाना, श्रम प्रबन्ध प्रबन्धों में सुधार कर रोजगार के अवसर तलाशना आदि औद्योगिक सम्बन्धों के मुख्य उद्देश्य माने जाते हैं।

श्री किरकाल्डी के विचार में औद्योगिक सम्बन्ध राजनैतिक व्यवस्था से प्रभावित होते हैं। औद्योगिक सम्बन्धों के उद्देश्य राजनैतिक तथा सामाजिक कारणों से प्रभावित होते हैं।

उनके मतानुसार औद्योगिक सम्बन्धों के कुछ उद्देश्य और भी है, जो निम्नांकित है

1. विद्यमान औद्योगिक प्रबन्ध तथा सरकार की स्थिति में आर्थिक दशाओं का सुधार करना।

2. उत्पादन वृद्धि तथा अच्छे सम्बन्ध बनाये रखने के लिये उद्योगों पर राजकीय नियन्त्रण स्थापित करना।

3. उद्योगों का राष्ट्रीयकरण तथा सामाजिकीकरण करना जिससे उद्योग सरकार के स्वामित्व में आ जायें।

4. उद्योगों का स्वामी श्रमिकों को बनाया जाना।

अन्तर्राष्ट्रीय श्रमसंध तथा एशिया क्षेत्रीय सम्मेलन में श्रम प्रबन्ध समिति ने औद्योगिक सम्बन्धों को प्रभावित करने के लिये कुछ सिद्धान्तों की घोषणा की है। वे सिद्धान्त निम्नांकित हैं –

1. अच्छे सम्बन्ध तभी स्थापित हो सकते हैं, जब श्रमसंघ तथा नियोजक संघ स्वतन्त्र रूप से विचार का आदान प्रदान कर सकें तथा स्वतन्त्रतापूर्वक अपना उत्तरदायित्व निर्वाह करें।

2. श्रमसंघ, नियोजक तथा उनके संघ सामूहिक सौदेबाजी प्रणाली से विवाद सुलझाने की चेष्टा करें। इन विवादों को सुलझाने में बहुत ही आवश्यकता पड़ने पर नियम की सहायता ली जाये। इस प्रकार सामूहिक सौदेबाजी अच्छे सम्बन्धों के लिये आवश्यक है। नियमन व्यवस्था इसमे अधिक सहायक सिद्ध हो सकती है।

3. श्रम तथा प्रबन्ध संगठन सहयोग के इच्छुक हो।

वर्तमान युग में यह पूर्ण रूप से स्पष्ट हो गया है कि उत्पादन के साधनों में मानव शक्ति का सर्वाधिक महत्व है। यह वह अमूल्य निधि है जिसकी उपेक्षा नही की जा सकती। अतः यह आवश्यक है कि इस साधन को सदैव अपने लिये बनाये रखने हेतु मधुर औद्योगिक सम्बन्धों की स्थापना की जाये। श्रमिक को अधिक से अधिक लाभ प्रदान कर उसे संस्था के लिये उपयोगी बनाने का प्रयास किया जाये। आज की औद्योगिक अवस्थितियों में औद्योगिक सम्बन्धों का महत्व कम नहीं है। औद्योगिक सम्बन्धों पर पर्याप्त ध्यान देने से निःसदेह उत्पादन में वृद्धि होती है। कम्पनी की प्रतिष्ठा बढ़ती है तथा मधुर मानवीय सम्बन्धों की स्थापना का पावन कर्त्तव्य पूर्ण होता है।

औद्योगिक सम्बन्धों का क्षेत्र

औद्योगिक सम्बन्धों का क्षेत्र काफी विस्तृत है। आज के औद्योगिक क्षेत्र में श्रमिक संगठित है तथा प्रबन्ध विवेकशील। दोनों ही परिस्थितियों में संस्था के उद्देश्यों का सदृश्य रखकर उन सभी बातों को शान्ति से परस्पर मिलकर हल करने का प्रयास किया जाता है, जिनसे औद्योगिक उत्पादन की गति में कोई अवरोध उपस्थित न हो। अन्तर्राष्ट्रीय श्रम संगठन ने औद्योगिक सम्बन्धों के क्षेत्र में राष्ट्र एवं सेवानियोजकों के मध्य सम्बन्ध तथा श्रम संगठन एवं व्यावसायिक संगठनों के मध्य सम्बन्धों को सम्मिलित किया है। औद्योगिक सम्बन्ध संस्थान, इंगलैण्ड ने औद्योगिक सम्बन्धों के कार्यक्षेत्र में निम्नांकित विषयों को सम्मिलित किया है –

1. भर्त्ती की विधियां।

2. चयन एवं प्रशिक्षण।
3. शिक्षा पद्धतियां प्रणलियां।
4. औचित्यपूर्ण रोजगार की विधियां।
5. रोजगार एवं सेवा की शर्ते।
6. भुगतान की विधियां।
7. प्रमापित कार्य की दशाएं।
8. कर्मचारी सेवाएं।
9. संयुक्त समझौते तथा
10. परिवेदना निवारण विधि।

स्ट्रास तथा सेयल्स ने सेविवर्गीय प्रबन्ध तथा औद्योगिक सम्बन्धों को एक दूसरे का पर्याय माना है, उनके मतानुसार इनके क्षेत्र में निम्न विषयों को सम्मिलित किया जा सकता है –

1. भर्त्ती चयन एवं कार्य पर नियुक्ति।
2. कार्य का विश्लेषण, वर्णन तथा मूल्यांकंन।
3. क्षतिपूरक तथा मूल्य अंकन योजनाएं।
4. कर्मचारी लाभ कार्यक्रम।
5. विशिष्ट सेवाए।
6. रोजगार या सेवा रिकाईस।
7. प्रशिक्षण –शिक्षा कार्यक्रम।
8. जन सम्पर्क।
9. श्रम सम्बन्ध।
10. सेविवर्गीय नियोजन व मूल्यांकंन आदि।

औद्योगिक सम्बन्ध के उद्देश्यों की पूर्ति होने से औद्योगिक शान्ति की स्थापना होती है और अच्छे श्रम पूंजी सम्बन्ध भी स्थापित होते हैं। इस प्रकार यह कहा जा सकता है कि भारत जैसे राष्ट्र में औद्योगिक सम्बन्धों का सर्वाधिक महत्व है इन्हें अधिक से अधिक मधुर बनाये जाने के प्रयास किये जाने चाहियें।

औद्योगिक विवादों के कारण

औद्योगिक क्रान्ति ने एक और भीमकाय उद्योगों की आधारशिला रखकर एक सम्पन्न वर्ग को जन्म दिया जिसे पूंजीपति वर्ग के नाम से सम्बोधित किया जाता है तो दूसरी और औद्योगीकरण के आंगन में एक दलित वर्ग को पनपने में भी सहयोग दिया । यही दलित वर्ग उत्पादन का महत्वपूर्ण सक्रिय साधन श्रमिक है। ये दो विपरीत दिशायें आमने–सामने

रहीं, सदियों का शोषित वर्ग उठ खड़ा हुआ तथा अपने हितों तथा श्रम की पूरी कीमत के लिये पूंजीपतियों की मजबूत चौखटों से टकराया, संघर्ष का जन्म हुआ, औद्योगिक शांति भंग हुई तथा चारों और हड़ताल, घेराव, पत्थरबाजी एवं हिंसा की आग के समान लपटें ऊंची होती रही, संघर्ष बढ़ता रहा, पूंजी बढ़ती रही, भूख बढ़ती रही और दो वर्गो के बीच शाश्वत संघर्ष की नीवं पड़ी। अनेक मनोवैज्ञानिक, आर्थिक, राजनीतिक कारणों से औद्योगिक परिसर की शांति भंग हो गयी। औद्योगिक विवादों के कारणों को हम तीन वर्गों में विभक्त करते हैं। यह वर्गीकरण निम्नांकित हैं –

1. आर्थिक कारण ।
2. प्रबन्धकीय कारण ।
3. राजनैतिक कारण।

1. आर्थिक कारण (Economic)

(1) कम मजदूरी।
(2) अधिलाभांश व महंगाई भत्ता।
(3) कार्य दशाओं में सुधार।
(4) छंटनी।
(5) पदच्युति तथा सेवानिवृत्ति करना।
(6) वैज्ञानिक प्रबन्ध एवं विवेकीकरण।
(7) भर्त्ती एवं चयन प्रणाली का दोषयुक्त होना।
(8) छुट्टियां, कार्य के घण्टे व अवकाश।

2. प्रबन्धकीय कारण (Management)

(1) स्वार्थी एवं अकुशल नेतृत्व।
(2) क्षीण श्रम सगठन।
(3) पर्यवेक्षकों का खराब व्यवहार।
(4) प्रबन्धकों का असानुभूतिपूर्वक व्यवहार होना।
(5) प्रबन्ध में हिस्सेदारी की मांग।
(6) सामूहिक सौदेबाजी।
(7) सेवा की शर्ते।

3. राजनैतिक कारण (Political Reasons)

(1) सरकार विरोधी हड़ताल।
(2) सरकारी नीति के विरोध में।

(3) राजनैतिक दलों द्वारा हस्तक्षेप।

(4) नेताओं की गिरफ्तारी ।

(5) अन्य संस्थाओं की सहानुभूति में हड़ताल।

1. आर्थिक कारण
(Economic Causes)

औद्योगिक विवादों के आर्थिक कारणों का संक्षिप्त विवेचन निम्न प्रकार है:

(1) भारतीय श्रमिक आर्थिक दृष्टि से बड़ा कमजोर माना जाता है। उस गरीब को अपने परिवार का पेट पालने के लिये यदि पर्याप्त मजदूरी ही नहीं मिल पाये तो निस्संदेह भूख असन्तोष के रूप में उभरेगी और अवसर मिलते ही यह असन्तोष आक्रोश बनकर विस्फोट कर देगा। श्रमिक अपने श्रम की पूरी कीमत माँगता है जो केवल श्रम से ही निर्धारित न की जाय बल्कि उसका निर्धारण करते समय इस बात का भी पर्याप्त ध्यान रखा जाना चाहिये कि उसके योगदान से लाभों में जो वृद्धि हुई है उसकी अनुपात में मजदूरी अवश्य बढ़ाई जानी चाहिये। इतिहास साक्षी है कि हड़तालों में अधिकांश हड़ताल न्यून मजदूरी को आधार मानकर होती रही है।

(2) आज का श्रमिक एक ओर लाभों में हिस्सा चाहता है तो दूसरी ओर कमर तोड़ महँगाई से निपटने के लिये संस्था से अतिरिक्त धन। महँगाई दिन व दिन बढ़ रही है तथा मजदूरी उस अनुपात में नहीं बढ़ पाती तो श्रमिक महंगाई भत्ते की मांग करते हैं। श्रमिक के परिश्रम से जिन लाभों की उत्पत्ति हुई है, श्रमिक उसमें हिस्सा पाना अपना अधिकार समझता है। अत: ये दोनों कारण भी औद्योगिक विवादों को जन्म देता है।

(3) श्रमिक जिन परिस्थितियों में कार्य करता है उससे उसका स्वास्थ्य तथा मानसिक स्तर व सोचने का ढंग प्रभावित हुए बिना नहीं रहते। हमारे देश में कार्य दशाओं की ओर पर्याप्त ध्यान नहीं दिया गया, परिणामत: श्रमिकों में कार्य के प्रति उदासीनता एवं प्रबन्ध के प्रति असन्तोष बढ़ता रहा और आज कार्यदशाएं भी औद्योगिक विवादों के कारणों के क्रम में आ जुड़ी है। घटियां दर्जे की मशीने, अस्वास्थ्यकर वातावरण, श्रम कल्याण का अभाव, बैठने की व्यवस्था न होना, पानी, पेशाब आदि की व्यवस्था से सम्बन्धित मांग आजकल औद्योगिक विवादों के प्रमुख कारणों की गिनती में आते हैं।

(4) भारतवर्ष में ही नहीं प्रत्येक देश में रोजगार से निकाला जाना किसे भायेगा। यह दो तरह से श्रमिकों को प्रभावित करती है, एक तो उसे अन्यत्र रोजी तलाशनी होती है, तथा दूसरे वह अपनी प्रतिष्ठा पर उसे चोट समझता है, इन दोनों ही कारणों से श्रमिक प्रबन्धकों का भरपूर विरोध करते हैं तथा अपने सशक्त शस्त्रों का प्रयोग करता है। जब कार्गभार में स्थायी रूप में कमी आ जाती है तो श्रमिको की संख्या घटाने की आवश्यकता अनुभव होती है। ऐसी अवस्था में श्रमिकों का कार्य त्यागने के लिए विवश किया जाता है जिसका प्रबल विरोध होता है।

(5) हड़ताल आदि में भाग लेने के कारण श्रमिकों को अनुशासनात्मक कार्यवाही के अधीन कार्य मुक्त कर दिया जाता है या उन्हें सेवानिवृत्त कर दिया जाता है।

(6) जब नवीन प्राविधियों का प्रयोग किया जाता है तो श्रमिक अनुपयुक्त सिद्ध होते हैं, नवीन प्राविधियों तकनीकों आदि के प्रयोग से श्रम शक्ति की कम आवश्यकता होती है अत: कार्यमुक्त का डर उन्हें विरोध करने के लिए प्रेरित करता है।

(7) यदि श्रमिकों की भर्त्ती उपयुक्त माध्यम से नहीं हुई है तो औद्योगिक विवाद उत्पन्न होने की सम्भावना रहती है। यदि श्रमिकों की भर्त्ती मिस्त्री या ठेकदारों के माध्यम से हुई है तो वे इनका शोषण करते हैं और एक निश्चित समय बाद वे इस शोषण के विरूद्ध आवाज उठाते हैं।

(8) यदि श्रमिकों से लगातार 10–12 घण्टे काम कराया जाता है तो निस्संदेह उनमें असन्तोष पनपेगा तथा अवसर आते ही वह आक्रोश के रूप में अभिव्यक्त होगा। कार्य के घण्टे अब तो विधान द्वारा निर्धारित है। सामाजिक त्यौहारों उत्सवों व रीतिरिवाजों के लिए दूर दूर से आने वाले श्रमिक लौटकर गांव जाते हैं यदि उन्हें त्यौहार पर सार्वजनिक अवकाश तथा आवश्यकता पड़ने पर सवेतन अवकाश नहीं मिलता तो वे असन्तुष्ट होकर अवसर आने पर इन मांगों को लेकर प्रदर्शन, हड़ताल घेराव आदि शास्त्रों का प्रयोग करतें हैं।

2. प्रबन्धकीय कारण

(Managerial Causes)

आर्थिक रूप से संतप्त श्रमिक के साथ असन्तोष के लिए कुछ मनोवैज्ञानिक कारण भी जुड़े हुये हैं जो प्रतिष्ठा, सम्मान, व्यवहार, मान्यता प्रगति-विकास की आकांक्षा आदि से सम्बन्धित होते हैं - इनका उल्लेख पूर्व में क्रम से दिया गया है इनका संक्षिप्त विवेचन निम्न प्रकार है:

(1) स्हमारे देश का श्रमिक अनपढ़ है अत: सदैव उनका नेतृत्व राजनैतिक दलों ने अपने स्वार्थो की पूर्ति हेतु श्रम का दुरूपयोग किया है। वे अपने समर्थन में श्रमिकों को हड़ताल के लिये उकसाते हैं। अकुशल नेतृत्व के कारण श्रमिक को सही मार्ग दर्शन नहीं मिल पाता और वह भटक जाता है परिणामत: सदैव सघर्ष के लिए तैयार रहता है।

(2) यदि श्रम संगठन कमजोर होता है तथा प्रबन्धक के साथ विचार विमर्श एवं रचनात्मक समझौते करने में असफल रहता है तो निश्चित रूप से कर्मचारियों में वैयक्तिक असन्तोष बढ़ता है। कमजोर श्रमसंघ को प्रबन्ध न तो मान्यता देता है तथा श्रमिकों को शोषण करने में प्रवृत्त रहता है।

(3) आज का श्रमिक उपेक्षित एवं अपमान सहका कार्य नहीं कर सकता। मनोवैज्ञानिक आवश्यकताएं पूरी न होने पर उनमें विद्रोह के अंकुर प्रस्फुटित होना प्रारम्भ हो जाते है। प्रबन्धकों एवं पर्यवेक्षकों द्वारा यदि श्रमिकों के साथ सम्मानपूर्ण व्यवहार नहीं किया जाता है तो श्रमिक इस अपमान को हड़ताल, घेराब आदि के रूप में प्रदर्शित करते हैं।

(4) यदि प्रबन्धकों की श्रमिकों के साथ सहानुभूति रही है तथा दुर्घटना, अनुपस्थिति, बीमारी आदि में उनके साथ सहानुभूति नही रखी जाती तो वे प्रबन्धकों का विरोध करने के लिए अवसर तलाशने लगते है तथा अवसर आते ही विद्रोह कर देते है।

(5) बीसवीं सदी के श्रम आन्दोलन की महत्वपूर्ण देन है प्रबन्ध श्रमिकों की सहभागिता की मांग। श्रमिक जो उत्पादन का जीवन रक्त है उसे प्रबन्धकीय निर्णयों में हिस्सा

दिया जाना चाहिए। श्रमिकों की समस्याओं को सही रूप से प्रस्तुत कर रचनात्मक निर्णय लेने में श्रमिक ही सहायता प्रदान कर सकता है। यदि श्रमिक की इस स्तर पर उपेक्षा होती है तो वे विरोध करते हैं तथा प्रबन्ध में श्रमिक प्रतिनिधियों को रखने की मांग करते है।

(6) श्रम प्रबन्ध के सम्बन्धों को श्रेष्ठ बनाने में सामूहिक सौदेबाजी की भूमिका अत्यन्त महत्वपूर्ण है। आज के युग में श्रम, श्रम-प्रबन्ध एक मेज पर आमने सामने बैठकर आपसी मतभेद निपटाने का प्रयास करें तो श्रेयस्कर रहता है। सामूहिक सौदेबाजी के आधार पर श्रम प्रबन्ध में समझौते हो सकते हैं। यदि प्रबन्ध द्वारा इन समझौते की अनुपालना नहीं होती है तो श्रमिक इसका भरपूर विरोध करते हैं।

(7) सेवा की शर्तें भी औद्योगिक विवादों के लिये काफी हद तक जिम्मेदार है। श्रमिक सेवा शर्तो का निर्धारण तथा अनुपालना चाहता है। भर्ती चयन की उत्तम नीति, पदोन्नति का सही आधार, सेवानिवृत्ति लाभ, अधिलाभांश, सवेतन छुट्टियां अग्रिम व अन्य सुविधाओं के सम्बन्ध में स्पष्ट नियमों का निर्धारण होना चाहिये। इसके साथ ही किसी कर्मचारी को पद त्याग करने के लिए विवश करना, दण्ड देना, पदावनति करना आदि के लिये यदि कोई स्पष्ट नीति नहीं अपनाई जाती है तो श्रमिकों द्वारा विरोध होता है।

(8) श्रमिक केवल आर्थिक एवं प्रबन्धकीय कारणों से ही हड़ताल नहीं करते वरन् कुछ बाह्य तत्वों द्वारा भी प्रभावित होते है। औद्योगिक विवादों के पीछे कभी कभी राजनीतिक कारण भी होते हैं। सरकारी नीति या सरकार के निर्णयों का विरोध करने के लिये श्रमिक हड़ताल पर चले जाते हैं । सरकारी नीति एवं सरकार का विरोध करने के लिए विरोधी पक्षों द्वारा भी श्रमिकों को भड़काया जा सकता है। राजनैतिक दल सदैव ऐसी बातों एवं तथ्यों की खोज में रहते हैं जो श्रमिक वर्ग का समर्थन प्राप्त करने में सफल हों। वे अपनी शक्ति का प्रदर्शन करने हेतु श्रमिकों को गलत मार्ग देते हैं तथा उन्हें हड़ताल करने के लिए प्रेरित करते हैं । अधिकतर श्रमसंघ किसी न किसी राजनैतिक पार्टी से सम्बद्ध होते है तथा वे अपने स्वार्थों के लिए श्रमिकों को बलि पर चढ़ा देते हैं ।

कभी-कभी किसी मसले पर श्रमिक नेताओं को गिरफ्तार कर लिया जाता है तो श्रमिक उनके समर्थन में भी हड़ताल करते हैं तथा उन्हें मुक्त कराने के लिए संघर्ष करते हैं। यदि किसी अन्य संस्था के किसी कर्मचारी के साथ अन्याय हुआ है तो उनकी सहानुभूति में भी श्रमिक हड़ताल करते हैं।

मुख्य रूप से औद्योगिक विवादों का जन्म आर्थिक कारणों की वजह से होता है किन्तु अनार्थिक कारणों को भी इनमें महत्वपूर्ण भूमिका रहती है। औद्योगिक विवादों में मुख्य रूप से मजदूरी एवं भत्ते, अधिलाभांश, कार्मिक छंटनी, अवकाश व कार्यकाल, अनुशासन व हिंसा तथा अन्य कारणों को सम्मिलित किया जा सकता है।

भारत में औद्योगिक सम्बन्धों की स्थिति
(Status of Industrial Relation in India)

भारत में विगत वर्षों के दौरान सौहार्दपूर्ण औद्योगिक सम्बन्ध स्थापित करने की दिशा में जो प्रयास किये गये हैं उनके सकारात्मक प्रभावों के अन्तर्गत केन्द्र, राज्य, लोक, निजी क्षेत्र आदि में हड़तालों तथा तालाबन्दी आदि अवांछनीय गतिविधियों के कारण होने

वाली श्रमिक दिवसों की में निरन्तर कमी हुई है। हड़तालों तथा तालाबन्दी इत्यादि गतिविधियों में सम्मिलित होने वाले श्रमिकों की संख्या में भी महत्वपूर्ण कमी हुई है। भारत के सन्दर्भ में उपयुक्त वर्णित प्रवृत्ति को तालिका–1 में प्रस्तुत किये गये आंकड़ों की सहायता से परखा जा सकता है।

तालिका –1

औद्योगिक विवादों के कारण हड़ताले तथा तालाबन्दी

वर्ष	केन्द्रिय क्षेत्र	राज्य क्षेत्र	लोक क्षेत्र	निजी क्षेत्र	हड़ताल	तालाबन्दी	कुल योग
1991	517	1293	653	1157	1278	532	1810
1992	514	1200	617	1097	1011	703	1714
1993	272	1121	359	1034	914	479	1393
1994	249	952	316	885	808	393	1201
1995	285	781	343	723	732	334	1066
1996	316	850	381	785	763	403	1166
1997	384	921	448	857	793	512	1305
1998	231	866	283	814	665	432	1097
1999*	129	798	165	762	540	387	927
2000*	109	662	125	646	426	345	771
2001	115	559	139	535	372	302	374
2002 (Jan. -Sep.)*	32	289	32	289	142	179	321

Source: Labour Bureau, Shimla

* Provisional

Central sphere and state sphere include Public Sector Undertakings.

औद्योगिक विवादों का प्रभाव

(Adverse Impacts)

औद्योगिक विवादों को श्रमिक अपना ताकतवर हथियार मानते हैं। कोई भी श्रमिक यह नहीं जानता कि विवादों का तात्कालक व दूरगामी प्रभाव क्या होगा? औद्योगिक विवाद का सबसे बड़ा प्रभाव तो उत्पादन पर प्रतिकुल रूप में पड़ता है तथा साधारण क्रम में श्रम प्रबन्ध के सम्बन्ध बिगड़ते है। औद्योगिक विवाद देश की सामाजिक, आर्थिक व राजनैतिक स्थिति को अस्तव्यस्त कर देते हैं।

औद्योगिक विवादों का दुष्प्रभाव

1. राष्ट्रीय आय एवं उत्पादन में कमी।
2. उपभोक्ताओं को कष्ट।
3. स्वयं श्रमिक वर्ग को क्षति।
4. सेवानियोजकों को क्षति।
5. श्रम सम्बन्धों पर विपरीत प्रभाव।
6. आर्थिक विकास की गति अवरूद्ध होना।
7. सामाजिक व्यवस्था पर बुरा प्रभाव।

सुपरिणाम

1. श्रमिक एकता में वृद्धि।
2. मजदूर हितों में वृद्धि।
3. प्रबन्ध में हिस्सेदारी।
4. सामूहिक सौदेबाजी।
5. श्रमसंघ की मान्यता।
6. श्रमसंघों की प्रगति।
7. श्रमिक विधानों का निर्माण।
8. सेवानियोजक का सहानुभूति पूर्ण व्यवहार।

औद्योगिक विवादों के सकारात्मक तथा नकारात्मक दोनों तरह के प्रभाव होते है। अध्ययन की दृष्टि से इन्हें दो भागों में विभक्त किया गया है, किन्तु फिर भी यह तो निश्चित रूप से कहा जा सकता है कि औद्योगिक विवादों के कारण देश की प्रगति रूकती है तथा इसके ऋणात्मक प्रभाव को ही बल मिलता है। औद्योगिक विवादों के कारण होने वाली हड़तालों, तालाबन्दी व हिंसा से जन-माल की अत्यधिक क्षति होती है जो औद्योगिक उत्पादन पर प्रतिकुल प्रभाव डालती है।

औद्योगिक वातावरण को शान्त बनाये रखने तथा मधुर श्रम प्रबन्धों सम्बन्धों की स्थापना के क्रम में औद्योगिक विवाद एक अवरोध उपस्थित करतें हैं। एक ओर इनसे राष्ट्रीय आय एवं उत्पादन में कमी आती है तो दूसरी ओर आम उपभोक्ता को कष्ट उठाना पड़ता है, क्योंकि ऊंची किस्म की वस्तु उचित समय एवं उचित मूल्य पर नहीं मिल पाती। श्रम दिवसों की हानि से औद्योगिक उत्पादन की लागत ऊँची हो जाती है और आम आदमी को इसके दुष्प्रभाव का शिकार होना पड़ता है।

स्वयं श्रमिक को इनका शिकार होना पड़ता है।भारतीय श्रमिक वैसे भी गरीब है उसे पेट पालने के लिए प्रत्येक दिन भोजन खरीदना पड़ता है। यदि उसे हड़ताल के दिनों में

वेतन न मिले या उसे दोषी करार देकर कार्यमुक्त किया जा सकता है तो उसकी स्थिति बड़ी दयनीय हो जाती है। सेवानियोजक भी इसकी घात से बच नहीं सकता, उसकी नियोजित पूंजी का सही प्रत्याय मिल पाता। औद्योगिक परिसर में मधुर सम्बन्धों की संरचना एवं सौहार्दपूर्ण वातावरण पर औद्योगिक विवादों का प्रतिकुल प्रभाव पड़ता है, देश के आर्थिक विकास की गति अवरूद्ध होती है तथा उद्योग धन्धों तथा सयन्त्रो को क्षति पहुँचती है जिसके परिणाम स्वरूप सामाजिक व्यवस्था पर बुरा प्रभाव पड़ता है समाज का सुख चैन शान्ति भंग होती है तो समाज में गरीबी भुखमरी की बढ़ोतरी होती है ।

औद्योगिक विवाद श्रमिक, सेवानियोजकों, समाज तथा राष्ट्र सभी के लिए अहितकर हैं अतः निश्चित रूप से इनकी रोकथाम तथा इन्हें निपटाने के कोई रचनात्मक तथा गम्भीर प्रयास करने चाहिए। औद्योगिक समाज इन दो विपरित मतों वाले वर्गो के सम्मिश्रण से निर्मित है। एक पूंजीपति तथा दूसरा सर्वहारा श्रमिक, दोनों के बीच एक शास्वत संघर्ष है धन संचय एवं जकर ज्वाल का। एक अमीरी की अन्तिम सीमा तलाशता है दूसरा दो जून की सुविधा एवं सम्मान के साथ पारिस्पिरिक सहयोग एवं समझौतों का है। अतः देश एवं समाज की सुख समृद्धि को मध्य नजर रखते हुए हमें निश्चित रूप से औद्योगिक विवादों को रोकने के लिए कारगर उपाय सोचने होंगे तथा इन से उत्पन्न होने पर उन्हें तत्परता से निपटाने का प्रयास करना होगा, तब ही राष्ट्र प्रगति की इस दोड़ में विजेता हो सकेगा। औद्योगिक विवादों की रोकथाम के लिये निम्नांकित उपाय किये जायें तो श्रेयस्कर रहेगाः

1. श्रम प्रबन्ध के माध्य सौहार्दपूर्ण सम्बन्धों की स्थापना करने के लिए श्रम संघों की स्थापना अत्यावशक है क्यों कि श्रमसंघों श्रमिकों की स्थिति से प्रबन्धक अवगत रहते है तथा दोनों वर्ग प्रतिनिधित्व करने में समक्ष होते है। श्रमिकों में उत्पन्न होने वाले असन्तोष को श्रम संघ प्रबन्ध के समक्ष प्रस्तुत कर उसे दूर कराने में महत्वपूर्ण भूमिका का निर्वाह कर सकता है। सेवानियोजक प्रत्येक श्रमिक से सम्पर्क स्थापित कर उनकी समस्याओं को नहीं जान सकता, अतः श्रमसंघ ही वह सशक्त माध्यम है जो श्रमिकों की बात प्रबंध तक प्रभावपूर्ण ढग से प्रस्तुत करता है तथा औद्योगिक शान्ति की स्थापना में सहयोग देता है।

2. विश्व की प्रगतिशील शक्तियां, नामतः अमेरिका, ब्रिटेन, डेनमार्क, इटली, जर्मनी, फ्रांस, आस्ट्रेलिया आदि ने कार्य समितियों की स्थापना कर औद्योगिक शांति का मार्ग प्रशस्त किया है। कार्य समितियां श्रम प्रबंध के मध्य सौहार्दपूर्ण सम्बन्धों की स्थापना में महत्वपूर्ण भूमिका निर्वाह करती है। औद्योगिक विवाद अधिनियम की धारा 3 (1) के अनुसार किसी भी औद्योगिक प्रतिष्ठान में जहां पर 100 या इससे अधिक श्रमिक पिछले बाहर महीनों में नियुक्त रहे हैं, तो उपयुक्त सरकार सेवानियोजक को यह आदेश दे सकती है कि वे निर्धारित प्रारूप के अनुसार, एक कार्यसमिति की स्थापना करे, जिसमें श्रम प्रबन्ध के प्रतिनिधि समान संख्या में होंगें। यदि वहां पर पंजीकृत श्रम सघ कार्यरत है तो कार्यसमिति की स्थापना उसके परामर्श से की जानी चाहिए। इसी अधिनियम की धारा 3 (2) में यह व्यक्त किया गया है कि कार्यसमिति का यह कर्त्तव्य है कि वह श्रम प्रबन्ध के माध्य सौहार्दपूर्ण सम्बन्धों की स्थापना में सहयोग दें। कार्यसमिति में श्रमिकों तथा सेवानियोजकों के 20 प्रतिनिध होते हैं।

कार्यसमितियों के क्षेत्र में कार्य दशाएं, सुविधाएं, सुरक्षा एवं दुर्घटना सम्बन्धी रोकथाम, छुट्टीयों का समायोजन, कल्याणकारी तथा जुर्माना कोषों का प्रशासन, शैक्षणिक तथा मनोरंजन सम्बन्धी क्रियायें, बचतें एवं मितव्ययता का विकास आदि को कार्य समितियों के निर्णय को सम्मिलित किया गया है।

3. कारखाना अधिनियम 1948 की धारा 49 में यह प्रावधान है कि (अ) प्रत्येक ऐसे कारखानें में जहां सामान्यत: 500 या इससे अधिक श्रमिक नियुक्त हैं वहां कारखाने का स्वामी श्रम कल्याण अधिकारी की नियुक्ति करेगा। (ब) राज्य सरकार इन अधिकारियों, दायित्व, योग्यताएं एवं सेवाओं का निर्धारण करेगी।

4. औद्योगिक नीति 1950 तथा द्वितीय पंचवर्षीय योजना में संयुक्त प्रबन्ध परिषदों को अत्यधिक महत्व दिया गया। श्रम प्रबन्ध की एक मिली जुली संयुक्त प्रबन्ध परिषद निस्संदेह औद्योगिक विवादों को रोकथाम का प्रयास कर सकती। भारतवर्ष में 1958 से लगातार इनकी संख्या बढ़ी, किन्तु इसके बाद इनमें शिथिलता आई हैं।

5. अंग्रेजों द्वारा जर्जरित किये गये देश की बागडोर सम्भालते ही तत्कालीन स्वदेशी सरकार को एक साथ अनेक समस्याओं का सामना करना पड़ा जिनमें औद्योगिक क्षेत्र की समस्याएं प्रमुख थी। 1947 में सरकार ने एक त्रिदलीय सम्मेलन बुलाया जिनमें सरकार सेवानियोजक तथा श्रमिक प्रतिनिधियों ने भाग लिया। औद्योगिक शांति प्रस्ताव पारित किया गया। जिसे औद्योगिक शान्ति प्रस्ताव 1947 के नाम से जाना जाता है।

इस प्रस्ताव को पूर्ण नहीं माना गया तथा 1962 में तत्कालीन श्रम मन्त्री श्री गुलजारीलाल नन्दा की अध्यक्षता में सेवानियोजकों तथा श्रमिकों के केन्द्रिय संगठनों की बैठक हुई उसमें एक नये औद्योगिक शांति प्रस्ताव को पारित किया गया, जिसे औद्योगिक शांति प्रस्ताव 1962 के नाम से जाना जाता है।

6. यह प्रभावशाली साधन है जिसके माध्यम से औद्योगिक विवादों की रोकथाम की जा सकती है। छोटी छोटी समस्यायें भीषण रूप धारण न कर लें इसके लिए 1962 में औद्योगिक रोजगार (स्थायी आदेश) अधिनियम पारित किया गया ऐसे प्रतिष्ठान जहां 100 से अधिक व्यक्ति नियोजित हैं यह लागू होता है। इस अधिनियम के लागू होने के छ: माह के भीतर प्रधान अधिकारी के समक्ष श्रमिकों का वर्गीकरण, छुट्टियां, वेतन चुकाने का दिन, वेतन की दरें, अवकाश के लिये प्रार्थनापत्र देने की विधि, नौकरी से अलग करने की शर्तों, अनुशासनात्मक कार्यवाही आदि के सम्बन्ध में विस्तृत विवरण प्रस्तुत करने का प्रावधान है। 1961 में इसमें संशोधन कर सरकार ने यह अधिकार प्राप्त किया कि जहां 100 से कम श्रमिक नियोजित हैं वहां भी इसे लागू किया जा सकता है। सन् 1976 तक श्रम आयुक्त द्वारा 8721 स्थायी आदेशों की स्वीकृति प्रदान की गयी।

7. इस व्यवस्था के अन्तर्गत केन्द्रीय तथा राज्य सरकार, सेवानियोजक तथा श्रमिकों के प्रतिनिधियों को सम्मिलित किया जाता है। सन् 1931 में शाही आयोग ने इस व्यवस्था के लिए पर्याप्त बल दिया था। सन् 1940 में भारतीय श्रम सम्मेलन में औद्योगिक शान्ति की स्थापना के लिये इस व्यवस्था पर पर्याप्त बल दिया गया। जिसके परिणामस्वरूप सन् 1942 में सरकार ने एक त्रिपक्षीय श्रम संगठन की स्थापना की । 1954, 1959 तथा 1961 में इसके

सम्मेलनों में श्रमिक मण्डल, औद्योगिक सम्बन्ध, घरेलू कर्मचारियों की कार्यदशाओं मजदूरी, तथा श्रमिकों की सुरक्षा के सम्बन्ध में विचार विमर्श हुआ।

8. श्रमिक आर्थिक दृष्टि से काफी कमजोर माना जाता है, जिसे इस स्थिति में नहीं माना जा सकता कि वह अंश क्रय करके स्वामियों की पंक्ति में खड़ा हो सके औद्योगिक विवादों की रोकथाम करने के लिये यह उपाय निश्चित रूप से कारगर सिद्ध होता है। श्रमिकों को प्रबन्ध में हिस्सा देकर उसे संचालन मण्डल में प्रतिनिधित्व का अधिकार देने से वे अपने आपकों प्रतिष्ठित महसूस करते है तथा सम्भावित विवादों को उत्पन्न होने से रोकते हैं।

9. इस योजना के अन्तर्गत सेवानियोजकों द्वारा किसी अनुबन्ध के अन्तर्गत श्रमिकों को लाभों में हिस्सा दिया जाता है यह लाभ अभिलाभांश तथा प्रब्याजि से अलग है। क्योंकि अधिलाभांश तथा प्रब्याजि दोनों देना या न देना सेवानियोजक की इच्छा पर निर्भर करता है किन्तु लाभभागिता का निर्णय किसी समझौते के अन्तर्गत होता है अतः सेवानियोजक को अपने श्रमिकों को लाभ का एक निश्चित हिस्सा देना ही पड़ता है। लाभभागिता लाभ का वह हिस्सा है जो सेवानियोजकों द्वारा व शुद्ध लाभों में से वेतन या मजदूरी से अलग अपने श्रमिकों को किसी वचन में बन्धकर देना होता है।

इससे औद्योगिक विवाद टलते हैं, औद्योगिक शांति स्थापित होती है, उत्पादन बढ़ता है, लागत में कमी आती है, श्रम प्रबन्ध सुधरते हैं स्थायी श्रम शक्ति का विकास होता है, प्रशासन एवं पर्यवेक्षण में सुविधा रहती है तथा कर्मचारियों को सामाजिक न्याय मिलता है।

10. श्रमिक अपने जीवन यापन के साधन जुटाने के लिये अपना श्रम बेचता है। श्रमिक के लिये मजदूरी सर्वाधिक महत्व का विषय है। यदि श्रमिक को सम्मानजनक जीवन जीने के लिये पर्याप्त एवं औचित्यपूर्ण मजदूरी दी जाये तो निस्संदेह औद्योगिक विवादों में कमी आयेगी। उचित मजदूरी समिति ने भी मजदूरी मण्डलों की स्थापना पर जोर दिया है। मजदूरी मण्डल में कुल 7 सदस्य होते हैं जिनमें 2-2 प्रतिनिधि सेवा नियोजकों तथा श्रमिकों के दो प्रतिनिधि स्वतन्त्र एवं एक अध्यक्ष होता है। अध्यक्ष की नियुक्ति दोनों पक्ष की सहमति से होनी चाहिये। इस प्रकार औद्योगिक विवादों की रोकथाम में मजदूरी मण्डलों की महत्वपूर्ण भूमिका रहती है।

11. भारत सरकार ने स्वतन्त्रता के पश्चात् से ही समाजवादी समाज की स्थापना को लक्ष्य बनाया। कर्मचारियों की आर्थिक तथा सामाजिक स्थिति में सुधार करने के लिये विचार किया जाने लगा इसके साथ ही कर्मचारियों के कर्त्तव्यों एवं दायित्वों पर ध्यान दिया गया। प्रत्येक कर्मचारी को अपने निर्धारित कार्य को निर्धारित समय में करना चाहिये तथा संस्था द्वारा निर्धारित नियमों, व्यवस्थाओं का पालन करना चाहिये। सन् 1954 में घोषित औद्योगिक नीति में उद्योग में बढ़ती हुई अनुशासन हीनता पर प्रकाश डाला गया।

12. जब एक साथ बहुत से व्यक्ति कार्य करते हैं तो यह संभव नहीं है कि वे सभी एक ही तरह से सोंचे। संगठन में कार्यरत व्यक्तियों में कुछ लोगों का संगठन की रीति-नीति से विरोध हो सकता है। वैयक्तिक एवं सामूहिक स्तर पर कोई शिकायत या परिवेदना जन्म ले सकती है। अतः इन समस्याओं के शान्पूिर्ण निदान की आवश्यकता होती है। यदि ऐसा नहीं किया गया तो ये परिवेदनाएं विवाद के रूप में उभरते हैं तो इनसे औद्योगिक शान्ति का ह्रास

होता है। परिवेदनाओं के निवारण तथा भविष्य में उनकी पुनरावृत्ति को रोकने के लिए एक सुदृढ़ परिवेदना निवारण पद्धति की आवश्यकता होती है परिवेदना का जन्म कर्मचारी के मानस पर हो सकता है। इसके निवारण के उपाय अवश्य ढुंढें जाने चाहिये जिससे भीषण विवाद को टाला जा सके।

प्रश्न

1. औद्योगिक सम्बन्ध से क्या आशय है। औद्योगिक विवादों के प्रमुख कारण बताइये।
2. भारत में औद्योगिक विवादों की रोकथाम के लिये वर्तमान व्यवस्था का वर्णन कीजिए। इस सम्बन्ध में अपने मूल्यवान सुझाव दीजिये।
3. निम्नलिखित पर संक्षिप्त टिप्पणियाँ लिखियें

   (अ) औद्योगिक विवाद, (ब) श्रमिक सहभागिता

□□□

10

मुद्रा चलन अर्थशास्त्र
(Money Currency Economics)

चलन प्रणाली क्या है?

प्रत्येक देश की एक विशेष मौद्रिक प्रणाली होती है। मौद्रिक प्रणाली से अभिप्राय यह है कि देश में मुद्रा इकाई क्या है? देश में कितने प्रकार के सिक्के प्रचलन में हैं, कागजी मुद्रा का निर्गमन तथा नियन्त्रण किस प्रकार होता है। किसी देश विशेष में कौन सा मुद्रा मान प्रभाव में है तथा किसी देश की मुद्रा का दूसरे देश की मुद्रा से क्या सम्बन्ध है? किसी भी देश की मुद्रा प्रणाली का अध्ययन दो भागों में किया जा सकता है:

(1) आन्तरिक पक्ष – इसके अन्तर्गत मुद्रा प्रणाली की आन्तरिक समस्याओं, जैसे मुद्रा के स्वरूप, उसे जारी करने के तरीके, मुद्रा की किस्म, मुद्रा की मांग, तथा मुद्रा की पूर्ति का अध्ययन किया जाता है।

(2) बाहरी पक्ष – इसमें मुद्रा प्रणाली के बाहरी पक्ष जैसे देश की मुद्रा का विदेशी मुद्राओं से सम्बन्ध, विदेशी विनिमय, विनिमय नियन्त्रण आदि का अध्ययन किया जाता है।

भारतीय मुद्रा या चलन प्रणाली का संक्षिप्त इतिहास

भारतीय मुद्रा प्रणाली के इतिहास का अध्ययन दो भागों में किया जा सकता है:

(1) स्वतन्त्रता से पूर्व भारतीय मुद्रा प्रणाली – भारत की वर्तमान मुद्रा प्रणाली का आरम्भ सन् 1835 के भारतीय करेन्सी अधिनियम से हुआ। इस अधिनियम द्वारा देश की मुद्रा प्रणाली में एकरूपता लाने का प्रयत्न किया गया। इससे पहले देश के विभिन्न भागों में लगभग 994 प्रकार के सोने तथा चांदी के सिक्के प्रचलन में थे। भारतीय करेन्सी अधिनियम 1835 के पश्चात् सम्पूर्ण ब्रिटिश भारत में 180 ग्रेन चांदी या रुपया स्टैण्डर्ड सिक्के के रूप में

निर्गमित किया गया। चांदी का रुपया विधि ग्राह्य भी था। सन् 1871 में चांदी की पूर्ति बढ़ जाने के कारण सोने के रूप में चांदी की कीमत काफी कम हो गई। इसके फलस्वरूप भारत के विदेशी व्यापार को धक्का लगा। अतएव सन् 1893 में हरशैल कमेटी के प्रतिवेदन पर चांदी मान का त्याग कर दिया गया। इस प्रकार 1835 से 1893 तक भारत में चांदी मान प्रचलित रहा। हरशैल कमेटी की सिफारिशों के अनुसार, सन् 1893 में दूसरा करेन्सी अधिनियम 1893 पास किया गया। इस अधिनियम के अनुसार भारत में कागज के नोट तथा सोने के सिक्के प्रचलन में लाये गये। भारतीय करेन्सी का इंग्लैण्ड के पौंड से सम्बन्ध स्थापित किया गया। एक रुपए की विदेशी विनिमय दर 1 शिलिंग 4 पैंस तय की गई। चांदी का स्वतन्त्र टंकन बन्द कर दिया गया। सरकार ने सन् 1898 में फाउलर कमेटी की सिफारिशों के आधार पर तीसरा करेन्सी एक्ट 1899 में पास किया। इस एक्ट के अनुसार देश में स्वर्ण विनिमय मान स्थापित किया गया। इस स्टेण्डर्ड के अनुसार केवल विदेशों को भेजने के लिए एक निर्धारित दर पर, सरकार को, रुपए के सिक्कों तथा नोटों को सोने में बदलना पड़ता था।

सन् 1920 में बेबिगंटन स्मिथ कमेटी की नियुक्ति की गई। इस कमेटी की रिपोर्ट के आधार पर रुपये की विनिमय दर को बढ़ाकर 2 शिलिंग 10 पेंस कर दिया गया। इस प्रकार पहली बार रुपये का अतिमूल्यन किया गया। भारत का चौथी करेन्सी अधिनियम 1927 में हिल्टन यंग कमीशन की सिफारिशों के आधार पर पास किया गया। इस अधिनियम के अनुसार रुपए का पहली बार अवमूल्यन किया गया। रुपये की विनिमय दर कम करके 1 शिलिंग 6 पैंस निश्चित कर दी गई। देश में प्रचलित स्वर्ण विनिमय मान के स्थान पर स्वर्ण धातु मान की स्थापना की गई। इसके अनुसार कोई भी व्यक्ति किसी भी कार्य के लिये सरकार को नोट देकर 21 रुपये 2 आने 10 पाई प्रति तोला की दर से सोना खरीद सकता था, परन्तु उसके लिए कम से कम 1065 तोले सोना खरीदना आवश्यक था।

विश्वव्यापी मन्दी तथा अन्य कारणों से इंग्लैण्ड ने 21 सितम्बर, 1932 को स्वर्णमान त्याग दिया जिसके कारण रुपये को सोने से अलग करके 1 शिलिंग 6 पैंस की दर से स्टार्लिंग से जोड़ दिया गया। इस प्रकार भारत में स्टार्लिंग विनिमय मान की स्थापना हो गई। हिल्टन यंग कमीशन की सिफारिशों के आधार पर सन् 1935 में रिवर्ज बैंक की स्थापना की गई। इसे नोट जारी करने का एकाधिकार दिया गया। इस बैंक ने 1956 तक अनुपातिक निधि कोष प्रणाली के आधार पर नोट जारी किए। इस प्रणाली में, जारी किए गए नोटों के मूल्य का 40 प्रतिशत सोने की निधि के रूप में रखा जाता था। सन् 1956 से रिजर्व बैंक, न्यूनतम निधि प्रणाली के आधार पर नोट जारी कर रहा है। इस प्रणाली के अनुसार रिजर्व बैंक 200 करोड़ रुपये के सोने तथा विदेशी प्रतिभूतियों के आधार पर असीमित मात्रा में नोट जारी कर सकता है। द्वितीय महायुद्ध के दौरान भारत द्वारा कमाई गई विदेशी मुद्रा जैसे डालर, स्टलिँग आदि पर नियन्त्रण रखने के लिए सरकार ने विनिमय नियन्त्रण की योजना लागू की थी।

(2) द्वितीय महायुद्ध का मुद्रा प्रणाली पर प्रभाव – 3 सितम्बर, 1939 को द्वितीय महायुद्ध आरम्भ हो गया । इस महायुद्ध के दौरान भारतीय मुद्रा प्रणाली पर तीन मुख्य प्रभाव पड़े जो इस प्रकार थे:

(अ) मुद्रा स्फीति – युद्ध के दिनों में भारत सरकार का युद्ध व्यय बहुत अधिक बढ़ गया। इंग्लेण्ड के लिए काफी युद्ध सामग्री भारत में ही खरीदी गई। सरकार ने इस बढ़ते हुए व्यय को पूरा करने के लिए रिजर्व बैंक से काफी रुपया उधार लिया। रिजर्व बैंक ने स्टार्लिंग प्रतिभूतियों के आधार पर नये नोट छापकर सरकार को ऋण दिए। इसके फलस्वरूप देश में नोटो की पूर्ति बहुत अधिक बढ़ गई। सन् 1939 में नोटों का प्रचलन 182 करोड़ रुपये था, यह 1945 में बढ़कर 1159 करोड़ रुपए हो गया। इस प्रकार देश में एक ओर मुद्रा की पूर्ति बढ़ गई तथा दूसरी ओर उत्पादन का अधिक भाग सुरक्षा सम्बन्धी कार्यों के लिए प्रयोग किया जाने लगा तथा जनता के लिए वस्तुओं की पूर्ति काफी कम हो गई। इसके फलस्वरूप युद्ध की अवधि में कीमतें लगभग ढाई गुणा बढ़ गई। कीमत सूचकांक 1939 में 100 की तुलना में 1945 में 349 हो गया। सरकार ने कीमत नियन्त्रण के कई उपाय अपनाए थे। जिनके अन्तर्गत प्रमुखत: देश में राशनिंग की व्यवस्था लागू की गई। परन्तु सरकार कीमतों में होने वाली वृद्धि को रोकने में असमर्थ रही। देश में चोरबाजारी बहुत बढ़ गई। इस प्रकार द्वितीय महायुद्ध के दौरान मुद्रा की पूर्ति बढ़ जाने के फलस्वरूप कीमतों में काफी वृद्धि हुई।

(ब) स्टलिग शेष – युद्ध के दौरान ब्रिटिश सरकार ने भारत से काफी सामान खरीदा। इस सामान का मूल्य भारतीय मुद्रा के रूप में चुकता कर दिया गया। भारत सरकार ने यह रुपया रिजर्व बैंक से स्टर्लिंग प्रतिभूतियों के आधार पर उधार लिया था। इस प्रकार बैंक ऑफ इंग्लैण्ड के पास भारत के बहुत अधिक स्टलिँग जमा हो गए, इस जमा को स्टलिँग शेष कहा जाता है। यह एक प्रकार से इंग्लैण्ड द्वारा भारत से लिया कर्जा था। सन् 1947 तक 1662 करोड़ रुपए का स्टर्लिग शेष जमा हो गया। स्टर्लिग शेष के कई कारण थे, जैसे (1) भारत का 1939 से 1945 तक इंग्लैण्ड से निर्यात अतिरेक काफी बढ़ गया। (2) भारत ने इंग्लैण्ड से यह समझौता किया था कि युद्ध के पश्चात् भारत युद्ध में होने वाला सारा खर्चा इंग्लैण्ड से वसूल कर सकता था। (3) भारत सरकार ने इंग्लैण्ड की सरकार की ओर से युद्ध सामग्री खरीदने पर काफी धन खर्च किया था। यह खर्च स्टालिँग प्रतिभूतियों के रूप में चुकाया गया था। स्वतन्त्रता के पश्चात् ब्रिटेन ने काफी विवाद के पश्चात् भारत को पौण्ड पावना धीरे धीरे वापिस करने का निर्णय किया था। इसके लिए 1944, 1949, 1951 तथा 1952 में कई समझौते किए गए। स्टर्लिग शेष के फलस्वरूप देश में मुद्रा की पूर्ति काफी बढ़ गई, इसका परिणाम यह हुआ कि कीमतों में काफी वृद्धि हुई।

(स) विदेशी मुद्रा नियन्त्रण – दूसरे महायुद्ध के दौरान सरकार के लिए विदेशी मुद्रा का महत्त्व बहुत अधिक बढ़ गया। इसलिए देश में विदेशी मुद्रा के क्रय विक्रय तथा विदेशी मुद्रा की पूर्ति पर नियन्त्रण लगाना आवश्यक हो गया। इसके लिये रिजर्व बैंक को विशेष अधिकार प्रदान किये गए। रिजर्व बैंक ने एक विदेशी विनिमय विभाग की स्थापना की थी। युद्ध के समय देश में जितनी विदेशी मुद्रा थी, उस पर रिजर्व बैंक ने नियन्त्रण कर लिया। देश को निर्यात के बदले जितनी विदेशी मुद्रा प्राप्त होती थी वह सब रिजर्व बैंक के पास जमा हो जाती थी। विदेशी मुद्रा का क्रय विक्रय, रिजर्व बैंक द्वारा स्वीकृत बैंक ही कर सकते थे। देश में होने वाले आयात पर भी नियन्त्रण लागू किया गया। आयात करने के लिए लाईसैंस प्राप्त करना आवश्यक था। युद्ध के दौरान अमेरिका को निर्यात किये जाने वाले सामान के बदले में जितने डालर प्राप्त किये गए थे। वे सब साम्राज्य डालर कोष में जमा करा दिए गए।

स्वतन्त्रता के पश्चात् भारतीय मुद्रा प्रणाली या वर्तमान मुद्रा प्रणाली

मार्च 1947 में अन्तर्राष्ट्रीय मुद्रा कोष की स्थापना के पश्चात् स्वर्ण समता मान को अपनाया गया। इस प्रणाली में रुपए का सम्बन्ध सोने तथा डालर से निर्धारित कर दिया गया। इस प्रणाली में रुपये का बाहरी मूल्य सोने के साथ निर्धारित किया गया। इसलिए इसे स्वर्ण समता मान भी कहा जाता है। जनवरी, 1976 से अन्तर्राष्ट्रीय मुद्रा कोष ने स्वर्ण से सम्बन्ध तोड़ लिया है। भारत की करेन्सी की विनिमय दर भी लोचशील हो गई है।

(1) भारत की वर्तमान मुद्रा प्रणाली का आन्तरिक पक्ष

(अ) मुद्रा की इकाई – भारत में वर्तमान समय में मुद्रा की इकाई रुपया है। भारत में हिसाब-किताब रुपये के रूप में ही रखे जाते है। रूपए का सन् 1835 से ही सारे भारत में मुद्रा की इकाई के रूप में चलन है। यह सिक्के और नोट दोनो रूपों में ही प्रचलित है।

(ब) मुद्रामान – भारत में भिन्न भिन्न समयों पर विभिन्न मुद्रामान अपनाए गए है। सन् 1835 में रजत मान्, सन् 1894 में स्वर्ण विनिमय मान, 1927 में स्वर्णधातुमान तथा 1937 में स्टर्लिंग मान अपनाया गया। स्वतन्त्रता के पश्चात् अन्तर्राष्ट्रीय मुद्रा कोष का सदस्य होने के कारण भारत में स्वर्ण समता मान अपनाया गया। इसके अनुसार रुपए का मूल्य सोने या अमेरिकी डालरों के रूप में घोषित करना पड़ता है। रुपए का पहला अवमूल्यन 1949 में किया गया। 6 जून, 1966 को रुपए का दूसरा अवमूल्यन होने के बाद भारतय रुपए का मूल्य 0.118517 ग्राम सोना या 14.3 सेन्ट्स हो गया। जनवरी, 1976 से स्वर्ण समता मान भी समाप्त हो गया इसलिये अन्तर्राष्ट्रीय मुद्रा कोष के सदस्यों को स्वर्ण के रूप में अपनी मुद्रा के मूल्य को व्यक्त करने की आवश्यकता नहीं रही। सन् 1991 में रुपये का तीसरी बार 20 प्रतिशत अवमूल्यन किया गया। वर्तमान मुद्रामान, पत्र मुद्रामान या प्रतिबन्धित कागजी मुद्रा मान भी कहलाता है। क्योंकि भारत में नोटों को सोने या अन्य धातु में बदलने के लिए सरकार बाध्य नहीं है।

(स) करेन्सी के अंग – भारत की वर्तमान मुद्रा प्रणाली में सिक्के तथा कागज के नोट सम्मिलित है।

(1) सिक्के – भारत में वर्तमान समय में कई प्रकार के सिक्के प्रचलन में रहे है जैसे रुपया रुपये का सिक्का सबसे पहले मद्रास में सन् 1818 में जारी किया गया । सन् 1835 के भारतीय करेन्सी अधिनियम के अनुसार रुपया सम्पूर्ण भारत में लेन-देन का एकमात्र वैधानिक सिक्का बना दिया गया। रुपये का वजन 180 ग्रेनज होता था इसमें 165 ग्रेनज शुद्ध चांदी होती थी अर्थात् 11/12 भाग शुद्धता वाला होता था। उस समय रुपये का अंकित मूल्य उसमें प्रयुक्त हुई धातु के मूल्य के बराबर होता था। अतएव रुपया एक मानक सिक्का था। आजकल निक्कल का रुपया चलता है। इस पर अंकित मूल्य, धात्विक मूल्य से कम होता है। अर्थात् एक रूपये में जो निक्कल होता है उसका धातु के रूप में मूल्य बहुत कम है। इसलिए आधुनिक रुपया मानक सिक्का नहीं है परन्तु यह असीमित वैध मुद्रा है, अर्थात् बड़े से बड़ा भुगतान रुपयों में किया जा सकता है। अत: यह एक मानक प्रतीक सिक्का है। रुपया हिसाब-किताब की इकाई भी है। अप्रैल, 1974 को सरकार ने 10 रुपये तथा जुलाई

1980 को 50 रुपये के सिक्के जारी किये थे। 1982 में 100 रुपये का भी सिक्का जारी किया गया। सन् 1991 में 2 रुपये तथ 5 रुपये के सिक्के भी जारी किये गये। अक्टूबर 2000 में 3,073 करोड़ रुपये के मूल्य के एक रुपये के सिक्के प्रचलन में थे।

(2) सहायक सिक्के – रुपये के अलावा, थोड़े मूल्य के अन्य सिक्के, अठन्नी, चवन्नी, इकन्नी, पैसा और पाई कहलाते थे। एक रुपये में 64 पैसे होते थे। एक अप्रैल सन् 1957 में भारत में सिक्कों की दशमलव प्रणाली लागू की गई। इस दशमलव प्रणाली के कारण हिसाब किताब रखने में सरलता हो गई तथा तौल और नाम की मौद्रिक प्रणाली अपनानी सम्भव हो गई। इस प्रणाली में भारतीय रुपये को 100 पैसे के बराबर रखा गया। 1 जून, सन् 1964 से पहले इन्हे नए पैसे कहते थे। सरकार ने 1 पैसा, 2 पैसा, 5 पैसा, 10 पैसा, 20 पैसा, 25 पैसा, 50 पैसे के सिक्के जारी किये थे। ये सभी सिक्के प्रतीक सिक्के हैं। अर्थात् इन सिक्कों में केवल 25 रुपये तक का भुगतान किया जा सकता है। अक्टूबर 2000 में 1,195 करोड़ रुपये के छोटे सिक्के प्रचलन में थे।

(3) कागज के नोट – भारत की मुद्रा का 95 प्रतिशत भाग कागज के नोटो का है। भारत में सबसे पहले नोट सन् 1806 में बैंक ऑफ बंगाल ने चलाए। वर्तमान समय में नोटो की स्थिति निम्नलिखित प्रकार की है:

(क) एक रुपये का नोट – यह नोट भारत सरकार का वित्त मन्त्रालय जारी करता है। यह नोट भारत की अपरिवर्तनशील मुद्रा है अर्थात् इसे सिक्कों में बदलने के लिए सरकार को मजबूर नहीं किया जा सकता। यह प्रतीक मुद्रा है परन्तु यह असीमित विधि ग्राह्य मुद्रा है।

(ख) अन्य करेन्सी नोट – भारत में नोट चलाने का अधिकार रिजर्व बैंक ऑफ इण्डिया को ही है। यह बैंक 2, 5, 10, 20, 50, 100, 1000, 5,000 तथा 10,000 रुपये का नोट जारी करता था। परन्तु 5,000 तथा 10,000 के नोटों का विमुद्रीकरण कर दिया गया है। अब रिजर्व बैंक केवल 2, 5, 10, 20, 50, 100, तथा 500 रुपये के नोटों को जारी करता है। अब 1,000 रुपए का नोट भी जारी कर दिया गया है। इन नोटों को एक रुपये के सिक्के या नोटों में बदला जा सकता है। ये सब नोट असीमित विधिग्राह्य मुद्रा है। सन् 1957 से 200 करोड़ रुपये की आरिक्षित निधि के आधार पर नोट जारी किये जा रहे है। इसमें 115 करोड़ रुपये का सोना तथा 85 करोड़ रुपये की विदेशी प्रतिभूतियाँ होनी चाहिये। यह परिवर्तन पंचवर्षीय योजना में मुद्रा चलन को बढ़ाने तथा विदेशी मुद्रा की कमी को पूरा करने के उद्देश्य से किया गया है। जनवरी, 1986 तक 84 रुपये, 39 पैसे प्रति दस ग्राम के हिसाब से 247 करोड़ रुपये का सोना तथा 145 करोड़ रुपये की विदेशी प्रतिभूतियां रिजर्व बैंक के कोष में रखी गई है। सितम्बर, सन् 1939 में भारत में 182 करोड़ रुपये के नोट प्रचलन में थे। सन् 1951 में इनकी संख्या बढ़कर 1,240 करोड़ रुपये हो गई। अक्टूबर 2000 में 2,03,310 करोड़ रुपये के नोट प्रचलन में थे।

4. मुद्रा की पूर्ति

भारत में वर्तमान समय में मुद्रा की पूर्ति बढ़ती जा रही है। मुद्रा की पूर्ति में तीन चीजें शामिल की जाती है।

(1) जनता के पास मुद्रा - इसके अन्तर्गत कागज के नोट, रुपये के सिक्के व छोटे सिक्के शामिल होते हैं जो जनता के पास चलन में पाये जाते हैं अर्थात् इसके अन्तर्गत देश में जारी किए गए सब नोटों और सिक्कों में से सरकारी खजानों तथा बैंकों के पास जो भाग होता है, उसे घटाकर जो कुछ बाकी बचता है, वह शामिल किया जाता है। जनवरी 2000 में जनता के पास 1,89,649 करोड़ रुपये की मुद्रा थी।

(2) बैंकों की मांग जमा - इसके अन्तर्गत व्यापारिक बैंकों की शुद्ध मांग जमा शामिल की जाती है। जनवरी, 2000 तक बैंकों की मांग जमा 1,38,316 करोड़ रुपये थी।

(3) रिजर्व बैंक के पास अन्य जमा - रिजर्व बैंक के पास अर्द्ध सरकारी संस्थाओं जैसे Industrial Development Bank of India, Industrial Finance Corporation of India Ltd., State Financial Corporation, Unit Trust of India आदि का धन जमा होता है। जनवरी, 2000 में यह जमा 3,144 करोड़ रुपये थी।

भारत में जनता के पास मुद्रा की पूर्ति में शामिल उपरोक्त तीन अंगों का भाग निम्नलिखित तालिका से स्पष्ट हो जाता है:

तालिका-1
जनता के पास मुद्रा

(रुपये करोड़)

Year	Currency with the Public	Demand Deposits with Banks	Other Deposits with Reserve Bank	Total
1970-71	4,367	2,910	44	7,321
1980-81	13,464	9,336	317	23,117
1985-86	25,168	18,180	251	43,599
1991-92	61,231	52,855	885	1,14,971
1992-93	68,512	53,283	1,503	1,23,298
1993-94	82,198	65,574	2,528	1,50,300
1994-95	88,247	65,931	3,320	1,57,498
Jan. 2000	1,89,649	1,38,316	3,144	3,31,109

Source : Reserve Bank of India Bulletin April, 2000

उपरोक्त तालिका से ज्ञात होता है कि मुद्रा की कुल पूर्ति में बैंक जमा का अनुपात बढ़ता जा रहा है। 1970-71 में मुद्रा के कुल स्टॉक (M_1) में बैंक जमा का अनुपात 40 प्रतिशत था तथा जनता के पास करेन्सी का अनुपात 60 प्रतिशत था। सन् 2000 में बैंक माँग जमा का अनुपात बढ़कर 43 प्रतिशत हो गया तथा जनता के पास करेन्सी का अनुपात कम

होकर 57 प्रतिशत रह गया। इसका मुख्य कारण यह है कि देश में बैंकिंग सुविधाओं का विकास हुआ है। राष्ट्रीयकरण के पश्चात् बैंकिंग का अधिक तेजी से विस्तार हुआ है। व्यापार तथा शिक्षा के प्रसार के कारण लोगों की बैंकिंग आदतों में भी परिवर्तन हुआ है। सरकार की मौद्रिक नीति के कारण अब अधिक लोगों को बैंकों से ऋण प्राप्त होने लगी है।

सन् 1970-71 से रिजर्व बैंक ऑफ इण्डिया ने मुद्रा पूर्ति से सम्बन्धित संशोधित श्रृंखला प्रति वर्ष प्रकाशित करना आरम्भ कर दिया है। इसके अनुसार मुद्रा पूर्ति की निम्नलिखित चार धारणायें हैं।

M_1, M_2, M_3, M_4

M_1=Currency With the Public + Demand Deposits with the Banks + Other Deposits with the Reserve Bank

M_2=M_1 + Post Office Saving Bank Deposits

M_3=M_2 + Time Deposits with Banks

M_4=M_3+ Total Post Office Deposits

निम्नलिखित तालिका में सन् 1970-71 तथा जनवरी 2000 में भारत में कुल मुद्रा पूर्ति सम्बन्धी आंकड़े दिए गए है।

Table-2
Money Stock Measures

(Rs. Crore)

Year	M_1	M_2	M_3	M_4
1980-81	7,321	8,321	10,950	12,142
Jan. 2000	3,31,109	3,36,150	10,88,700	11,14,669

Source : Reserve Bank of India Bulletin April, 2000

(2) वर्तमान मुद्रा प्रणाली का बाहरी पक्ष

भारत की वर्तमान मुद्रा प्रणाली के बाहरी पक्ष का अध्ययन तीन भागों में किया जा सकता है:

(1) विदेशी विनिमय दर - किसी देश की मुद्रा की एक ईकाई दूसरे देश की मुद्रा की जितनी इकायों के बराबर होती है, उसे विदेशी विनिमय दर कहते हैं। भारत की विनिमय दर सन् 1946 से पहले दूसरे देशों की मुद्रा में स्टार्लिंग के माध्यम द्वारा तय की जाती थी, परन्तु सन् 1946 से अन्तर्राष्ट्रीय मुद्रा कोष का सदस्य होने के नाते भारतीय रूपया स्टार्लिंग से स्वतन्त्र हो गया था। अब इसका सम्बन्ध सोने से जोड़ दिया गया था। इसके अनुसार ही रुपये की विनिमय दर दूसरे देशों की मुद्रा के रूप में निर्धारित की जाती थी। प्रारम्भ में रुपये का मूल्य 0.268601 ग्राम सोना या अमरीका के 30 सेन्ट्स निर्धारित किया

गया। सन् 1949 में रुपये का अवमूल्यन हो गया जिसके कारण रुपये का मूल्य कम होकर 0.18662 ग्राम सोना या 11 सेंट्स निर्धारित हो गया 5 जून, 1966 को भारत के रुपये को दोबारा अवमूल्यन कर दिया गया। 8 जुलाई 1991 में रुपये का तीसरी बार 20 प्रतिशत अवमूल्यन कर दिया गया। सन् 1976 से रुपये की विनिमय दर का निर्धारण कुछ अन्य करेन्सियों की विनिमय दर के आधार पर किया जाता है। यह सोने से स्वतन्त्र हो गई है।

(2) विनिमय नियन्त्रण - भारत में विदेशी मुद्रा को सुरक्षित रखने के लिए तथा आयात और निर्यात पर नियन्त्रण रखने के लिए विनिमय नियन्त्रण प्रणाली अपनाई गई है। इसके अनुसार भारत में विदेशी मुद्राओं के खरीदने और बेचने पर कई प्रतिबन्ध लगा दिए गए है। यह प्रणाली द्वितीय महायुद्ध के समय से ही अपना ली गई थी। विनिमय नियन्त्रण का कार्य रिजर्व बैंक ऑफ इण्डिया को सौंपा गया है। सन् 1939 में रिजर्व बैंक ने इस कार्य के लिए एक पृथक विभाग नामत् विदेशी विनिमय नियन्त्रण विभाग स्थापित किया है। प्रत्येक व्यक्ति के लिए यह आवश्यक कर दिया गया है कि वह वस्तुओं का निर्यात करके जो भी विदेशी मुद्रा कमाए उसे रिजर्व बैंक के सुपुर्द कर दिया जायें और रिजर्व बैंक उसको विदेशी मुद्रा के बदले एक निश्चित दर के अनुसार रुपये दे देगा। इसी प्रकार यदि कोई व्यक्ति विदेशों से आयात करना चाहता है तो उसे आयात करने के लिये सरकार से आज्ञा प्राप्त करनी पड़ेगी। सरकार की आज्ञा मिलने पर रिजर्व बैंक उसे निश्चित दर पर रुपये के बदले विदेशी मुद्रा दे देगा। इस प्रकार विदेशी मुद्रा का क्रय विक्रय रिजर्व बैंक या उसके द्वारा नियुक्त अधिकृत विक्रेताओं के द्वारा किया जाता है। सन् 1993 में निर्यातों से प्राप्त अन्य करेन्सियों की रुपये के रूप में बाजार दर पर परिवर्तनशीलता की नीति लागू की गई है।

(3) विदेशी मुद्रा निधि - पंचवर्षीय योजनाओं की अवधि में भारत के आयात बहुत बढ़ गए, परन्तु निर्यात इतने नहीं बढ़ सके। इसके परिणामस्वरूप विदेशी मुद्रा निधि में कमी हो गई। सन् 1950-51 में यह कम होकर 784 करोड़ रुपये रह गई। सन् 1956 में रिजर्व बैंक ऑफ इण्डिया संशोधन विधान के अनुसार भारत में नोट जारी करने के लिए 285 करोड़ रुपये की विदेशी मुद्रा आरक्षित निधि के रूप में रखनी आवश्यक थी, परन्तु सन् 1957 में उसे कम करके 85 करोड़ रुपये कर दिया गया। सन् 1964-65 में भारत की विदेशी मुद्रा निधि केवल 119 करोड़ रुपये रह गई। विदेशी मुद्रा का कागजी मुद्रा से सम्बन्ध बहुत कम रह गया। सन् 1966 में रुपये का अवमूल्यन कर दिया गया। अवमूल्यन के कारण रुपये की विदेशी मुद्रा में कीमत कम हो गई। विदेशी मुद्रा निधि बढ़कर सन् 1968-69 में 576 करोड़ रुपये हो गई। योजनाओं के फलस्वरूप भारत में मुद्रा की पूर्ति में बहुत अधिक वृद्धि हुई, वस्तुओं के मूल्य बहुत अधिक बढ़ गए तथा विदेशी मुद्रा निधि में वृद्धि हुई। सन् 1975-76 में विदेशी मुद्रा निधि 1,492 करोड़ रुपये, सन् 1976-77 में 2,873 करोड़ रुपये तथा सन् 1978-79 में 4,500 करोड़ हो गई थी परन्तु सन् 1982-83 में यह कम होकर 4,265 करोड़ रुपये रह गई। सन् 1985-86 में विदेशी मुद्रा निधि बढ़कर 7,384 करोड़ रुपये हो गई। सन् 1986-87 में यह बढ़कर 7,645 करोड़ रुपये हो गई। परन्तु 1990-91 में यह कम होकर 4,388 करोड़ रुपये रह गई। परन्तु फरवरी 2000 को यह बढ़कर 1,52,283 करोड़ रुपये हो गई।

4. भारतीय मुद्रा प्रणाली की विशेषताएँ

भारतीय मुद्रा प्रणाली की मुख्य विशेषताएँ निम्नलिखित है:

(1) भारतीय मुद्रा में कागजी मुद्रा तथा धातु मुद्रा दोनों शामिल है।

(2) मुद्रा की इकाई रुपया है। परन्तु यह पूर्ण रूप से मानक सिक्का नहीं है। इसका अंकित मूल्य धात्विक मूल्य से कम है। परन्तु यह असीमित विधिग्राह्य है इसलिए यह मानक प्रतीक सिक्का है।

(3) एक अप्रैल, सन् 1957 से मुद्रा की दशमलव प्रणाली शुरु कर दी गई है।

(4) भारत के रुपये की विनिमय दर 1975 से रिजर्व बैंक द्वारा भारत के साथ व्यापार करने वाले देशों की करेन्सियों की विनिमय दर के साथ परिवर्तित होती रहती है। 25 सितम्बर, 1975 से यह दर 18.30 रुपये प्रति पौड़ हो गई। अब यह लगभग 68 रुपये प्रति पौड़ तथा 42 रुपये प्रति डालर है।

(5) नोट जारी करने के लिए न्यूनतम आरक्षित निधि अपनाई गई है।

(6) भारत में नोट निर्गमन करने के लिए 115 करोड़ रुपये का सोना तथा 85 करोड़ की विदेशी प्रतिभूतियाँ रखनी पड़ती है।

(7) एक रुपये का नोट भारत सरकार तथा शेष अन्य नोट रिजर्व बैंक जारी करता है।

(8) एक रुपये का सिक्का तथा नोट असीमित विधिमान है, परन्तु इन्हें सोने या चांदी में नही बदला जा सकता।

(9) भारत में मुद्रा की आरक्षित निधि का एक भाग विदेशी प्रतिभूतियां में लगा रहता है।

(10) स्वतन्त्रता के बाद मुद्रा के काफी प्रसार होने के कारण रुपये के आन्तरिक मूल्य में कमी हो गई तथा वस्तुओं की कीमतें काफी बढ़ कई।

भारत की वर्तमान मौद्रिक प्रणाली के गुण तथा दोष

गुण

(1) मितव्ययता – भारत की मुद्रा प्रणाली में मितव्ययता का गुण पाया जाता है, क्योंकि एक तो कीमती धातुओं जैसे सोने या चांदी के सिक्के नहीं चलाये जाते, दूसरे कागज के नोट जारी करने के लिए केवल 115 करोड़ रुपये का सोना कोष में रखना पड़ता है। उसे बढ़ाने की आवश्यकता नहीं होती, इस प्रकार सोने के उपयोग में भी बचत होती है।

(2) निश्चितता – भारतीय मुद्रा प्रणाली में निश्चितता पाई जाती है। इसके कई कारण, जैसे आन्तरिक मुद्रा के विभिन्न अंश और उनके परस्पर सम्बन्ध कानून द्वारा निश्चित कर दिए गए है। दूसरे रुपये का विदेशी मूल्य रिजर्व बैंक द्वारा निर्धारित किया जाता है। इस प्रकार इसमें भी निश्चितता बनी रहती है।

(3) लोच – भारतीय मुद्रा प्रणाली में काफी लोच पाई जाती है। केवल 200 करोड़ की सुरक्षित निधि रख कर मुद्रा की मात्रा में आवश्यकतानुसार परिवर्तन किया जा सकता है।

(4) स्वयं चालकता – भारतीय मुद्रा प्रणाली में स्वयं चालकता का गुण भी पाया जाता है। इसी के फलस्वरूप पंचवर्षीय योजनाओं में मुद्रा की बढ़ती हुई आवश्यकता को पूरा किया जा रहा है।

(5) बहुपक्षीय भुगतान – भारतीय मुद्रा प्रणाली का एक गुण यह है कि इसे विश्व की दूसरी मुद्राओं में बदला जा सकता है। इसका अर्थ यह है कि बाजार की शक्तियों के द्वारा निर्धारित मूल्यों के आधार पर भारतीय मुद्रा को विश्व के किसी भी देश की मुद्रा में बदला जा सकता है। इस प्रकार इसके द्वारा बहुपक्षीय भुगतान किये जा सकते है।

(6) दशमलव प्रणाली के लाभ – भारतीय मुद्रा प्रणाली दशमलव प्रणाली पर आधारित है। इस प्रणाली के समस्त गुण जैसे सरलता, वैज्ञानिक आधार आदि इसमें भी पाये जाते हैं।

दोष

भारत की वर्तमान मुद्रा प्रणाली में निम्नलिखित दोष पाये जाते हैं:

(1) मुद्रा प्रसार – भारत की मुद्रा प्रणाली के न्यूनतम निधि प्रणाली पर आधारित होने के फलस्वरूप मुद्रा का बहुत अधिक प्रसार हो सकता है। सन् 1951 में मुद्रा की पूर्ति 2,017 करोड़ रुपये की थी। परन्तु जनवरी 2000 में यह बढ़कर 3,31,108 करोड़ हो गई। अधिक मुद्रा प्रसार के फलस्वरूप देश में मूल्य बढ़ जाते हैं और अर्थव्यवस्था में कई प्रकार की समस्यायें उत्पन्न हो जाती है।

(2) कीमत अस्थिरता – भारत की वर्तमान मुद्रा प्रणाली देश की वस्तुओं और सेवाओं की कीमतों में पाई जाने वाली अस्थिरता के लिए काफी सीमा तक उत्तरदायी है। प्रथम पंचवर्षीय योजना में कीमतें कम हो गई। परन्तु दूसरी पंचवर्षीय योजना के बाद से निरन्तर बढ़ती जा रही है। सन् 1999–2000 में कीमतों में 7 प्रतिशत की वृद्धि हो गई।

(3) सुरक्षा का अभाव – भारत की वर्तमान मुद्रा प्रणाली न्यूनतम विधि प्रणाली पर आधारित है, जिसके अनुसार 200 करोड़ रुपये की निधि रखकर कितने ही मूल्य के कागजी नोट जारी किये जा सकते हैं। वर्तमान समय में कागजी नोटों के प्रचलन में बहुत अधिक वृद्धि हुई। अक्टूबर, 2000 में इनकी संख्या बढ़कर 2,03,310 करोड़ रुपये हो गई जबकि सन् 1951 में केवल 1,240 करोड़ रुपये के नोट जारी किये गये थे। बिना किसी समुचित सुरक्षित निधि के इतनी अधिक मात्रा में कागज के नोट जारी करने से जनता का देश की मुद्रा प्रणाली से विश्वास कम हो जाता है।

(4) अपरिवर्तनशीलता – यद्यपि 6, जून 1966 में भारत के लिए रुपए का स्वर्ण मूल्य 0,118517 ग्राम सोना घोषित किया गया था। परन्तु इस दर पर सरकार नोटों या सिक्कों को सोने या चांदी में बदलने के लिए बाध्य नहीं है। इससे लोगों का इस प्रणाली से विश्वास कम हो जाता है।

(5) प्रतीक करेन्सी - भारत की सम्पूर्ण मुद्रा सांकेतिक है। इसके सिक्कों का वास्तविक मूल्य, अंकित मूल्य से काफी कम है। इसलिए जनता का इसमें अधिक विश्वास नहीं है।

संक्षेप में, भारत की वर्तमान मुद्रा प्रणाली के कई गुण तथा दोष है। देश के आर्थिक विकास तथा मिश्रित अर्थव्यवस्था को ठीक ढंग से चलाने के लिए पूरी तरह से उपयुक्त सिद्ध नहीं हो सकी है, इसमें सुधार करने की बहुत आवश्यकता है।

6. भारत में कागजी मुद्रा

भारत में उन्नीसवीं शताब्दी से पहले नोटों का प्रचलन नहीं था। सर्वप्रथम बैंक ऑफ बंगाल ने सन् 1806 में कागज के नोट चलाये थे, तब से आज तक देश में कागजी नोट बराबर चल रहे हैं। उनकी संख्या में काफी वृद्धि हुई है। वास्तव में आज कुल मुद्रा का 95 प्रतिशत भाग कागजी नोटों में है। कागजी मुद्रा के इतिहास को चार भागों में बांटा जा सकता है:

(1) प्रेसीडेंसी बैंको द्वारा नोट प्रकाशन 1806 से 1860 - भारत में सबसे पहले पाँच रुपये का नोट जारी किया गया। यह नोट 1806 में बैंक ऑफ बंगाल तथा 1840 में बैंक ऑफ बम्बई तथा 1843 में बैंक ऑफ मद्रास ने जारी किया। ये नोट विधि ग्राह्य नहीं थे अर्थात् लोगों को इन नोटों को स्वीकार करने के लिए मजबूर नहीं किया जा सकता था। ये नोट प्रेसीडैंसी बैंक अपने क्षेत्रों अर्थात् कलकत्ता, बम्बई, मद्रास में ही चला सकते थे। इन्हें जारी करने के लिए बैंकों को नोटों के मूल्य का 1/2 भाग (बाद में 1/4 कर दिया गया) सोने के रूप में रखना पड़ता था। नोटों का सोने के रूप में भुगतान मांगने पर ये बैंक तुरन्त कर देते थे।

(2) सरकार द्वारा नोटों का प्रकाशन 1861 से 1934 -सन् 1861 में कागजी करेन्सी एक्ट पास करके सरकार ने नोट छापने का एकाधिकार अपने हाथ में ले लिया था। सन् 1934 तक सरकार ही नोट जारी करती रही। इस अवधि में कागजी मुद्रा प्रणाली की मुख्य विशेषताएँ निम्नलिखित थी:

(अ) देश में 5, 10, 20, 50, 100, 500, 1000, 10,000 रुपये के नोट जारी किए गये। प्रथम महायुद्ध के दौरान एक रुपये तथा ढाई रुपये के नोट भी चलाये गए। बाद में इन छोटे नोटों का चलन 1 जनवरी, 1926 को बन्द कर दिया गया।

(ब) सम्पूर्ण देश को तीन निर्गमन क्षेत्रों में बांटा गया। ये क्षेत्र बम्बई, कलकत्ता और मद्रास थे। इन क्षेत्रों की संख्या बढ़ाकर सात कर दी गई। प्रत्येक क्षेत्र के नोट, उसी क्षेत्र में ही असीमित विधि ग्राह्य थे, वे दूसरे क्षेत्रों में नही चलते थे। धीरे-धीरे इन क्षेत्रों को समाप्त कर दिया गया।

(स) सन् 1902 से पांच रुपये के नोट सभी क्षेत्रों में असीमित विधि ग्राह्य बना दिये गए। सन् 1903 से 10 रुपये तथा 50 रुपये के नोट तथा 1916 से 100 रुपये का नोट देश के सभी भागों में असीमित विधि ग्राह्य हो गया। नोटों को रुपये के सिक्कों में बदला जा सकता था।

(द) निश्चित सुरक्षित प्रणाली – इस अवधि में नोट निश्चित सुरक्षित प्रणाली के आधार पर जारी किए गए। यह प्रणाली इंगलैण्ड में भी प्रचलित थी। इस प्रणाली के अनुसार एक निश्चित मूल्य के नोट बिना किसी निधि के जारी किये जा सकते थे। इसके पश्चात् नोटों के मूल्य के बराबर निधि-सोने, रुपये के सिक्कों में या विशेष प्रतिभूतियों में रखनी पड़ती है। भारत में प्रारम्भ में यह न्यूनतम सीमा 4 करोड़ रुपये निश्चित की गई। सन् 1914 में इसे बढ़ाकर 14 करोड़ तथा 1920 में 20 करोड़ रुपये कर दिया गया। इसका अभिप्राय यह है कि 20 करोड़ रुपये तक के नोटों को जारी करने के लिए किसी सुरक्षित निधि की आवश्यकता नहीं हैं। बैंबिंगटन स्मिथ कमेटी की रिपोर्ट के आधार पर बनाये गये 1918 के पेपर करेन्सी एक्ट के अनुसार निधि का कम से कम 50 प्रतिशत भाग सोने तथा चांदी में रखना तय किया गया। सन् 1921 में तीनों प्रेसीडैंसी बैंकों को मिलाकर इम्पीरियल बैंक की स्थापना की गई और इस बैंक को निर्यात बिलों के आधार पर आवश्यकता अनुसार 12 करोड़ रुपये के नोट जारी करने का अधिकार दिया गया।

(3) रिजर्व बैंक द्वारा नोट निर्गमन 1935 से 1956 – 1 अप्रैल, 1935 को रिजर्व बैंक को नोट निर्गमन का एकाधिकार दिया गया। रिजर्व बैंक ने नोट निर्गमन करने के लिए निर्गमन विभाग स्थापित किया। दो रुपये तथा इससे ऊपर के तमाम नोट रिजर्व बैंक निकालता है। ये नोट असीमित विधि ग्राह्य है। इन पर भारत सरकार की गारन्टी रहती है। एक रुपये का नोट भारत सरकार का वित्त मन्त्रालय निकालता है। सन् 1956 तक रिजर्व बैंक, आनुपातिक कोष प्रणाली के आधार पर नोट जारी करता था इस प्रणाली के अनुसार कुल नोटों के मूल्य का 40 प्रतिशत भाग सोने, सोने की मुद्रा, विदेशी प्रतिभूतियों तथा विदेशी मुद्राओं में रखा जाता था। इसमें कम से कम 40 करोड़ रुपये के मूल्य का सोना अवश्य होना चाहिए। यदि रिजर्व बैंक निश्चित मात्रा में अधिक नोट प्रचलित करता है तो उसे सरकार को कम देना पड़ता था।

(4) वर्तमान नोट निर्गमन प्रणाली – भारत में वर्तमान समय में एक रुपये के नोट के अतिरिक्त बाकी सब नोट रिजर्व बैंक ऑफ इण्डिया द्वारा जारी किए जाते हैं। एक रुपये का नोट भारत सरकार का वित्त विभाग जारी करता है। यह नोट असीमित निधि ग्राह्य है तथा, इसे सिक्कों में बदलने के लिए सरकार को बाध्य नहीं किया जा सकता अर्थात् रुपया अपरिवर्तनशील मुद्रा है। रिजर्व बैंक का निर्गमन विभाग आजकल 2, 5, 10, 20, 50, 100, 500 तथा 1000 रुपये के नोट जारी करता है। ये नोट भी असीमित विधि ग्राह्य हैं। इन्हें सिक्कों या एक रुपये के नोटों में बदला जा सकता है।

सन् 1956 में नोट निर्गमन करने के लिए अनुपातिक कोष प्रणाली के स्थान पर न्यूनतम निधि प्रणाली अपनाई गई। इस प्रणाली के अनुसार रिजर्व बैंक को अपने निर्गमन विभाग में 285 करोड़ रुपये की विदेशी प्रतिभूतियों तथा 115 करोड़ रुपये का सोना, 55 रुपये प्रति दस ग्राम के हिसाब से रखना अनिवार्य कर दिया गया था। इस प्रकार 400 करोड़ रुपये की न्यूनतम निधि के आधार पर रिजर्व बैंक असीमित मात्रा में नोट जारी कर सकता था। सन् 1956 से पहले नोट निर्गमन विभाग में जो 40 करोड़ रुपये के मूल्य का सोना संरक्षित निधि में रखा गया उसका भाव 21, रुपये 13 आने, 10 पाई प्रति तोला था। परन्तु सोने की अन्तर्राष्ट्रीय मुद्रा कोष द्वारा निर्धारित दर 62 रुपये 50 पैसे प्रति तोला होने के कारण

इस 40 करोड़ रुपये के सोने का मूल्य बढ़कर 115 करोड़ रुपये हो गया है। इस प्रकार सरकार को सोने के कोषों में वृद्धि नहीं करनी पड़ी।

दूसरी पंचवर्षीय योजना में विदेशी मुद्रा की कमी महसूस होने के कारण 1957 में रिजर्व बैंक एक्ट में संशोधन किया गया। इसके अनुसार न्यूनतम राशि 400 करोड़ रुपये से कम से कम करके 200 करोड़ रुपये निश्चित कर दी गई। इसमें से 115 करोड़ रुपये का सोना तथा 85 करोड़ रुपये की विदेशी प्रतिभूतियां होनी चाहिए। सन् 1957 के दूसरे संशोधन एक्ट के अनुसार रिजर्व बैंक को यह शक्ति दे दी गई कि वह केन्द्रीय सरकार की स्वीकृति से विदेशी प्रतिभूतियों की जमा को कितना भी कम कर सकता है। एक फरवरी, 1969 को सोने की कीमत बढ़कर 88 रुपये, 44 पैसे प्रति तोला या 84 रुपये, 39 पैसे प्रति दस ग्राम हो गई। इस प्रकार अब रिजर्व बैंक 200 करोड़ रुपये की सुरक्षित निधि के आधार पर कितनी ही मात्रा में नोटों का प्रचलन कर सकता है।

नोट निर्गमन करने की आधुनिक प्रणाली के गुण तथा दोष

गुण – इस मुद्रा प्रणाली के निम्नलिखित गुण है:

(1) लोच – इस प्रणाली में काफी लोच पाई जाती है। केवल 200 करोड़ रुपये की निधि रखकर मुद्रा की मात्रा में इच्छानुसार परिवर्तन किया जा सकता है।

(2) विदेशी विनिमय के उपयोग में बचत – इस प्रणाली में केवल 85 करोड़ रुपए की विदेशी प्रतिभूतियां कोष के रूप में रखनी आवश्यक है। जिन्हें रिजर्व बैंक केन्द्रीय सरकार की स्वीकृति से कम भी कर सकता है। इस प्रकार विदेशी विनिमय को अनावश्यक रूप से सरकारी कोषों में रखने की आवश्यकता नहीं पड़ती।

(3) सोने के उपयोग में बचत – इस प्रणाली में सोने की केवल एक निश्चित मात्रा कोष के रूप में रखनी पड़ती है। उसे बढ़ाने की आवश्यकता नहीं होती है। अतएव सोने के उपयोग में बचत होती है।

(4) विदेशी विनिमय में स्थिरता – भारत अन्तर्राष्ट्रीय मुद्रा कोष का सदस्य है। इसलिए भारतीय रुपए का मूल्य अन्य देशों की मुद्राओं में तय कर दिया गया था। इस प्रकार रुपये की विनिमय दर स्थिर रहती थी, परन्तु 1976 में इसमें परिवर्तन आने लगा।

(5) जनता का विश्वास – इस प्रणाली में एक न्यूनतम सुरक्षा निधि की व्यवस्था होने के कारण साधारण जनता का इस मुद्रा में विश्वास बना रहता है।

(6) आर्थिक विकास के लिए उपयुक्त – डा. वी. के. आर. वी. राव के अनुसार इस प्रणाली से देश का आर्थिक विकास तीव्र गति से करने में सहायता मिलती है। क्योंकि इससे आर्थिक विकास के लिए मनचाही मात्रा में कागजी मुद्रा को जारी किया जा सकता है।

(7) संकट काल में सहायक – इस प्रणाली में संकट के समय रिजर्व बैंक राष्ट्रपति की अनुमति लेकर अधिक नोट छाप सकता है। सरकार संकट काल में कोष की मात्रा भी कम कर सकती है।

दोष – इस प्रणाली के दोष निम्नलिखि है:

(1) मूल्यों में वृद्धि – इस प्रणाली के कारण आंतरिक मूल्यों में बहुत वृद्धि हुई है, क्योंकि रिजर्व बैंक ने कागजी मुद्रा का बहुत अधिक मात्रा में निर्गमन किया है।

(2) रुपये के मूल्यों में अस्थिरता – अधिक मुद्रा प्रसार के कारण रुपए का आन्तरिक मूल्य तथा विनिमय दर बहुत कम हो गई है। यह प्रणाली रुपए के मूल्य में स्थिरता लाने में सफल नहीं हो सकी। 2000 में रुपये का मूल्य 1961 की तुलना में 6 पैसे रह गया है।

(3) मानक मुद्रा का अभाव – इस प्रणाली के अनुसार देश में चलने वाली समस्त मुद्रा सांकेतिक होती है। इस मुद्रा का वास्तविक मूल्य इस पर अंकित मूल्य से कम होता है।

(4) स्वचलन का अभाव – भारत की वर्तमान पत्र मुद्रा प्रणाली प्र प्रणाली है। अत्एव सरकार के हस्तक्षेप से ही मुद्रा की मात्रा कम या अधिक की जा सकती है। व्यापार की आवश्यकता के अनुसार इस में समायोजन नहीं हो सकता।

(5) जटिल प्रणाली – यह मुद्रा प्रणाली कृत्रिम तथा सरकार की इच्छानुसार चलने वाली होने के कारण साधारण जनता की समझ में नही आती।

(6) स्वतन्त्र मुद्रामान का अभाव – यह एक स्वतन्त्र प्रणाली नहीं है। यह विभिन्न देशों के साथ हमारे समझौते पर निर्भर करती है। इसलिए इसे प्रबन्धित पत्र मुद्रामान कहते हैं।

(7) परिवर्तन का अभाव – इस प्रणाली में नोटों को निश्चित दर पर सोने या चांदी में बदलने के लिए सरकार जिम्मेदार नहीं है। इसलिए परिवर्तनशीलता नहीं पाई जाती है।

संक्षेप में, यह प्रणाली देश के आर्थिक विकास के लिये तो उपयोगी सिद्ध हुई है, परन्तु इसके कारण देश में मुद्रा की मात्रा बढ़ जाने के फलस्वरूप कीमतें भी बहुत अधिक बढ़ गई हैं। सन् 1932 में केवल 182 करोड़ रुपये के नोट जारी किए गए थे जबकि अक्टूबर, 2000 में 2,03,310 करोड़ रुपए के नोट जारी किये गये हैं।

प्रश्न

1. मुद्रा चलन से आप क्या समझते है? एक आदर्श मुद्रा चलन के गुण बतलाइये?
2. भारत के वर्तमान चलन प्रणाली पर टिप्पणी लिखिये?

□□□

11

कागजी मुद्रा अर्थशास्त्र

(Paper Currency Economic)

स्वर्णमान के पतन के पश्चात् विभिन्न देशों द्वारा पत्र मुद्रामान अपनाया गया पत्र मुद्रामान को प्रबन्धित मुद्रामान भी कहा जाता है। इसका कारण यह है कि सरकार द्वारा प्रबन्ध किये बिना इसका चलन सम्भव नहीं होता। कुछ अर्थशास्त्रियों पत्र मुद्रामान को प्रादिष्टमान व साखमान भी कहा है।

पत्र मुद्रा के चलन का उल्लेख सर्वप्रथम चीन के इतिहास में मिलता है। जहाँ सन् 1790 में पत्र मुद्रा प्रारम्भ की गई थी किन्तु युद्ध के बाद प्राय: सभी देशों में पत्र मुद्रा का प्रचलन धीरे-धीरे प्रारम्भ हुआ और विश्व के सभी देशों में इसे अपना लिया गया। पत्र मुद्रामान में कागज के नोट प्रचलन में होते है। कुछ हल्की धातुओं के सांकेतिक सिक्के भी प्रचलन में होते है जिनका उद्देश्य छोटे-छोटे भुगतानों को निपटना होता है। सभी मुद्रा विधि ग्राह्य होती है किन्तु इनके सोने अथवा किसी कोष से भी कोई सम्बन्ध नहीं होता।

पत्र मुद्रा मान की विशेषता :

1. पत्र मुद्रा देश की प्रमुख मुद्रा होती है — पत्र मुद्रा मान में देश की प्रमुख मुद्रा कागज की बनी होती है। छोटे भुगतान के लिए सांकेतिक सिक्कों का प्रचलन होता है।

2. विधि ग्रह्य मुद्रा — सरकार द्वारा प्रचलित सभी मुद्राएँ विधि ग्राह्य होती हैं। कागज के नोट एवं बड़ी राशि के सिक्के असीमित विधि ग्राह्य होती है, किन्तु छोटी-छोटी राशि के सिक्के सीमित विधि ग्राह्य होते हैं।

3. कागजी मुद्रा का मूल्य स्वतन्त्र रूप से निर्धारित किया जाता है— पत्र मुद्रा मान का मूल्य स्वतन्त्र रूप से निर्धारित किया जाता है। सोने अथवा चांदी के मूल्य से इसका कोई सम्बन्ध नहीं है।

4. मुद्रा का प्रबन्ध सरकार अथवा केन्द्रिय बैंक द्वारा किया जाता है — पत्र मुद्रा मान एक प्रबन्धित मुद्रा मान है। अतः इसका प्रबन्ध सरकार अथवा केन्द्रिय बैंक द्वारा किया जाता है। प्रबन्ध का मुख्य उद्देश्य कीमतों एवं विनिमय में स्थिरता लाना तथा मुद्रा प्रणाली ठीक प्रकार से प्रचलित करना होता है।

किनले के अनुसार, ''पत्र मुद्रा के प्रबन्ध और नियन्त्रण में छोटी सी भूल भी विनाशकारी प्रभाव दिखाती है जिनकी कल्पना भी अन्य मुद्रा मानों में नहीं की जा सकती।

अतः मुद्रा प्रणाली के प्रबन्ध में विशेष ध्यान दिया जाता है।

केवल विदेशी भुगतान के लिए स्वर्ण कोष की आवश्यकता पड़ती है आंतरिक भुगतानों का एवं अन्य मौद्रिक व्यवहारों का सोने से कोई सम्बन्ध नहीं होता किन्तु विदेशी भुगतानों के लिए कुद स्वर्ण कोष रखा जाता है क्योंकि विदेशी व्यक्ति देश की कागजी मुद्रा को स्वीकार नहीं करते। अन्तर्राष्ट्रीय मुद्रा कोष की स्थापना के बाद अब विदेशी भुगतान के लिए भी स्वर्ण कोष रखने की आवश्यकता नहीं है ।

पत्र मुद्रा मान के गुण :

1. मितव्ययता - पत्र मुद्रा मान में धातु मुद्रा मान की तुलना में कम व्यय होता है। धातु के सिक्के की ढलाई में तो व्यय होता ही है साथ ही उनके घिसने से भी हानि होती है। किन्तु पत्र मुद्रा में ऐसा नहीं है।

एडम स्मिथ ने पत्र मुद्रा के इस गुण को बड़े सुन्दर शब्दों में व्यक्त किया है। एडम स्मिथ के अनुसार, ''पत्र मुद्रा आकाश मार्ग के समान है। उसके नीचे की भूमि भी प्रयोग में आ सकती है और उस पर अन्न आदि का उत्पन्न कर मानव की अन्य आवश्यकताएँ भी पूरी की जा सकती है।

2. लोच - पत्र मुद्रा प्रणाली में लोच का गुण पाया जाता है आवश्यकता के अनुसार मुद्रा की पूर्ति को घटाया बढ़ाया जा सकता है। धातु मुद्रा मान में इस प्रकार की लोच नहीं पायी जाती है। कीन्स ने पत्र मुद्रा का समर्थन इसी गुण के कारण किया है।

3. मुद्रा प्रणाली के प्रबन्ध की स्वतन्त्रता - पत्र मुद्रा प्रणाली में किसी धातु से कोई भी सम्बन्ध नहीं होता। अतः सरकार अथवा केन्द्रीय बैंक मुद्रा प्रणाली के प्रबन्ध में सवतन्त्र रहती है। देश की आवश्यकतानुसार मुद्रा का प्रसार किया जा सकता है।

4. अन्य देशों के प्रभाव से मुक्ति - पत्र -मुद्रा प्रणाली में देश की अर्थ-व्यवस्था पर अन्य देशों की आर्थिक अस्थिरता के बुरे प्रभाव से बचा जा सकता है, क्योंकि हर देश की आन्तरिक मुद्रा प्रणाली अलग अलग होती है और विदेशी विनिमय दरें अन्तर्राष्ट्रीय मुद्रा कोष के माध्यम से निर्धारित की जाती है।

5. देश के उत्पादन के साधनों का पूर्ण उपयोग सम्भव हो सकता है - पत्र मुद्रा प्रणाली में प्रत्येक देश अपने उत्पादन साधनों का पूर्ण उपयोग कर सकता है। साधनों के उपयोग के लिए सरकार कुछ सीमा तक मुद्रा प्रसार भी कर सकती है एवं अपनी मौद्रिक नीति आर्थिक विकास के अनुकूल बना सकती है। स्वर्णमान में या अन्य धातु मुद्रामान में ऐसा नहीं होता है।

6. आन्तरिक कीमत स्तर में स्थिरता – पत्र मुद्रा प्रणाली में मुद्रा की मांग एवं पूर्ति में सन्तुलन स्थापित किया जा सकता है। अतः देश के अन्तर्गत कीमतों में स्थिरता रहती है। यदि देश में मुद्रा की मांग बढ़ जाती है तो कागज के नोटों छापकर मुद्रा की पूर्ति को भी बढ़ाया जा सकता है। आन्तरिक कीमत स्तर में स्थिरता के कारण देश के विकास को प्रोत्साहन मिलता है।

7. पत्र मुद्रा मान संकटकाल का मित्र – संकटकालीन स्थिति में जब सरकार को आर्थिक मुद्रा की आवश्यकता होती है तो पत्र मुद्रा मान में मुद्रा की पूर्ति बढ़ाना सम्भव होता है। अतः इसे संकटकाल का मित्र कहा जा सकता है। कीन्स के शब्दों में, ''सरकार पत्र मुद्रा द्वारा उस कठिन समय में जीवित रह सकती है जब अन्य किसी साधन द्वारा जीवित रहना कठिन हो जाता है। यह एक प्रकार का कर है जिससे बचना जनता के लिए अत्यन्त कठिन होता है तथा जिसकी सबसे अधिक कमजोर सरकार जो किसी अन्य कर को लागू करने में असमर्थ होती है, लागू कर सकती है।'

पत्र मुद्रा मान के दोष :

पत्र मुद्रा मान के निम्न दोष कहे जा सकते है –

1. मुद्रा प्रसार का भय – पत्र मुद्रा मान में देश की मुद्रा का किसी धातु से सम्बन्ध नहीं होता है। पत्र मुद्रा की पूर्ति की आसानी में वृद्धि की जा सकती है। अतः देश में मुद्रा प्रसार का भय रहता है। मुद्रा प्रसार से देश की अर्थव्यवस्था पर बुरा प्रभाव पड़ता है। समाज के कुछ वर्गो को इससे बहुत हानि उठानी पड़ती है तथा बहुत अधिक मुद्रा प्रसार की स्थिति में जनता का मुद्रा प्रणाली से ही विश्वास उठ जाता है।

2. आन्तरिक कीमत में अस्थिरता – पत्र मुद्रा मान में आन्तरिक कीमत स्तर में भी उतार चढ़ाव रहते है। कागजी मुद्रा का कोई आन्तरिक मूल्य नहीं हो। अर्थात: कागजी मुद्रा का मूल्य शून्य तक पर्हुच सकता है। मुद्रा प्रसार के कारण मूल्य में वृद्धि भी बहुत तेजी से होती है और मुद्रा का मूल्य कम होता है। इसी तरह मुद्रा का संकुचन के समय कीमत बहुत अधिक गिर जाती है जिसका भी देश की अर्थव्यवस्था पर बुरा प्रभाव पड़ता है। भारत में बढ़ती हुई कीमतों का एक प्रमुख कारण मुद्रा प्रसार है।

3. जनता का कम विश्वास – पत्र मुद्रा में जनता का विश्वास धातु मुद्रा की तुलना में कम होता है, क्योंकि जनता को यह भय होता है कि कभी भी इस मुद्रा का विमुद्रीकरण होने पर उनको हानि हो सकती है क्योंकि पत्र मुद्रा का आन्तरिक मूल्य कुछ भी नहीं है। चेपमेन के अनुसार, ''अपरिवर्तनीय पत्र मुद्रा को लोग संदेह की दृष्टि से देखते हैं। लोगों को यह भय होता है कि कहीं इसका अत्यधिक निर्गमन न कर दिया जाये। जो सरकार प्रत्यक्ष रूप से अधिक कर लगाकर जनता की लोकप्रियता नहीं खोना चाहती है वह अप्रत्यक्ष रूप से अधिक नोट निकालकर उस पर कर लगाती है। छापेखाने द्वारा संसाधन बहुत शीघ्रता से प्राप्त किये जा सकते हैं। जैसे-जैसे अधिक परिवर्तनशील पत्र मुद्रा एक निश्चित मात्रा से ऊपर निकाली जाती है, वैसे-वैसे उसका मूल्य गिरता जाता है तथा चलन में जनता का विश्वास भी कम होता जाता है।

4. विदेशी विनिमय दरों में अस्थिरता – पत्र मुद्रा मान में विदेशी विनिमय दरों में बहुत उतार चढ़ाव हो सकते है, क्योंकि मुद्रा का विनिमय दरों से कोई सम्बन्ध नहीं होता इसीलिए पत्र मुद्रा मान में सभी देशों को विनिमय नियन्त्रण का सहारा लेना पड़ता है।

5. एक देश की आर्थिक दशा का अन्य देशों पर प्रभाव – यह नहीं कहा जा सकता है कि पत्र मुद्रा मान में एक देश के आर्थिक संकट का दूसरे देश पर प्रभाव नहीं पड़ता। सभी देश एक दूसरे से सम्बन्धित है। अतः एक देश की अर्थव्यवस्था का अन्य देशों पर प्रभाव स्वर्णमान की तरह पत्र मुद्रा मान में भी पड़ता है।

पत्र मुद्रा के उपरोक्त विश्लेषण से यह स्पष्ट है कि पत्र मुद्रा से काफी लाभ प्राप्त होते है। पत्र मुद्रा के जो दोष बताए गये हैं वे वास्तव में पत्र मुद्रा मान के नहीं वरन् पत्र-मुद्रा के प्रबन्ध में कमी रहने के कारण ये दोष उत्पन्न होते हैं। यदि पत्र मुद्रा का अच्छी तरह से नियमन एवं प्रबन्ध किया जाये तो इससे काफी लाभ प्राप्त हो सकते हैं। इसी कारण विश्व के सभी देशों में अब केवल पत्र मुद्रा मान ही प्रचलित है।

पत्र मुद्रा की निर्गमन कौन करे?

प्रारम्भ से ही अर्थशास्त्रीयों में इस बात पर चर्चा होती रही है कि पत्र मुद्रा के निर्गमन करने का अधिकार दिया जाये। पत्र मुद्रा के निर्गमन का अधिकार सरकार को दिया जावे अथवा बैंक को और यदि बैंक को दिया जाये तो एक बैंक को अथवा अनेकों बैंकों को विभिन्न अर्थशास्त्रियों ने इसके पक्ष और विपक्ष में अपने तर्क प्रस्तुत किये हैं।

सरकार द्वारा नोट निर्गमन के पक्ष में तर्क :

सरकार द्वारा नोट निर्गमन के पक्ष में विभिन्न अर्थशास्त्रियों द्वारा निम्न तर्क प्रस्तुत किये गये हैं :

1. जनता का विश्वास – सरकार की साख बैंको की तुलना ऊँची होती है इसलिए सरकार द्वारा नोट निर्गमन करने पर इनमें जनता का विश्वास ज्यादा होगा। इन नोटों के पीछें सरकार की सम्पत्ति आड़ का काम करती है।

2. मितव्ययिता – सरकार की साख अधिक होने के कारण से नोटों के पीछे धातु के कोष रखने की आवश्यकता नहीं होती । अतः इससे धातु कोषो की बचत होती है।

3. मुद्रा प्रणाली का उचित प्रबन्ध – सरकार के साधन बैंकों की तुलना में अधिक होते हैं। सरकार के पास मुद्रा प्रणाली का प्रबन्ध सरकार उचित प्रकार से कर सकती है न कि बैंक । सरकार इसके लिए विशषज्ञों से सहायता भी ले सकती है।

4. देश के हित में निर्णय – सरकार जो भी निर्णय लेती है वह देश के हित में लेती है। अतः पत्र मुद्रा के प्रबन्ध के सम्बन्ध में जो भी निर्णय लिया जायेगा वह देश के हित में लिया जावेगा न कि किसी व्यक्ति विशेष अथवा संगठन के हित में ।

5. बैंकों द्वारा पत्र मुद्रा निर्गमन में भी सरकारी हस्तक्षेप रहा है – ऐसा देखा गया है कि जब भी बैंक को नोट निर्गमन का कार्य सौंपा गया तब सरकार द्वारा भी उन पर नियन्त्रण रखा गया। अन्तिम निर्णय हमेशा सरकार द्वारा ही लिया जाता रहा है। अतः यदि

अन्तिम निर्णय हमेशा सरकार को ही लेना है तो फिर क्यों न सरकार ही इस काम को स्वयं करें।

6. अनुपयुक्त नीति के गम्भीर परिणाम हो सकते हैं – यदि पत्र मुद्रा की नीति अनुपयुक्त हो तो देश की अर्थव्यवस्था पर इसके धातक परिणाम हो सकते है। यदि नोट निर्गमन के इस कार्य को निजी बैंकों के हाथों में सौंपा जायें तो निजी बैंक अपने हितों के लिये राष्ट्रीय हित की भी उपेक्षा कर सकते हैं।

बैंकों द्वारा नोटों निर्गमन के पक्ष में तर्क

बैंकों द्वारा नोट निर्गमन के पक्ष में निम्न तर्क दिये जाते हैं।

1. मुद्रा प्रणाली की लोच – सरकार का व्यापार एवं उद्योग धन्धों से कोई सीधा सम्पर्क नहीं रहता है, अतः सरकार के लिए यह अनुमान लगाना कठिन होता है कि देश में मुद्रा की कितनी आवश्यकता है। इसके विपरीत बैंकों का देश के व्यापार एवं वाणिज्य से सम्बन्ध रहता है। अतः उनके लिए यहअनुमान लगाना सम्भव होता है कि देश में मुद्रा की आवश्यकता कितनी है और इस पर आवश्यकतानुसार मुद्रा की मात्रा में कमी अथवा वृद्धि की जा सकती है। इस प्रकार बैंकों को नोट निर्गमन का काम सौंपने से मुद्रा प्रणाली में लोचता रहती है।

2. बैंकों द्वारा निर्गमन कार्य सुव्यवस्थित ढंग से होता है – प्रायः यह देखा जाता है कि सरकारी कार्य में विलम्ब होता है एवं इसमें ढील ढाल रहती है। लाल फीताशाही के कारण निर्णय लेने में अधिक समय लगता है । इसके विपरीत बैंकों का कार्य सुव्यवस्थित ढंग से होता है एवं शीघ्र ही निर्णय लिए जा सक्ते हैं । उचित समय में निर्णय लेकर बैंक मुद्रा प्रणाली प्रणाली को सुव्यवस्थित ढंग से संचालित कर सकती है।

3. मौद्रिक नीति आर्थिक विचारों पर आधारित होती है – सरकार द्वारा नोट निर्गमन करने पर मौद्रिक नीति पर राजनैतिक प्रभाव पड़ सकते है किन्तु जब बैंकों को नोट निर्गमन का कार्य सौंपा जाता है तब मौद्रीक नीति आर्थिक विचारों पर आधारित होती है। प्रजातान्त्रिक देश में राजनैतिक प्रभाव की सम्भावना ज्यादा होती है, जिसके बहुत बुरे परिणाम भी हो सकते हैं। बैंक द्वारा नोट निर्गमन में इस प्रकार की सम्भावना नहीं होती।

4. बैंकिंग के नियमों का पालन – बैंकों को नोट निर्गमन का कार्य सौंपने से बैंकिंग के नियमों का पालन अच्छी प्रकार से होता है। सरकार द्वारा नोट निर्गमन का पालन होने की सम्भावना कम रहती है क्योंकि सरकार इन नियमों की ओर इतना ध्यान नहीं देगी जितना बैंक दिया करती है। बैंकिंग के नियमों की अवहेलना से देश को हानि हो सकती है।

5. नोट छापने से जो लाभ होता है वह भी लोक हित में ही व्यय किया जाता है – कागजी नोट छापना एक लाभप्रद कार्य है। किन्तु यदि बैंकों को नोट निर्गमन का काम सोंपा जाये तो उनके लाभ का अधिकांश भाग भी सरकार द्वारा ले लिया जाता है। जिससे वह लाभ भी सरकार द्वारा सार्वजनिक हित में व्यय किया जाता है।

निष्कर्ष – सरकार एंवं बैंकों द्वारा नोट निर्गमन के पक्ष और विपक्ष में दिये गये तर्क के आधार पर यह कहना सम्भव है कि सरकार की अपेक्षा बैंकों को ही नोट निर्गमन का

काम सोंपना अधिक उपयुक्त हैं। बैंकों द्वारा नोट निर्गमन के लाभ में सबसे महत्वपूर्ण लाभ मुद्रा प्रणाली में लोच है। बैंकों का सम्बन्ध देश के व्यापार और वाणिज्य से होने के कारण वे इस बात का अच्छी प्रकार अनुमान लगा सकते है कि देश में कितनी मुद्रा की आवश्यकता है इससे देश में मुद्रा की मांग और पूर्ति में समन्वय स्थापित किया जा सकता है। यदि देश में मुद्रा और पूर्ति में समन्वय रहे तो देश के आर्थिक विकास में सहयोग मिलता है। सरकार द्वारा नोट निर्गमन किये जाने पर यह लाभ नहीं मिलता। बैंक द्वारा निर्गमन नोट में भी जनता का विश्वास सरकार के नोट की तुलना में कम नहीं होता। यदि सरकार द्वारा बैंकों पर नियन्त्रण रखा जावे तो सरकार एवं बैंक दोनों ही के द्वारा नोट निर्गमन के लाभ यह काम बैंकों को सौंप कर ही प्राप्त किये जा सकते है। अतः निष्कर्ष के रूप में कहा जा सकता है कि नोट निर्गमन का काम बैंकों को ही दिया जाना चाहिये।

एकाकी नोट निर्गमन प्रणाली एवं बहु नोट निर्गमन प्रणाली

अब यहां यह प्रश्न उत्पन्न होता है कि नोट निर्गमन का काम एक बैंक को सोंपा जाय अथवा अनेकों बैंकों को। जब नोट निर्गमन का कार्य एक बैंक को सौंप जाता है तो उसे एकाकी नोट निर्गमन प्रणाली और जब बहुत से बैंकों को नोट निर्गमन का काम सौंपा जाय तो उसे बहु नौट निर्गमन प्रणाली कहा जाता है। प्रायः सभी देशों में वर्तमान समय में एकाकी नोट निर्गमन प्रणाली अपनायी जाती है। नौट निर्गमन के प्रारम्भिक काल में बहु नोट निर्गमन प्रणाली का प्रचलन रहा था।

प्रश्न

1. कागजी मुद्रा निर्गमन के विभिन्न सिद्धान्तों की व्याख्या कीजिये?
2. कागजी मुद्रा के गुण दोषों की विस्तृत व्याख्या कीजिये?

□□□

12

आर्थिक संकेन्द्रण
(Economic Concentration)

आर्थिक शक्ति के संकेन्द्रण का तात्पर्य राष्ट्रीय उत्पादन व वितरण व्यवस्था का कुछ हाथों में केन्द्रित होना है। **महालनोबिन्स समिति** के अनुसार, "व्यापक रूप से व्यक्तिओं अथवा ग्रुपों की मध्य संख्या द्वारा पूंजी अथवा आय इनका रोजगार अथवा संचार साधनों के रूप में आर्थिक शक्ति की महत्वपूर्ण यात्रा पर नियन्त्रण करना, जो राष्ट्रीय योग का अधिक प्रतिशतता तो नहीं है किन्तु फिर भी उनकों अन्य व्यक्तियों अथवा ग्रुपों की तुलना में सम्बन्धित संदर्भ में इतना ऊंचा स्थान दिलाता है कि उनको अनुपात से अधिक प्रयास ढ़ालने में समर्थ बनाता है तथा वे आर्थिक शक्ति का ऐसा प्रयोग करते है कि संकेन्द्रण के अनुपात के रूप में सांख्यिकी विधियों द्वारा नहीं मापा जा सकता, आर्थिक शक्ति का संकेन्द्रण कहा जाता है।" इस परिभाषा के अनुसार आर्थिक शक्ति के संकेन्द्रण का तात्पर्य राष्ट्रीय उत्पादन, पूंजी अथवा रोजगार के साधनों का कुछ हाथों में एकत्रित होने से है।

आर्थिक शक्ति के संकेन्द्रण के रूप : आर्थिक शक्ति के संकेन्द्रण के मुख्य रूप दो प्रकार के हो सकते है—

(1) महालनोबिस समिति द्वारा आर्थिक सत्ता का संकेन्द्रण वर्गीकरण प्रस्तुत किया गया है। महालनाबिस समिति के अनुसार आर्थिक शक्ति का संकेन्द्रण दो प्रकार हो सकता हैं—

1. आर्थिक शक्ति का सामान्य संकेन्द्रण : इसका तात्पर्य सम्पूर्ण औद्योगिक, क्षेत्र में आर्थिक शक्ति के संकेन्द्रण दो प्रकार का हो सकता है—

2. स्थानीयकृत औद्योगिकरण संकेन्द्रण : इसका तात्पर्य सम्पूर्ण औद्योगिक, क्षेत्र में आर्थिक शक्ति से संकेन्द्रण दो प्रकार का हो सकता है :

(2) एकाधिकार का वर्गीकरण : एकाधिकार आयोग 1964 में भी आर्थिक शक्ति के संकेन्द्रण को दो रूप में विभाजित किया। प्रथम रूप में आर्थिक शक्ति का संकेन्द्रण उस समय होता है जब किसी वस्तु या सेवा के उत्पादन या वितरण का नियन्त्रण पूंजी के कारण किसी एक प्रतिष्ठान या प्रतिष्ठानों के समूह के हाथ में हो भले ही यह प्रतिष्ठान एक व्यक्ति परिवार या कुछ परिवार अथवा व्यापार गृहों के द्वारा नियन्त्रित किये जाते हों। इस प्रकार के संकेन्द्रण को उत्पादनुसार संकेन्द्रण कहते हैं। दूसरे रूप में जब विभिन्न वस्तुओं का उत्पादन व वितरण करने वाले बहुत से प्रतिष्ठान न हो लेकिन आपस में एक दूसरे से घनिष्ट सम्बन्ध रखते हों। इस देशानुसार संकेन्द्रण कहा जाता है।

आर्थिक सत्ता के संकेन्द्रण के कारण
(Causes of Concentration of Economic Power)

किसी राष्ट्र में आर्थिक शक्ति के संकेन्द्रण हेतु अनेक कारण उत्तरदायी होते है। इसके प्रमुख कारण निम्न है:

1. भारत में निगमों व कम्पनियों का तेजी से विकास हो रहा है। निगम अनेक व्यक्तियों की पूंजी पर नियन्त्रण करते है अत: आर्थिक सत्ता का संकेन्द्रण बढ़ा है।

2. भारत में तीव्र औद्योगिक विकास की आवश्यकता है। उद्योगपति इसका लाभ उठाकर नई इकाईया प्रारम्भ करते है या पुरानी इकाईयों का विस्तार करते है। इससे आर्थिक सत्ता का संकेन्द्रण बढ़ा है।

3. सरकार की लाइसेंस नीति का लाभ भी कुछ औद्योगिक गृहों ने ही उठाया है। औद्योगिक लाइसेंसिग जांच समिति के अनुसार, ''प्रमुख औद्योगिक गृह कुछ मुख्य उद्योगों में लाइसेंसिग क्षमता का एक बढ़ा भग प्राप्त करने में सफल रहे हैं।'' इसमें आर्थिक सत्ता का संकेन्द्रण बढ़ा है।

4. भारत में लम्बे समय तक प्रबन्ध अभिकर्ता पद्धति प्रचलन में रही है। इन अभिकर्ताओं ने अनेक इकाइयों पर अपना कब्जा कर रखा था। अत: आर्थिक सत्ता का संकेन्द्रण इनके हाथों में हो गया।

5. स्वतन्त्रता के समय विदेशी व्यक्ति उद्योग बेच कर भारत से चले गये। इसका लाभ भी कुछ व्यक्तियों ने उठाया और अनेक औद्योगिक इकाइयाँ क्रय करली।

6. अनेक बैंक भी ऋण प्रदान करने में पक्षपात करते है व कुछ ही व्यापारिक गृहों को अधिक ऋण दिये। इससे उनका अधिक विकास हुआ व उनके हाथों में आर्थिक सत्ता का संकेन्द्रण हुआ।

7. आयात व विदेशी विनिमय पर प्रतिबन्धों से भी आर्थिक सत्ता के संकेन्द्रण में मदद मिली है। **प्रो. बी. आर. शिनाय** के अनुसार, ''इन प्रतिबन्धों और नियन्त्रणों से लाभान्वित लोगों की आय में 450 करोड़ रू. की वृद्धि हुई है और इससे देश में एकाधिकार की शक्ति को बल मिला है।''

8. नियोजनकाल में विदेशी सहयोग से अनेक उपक्रम स्थापित हुए। इनके समझौते बड़े व्यापारिक गृहों के साथ ही हुए। अत: आर्थिक आर्थिक सत्ता का संकेन्द्रण इनके हाथों में हुआ।

आर्थिक सत्ता के संकेन्द्रण के परिणाम
(Consequences of Concentration of Economic Power)

आर्थिक सत्ता के संकेन्द्रण के अच्छे व बुरे दोनों ही प्रकार के परिणाम घटित होते हैं जो निम्न प्रकार है:

अच्छे परिणाम
(Good Consequences)

आर्थिक शक्ति के संकेन्द्रण के कतिपय अच्छे परिणाम निम्न सम्भावित है:

1. आर्थिक सत्ता के संकेन्द्रण से ही भारी उद्योगों की स्थापना की जा सकती है। कुछ उद्योग ऐसे होते हैं जिनमें पूंजी की आवश्यकता अधिक होती है। इनके विकास की सम्भावना उद्योगपतियों के जोखिम उठाने की शक्ति पर निर्भर करती है। आर्थिक सत्ता के संकेन्द्रण से जोखिम उठाने की क्षमता बढ़ती है।

2. आर्थिक सत्ता के संकेन्द्रण से एकाधिकारी स्थिति उत्पन्न होती है। एकाधिकारी को विपणन नियन्त्रण शक्ति प्राप्त होने से कीमतों में सीमान्त लागत से आगे गिरावट नहीं आती जिससे नवीन विकास व अन्वेषण को प्रेरणा मिलती है।

एकाधिकारी जांच आयोग के अनुसार, "आर्थिक सत्ता के संकेन्द्रण ने देश के आर्थिक विकास में पर्याप्त सहयोग दिया है। भारत में अब भी आर्थिक विकास का स्वर पश्चिमी जगत अथवा जापान की तुलना में निम्न है। फिर भी जो कुछ विकास हुआ है वह उन कतिपय व्यक्तियों के साहस और चातुर्य के परिणामस्वरूप है जिन्होंने अपने व्यापारिक उपक्रमों को विशाल रूप देने तथा इस प्रकार सत्ता के अधिकांश भाग को अपने हाथों में केन्द्रित करने तथा राष्ट्रीय आय तथा सम्पत्ति के उत्पादन तथा वितरण को निर्देशित करने में सफलता की है।

बुरे प्रभाव
(Bad Consequences)

1. आर्थिक सत्ता के संकेन्द्रण से बड़े उद्योगपति अपनी आय को विलासिता व अनुपादक कार्यों में व्यय करते हैं। इससे पूंजी निर्माण में कमी आती है तथा नये उद्योगों में प्रवेश से डरते हैं क्योंकि उन्हें नियन्त्रण का भय रहता है। अतः पूंजी निर्माण में रूकावट आती है।

2. आर्थिक सत्ता के संकेन्द्रण से छोटे आकार की इकाईयों पर प्रतिकूल प्रभाव पड़ता है। छोटी इकाईयां इन बड़े व्यापारिक गृहों के सामने प्रतियोगिता में नहीं टिक सकती है।

3. आर्थिक सत्ता का संकेन्द्रण होने से उत्पादन व विनियोग देश के हित में न होकर व्यक्तिगत लाभ की भावना से किया जाता है। उन्हीं उद्योगों में विनियोग किया जाता है जिसमें लाभ का प्रतिशत अधिक हो।

इस प्रकार आर्थिक सत्ता के संकेन्द्रण के अच्छे व बुरे प्रभाव दोनों होते हैं किन्तु इसके बुरे प्रभाव अधिक हैं। अतः आर्थिक सत्ता केन्द्रीयकरण नहीं होने दिया जाता।

आर्थिक सत्ता के नियन्त्रण रोकने के लिए सुझाव
(Suggestion to Check Concentration of Economic Power)

आर्थिक सत्ता के संकेन्द्रण के बुरे परिणाम होते है। अत: एकाधिकार जांच आयोग ने इस समस्या को रोकने के लिए निम्न उपाय सुझाए है:—

1.सरकार द्वारा स्थायी एकाधिकार एवं प्रतिबंधात्मक व्यापार व्यवहार की स्थापना होनी चाहिये तथा दोषी होने पर दण्ड़ दिया जाना चाहिये।

2. राजनैतिक दल किसी व्यापारिक गृह से वित्तीय सहायता प्राप्त न करें।

3. भ्रष्टाचार को दूर किया जाये जिससे रिश्वत के आधार पर अवैधानिक कार्य न हों।

4. लाइसेंस नीति में उदारता व समानता रखी जाए।

5. आयात नीति तकनीकी उन्नति में सहायक हो।

6. उपभोक्ताओं के हितों की रक्षा के लिए उपभोक्ता संस्थाएं स्थापित की जाय।

7. सार्वजनिक व सहकारी क्षेत्र का विस्तार किया जाये।

8. उत्पादकों को ही आयात लाइसेंस दिये जायें।

9. प्रबंध अभिकर्ता प्रणाली बंद की जाये।

10. औद्योगिक संयोजनों की स्थापना के प्रति सतर्कता बरती जाये व प्रेस व अखबारों की स्वतन्त्रता बनाये रखी जाये।

भारत सरकार ने इन सुझावों को स्वीकार कर लिया है। प्रबन्ध अभिकर्ता पद्धति बन्द कर गई है। इसके साथ ही व्यापारिक नीति व लाइसेंस नीति में सुधार किया गया है। सार्वजनिक क्षेत्र का विस्तार किया जा रहा है। एकाधिकार व प्रतिबन्धात्मक व्यापार अधिनियम भी लागू किया गया है।

भारत में आर्थिक सत्ता के सकेन्द्रण की स्थिति
(Status of Concentration of Economic Power in India)

भारत में समाजवादी समाज की स्थापना का प्रयत्न किया जा रहा है। अत: औद्योगिक विकास भी इसी बात को ध्यान में रखकर किया जा रहा है। किन्तु फिर भी देश में आर्थिक सत्ता का संकेन्द्रण है व इसी कारण एकाधिकार व आय व धन की असमानता देश पाई जाती है। सरकार ने समय—समय पर आर्थिक सत्ता के संकेन्द्रण के बारे में ज्ञान प्राप्त करने का प्रयत्न किया है इस सम्बन्ध में प्रमुख अध्ययन निम्न प्रकार है:

1. महालनोबिस आयोग का अध्ययन 1960 : महालनोविस समिति के अनुसार, भारत में आर्थिक शक्ति का संकेन्द्रण न्यायोचित सीमा से अधिक है। आर्थिक नियोजन, कम्पनी के अंशों प्रबन्ध व नियन्त्रण सम्बन्धि संकेन्द्रण ने इसे बढ़ावा दिया है। समिति का मत था कि आर्थिक विषमताएं पंचवर्षीय योजना काल में बढ़ी हैं।

2. एकाधिकार जांच अयोग का अध्ययन : 1964 में एकाधिकार जाँच आयोग ने 100 वस्तुओं के सम्बन्ध में अध्ययन किया व 65 वस्तुओं में उच्च स्तर पर संकेन्द्रण माना गया। इनमें 3 उत्पादकों का भाग 75 प्रतिशत से अधिक था।

3. कम्पनी मामलों के विभाग का अध्ययन : कम्पनी मामलों के विभाग के अध्यक्ष श्री दत्त द्वारा 1969 में इस सम्बन्ध में एक अध्ययन किया। श्री दत्त के अनुसार 20 बड़े औद्योगिक गृहों द्वारा नियन्त्रित सम्पत्ति में 1963—64 से 1967—68 के बीच 54 प्रतिशत की वृद्धि हुई।

भारत में आर्थिक सत्ता प्रारम्भ से कुछ हाथों में सकेन्द्रित होती रही है। कुछ व्यवसायी अपनी व्यक्तिगत कुशलता के कारण अधिकाधिक पूंजी अर्जित करते चले गये और हमारे उद्योग धन्धे भी कुछ गिने—चुने व्यावसायिक गृहों द्वारा ही स्थापित किये जाते रहे हैं। **डा. पी. एस. लोकनायक** के शब्दों में, "भारत में औद्योगिक विकास की एक महत्वपूर्ण **विशेषता कुछ ही हाथों में स्वामित्व एवं नियन्त्रण की रही है।** यह प्रवृत्ति अंशत: तो देश में औद्योगिक नेतृत्व के अभाव का परिणाम है और अंशत: उन परिस्थितियों का परिणाम है जिनका प्रारम्भिक अवस्था में विकास हुआ।"

इस प्रकार हमारे देश में लम्बे समय से एक ऐसे आयोग की स्थापना की जाने की आवश्यकता अनुभव की जा रही थी जो इन एकाधिकारिक प्रवृत्तियों के कारणों की खोज करके उन्हें दूर करके एकाधिकार पर रोक लगायी जा सके। इस आयोग की नियुक्ति की आवश्यकता अनुभव किये जाने के मूल कारण निम्नलिखित हैं—

(i) आर्थिक विषमताओं में वृद्धि होना,

(ii) वस्तुओं की मांग और पूर्ति में असन्तुलन पैदा हो जाना,

(iii) लघु उद्योगों के विकास पर कुठाराघात होना,

(vi) उपभोक्ताओं का शोषण होना, तथा

(v) दोषपूर्ण विनियोग नीति रहे हैं।

एकाधिकार जाँच आयोग की नियुक्ति : भारत में एकाधिकार जाँच आयोग का गठन 16 अप्रेल, 1964 को सुप्रीम कोर्ट के एक अवकाश प्राप्त न्यायधीश श्री के. सी. गुप्ता की अध्यक्षता में की गयी। इसने आर्थिक सत्ता के केन्द्रीयकरण का अध्ययन मुख्य रूप से दो शीर्षकों के अधीन किया—

(1) उत्पादन के अनुसार संकेन्द्रण : इस जाँच आयोग ने उत्पादन में केन्द्रीयकरण की सीमा तथा मात्रा को तीन भागों में बांटा गया है-अधिक, मध्यम तथा साधारण केन्द्रीयकरण। इसका आधार यह रखा कि जिस वस्तु के उत्पादन में सबसे बड़े तीन उत्पादकों का भाग 75 प्रतिशत से अधिक था। संकेन्द्रण की सीमा अत्यधिक मानी गयी। इसके विपरीत जिन वस्तुओं के उत्पादन में तीन सर्वोच्च उत्पादकों का भाग 60 प्रतिशत से 75 प्रतिशत के बीच था वहां केन्द्रीयकरण मध्यम समझा गया और 50 प्रतिशत से 60 प्रतिशत के बीच की स्थिति को साधारण केन्द्रीयकरण की संज्ञा दी गयी है।

आयोग ने 100 वस्तुओं का उत्पादन एवं वितरण करने वाली 2259 कम्पनियों का अध्ययन करने के बाद यह निष्कर्ष निकाला कि 100 में से 65 वस्तुओं के उत्पादन का 75 प्रतिशत 30 सर्वोच्च उत्पादकों द्वारा ही उत्पादित किया जाता है। आयोग ने विभिन्न उद्योगों का अध्ययन करने के पश्चात् पाया कि दियासलाइयां, दवाइयां, आटोमोबाइल, रबर व टायर, सिगरेट, साबुन, रेफ्रीजरेटर, बैट्रिया, ब्लैड़, टूथपेस्ट, साइकिल चमड़े के जूते, टाइपराइटर, सिलाई की मशीने, घड़िया, रेडियों तथा पैट्रोलियम आदि उद्योगों में अत्यधिक केन्द्रीयकरण है। इसके विपरीत बिस्कुट, बल्ब तथा सीमेन्ट आदि उद्योगों में मध्यम श्रेणी का केन्द्रीयकरण है। ऊनी कपड़ा, लालटेन, ऊन, कागज तथा पेन्सिल आदि उद्योगों में केन्द्रीयकरण साधारण है। अन्य उद्योगों में केन्द्रीयकरण नहीं के बराबर रहा है।

(2) क्षेत्रानुसार संकेन्द्रण : इस दृष्टि से किये गये अध्ययन के अनुसार आयोग ने यह निष्कर्ष निकाला कि 2259 कम्पनियों पर 83 व्यावसायिक गृहों का नियन्त्रण बना हुआ है। आयोग ने यह भी स्पष्ट केया कि आर्थिक संकेन्द्रण में टाटा सबसे आगे है तथा बिड़ला समूह का दूसरा स्थान है। आयोग ने इस प्रकार के 15 व्यवसायिक गृहों की सम्पत्तियों तथा कम्पनियों का उल्लेख किया जो आर्थिक संकेन्द्रण किये हुये है।

इस आयोग को मूल रूप से यह कार्य सौंपा गया था कि कुछ ही लोगों के हाथों में आर्थिक सत्ता के भी केन्द्रीयकरण हो रहा है उसके मूल कारण क्या है? इसके आर्थिक एवं सामाजिक परिणाम क्या हो रहे हैं तथा सार्वजनिक हित में यह आर्थिक संकेन्द्रण किस सीमा तक बाधक रहा है।

एकाधिकार आयोग की रिपोर्ट
(Report of Monopoly Commission)

इस आयोग ने अक्टूबर 1965 में अपनी रिपोर्ट सरकार को प्रस्तुत की थी। इस रिपोर्ट को तीन भागों में विभक्त किया जा सकता हैं—

(i) आर्थिक संकेन्द्रण के कारण,

(ii) आर्थिक संसंकेन्द्रण के परिणाम तथा

(iii) आयोग द्वारा की गयी सिफारिश।

I. आर्थिक संकेन्द्रण के कारण : एकाधिकारी आयोग ने हमारे देश में आर्थिक संकेन्द्रण के निम्न कारण बतलाये हैं:

1. कम्पनियों तथा निगमों के विकास के कारण अन्य देशों के समान हमारे देश के व्यावसायियों ने भी साधारण अंशधारियों की पूंजी पर अधिक लाभ कमाया है तथा बड़े पैमाने के उत्पादक के लाभ प्राप्त किये हैं।

2. भारत में पंचवर्षीय योजनाओं के दौरान तीव्रगति से औद्योगिक विकास करने की समस्या के कारण अधिक मात्रा में पूंजी विनियोजन को प्रोत्साहन दिया गया और यह विनियोग केवल बड़े व्यवसायी ही कर पाये है।

3. स्वतन्त्रता प्राप्ति के तुरन्त पश्चात् विदेशी व्यापारियों ने जो उद्योग—धन्धे बेचे वे इन बड़े व्यवसायियों ने बहुत सस्ते मूल्यों पर ही खरीद लिए जिससे उनके उद्योगों की संख्या में वृद्धि हो गई।

4. हमारी दूषित लाइसेंसिग पद्धति के कारण उद्योगों के अधिकांश लाइसेंस तथाकथित बड़े व्यवसायिक घराने ही प्राप्त करने में सफल हो गये।

5. हमारे देश में प्रबन्ध अभिकर्ता प्रणाली लम्बे समय तक चलती रही जिसके कारण एक प्रबन्ध अभिकर्ता के आधीन कई कम्पनियां स्थापित होती चली गयी।

6. एकाधिकार आयोग का मत था कि हमारे देश में व्यापारिक बैंकों ने बड़े व्यावसायियों को ही अधिक साख सुविधायें उपलब्ध कराई है जिसके कारण बड़े व्यवसायी अधिक कारोबार स्थापित करने में सक्षम हो गये।

7. विदेशी सहयोग, पेटेण्ट अधिकार, बाजार की सीमितता, अन्तर कम्पनी विनियोग तथा सूत्रधारी कम्पनियों के विकास के कारण भी आर्थिक संकेन्द्रण बढ़ा है।

II. आर्थिक संकेन्द्रण के परिणाम : एकाधिकारी जांच आयोग ने अपने अध्ययन से निष्कर्ष निकाला कि इस आर्थिक संकेन्द्रण से सम्पूर्ण बाजार पर कुछ व्यवसायी प्रभावशाली हो गये हैं तथा लघु एवं नये व्यवयासियों का विकास नहीं हो पाया है। ये व्यवसायिक गृह सरकारी अधिकारियों को मनमानी रिश्वत देकर मनमाने ढ़ंग से कार्य कराते है तथा राजनैतिक पार्टियों के चुनाव के समय भारी धनराशि देकर अपने पक्ष में कर लेते हैं जिसका परिणाम है कि जनता द्वारा चुनी हुई प्रजातांत्रिक सरकार इन बड़े पूंजीपतियों के इशारो पर नाचती है। लेकिन सभी परिस्थितियों में आर्थिक संकेन्द्रण अलाभकारी नहीं है। इस सम्बन्ध में एकाधिकार जांच आयोग ने स्पष्ट किया है कि, ''आर्थिक शक्ति के केन्द्रीयकरण ने राष्ट्र के आर्थिक विकास में पर्याप्त योगदान दिया है। देश में अब तक जो भी आर्थिक विकास हुआ है वह इन कतिपय व्यक्तिय की क्षमता तथा साहस तथा चातुर्य का प्रतिफल है, जिन्होंने अपने व्यवसायिक उपक्रमों को विशाल रूप देने और इस प्रकार इस आर्थिक शक्ति के अधिकांश भाग को अपने हाथ में केन्द्रित करने तथा राष्ट्रीय आय तथा सम्पत्ति के उत्पादन एवं वितरण को निर्देशित करने में सफलता प्राप्त की है।''

एकाधिकारी जांच आयोग ने उन व्यावसायिक गृहों को बड़े व्यावसायिक गृह माना है जिनकी सम्पत्तियां 5 करोड़ रूपये से अधिक थीं। ऐसे 75 व्यावसायिक गृहों के आधीन 1536 कम्पनियां थीं जिनकी कुल चुकता पूंजी 646 करोड़ रूपये थी। इन 75 व्यावसायिक गृहों को भी बड़ा माना था जिनके नियन्त्रण में कई कम्पनियां थीं। आयोग ने देश के प्रमुख 15 व्यावसायिक गृहों की नियन्त्रण कम्पनियों तथा सम्पत्तियों की सूची दी है जो अग्रांकित है—

बड़े व्यावसायिक गृहों की नियन्त्रित कम्पनियां तथा सम्पत्तियां 1966

Table-1

Assets of 20 Top Industrial Houses

Assets (Rs. crores)

	1972	1981	1989-90	Compound Annual Rate of Growth (1972- to 1989-90)
Tata	642	1840	8531	15.5
Birla	581	1692	8473	16.0
Reliance	-	271	3600	33.3
Thaper	136	430	2177	16.7
JK singhania	121	520	2139	17.3
Larsen & Tourbro	79	220	1682	18.5
Modi	58	242	1399	19.3
Bajaj	63	215	1391	18.8
Mafatlal	184	535	1344	11.7
MA Chidambaram	-	-	1273	10.5
Hindustan Lever	78	247	1209	16.4
United Breweries	36	-	1189	21.4
TVS Iyengar	51	227	1177	19.1
ITC	75	-	965	15.2
Shri Ram	121	269	934	12.0
ACC	134	343	903	11.2
Oswal Agro	-	-	870	-
Mahindra & Mahindra	58	408	774	15.5
Essar	-	-	756	173.0
Kirloskar	86	398	736	12.7
Toal	**2511**	**7,857**	**41522**	**16.9**

Source : CMIE, Basic Statistics Relating to the Indian Economy, August 1993.

आर्थिक संकेन्द्रण के दुष्परिणाम : जहाँ एक ओर आर्थिक संकेन्द्रण को देश के आर्थिक विकास के लिए उपयुक्त माना गया है वहीं पर यह दोषप्रद भी है। आर्थिक संकेन्द्रण के प्रमुख दोष निम्न हैं—

(1) पूंजी निर्माण के कार्य में बाधा पहुंचती हैं।

(2) जन साधारण के आर्थिक हितों की अवहेलना होती है।

(3) विनियोग गलत दिशा में होने लगता है।

(4) छोटे उद्योगों तथा व्यवसायिक गृहों पर बुरा प्रभाव पड़ता है।

(5) व्यावसायिक तथा प्रबन्धकीय क्षमता का स्वतन्त्र विकास नहीं हो पाता।

(6) उपभोक्ताओं का शोषण होता है।

(7) समाज में आर्थिक विषमता बढ़ती है।

(8) श्रमिकों का शोषण होता है।

एकाधिकारी जांच आयोग की सिफारिशें : एकाधिकरी जांच आयोग ने भारत में विद्यमान एकाधिकारिक परिस्थितियों का विवेचन करके अग्रांकित सिफारिशें की हैं—

1. सरकार को स्थायी रूप से एक उच्च स्तरीय आयोग की नियुक्ति करनी चाहिए जिसमें आर्थिक शक्ति के केन्द्रीयकरण के मामले की जांच पड़ताल करने तथा सम्बन्धित व्यापारिक गृहों के दोषी होने पर दण्ड दे सके।

2. राजनैतिक मशीनरी को दोष रहित बनाने के लिए यह आवश्यक है कि विभिन्न राजनैतिक दल इन व्यापारिक गृहों से चुनाव के समय किसी प्रकार की वित्तीय सहायता प्राप्त न करें।

3. प्रशासनिक मशीनरी को सुधारा जाये और भ्रष्टाचार को दूर करने के उपाय किये जाये ताकि रिश्वत के बल पर कोई भी अवैधानिक कार्य न कराया जा सके।

4. लाइसेन्स देने में उदारता एवं समानता को पालन किया जाना चाहिए ताकि छोटे व्यवसायियों को भी बिना कठिनाई के लाइसेन्स प्राप्त हो सके।

5. सार्वजनिक क्षेत्र का विकास किया जाये तथा सहकारी आन्दोलन को भी प्रोत्साहित किया जाये।

6. आयोग ने यह भी सुझाव दिया कि आयात लाइसेन्स उन सभी उत्पादकों को दिये जायें जो औद्योगिक कार्यों के लिये आयातित वस्तुओं का उपयोग करते है।

7. सरकार की आयात नीति ऐसी होनी चाहिए जो देश में तकनीकी उन्नति को प्रोत्साहित करने के साथ—साथ उत्पादन लागत को कम कर सके।

8. इसके अलावा आयोग ने प्रबन्ध अभिकर्ता प्रणाली को समाप्त करने, औद्योगिक संग्रोजनों के प्रति सजग रहने तथा अखबारों की स्वतन्त्रता बनाये रखने पर बल दिया।

10. आयोग के मतानुसार एकीकरण तथा संविलियन दोनो ही सामान्य रूप से एकाधिकार को बढ़ावा देते हैं किन्तु संविलियन कुशलता में वृद्धि करता है और लागतों में कमी करता है। अत: जब तक यह सिद्ध नहीं हो जाता कि एकीकरण और संविलियन हानिकारक है कोई वैधानिक कदम नहीं उठाना चाहिए।

आयोग की रिपोर्ट पर सरकार द्वारा उठाये गये कदम
(Steps Taken by the Government)

एकाधिकारी आयोग की सिफारिशों को सरकार ने मानते हुये अनेक महत्वपूर्ण कदम उठाये है:

(1) 30 अप्रेल, 1970 को भारत में प्रबन्ध अभिकर्ता प्रणाली को समाप्त कर दिया गया है।

(2) लाइसेंसिग नीति में 1970, 1973,1975 तथ 1978 तथा 199 महत्वपूर्ण परिवर्तन किये गये हैं।

(3) सार्वजनिक क्षेत्र का निरन्तर विकास हो रहा तथा सहकारी उपभोक्ता भण्ड़ारों की अधिकाधिक स्थापना की जाने लगी है।

(4) कम्पनियों पर राजनैतिक दलों को चन्दा देने पर वैधानिक प्रतिबन्ध लगा दिया है।

(5) 1969 में एकाधिकार प्रतिबन्धातमक व्यापार व्यवहार अधिनियम पारित किया गया है जो जून 1970 से सम्पूर्ण भारत में लागू किया जा चुका है।

(6) भारी तथा राष्ट्रीय महत्व के उद्योगों का राष्ट्रीयकरण किया जा रहा है।

एकाधिकार एवं प्रतिबन्धातमक व्यापार व्यवहार आयोग की स्थापना

एकाधिकार जाँच आयोग की सिफारिशों पर सरकार ने एकाधिकार एवं प्रतिबन्धात्मक व्यापार व्यवहार अधिनियम 1969 पारित किया गया जो 1 जून, 1970 से सम्पूर्ण देश में लागू किया गया। इस अधिनियम की व्यवस्थाओं को प्रभावशाली ढंग से लागू करने के लिए एकाधिकार एवं प्रतिबन्धात्मक व्यापार व्यवहार आयोग की स्थापना की गई है। इस आयोग का मुख्य कार्य एकाधिकार एवं प्रतिबन्धात्मक व्यवहार पद्धतियों को रोकना है। इस आयोग में 2 से 8 के बीच सदस्यों की संख्या हो सकती है। इस आयोग का अध्यक्ष सर्वोच्च न्यायालय अथवा उच्च न्यायालय का वर्तमान अथवा भूतपूर्व न्यायधीश हो सकता है। आयोग के कार्यों की सहायता के लिए प्रतिबन्धात्मक व्यापार व्यवहार रहिस्ट्रार तथा जांच निर्देशक अधिकारियों की नियुक्ति की जाती है।

अधिनियम की धारा 33 (1) में व्यापार प्रतिबन्धात्मक पद्धति सम्बन्धी समझौतों की सूची दी गई है। इस प्रकार के समझौतों का पंजीकरण रजिस्ट्रार के पास 60 दिन की अवधि में किया जाना आवश्यक होता है। इस प्रकार के समझौते का पंजीकरण करते समय निम्न दो बातें ध्यान में रखी जाती है—

(i) समझौते के दोनों पक्षों के नाम सम्मिलित किये जाते हैं।

(ii) अगर कोई व्यक्ति एकाधिकार एवं व्यापार प्रतिबन्धात्मक पद्धति का उल्लंघन करता है तो उस पर जुर्माना किया जा सकता है। आयोग समझौते की पद्धति में संशोधन कर सकता है।

आयोग के कार्यों का मूल्यांकन
(Evaluation of Commissions Works)

1970 से 1976 तक 1104 कम्पनियों ने एकाधिकार एवं प्रतिबन्धात्मक व्यापार व्यवहार अधिनियम की धारा 26 के अनुसार अपना पंजीकरण कराया था। जब भी कोई कम्पनी अपनी क्षमता का विस्तार करती है या नई इकाई की स्थापना करती है तो सरकार की पूर्व अनुमति ली जाती है। इस आयोग की कार्यप्रणाली प्रारम्भ से ही आलोचना का विषय रही है। कुछ लोगों का तो यह कहना है कि भारत में अभी एकाधिकार की कोई समस्या ही नहीं है। अतः स्थायी आयोग की कोई आवश्यकता नही थी। अधिनियम में विद्यमान कमियों के कारण आयोग अपना कार्य अधिक कुशलतापूर्वक से नहीं कर पाया है। अधिनियम की कमियों के कारण बड़े व्यावसायिक गृह बच जाते हैं। आर्थिक संकेन्द्रण सम्बन्धी मामलों पर आयोग तभी विचार कर सकता है जब केन्द्रीय सरकार द्वारा मामले आयोग को सौंपे जाते हैं। आयोग द्वारा की गयी सिफारिशों को मानने के लिए सरकार बाध्य नहीं होती है। इस सम्बन्ध में अन्तिम निर्णय करने का अधिकार सरकार का ही होता है।

एकाधिकार एवं प्रतिबन्धात्मक व्यापार आयोग की सफलता के लिए सुझाव
(Suggestions for the Success of Commission)

एकाधिकार एवं प्रतिबन्धात्मक व्यापार व्यवहार आयोग की कार्य प्रणाली के प्रभावशाली बनाने के लिए हम निम्न सुझाव दे सकते हैं—

(1) अधिनियम में विद्यमान कमियों में आवश्यक सुधार किया जाना चाहिए।

(2) एकाधिकार एवं आर्थिक संकेन्द्रण से सम्बन्धित मामलों मे हस्तक्षेप करने का आयोग को प्रत्यक्ष अधिकार दिया जाना चाहिए।

(3) सरकारी हस्तक्षेप को समाप्त किया जाना चाहिए, क्योंकि इससे पक्षपात की सम्भावना अधिक हो जाती है।

(4) आयोग द्वारा दिये गये सुझावों को सरकार को आवश्यक रूप से स्वीकार करके कार्यवाही करनी चाहिए।

(5) आर्थिक संकेन्द्रण के नाम पर अनावश्यक रूप से हस्तक्षेप नहीं करना चाहिए, क्योंकि देश में उत्पादन वृद्धि की अधिक आवश्यकता है।

एकाधिकार जांच आयोग ने अपनी रिपोर्ट में अनेक सुझाव दिये जिनमें से एक प्रमुख सुझाव यह भी था कि एक एकाधिकार एवं प्रतिबन्धात्मक व्यापार व्यवहार अधिनियम बनाया जाये जिससे देश में एकाधिकारिक उधोगों को रोका जा सके। यह अधिनियम 18 अगस्त, 1966 को संसद में प्रस्तुत किया गया था तथा 1 जून 1970 से सम्पुर्ण देश में लागू हो गया था।

एकाधिकार एवं प्रतिबन्धात्मक व्यापार अधिनियम के उद्देश्य
(Objectives of the Commission)

(1) यह देखना कि उत्पादन तथा वितरण की क्रियाओं का संचालन ऐसा न हो कि उससे जनहित के विरूद्ध आर्थिक शक्ति का केन्द्रीयकरण हो।

(2) ऐसे एकाधिकारात्मक एवं प्रतिबन्धात्मक व्यवहारों पर नियन्त्रण लगाना जो जनहित के विरूद्ध हों।

(3) सरकार की नियन्त्रण शक्ति को मजबूत बनाना।

अधिनियम की प्रमुख विशेषतायें एवं प्रावधान : ऐकाधिकार एवं प्रतिबन्धात्मक व्यापार व्यवहार अधिनियम की प्रमुख विशेषतायें या प्रावधान निम्नलिखित हैं:

1. एक स्थायी आधार पर 'एकाधिकार तथा प्रतिबन्धात्मक व्यापार व्यवहार आयोग' की स्थापना की जाये जिसका कार्याकाल पांच वर्ष का हो तथा जिसका अध्यक्ष उच्चत्तम न्याायालय का न्यायधीश हो सकता हैं। इस आयोग में 2 से 8 के बीच सदस्य हो सकते हैं। जनहित के विरूद्ध चल रहे व्यापारों को बन्द कराना, उन्हें क्रियान्वित करना, उन्हें नियन्त्रित करना तथा ऐसे समझौते को रद्द करने या संशोधित करने का अधिकार आयोग को होना चाहिए। इस आयोग का गठन 2 अगस्त, 1970 को किया जा चुका है।

2. इस अधिनियम के अंन्तर्गत व्यापार प्रतिबन्धात्मक व्यवहारों से सम्बन्धित सभी समझौतों का पंजीयन अनिवार्य कर दिया है।

3. ऐसी सभी कम्पनियों को जिनकी सम्पत्तियों का मूल्य 35 करोड़ रूपये से अधिक है भावी विस्तार के लिए सरकार की पूर्व अनुमति लेना आवश्यक है। अब यह सीमा घटा कर 20 करोड़ कर दी गई है।

4. कम्पनियों के एकीकरण अथवा संवीलयनों को अनुचित समझे जाने की दशा में केन्द्रीय सरकार उनके पुनः पृथक करने का आदेश जारी कर सकती है।

5. यदि कोई एकाधिकार शक्ति वस्तु की लागत, मूल्य, गुण, प्रतिस्पर्धा व पूर्ति की दृष्टि से जनहित के विरूद्ध कार्य कर रही हो, तो सरकार, तथाकथित आयोग द्वारा इस विषय की जांच करवा सकती है।

6. संचालकों की नियुक्ति के सम्बन्ध में यह व्यवस्था की गई है कि यदि कोई व्यक्ति 10 करोड़ रूपये से अधिक सम्पत्ति वाली कम्पनी का संचालक है तो वह इसके अलावा किसी अन्य कम्पनी का संचालक तब तक नही बन सकता जब तक कि केन्द्र सरकार द्वारा अनुमति प्राप्त नहीं कर ली जाती हैं।

इस अधिनियम के अन्तर्गत एक जांच निदेशक तथा प्रतिबन्धात्मक व्यापार व्यवहार रजिस्ट्रार की नियुक्ति का भी प्रावधान है। यह जांच निदेशक प्रतिबन्धात्मक व्यापार व्यवहारों की जांच करता है। इस प्रकार प्रतिबन्धात्मक व्यवहारों के सम्बन्ध में रजिस्ट्रार उसका पंजियन करता है। एक समय इस अधिनियम के अन्तर्गत 1975 कम्पनियां पंजीकृत थी। अप्रेल 1976 से मार्च 1978 के मध्य में के अधीन कुल 73 आवेदन प्राप्त हुए थे जिनमें से 14 आवेदन पत्र समाप्त मान लिये गये, 24 आवेदन पत्रों को स्वीकार किया गया, 6 को रद्द किया गया तथा 29 आवेदन पत्रों पर निर्णय देना बाकी था।

अधिनियम की आलोचनायें
(Criticism of the Act)

भारत में एकाधिकारी शक्तियों पर प्रभावशाली नियन्त्रण की दृष्टि से आयोग की स्थापना एक महत्वपूर्ण कदम था किन्तु इस प्रयास की अनेक आलाचनाएँ कि जाती है। इस अधिनियम की प्रमुख आलोचना निम्नलिखित है:

(1) भारत एक विकासशील देश है जहाँ पर प्रबन्धकीय कुशलता का अभाव है। यदि उद्योगों पर इस प्रकार के प्रतिबन्ध लगा दिये जायेंगे तो आर्थिक विकास पर प्रतिकूल प्रभाव पड़ेगा।

(2) अधिनियम में इस प्रकार का कोई प्रावधान नहीं है कि कोई व्यवहार जनहित में है या नहीं।

(3) पश्चिम देशों की तुलना में हमारे देश के उद्योगों का आकार छोटा है। अत: उन पर प्रतिबन्ध लगाना अनुचित है।

(4) 1956 की औद्योगिक नीति में ही जब यह स्पष्ट किया जा चुका है कि भारी मात्रा में पूंजी विनियोजन वाले उद्योगों को सार्वजनिक क्षेत्र में ही स्थापित किया जायेगा तथा सार्वजनिक क्षेत्र जनहित में ही कार्य करेगा। अत: औद्योगिक नीति के इस प्रावधान के परिपेक्ष्य में इस अधिनियम की आवश्यकता ही नहीं थी।

(5) 20 करोड़ रूपये से अधिक वाले उद्योगों पर प्रतिबन्ध लगाना किसी भी दृष्टि से उचित नहीं हैं क्योंकि निरन्तर बढ़ती हुई मुद्रा स्फीती के कारण यह सीमा उचित प्रतीत नहीं होती।

(6) इस अधिनियम के लागू हो जाने पर देश के औद्योगिकरण तथा आधुनिकीकरण पर बुरा प्रभाव पड़ेगा।

(7) कुछ लोगों की मान्यता है कि यह अधिनियम अपने आप में पूर्ण नहीं है। इस अधिनियम में अनेक ऐसी कमियां हैं जिनका लाभ बड़े व्यावसायिक गृह उठा लेते हैं।

सच्चर समिति की सिफारिशें

(Recommendation of Sachaar Committee)

इन प्रावधानों के क्रियान्वयन के सम्बन्ध में गठित सच्चर कमेटी ने अपनी रिपोर्ट सरकार के समक्ष 1978 में प्रस्तुत की। इस समिति ने एकाधिकार एवं प्रतिबन्धात्मक व्यापार व्यवहार आयोग के कार्यों की आलोचना करते हुए लिखा कि यह आयोग आर्थिक संकेन्द्रण को रोकने में सफल नहीं हो पाया है। इस समिति ने इस सम्बन्ध में निम्नलिखित सिफारिशें हैं—

(1) MRTP Act की व्यवस्थाएं सार्वजनिक प्रतिष्ठानों पर भी लागू होनी चाहिए।

(2) समिति ने राय व्यक्त की कि MRTP Act का नाम बदल कर Monopolistic and Trade Practice Act कर देना चाहिए।

(3) समिति ने राय व्यक्त की Unfair Trade Practice को स्पष्ट करने का प्रयास किया हैं और इनके सम्बन्ध में अधिनियम में कानूनी प्रावधान करने पर बल दिया।

(4) समिति ने सिफारिश की कि अधिनियम उन कम्पनियों पर लागू होना चाहिए जिनकी सम्पत्तियों का मूल्य 20 करोड़ रूपये है।

(5) किसी भी व्यवस्थापिक प्रतिष्ठान को 'प्रभावी प्रतिष्ठान' मानते समय अब तक उसके एक तिहाई बाजार अंश के स्थान पर एक चौथाई बाजार अंश को आधार मानना चाहिए।

(6) समिति ने सिफारिशें की कि MRTP आयोग को यह अधिकार होना चाहिए कि वह कम्पनियों के विस्तार तथा नई औद्योगिक इकाइयों की स्थापना सम्बन्धी मामलों की जांच करके स्वयं उनका निपटारा कर सके।

(7) समिति ने अधिनियम के क्षेत्र को अधिक व्यापाक बनाने की सिफारिश की है। समिति ने अंश, खनन तथा प्राविधिक क्रियाओं को भी मात्र की परिभाषा में सम्मिलित करने पर बल दिया ताकि और अधिक संख्या में बड़ी कम्पनियां इस अधिनियम के अन्तर्गत आ जायेंगी।

एकाधिकार
(Monopoly)

साधारण अर्थ में एकाधिकार से आशय उस व्यवस्था से जिसमें किसी वस्तु विशेष की पूर्ति पर किसी एक या कुछ ही व्यवसायियों का नियन्त्रण होता है। जब किसी वस्तु की पूर्ति पर कुछ ही व्यवसायियों का नियन्त्रण हो जाता है तो ग्राहकों के शोषण की अधिक संभावना होती है। ऐकाधिकार की प्रमुख परिभाषायें निम्नलिखित हैं—

प्रो. सुमनसर के अनुसार, "विशुद्ध एकाधिकार से आशय मांग की लोच के शून्य होने से है जबकि शुद्ध प्रतियोगिता में माँग की लोच अशुद्ध होती है।"

प्रो. चैम्बरलीन के शब्दों में, "एकाधिकार उसे कहा जाता है जो किसी वस्तु की पूर्ति पर पूर्ण नियन्त्रण रखता है।"

थॉमस के अनुसार, "विस्तृत अर्थ में एकाधिकार शब्द को प्रयोग पूर्ति या माँग दोनों में से किसी एक के भी दृष्टिकोण से वस्तुओं तथा सेवाओं के प्रभावपूर्ण मूल्य नियन्त्रण के लिये किया जाता है किन्तु सकुचित रूप से इसका आशय उत्पादकों या विक्रेताओं के ऐसे संगठन से होता है जो वस्तुओं या सेवाओं के पूर्ति मूल्य को नियन्त्रित करता है।"

एकाधिकार के कारण
(Causes of Monopoly)

एकाधिकारी व्यवस्था के उद्‌गम के निम्न प्रमुख कारण हैं :

(1) प्राकृतिक कारणों से एकाधिकार की स्थापना अधिक होती है। कई स्थान पर कच्चा माल तथा अन्य आवश्यक सामग्री प्रचुर मात्रा में उपलब्ध होती है और उन स्थानों पर कुछ ही व्यवसायियों या एक संस्था का अधिकार हो जाता है जिसके कारण उस वस्तु विशेष के उत्पादन से एकाधिकार बढ़ जाता है।

(2) देश में जन कल्याण के लिए यातायात संदेशवाहन, जलदाय तथा विद्युत आदि सुविधाएं उपलब्ध कराने के लिए एकाधिकारी संस्थाओं की स्थापना करना आवश्यक हो जाता है।

(3) पेटेण्ट राइट, ट्रेड मार्क अन्य प्रकार के वैधानिक कारणों के कुछ वस्तुएं उत्पादित करने का अधिकार एक ही संस्था या कुछ ही व्यवसायियों को मिल जाता है। जिसके कारण एकाधिकार की स्थापना हो जाती है।

(4) व्यावसायिक संयोजनों के बन जाने तथा कुछ कम्पनियों के आपस में मिल जाने के कारण भी एकाधिकार की स्थापना हो जाती है।

एकाधिकार के लाभ
(Advantages of Monopoly)

यद्यपि एकाधिकार प्रवृति को ठीक नहीं समझा जाता किन्तु इससे कतिपय निम्न लाभों की प्राप्ति होती है:

(1) बड़े पैमाने के लाभ की प्राप्ति एकाधिकार से प्राप्त महत्वपूर्ण लाभ है। एकाधिकार में वस्तुओं का उत्पादन बड़े पैमाने पर करने से अनेक प्रकार की आन्तरिक तथा बाह्य मितव्ययिताएं प्राप्त होती हैं जिसके परिणामस्वरूप उत्पादन लागत कम आती है।

(2) एकाधिकार के अन्तर्गत गलाकाट प्रतिस्पर्धा का अन्त सम्भव है। एकाधिकार के अन्तर्गत किसी वस्तु का एक ही उत्पादक होता है, जिसके कारण प्रतिस्पर्धा होने का प्रश्न ही नहीं उठता है। इसका परिणाम यह होता है कि विज्ञापन, विक्रय संवर्द्धन आदि के खर्चे बच जाते हैं और ग्रहकों को सस्ती वस्तुएं मिल पाती है

(3) एकाधिकार के अन्तर्गत उत्पादन लागत में कमी भी सम्भव है। एकाधिकार के कारण एक ही स्थान पर भारी मात्रा में वस्तुओं का उत्पादन होता है जिसके अनुसन्धान का कार्य बढ़ जाता हैं। इसका परिणाम यह होता है कि उत्पादन तकनीकों में सुधार सम्भव होता है तथा इस प्रकार उत्पादन लागत में कमी आती हैं।

(4) व्यावसायिक स्थिरता भी एकाधिकार के अन्तर्गत प्राप्त एक महत्वपूर्ण लाभ है। एकाधिकार के कारण उत्पादक को वस्तओं की माँग के अनुरूप पर्याप्त मात्रा में उत्पादन करना होता है। क्योंकि उसकों हमेशा यह भय बना रहता है कि अगर वह मांग की पूर्ति नहीं करेगा तो दूसरा व्यवसायी उत्पादन का कार्य प्रारम्भ कर देगा। इस प्रकार व्यावसायिक स्थिरता सम्भव होती है।

(5) आर्थिक सुदृढ़ता कि प्राप्ति एकाधिकार के अन्तर्गत ही सम्भव है। एकाधिकार के कारण व्यवसायी की आर्थिक स्थिति अधिक सुदृढ़ हो जाती हैं जिसके कारण वह व्यवसायी मन्दीकाल में भी अपना अस्तित्व बनायें रखने में सफल होता है।

न्द्रण की प्रकृति एवं प्रभाव की जांच करना और एकाधिकारी एवं प्रतिबन्धात्मक व्यापार वहारों की जानकारी प्राप्त करना था। इस जांच आयोग ने देश में आर्थिक संकेन्द्रण की थति को स्पष्ट किया। इस आयोग ने 2259 कम्पनियों के सम्बन्ध में विस्तृत रूप से आकड़े कत्रित किये। इसके अन्तर्गत 75 बड़े व्यावसायिक घरानों का भी अध्ययन किया।

1. इस जांच आयोग ने उस समय विद्यमान एवं प्रचलित एकाधिकार एवं तिबन्धात्मक व्यापार व्यवहारों का भी अध्ययन किया और बतलाया कि ऐसे उपक्रम का कसी वस्तु के उत्पादन एवं वितरण पर नियन्त्रण है, वह बाजार को आसानी से प्रभावित कर सकती और अनुचित लाभ कमा सकती है।

2. एकाधिकार जांच आयोग ने अपनी रिपोर्ट में एकाधिकार एवं प्रतिबन्धात्मक व्यापार व्यवहारों पर प्रतिबन्ध लगाने के लिए कानूनी व्यवस्था को प्रभावी तरिके से करने का सुझाव भी दिया। इसी के अनुरूप दिसम्बर 1969 में एकाधिकार एवं प्रतिबन्धात्मक व्यापार व्यवहार अधिनियम पारित किया गया तथा 1 जून, 1970 से लागू किया गया। इस अधिनियम में ऐसी व्यवस्था की गयी है कि एकाधिकार एवं प्रतिबन्धात्मक व्यपार व्यवहारों पर नियन्त्रण किया जा सकेगा।

4. हमारे देश में औद्योगिक (विकास एवं नियमन) अधिनियम, 1951 में उद्योगों को अनुज्ञा पत्र देने की व्यवस्था की गयी हैं। यह अनुज्ञा पत्र देने की व्यवस्था इसीलिए की गयो है, जिससे बड़े औद्योगिक घरानों को अधिक संख्या में उद्योग स्थापित करने से रोका जा सके तथा आर्थिक संकेन्द्रण पर प्रतिबन्ध लग सके। इस लाइसेंस व्यवस्था को अधिक प्रभावशाली बनाने के लिए सरकार द्वारा हजारी समिति तथा दत्त समिति आदि का गठन किया गया। नि:सन्देह यह प्रशंसनीय प्रयास थे। इन समितियों की सिफारिशों पर इस औद्योगिक लाइसेंसिग नीति 1970 तथा 1977 में कुछ संशोधन किया गया।

सरकार द्वारा उठाये गये प्रयासों की पर्याप्तता

हमारे देश में एकाधिकार एवं प्रतिबन्धात्मक व्यापार व्यवहारों को नियन्त्रित करने के लिए सरकार द्वारा उपरोक्त वर्णित अनेक प्रभावशाली कदम उठाये गये हैं। इन सबको प्रभावशाली ढंग से लागू करने की भी व्यवस्था की गयी हैं। सरकार द्वारा प्रयास करने के पश्चात भी हमारे देश में आर्थिक सत्ता का संकेन्द्रण बढ़ा हैं।

पूर्व में वर्णित तालिका से यह स्पष्ट होता है कि चार वर्ष की अल्प अवधि में ही 25 बड़े औद्योगिक घरानों की सम्पत्तियों, बिक्री एवं लाभों में आश्चर्यजनक वृद्धि हुई है। इसलिए यह कहा जा सकता है कि सरकार द्वारा एकाधिकार एवं प्रतिबन्धात्मक व्यापार व्यवहारों को रोकने के लिए जो भी कदम उठाये गये हैं, वे पर्याप्त नहीं हैं। एकाधिकार एवं प्रतिबन्धात्मक व्यापार व्यवहार अधिनियम में कुछ कमियां है जिनके कारण बड़े व्यवसायिक गृह वैधानिक बन्धनों से मुक्त हो जाते हैं।

व्यवस्था में सुधार के लिए सुझाव

(1) एकाधिकार एवं अनुचित व्यापार पर नियन्त्रण करने के लिए में आवश्यक संशोधन करने चाहिए तथा इस अधिनियम को अधिक विस्तृत बनाया जाना चाहिए।

एकाधिकार के दोष
(Disadvantages of Monopoly)

एकाधिकारी प्रवृत्ति के कारण जिन सम्भावित दोषों का उदय होता है, वे निम्नलिखित है:

(1) एकाधिकार की स्थिति में व्यवसायी का कोई प्रतिस्पर्धी तो होता नहीं है। अत: वह मनमानी कीमतें वसूल करता है तथा घटिया किस्म का माल उपलब्ध कराया जाता है। इस प्रकार उपभोक्ताओं का शोषण होता है।

(2) एकाधिकारी प्रवृत्ति को बनायें रखने के लिए व्यवसायी अनुचित साधनों का सहारा लेते हैं। वे मूल्य विभेद की नीति को अपनाते है तथा नये व्यवसायियों के साथ गलाकाट प्रतिस्पर्द्धा करते है जिसके कारण वे व्यवसाय मे टिक नही पाते हैं।

(3) एकाधिकार की स्थिति से देश में आर्थिक विषमता में वृद्धि होती है। राष्ट्रीय आय का एक बड़ा भाग तो कुछ ही लोगों के हाथों में चला जाता है तथा उपभोक्ताओं का शोषण होता है। अत: वे गरीब होते चले जाते है।

(4) एकाधिकार की स्थिति में व्यवसायी मन चाहे ढंग से साधनों का उपयोग करता है जिसके कारण साधनों का दुरूपयोग होने की अधिक सम्भावना रहती है।

आर्थिक एकाधिकार को रोकने के उपाय
(Measures to Check Economic Monopoly)

आर्थिक एकाधिकार को रोकने हेतु निम्नलिखित उपाय अपनाये जाते है:

(1) बड़े पैमाने का उत्पादन तथा विवरण करने वाली संस्थाओं को संयुक्त क्षेत्र मे स्थापित किया जाना चाहिए जिसके कारण आर्थिक संकेन्द्रण पर रोक लगेगी।

(2) बड़ी—बड़ी औद्योगिक इकाइयों को लघु इकाइयों में विभक्त कर दिया जाना चाहिए जिससे बड़े व्यवसाय के लाभ कुछ ही हाथों में न जायें।

(3) व्यवसाय पर पारिवारिक नियन्त्रण की प्रणाली पर नियन्त्रण लगाना चाहिए।

(4) लघु उद्योगों को अधिकाधिक सहायता देकर स्थिति अधिक सुदृढ़ करनी चाहिए ताकि वे बड़े व्यवसायियों से प्रतिस्पर्धा कर सके।

(5) आर्थिक संकेन्द्रण को रोकने के लिए सार्वजनिक क्षेत्र का अधिक विस्तार करना चाहिए।

(6) लघु उद्योगों को अधिक लाइसेंस दिये जाने चाहिए।

भारत में कुछ व्यावसायिक घरानों के पास औद्योगिक पूंजी का एक बड़ा भाग संकेन्द्रित हो गया है तथा बहुत सी वस्तुओं के उत्पादन के सम्बन्ध में इन बड़े व्यवसायिक

घरानों का एकाधिकार सा हो गया है। इस एकाधिकार के कारण बहुत सी वस्तुओं का वितरण सही तकीके से नही हो पाया है तथा सरकार द्वारा 1956 में निर्धारित समाजवादी समाज के लक्ष्य की पूर्ति भी नहीं हो पायी है। हमारे देश में आर्थिक व्यवस्था को सामन्ती कहा जा सकता हैं। कुछ बड़े व्यवसायिक गृहों जैसे बिड़ला, टाटा, डालमिया, जे. के. आदि के अधिकार में बहुत सी व्यावसायिक एवं औद्योगिक संस्थाएं हैं। भारत में निम्नलिखित कारणों से एकाधिकार को बढ़ावा मिला है—

(1) सन् 1970 से पूर्व हमारे देश में प्रबन्ध अभिकर्ता प्रणाली विद्यमान थी, जिसके कारण कुछ बड़े उद्योगपति कई कम्पनियों का निर्माण करके पूंजी का संकेन्द्रण करने में सफल हुए।

(2) हमारे देश में कम्पनियों द्वारा अन्तर्निगम विनियोग अधिक किये जाते है। इसका परिणाम यह हुआ कि बड़े औद्योगिक घरानों का अनेक इकाईयों पर अधिकार हो गया और आर्थिक सत्ता का संकेन्द्रण हुआ।

(3) स्वतन्त्रता प्राप्ति के पश्चात् भारत में कम्पनियों की भारी संख्या में स्थापना हुई जिसके कारण नीजी उद्योगपतियों को एकाधिकार स्थापित करने का सुअवसर प्राप्त हुआ।

(4) बड़े व्यवसायिक घरानों द्वारा अधिक मात्रा मे विदेशी पूंजी तथा तकनीकि समझौते किये गये। प्रारम्भ में सावर्जनिक क्षेत्र का अधिक विकास न होने के कारण ये निजी उद्योगपति ही विदेशी सहयोग से भारी उद्योग स्थापित करने में सक्षम हुए और आर्थिक एकाधिकार को बढ़ावा दिया।

(5) औद्योगिक अनुज्ञापत्र जारी करने की दोषपूर्ण व्यवस्था तथा निती के कारण बड़े व्यवसायिक घराने अधिक संख्या में लाइसेंस प्राप्त करने में सफल हो गये, जिसके परिणामस्वरूप आर्थिक संकेन्द्रण एवं एकाधिकार को बढ़ावा मिला।

तृतीय पंचवर्षीय योजना के पश्चात् सरकार द्वारा एकाधिकार एवं प्रतिबन्धात्मक व्यवहारों को रोकने के लिए अनेक प्रयास किये गये, परन्तु फिर भी आर्थिक संकेन्द्रण को निरन्तर बढ़ावा मिला है। 30 जून, 1978 को एकाधिकार एवं प्रतिबन्धात्मक व्यापार व्यवहार अधिनियम के अन्तर्गत पंजीकृत व्यावसायिक इकाइयों की संख्या 1162 थी। उपलब्ध आंकड़ों का विश्लेषण करने पर स्पष्ट होता है कि 1972 में 25 बड़े व्यावसायिक घरानों की कुल परिसम्पत्ति 3398 करोड़ रूपये थी, जो बढ़कर 1976 में 5476 करोड़ रूपये हो गयी। इस प्रकार मात्र चार वर्ष की अवधि में इन 15 बड़े व्यावसायिक घरानों की परिसम्पत्तियों में 61.2 प्रतिशत की वृद्धि हुई। इस चार वर्ष की अवधि अकेले बिड़ला समूह की सम्पत्तियों में 185.21 करोड़ रूपयें, लाभों में 72.98 करोड़ रूपये तक बिक्री में 532.04 करोड़ रूपये की बढ़ोतरी हुई। 30 जून, 1976 को 35 व्यवसायिक घरानों की सम्पत्तियों के आंकड़ें निम्नलिखित हैं—

Table-2

Sizewise Distribution of Net Assets of 1690, Privat Companies in India (1990-91)

(A

Size Range	No. of Companies		Total Assets Size		A
Below 100	1,415	(83.7)	38,530	(29.9)	
100-200	148	(8.8)	20,788	(16.1)	
200-300	48	(2.8)	11,707	(9.1)	2
300-400	22	(1.3)	7,380	(5.7)	3.
(i) Sub-total	**1,633**	**(96.6)**	**78,405**	**(60.9)**	
400-500	19	(1.1)	8,637	(6.7)	45
500-600	7	(0.4)	3,904	(3.0)	557
600-700	5	(0.3)	3,232	(2.5)	646.
(ii) Sub-total	**31**	**(1.8)**	**15,773**	**(12.2)**	
700-800	6	(0.4)	4,532	(3.5)	755.3
800-900	3	(0.2)	2,529	(2.0)	843.0
900-1000	4	(0.2)	3,848	(3.0)	962.0
1000 & above	13	(0.8)	23,706	(18.4)	1,823.5
(iii) Sub-total	**26**	**(1.6)**	**34,615**	**(26.9)**	
Total	**1,690**	**(100.0)**	**128793**	**(100.0)**	

Source : CMIE Basic Statistics Relating to the India Economy, August, 1993

इस प्रकार यह कहा जा सकता है कि हमारे देश में एकाधिकार एवं प्रतिबन्धात्मक व्यवहारों में निरन्तर वृद्धि हुई हैं।

एकाधिकार एवं प्रतिबन्धात्मक व्यवहारों पर नियन्त्रण के लिए उठाये गये कदम निम्नलिखित है:

1. भारत सरकार ने देश में एकाधिकार को समाप्त करने के लिए श्री के. सी. दास गुप्ता की अध्यक्षता में अप्रेल 1964 में एक जांच आयोग का गठन किया। इस जांच आयोग ने 30 अक्टूम्बर, 1965 में अपनी रिपोर्ट प्रस्तुत की इस जांच आयोग का मुख्य कार्य आर्थिक

एकाधिकार के दोष
(Disadvantages of Monopoly)

एकाधिकारी प्रवृत्ति के कारण जिन सम्भावित दोषों का उदय होता है, वे निम्नलिखित है:

(1) एकाधिकार की स्थिति में व्यवसायी का कोई प्रतिस्पर्धी तो होता नहीं है। अत: वह मनमानीं कीमतें वसूल करता है तथा घटिया किस्म का माल उपलब्ध कराया जाता है। इस प्रकार उपभोक्ताओं का शोषण होता है।

(2) एकाधिकारी प्रवृत्ति को बनायें रखने के लिए व्यवसायी अनुचित साधनों का सहारा लेते हैं। वे मूल्य विभेद की नीति को अपनाते है तथा नये व्यवसायियों के साथ गलाकाट प्रतिस्पर्द्धा करते है जिसके कारण वे व्यवसाय मे टिक नही पाते हैं।

(3) एकाधिकार की स्थिति से देश में आर्थिक विषमता में वृद्धि होती है। राष्ट्रीय आय का एक बड़ा भाग तो कुछ ही लोगों के हाथों में चला जाता है तथा उपभोक्ताओं का शोषण होता है। अत: वे गरीब होते चले जाते है।

(4) एकाधिकार की स्थिति में व्यवसायी मन चाहे ढ़ंग से साधनों का उपयोग करता है जिसके कारण साधनों का दुरूपयोग होने की अधिक सम्भावना रहती है।

आर्थिक एकाधिकार को रोकने के उपाय
(Measures to Check Economic Monopoly)

आर्थिक एकाधिकार को रोकने हेतु निम्नलिखित उपाय अपनाये जाते है:

(1) बड़े पैमाने का उत्पादन तथा विवरण करने वाली संस्थाओं को संयुक्त क्षेत्र मे स्थापित किया जाना चाहिए जिसके कारण आर्थिक संकेन्द्रण पर रोक लगेगी।

(2) बड़ी—बड़ी औद्योगिक इकाइयों को लघु इकाइयों में विभक्त कर दिया जाना चाहिए जिससे बड़े व्यवसाय के लाभ कुछ ही हाथों में न जायें।

(3) व्यवसाय पर पारिवारिक नियन्त्रण की प्रणाली पर नियन्त्रण लगाना चाहिए।

(4) लघु उद्योगों को अधिकाधिक सहायता देकर स्थिति अधिक सुदृढ़ करनी चाहिए ताकि वे बड़े व्यवसायियों से प्रतिस्पर्धा कर सके।

(5) आर्थिक संकेन्द्रण को रोकने के लिए सार्वजनिक क्षेत्र का अधिक विस्तार करना चाहिए।

(6) लघु उद्योगों को अधिक लाइसेंस दिये जाने चाहिए।

भारत में कुछ व्यावसायिक घरानों के पास औद्योगिक पूंजी का एक बड़ा भाग संकेन्द्रित हो गया है तथा बहुत सी वस्तुओं के उत्पादन के सम्बन्ध में इन बड़े व्यवसायिक

घरानों का एकाधिकार सा हो गया है। इस एकाधिकार के कारण बहुत सी वस्तुओं का वितरण सही तकीके से नही हो पाया है तथा सरकार द्वारा 1956 में निर्धारित समाजवादी समाज के लक्ष्य की पूर्ति भी नहीं हो पायी है। हमारे देश में आर्थिक व्यवस्था को सामन्ती कहा जा सकता हैं। कुछ बड़े व्यवसायिक गृहों जैसे बिड़ला, टाटा, डालमिया, जे. के. आदि के अधिकार में बहुत सी व्यावसायिक एवं औद्योगिक संस्थाएं हैं। भारत में निम्नलिखित कारणों से एकाधिकार को बढ़ावा मिला है—

(1) सन् 1970 से पूर्व हमारे देश में प्रबन्ध अभिकर्ता प्रणाली विद्यमान थी, जिसके कारण कुछ बड़े उद्योगपति कई कम्पनियों का निर्माण करके पूंजी का संकेन्द्रण करने में सफल हुए।

(2) हमारे देश में कम्पनियों द्वारा अन्तर्निगम विनियोग अधिक किये जाते है। इसका परिणाम यह हुआ कि बड़े औद्योगिक घरानों का अनेक इकाईयों पर अधिकार हो गया और आर्थिक सत्ता का संकेन्द्रण हुआ।

(3) स्वतन्त्रता प्राप्ति के पश्चात् भारत में कम्पनियों की भारी संख्या में स्थापना हुई जिसके कारण नीजी उद्योगपतियों को एकाधिकार स्थापित करने का सुअवसर प्राप्त हुआ।

(4) बड़े व्यवसायिक घरानों द्वारा अधिक मात्रा मे विदेशी पूंजी तथा तकनीकि समझौते किये गये। प्रारम्भ में सार्वजनिक क्षेत्र का अधिक विकास न होने के कारण ये निजी उद्योगपति ही विदेशी सहयोग से भारी उद्योग स्थापित करने में सक्षम हुए और आर्थिक एकाधिकार को बढ़ावा दिया।

(5) औद्योगिक अनुज्ञापत्र जारी करने की दोषपूर्ण व्यवस्था तथा निती के कारण बड़े व्यवसायिक घराने अधिक संख्या में लाइसेंस प्राप्त करने में सफल हो गये, जिसके परिणामस्वरूप आर्थिक संकेन्द्रण एवं एकाधिकार को बढ़ावा मिला।

तृतीय पंचवर्षीय योजना के पश्चात् सरकार द्वारा एकाधिकार एवं प्रतिबन्धात्मक व्यवहारों को रोकने के लिए अनेक प्रयास किये गये, परन्तु फिर भी आर्थिक संकेन्द्रण को निरन्तर बढ़ावा मिला है। 30 जून, 1978 को एकाधिकार एवं प्रतिबन्धात्मक व्यापार व्यवहार अधिनियम के अन्तर्गत पंजीकृत व्यावसायिक इकाइयों की संख्या 1162 थी। उपलब्ध आंकड़ों का विश्लेषण करने पर स्पष्ट होता है कि 1972 में 25 बड़े व्यावसायिक घरानों की कुल परिसम्पत्ति 3398 करोड़ रूपये थी, जो बढ़कर 1976 में 5476 करोड़ रूपये हो गयी। इस प्रकार मात्र चार वर्ष की अवधि में इन 15 बड़े व्यावसायिक घरानों की परिसम्पत्तियों में 61.2 प्रतिशत की वृद्धि हुई। इस चार वर्ष की अवधि अकेले बिड़ला समूह की सम्पत्तियों में 185.21 करोड़ रूपयें, लाभों में 72.98 करोड़ रूपये तक बिक्री में 532.04 करोड़ रूपये की बढ़ोतरी हुई। 30 जून, 1976 को 35 व्यवसायिक घरानों की सम्पत्तियों के आंकडें निम्नलिखित हैं—

Table-2

Sizewise Distribution of Net Assets of 1690, Private Sector Companies in India (1990-91)

(Rs. crores)

Size Range	No. of Companies	Size	Total Assets		Average
Below 100	1,415	(83.7)	38,530	(29.9)	27.2
100-200	148	(8.8)	20,788	(16.1)	140.4
200-300	48	(2.8)	11,707	(9.1)	243.9
300-400	22	(1.3)	7,380	(5.7)	335.4
(i) Sub-total	**1,633**	**(96.6)**	**78,405**	**(60.9)**	
400-500	19	(1.1)	8,637	(6.7)	454.6
500-600	7	(0.4)	3,904	(3.0)	557.7
600-700	5	(0.3)	3,232	(2.5)	646.4
(ii) Sub-total	**31**	**(1.8)**	**15,773**	**(12.2)**	
700-800	6	(0.4)	4,532	(3.5)	755.3
800-900	3	(0.2)	2,529	(2.0)	843.0
900-1000	4	(0.2)	3,848	(3.0)	962.0
1000 & above	13	(0.8)	23,706	(18.4)	1,823.5
(iii) Sub-total	**26**	**(1.6)**	**34,615**	**(26.9)**	
Total	**1,690**	**(100.0)**	**128793**	**(100.0)**	

Source : CMIE Basic Statistics Relating to the India Economy, August, 1993

इस प्रकार यह कहा जा सकता है कि हमारे देश में एकाधिकार एवं प्रतिबन्धात्मक व्यवहारों में निरन्तर वृद्धि हुई हैं।

एकाधिकार एवं प्रतिबन्धात्मक व्यवहारों पर नियन्त्रण के लिए उठाये गये कदम निम्नलिखित है:

1. भारत सरकार ने देश में एकाधिकार को समाप्त करने के लिए श्री के. सी. दास गुप्ता की अध्यक्षता में अप्रेल 1964 में एक जांच आयोग का गठन किया। इस जांच आयोग ने 30 अक्टूम्बर, 1965 में अपनी रिपोर्ट प्रस्तुत की इस जांच आयोग का मुख्य कार्य आर्थिक

संकेन्द्रण की प्रकृति एवं प्रभाव की जांच करना और एकाधिकारी एवं प्रतिबन्धात्मक व्यापार व्यवहारों की जानकारी प्राप्त करना था। इस जांच आयोग ने देश में आर्थिक संकेन्द्रण की स्थिति को स्पष्ट किया। इस आयोग ने 2259 कम्पनियों के सम्बन्ध में विस्तृत रूप से आकड़े एकत्रित किये। इसके अन्तर्गत 75 बड़े व्यावसायिक घरानों का भी अध्ययन किया।

1. इस जांच आयोग ने उस समय विद्यमान एवं प्रचलित एकाधिकार एवं प्रतिबन्धात्मक व्यापार व्यवहारों का भी अध्ययन किया और बतलाया कि ऐसे उपक्रम का किसी वस्तु के उत्पादन एवं वितरण पर नियन्त्रण है, वह बाजार को आसानी से प्रभावित कर सकती और अनुचित लाभ कमा सकती है।

2. एकाधिकार जांच आयोग ने अपनी रिपोर्ट में एकाधिकार एवं प्रतिबन्धात्मक व्यापार व्यवहारों पर प्रतिबन्ध लगाने के लिए कानूनी व्यवस्था को प्रभावी तरिके से करने का सुझाव भी दिया। इसी के अनुरूप दिसम्बर 1969 में एकाधिकार एवं प्रतिबन्धात्मक व्यापार व्यवहार अधिनियम पारित किया गया तथा 1 जून, 1970 से लागू किया गया। इस अधिनियम में ऐसी व्यवस्था की गयी है कि एकाधिकार एवं प्रतिबन्धात्मक व्यपार व्यवहारों पर नियन्त्रण किया जा सकेगा।

4. हमारे देश में औद्योगिक (विकास एवं नियमन) अधिनियम, 1951 में उद्योगों को अनुज्ञा पत्र देने की व्यवस्था की गयी हैं। यह अनुज्ञा पत्र देने की व्यवस्था इसीलिए की गयी है, जिससे बड़े औद्योगिक घरानों को अधिक संख्या में उद्योग स्थापित करने से रोका जा सके तथा आर्थिक संकेन्द्रण पर प्रतिबन्ध लग सके। इस लाइसेंस व्यवस्था को अधिक प्रभावशाली बनाने के लिए सरकार द्वारा हजारी समिति तथा दत्त समिति आदि का गठन किया गया। निःसन्देह यह प्रशंसनीय प्रयास थे। इन समितियों की सिफारिशों पर इस औद्योगिक लाइसेंसिग नीति 1970 तथा 1977 में कुछ संशोधन किया गया।

सरकार द्वारा उठाये गये प्रयासों की पर्याप्तता

हमारे देश में एकाधिकार एवं प्रतिबन्धात्मक व्यापार व्यवहारों को नियन्त्रित करने के लिए सरकार द्वारा उपरोक्त वर्णित अनेक प्रभावशाली कदम उठाये गये हैं। इन सबको प्रभावशाली ढंग से लागू करने की भी व्यवस्था की गयी हैं। सरकार द्वारा प्रयास करने के पश्चात भी हमारे देश में आर्थिक सत्ता का संकेन्द्रण बढ़ा हैं।

पूर्व में वर्णित तालिका से यह स्पष्ट होता है कि चार वर्ष की अल्प अवधि में ही 25 बड़े औद्योगिक घरानों की सम्पत्तियों, बिक्री एवं लाभों में आश्चर्यजनक वृद्धि हुई है। इसलिए यह कहा जा सकता है कि सरकार द्वारा एकाधिकार एवं प्रतिबन्धात्मक व्यापार व्यवहारों को रोकने के लिए जो भी कदम उठाये गये हैं, वे पर्याप्त नहीं हैं। एकाधिकार एवं प्रतिबन्धात्मक व्यापार व्यवहार अधिनियम में कुछ कमियां है जिनके कारण बड़े व्यवसायिक गृह वैधानिक बन्धनों से मुक्त हो जाते हैं।

व्यवस्था में सुधार के लिए सुझाव

(1) एकाधिकार एवं अनुचित व्यापार पर नियन्त्रण करने के लिए में आवश्यक संशोधन करने चाहिए तथा इस अधिनियम को अधिक विस्तृत बनाया जाना चाहिए।

(2) एकाधिकार एवं प्रतिबन्धात्मक व्यापार व्यवहार आयोग को अधिक अधिकार प्रदान किये जाने चाहिए तथा अनुचित व्यवहारों के सम्बन्ध में आयोग द्वारा की गयी सिफारिशों को प्रभावशाली ढंग से लागू करना चाहिए।

(3) बड़े औद्योगिक घरानों की एकाधिकारिक मनोवृत्ति को समाप्त करने के लिए सरकारी तंत्र को प्रभावशाली भूमिका निभानी चाहिए तथा इनको बड़े व्यवसायिक गृहों के प्रभाव में नहीं आना चाहिए।

(4) लाइसेंसिग व्यवस्था एवं प्रक्रिया को अधिक कठोर बनाया जाना चाहिए, तथा बड़े व्यावसायिक गृहों की कम्पनियों की सूची तैयार करनी चाहिए। कुछ अपवादों को छोड़कर इन बड़े औद्योगिक घरानों की कम्पनियों को लाइसेंस नहीं देने चाहिए।

(5) चुनाव के समय राजनैतिक दलों को बड़े व्यावसायिक गृहों से आर्थिक सहायता नहीं लेनी चाहिए, क्योंकि बाद में ये व्यवसायिक गृह राजनेताओं की शक्तियों का प्रयोग लाइसेंस प्राप्त करने में करते हैं।

(6) वित्तीय संस्थाओं को बड़े व्यावसायिक गृहों की ऋण एवं सहायता देने की नीति को कठोर बनाना चाहिए तथा लघु एवं मध्यम आकार के उद्योगों को उदारता से वित्तीय सहायता देनी चाहिए।

प्रश्न

1. भारत में आर्थिक शक्ति के कतिपय थोड़े व्यक्तियों के हाथों में केन्द्रीकरण के कारणों की विवेचना करो।

   Discuss the important causes responsible for the concentration of economic power in a few hands in India.

2. महलनोबीस समिति द्वारा दिये गये प्रमुख निष्कर्षों एवं सुझावों की आलोचनात्मक व्याख्या कीजिए।

   Critically examine the main findings and recommendations of the Mahalanobis Committee.

3. एकाधिकार जाँच आयोग की स्थापना किन परिस्थितियों के कारण की गयी? संक्षेप में उल्लेख कीजिए तथा आयोग के निष्कर्षों एवं सुझावों की विवेचना कीजिए।

   What were the circumstances which led to the appointment of Monopolies Inquiry Commission? Give brifly and discuss the main findings and recommendations of the Commission.

4. एकाधिकार एवं प्रतिबन्धात्मक व्यापार व्यवहार अधिनियम, 1969 के प्रमुख प्रावधानों का वर्णन कीजिए।

   What are the main provisions of the Monopolies and Restrictive Trade Practices Act, 1969

5. एकाधिकार एवं प्रतिबन्धात्मक व्यापार व्यवहार आयोग के कार्यों एवं प्रगति की समीक्षा कीजिए। क्या यह आयोग अपने उद्देश्य की पूर्ति में सफल हुआ है?

6. एकाधिकार एवं प्रतिबन्धात्मक व्यापार व्यवहार अधिनियम में सितम्बर 1991 में किये गये संशोधनों के प्रमुख बिन्दुओं की समीक्षा कीजिए।

   Discuss critically the mains points of amendments made in September 1991 in the MRTP Act.

□□□